阜阳历史文化丛书

杨新 ⊙ 主编

中国人民政治协商会议
阜阳市委员会 / 编

阜阳汉代铜镜研究

杨玉彬 / 著

合肥工业大学出版社

图书在版编目(CIP)数据

阜阳汉代铜镜研究/杨玉彬著. —合肥:合肥工业大学出版社,2017.6
(阜阳历史文化丛书/杨新主编)
ISBN 978-7-5650-3384-1

Ⅰ.①阜… Ⅱ.①杨… Ⅲ.①古镜—铜器(考古)—阜阳—汉代
Ⅳ.①K875.24

中国版本图书馆 CIP 数据核字(2017)第 146992 号

阜阳汉代铜镜研究

杨玉彬 著　　　　责任编辑 张 慧

出　版	合肥工业大学出版社	版　次	2017 年 6 月第 1 版
地　址	合肥市屯溪路 193 号	印　次	2017 年 8 月第 1 次印刷
邮　编	230009	开　本	690 毫米×980 毫米 1/16
电　话	总 编 室:0551-62903038	印　张	27.75　彩插 0.5 印张
	市场营销部:0551-62903198	字　数	404 千字
网　址	www.hfutpress.com.cn	印　刷	安徽联众印刷有限公司
E-mail	hfutpress@163.com	发　行	全国新华书店

ISBN 978-7-5650-3384-1　　　　定价: 56.00 元

西汉“大乐贵富”铭蟠螭纹镜

铭文：大乐贵富，千秋万岁，宜酒食（鱼形标记）。

西汉“上大山，见神人”铭博局纹镜

铭文：上大山，见神人。食玉央（英），饮澧（醴）泉。驾文（交，蛟）龙，乘浮云。

新莽西王母禽兽博局纹镜

新莽“桼（漆，七）言之纪”铭禽兽博局纹镜
铭文：桼言之纪从镜始，青（龙）在左，白虎在右。

新莽“井田”铭禽兽博局纹镜
铭文：刘氏去，王氏持，天下安宁。井田平，贫广其志。

新莽“新兴辟雍”铭禽兽博局纹镜
铭文：新兴辟雍建明堂，然（单）于举土列侯王，
将军令尹民户行，诸生万舍在北方，子孙复具治中央。

东汉“汉有善铜出丹阳”铭禽兽博局纹镜

铭文：汉有善铜出丹阳，和以银锡。

东汉“升仙图”画像镜

铭文：蔡氏作竟真大巧，上有山人不知老，

渴饮玉泉饥食枣，浮游天下敖四海，寿比诵乔。

序　言

阜阳历史悠久，物华天宝，人杰地灵，源远流长、丰富多彩的历史文化遗产，如淮颍之水，滔滔汩汩，绵延不绝；上自殷末，下迄当代，其间名家辈出，光照千古；形式多样，异彩纷呈；艺术魅力，经久不衰。早在远古时代，这里就出现了文明的曙光。传说大禹治水成功后，把天下分为九州，今天的阜阳隶属豫州。商朝成汤建都于亳，阜阳地近商都，社会经济文化都得到了进一步发展。西周时期，阜阳是胡子国的国都。春秋战国是我国历史上的大变革时期，各国变法图强，弱肉强食，小国被迫依附大国。春秋后期，阜阳境内的小国基本上为楚国兼并，称为汝阴（即小汝水之南）。公元前221年，秦始皇统一中国，在地方上实行郡县制，把全国分为36郡，阜阳置汝阴县，隶属泗水郡。汉承秦制，阜阳仍为汝阴县。公元108年，汉安帝封刘显为阜阳侯，其封地虽不在今天的阜阳市，但阜阳地名开始出现。三国两晋南北朝时期，国家分裂，战事频繁，尤其是淮河一带，政权更替，属地交错，建制比较混乱，但总体上看，当时的阜阳属于豫州。隋唐时，阜阳设汝阴郡（后曾改为颍州）。北宋时，开始实行路、府（州）、县三级地方行政管理体制，当时在阜阳境内设置了顺昌府（治今阜阳市）。金代设颍州，元朝创设了行省制度，当时阜阳称为颍州，属河南江北行省。明朝在今阜阳境内设置颍州。清朝雍正帝时，阜阳升州为府，取名颍州府。民国时期，在阜阳设置行政专员督察区（简称“专区”），作为安徽省政府的派出机构。新中国成立后，人民政府设立了阜阳专员公署（驻今阜阳市），1996年阜阳撤地设市，当时辖太和、界首、涡阳、蒙城、利辛、颍上、阜南、临泉，以及颍州、颍泉和颍东三区，并代管亳州市、界首市。1998年亳州成为计划单列市。2000年，亳州成为省辖市，涡阳、蒙城、利辛三县划归亳州管辖。目前，阜阳市辖三区、四县并代管界首市。

阜阳史前文化位于山东海岱文化与中原文化的交汇地带，这里曾创造过黄河文明，更是淮河文化的发祥地之一，大约5000年前，这里的人们已经开始摆脱逐水而居的境况，在颍河、小汝水（今泉河）沿河台地上定居下来，并形成以农业为主的原始部落，创造出辉煌的古代文化，留下了许多古文化遗址，如临泉吕寨境内的宫庄遗址是新石器时代中期偏早阶段的遗存，距今约7000年，临泉境内的九槐遗址、台阳寺遗址、老丘堆遗址、胡台遗址、费子街遗址，太和县的倪邱遗址、灰角寺遗址，阜南县的丁王庄遗址、地理城遗址、清凉寺遗址等属于大汶口文化中晚期的历史遗存。阜阳境内还发现龙山文化遗存20多处，原始农业、手工业和艺术都有相当成就。阜阳境内的商周文化遗存，以陶器、青铜器为主，润河沿岸的阜南朱寨润河湾、颍上王岗郑小庄出土的青铜器以铸造工艺精湛、纹饰华美著称，阜南县朱寨海孜村常白庄润河湾1957年6月出土的龙虎尊青铜器，造型独特，端庄凝重，意蕴深长，被列为国家一级保护文物，现藏于中国国家博物馆。阜阳出土的青铜器还有商代酒器“酉”字爵，战国勾杀兵器大梁司寇绶戈、王莽铜镜等。秦汉以来，统治者为了巩固其势力，在墓前雕刻一些实际上并不存在的动物象征守卫，石雕天禄就是其中的杰出代表。此件石器出土于临泉县境内，是国家一级文物。白底黑花釉虎形枕出土于太和县境内，现藏阜阳市博物馆，是宋代磁州窑出产的产品。瓷枕的整个画面生动活泼，不落俗套，造型优美，富有浓厚的乡土气息和民间色彩。阜阳城西南郊西汉汝阴侯墓出土的竹简、阜阳城西郊出土的古代玉器精品——蜻蜓眼玻璃珠、界首市光武出土的“大泉五十”钱母（古代铸钱的模具）等更具学术研究价值。阜阳竹简是西汉初期的简册，1977年在阜阳城西南的汝阴侯墓中发掘出土。这批被文物考古学界誉为稀世之宝的阜阳竹简，其珍贵之处在于：第一，简书种类多。阜阳竹简包括十多种古代典籍，书种繁多，而且内容包罗万象。按我国传统的图书分类，经、史、子、集无所不有；就内容而言，则医药卫生、童蒙教育、天文计算、星相卜卦、天干地支、行气养生、建筑工程、器物制造、农产品加工、相狗术等无所不涉，在国内汉简发掘史上实属罕见。第二，史料价值高。在阜阳竹简所存的典籍中，有些属首次发现，为史籍所未载；有些即使有今本存在，但字句多有不同。第三，书法精湛。在国内历年出土的竹简中，阜阳竹简书法是被专家公认最为优美的一种。阜阳简文字墨书，且各种书籍字体各不相同。有的温文清秀，有的粗犷奇崛，有的飘逸俊美，有的严谨端庄，并非出自一人之手。这些资料对于考察秦汉时期的历史、语言、文字，研究历代书法艺术的发展源流等提供了重要的实物资料。目前，阜阳市具有重大考古价值的古代墓群女郎台也正在考古发掘之中。

阜阳人文荟萃，艺术繁盛。历史对阜阳情有独钟，在这里留下了浓墨重彩。阜阳自古就有“土风备于南北，人物推于古今”的美誉，孕育了姜子牙、管仲、鲍叔牙、甘罗、吕蒙、吕霞光、常任侠、戴厚英、刘德培等闪烁古今、蜚声四海的名人贤士；漫长的历史长河给阜阳留下了颍州西湖、文峰塔、魁星楼、刘锜庙、管鲍祠等丰富的人文景观。唐宋时期的文坛巨子晏殊、欧阳修、苏轼先后在颍州任职，都与钟灵毓秀的颍州西湖结下不解之缘。他们钟爱西湖，疏浚西湖，广植花树菱荷，增益亭阁堂台，更以他们独有的视角去发掘和审视颍州西湖的美，把它凝于笔端，挥洒于尺素，写下一首首、一曲曲颍州西湖的千古绝唱，也留下了颍州西湖余韵悠远的人文景观。欧阳修对西湖更情有独钟，“筑室买田清颍尾”“独结茅庐颍水西”“西湖烟水如我家”“都将二十四桥月，换得西湖十顷秋”，直至仙逝于老西湖湖心洲。历史上的颍州西湖曾与杭州西湖难分伯仲。宋代诗人杨万里说：“三处西湖一色秋，钱塘汝颍与罗浮”，汝颍即是指今天的阜阳。宋代大文豪苏轼更感叹曰：“大千起灭一尘里，未觉杭颍谁雌雄。”明代《正德颍州志》载：“西湖长十里，广三里，相传古时水深莫测，广袤相齐。”《大清一统志》云：“颍州西湖名闻天下，亭台之胜，觞咏之繁，可与杭州西湖相媲美。”古今称颂颍州西湖风景之美的诗篇多达 259 篇。南宋时，抗金名将刘锜在此地大破金兵，取得重大胜利。元朝末年，刘福通在这里领导了著名的红巾军起义。1928 年 4 月 9 日，在以优秀共产党员和宣传活动家、中共皖北特委书记魏野畴为首的皖北特委领导下，阜阳爆发了我党历史上著名的“四·九起义”，为阜阳革命历史增添了新的光彩。

阜阳剪纸、颍上花鼓灯等 8 项文化遗产被列为国家级非物质文化遗产，16 项被列为省级非物质文化遗产。阜阳民歌感情朴实，曲调流畅，具有浓郁的乡土气息和鲜明的淮北特色。曾经广为流传的有《逃荒》《摘石榴》《十大绣》《看戏》《货郎子调》《李玉莲》等。乐器有班鼓、边鼓、手板、大锣、小锣、小镲、大镲、架排云锣、班笛、小喇叭等，音乐豪爽奔放，善于表现喜乐欢腾的情绪。阜阳在安徽省享有“曲艺之乡”的美誉。源于或流散于全市的曲种有淮词、清音、莺歌柳、琴书、坠子、道情、大鼓、评书、三弦书、端公戏、灶书、莲花落、杠天神、讲圣谕、相声、大小铙等近 20 种。阜阳民间舞蹈有 40 多种，具有鲜明的民族风格和强烈的地域特色，其中花鼓灯舞蹈已蜚声海内外，自立于世界舞蹈之林而别具风姿。阜阳的传统庙会和民间灯会也是一条色彩斑斓的群众文化活动风景线。传统庙会除开展大型民间商贸活动外，也利用庙会唱大戏、演杂技、说曲艺、玩杂耍等。阜阳有名的灯会有界首灯会、颍州灯会、沙河灯会等，颇受群众欢迎。淮北梆子本称梆剧，又称高梆、土梆。其源系秦腔传入阜阳后吸取当地流行的坠子嗡、灶王戏及民歌小调，逐渐衍化成具有淮北地方特色的梆子剧种。阜阳教育、科技、学术、宗教、民俗、工艺独具特色，在全国和黄淮海流域都具有较大影响。

“明镜所以照形，古事所以知今。”习近平总书记在庆祝中国共产党成立95周年大会上强调指出：“一切向前走，都不能忘记走过的路；走得再远、走到再光辉的未来，也不能忘记走过的过去，不能忘记为什么出发。面向未来，面对挑战，全党同志一定要不忘初心、继续前进。”阜阳厚重的历史文化，在经济、文化、社会发展中起着极其重要的作用。它可以鉴史明得失、育人爱热土、凝心开民智、聚力兴大业，可以牢记历史责任、强化对外交流，推动经济发展，促进社会和谐。传承历史文化，弘扬社会主义先进文化，创造文化新辉煌，促进文化大繁荣，是时代赋予我们的重任。为全面总结、准确反映阜阳有史以来的灿烂文化，探讨文化事业发展规律，给全市人民提供一套科学、规范的文史典籍，为阜阳文化的大发展、大繁荣奠定坚实基础，根据市政协领导安排，市政协文史委员会组织我市（包括阜阳师范学院）有关学者、教授20余人多次进行研讨、论证，确定从阜阳文学、文物考古、艺术、民风民俗、当代人物等方面入手进行整理、编撰，出版《阜阳历史文化丛书》。在近五年的编写过程中，许多专家、学者为此倾注大量心血和汗水，他们不畏艰难、无私奉献、殚精竭虑、严谨治学的精神使我们深受感动，他们在阜阳历史上也将留下璀璨的一页。

《阜阳汉代铜镜研究》作者杨玉彬同志现任阜阳市博物馆副馆长、副研究员，曾参与清华大学课题“汉镜文化研究”（清华大学人文社科振兴基金研究项目2012WKZD005），撰写汉镜神话研究部分，已结项。《汉镜文化研究》已由北京大学出版社2014年4月出版。他是国家级重大课题《中国文物地图集·安徽分册》的主要编纂者，发表《汉镜图像校释》（《中国美术研究》2014年第七辑，中国艺术研究院、华东师范大学合办）、《安徽涡阳出土的东周青铜器》（《考古》2006年第九期，中国社科院考古所办）、《安徽涡阳稽山汉代崖墓》（《文物》2003年第九期，国家文物局办）等一批与阜阳文物考古研究相关的重要论文，此外还在《文物研究》《文物世界》《南方文物》《文物鉴定》《文博》《收藏家》《中国汉画研究》等刊物发表论文200余篇。

《阜阳汉代铜镜研究》共40多万字，分概论、图像汇释、镜铭考证、综合研究四部分，介绍阜阳汉镜形制与图像、铭文特征，梳理其兴衰演变轨迹，阐释铜镜铭文、图像所反映的重要史实等，力求通过铜镜材料的深度发掘来“复原”阜阳汉代特定的社会生活面貌与思想文化特征。本书对了解皖北地区汉代政治制度变迁、经济政策调整、手工业发展状况、文化艺术成就、社会生活习俗、时代艺术风尚等具有重要的参考价值。

组织编写《阜阳历史文化丛书》是一项浩大的系统工程，也是一项创新性的工作，由于我们经验不足，搜集、占有的资料有限，加之时间仓促，对一些专题虽然组织专家多次讨论、论证、审稿、核稿，但我们始终强调文责自负，仍以编著者本人的思想观点和编写体例为主，这些观点和思想成果是作者的一家之言，难免有偏颇和不足之处，欢迎广大文史爱好者和社会各界有识之士提出批评指正，以利再版时加以修正。在丛书编写过程中，编著者充分借鉴了相关的资料和作品，在此我们对相关著作者表示深深的谢意。阜阳历史文化研究会会长、著名文史专家李兴武先生，阜阳历史文化研究会副会长、著名文学评论家陆志成先生，阜阳历史文化研究会副会长、阜阳市博物馆副馆长、考古专家杨玉彬先生在百忙中挤出时间审稿、核稿，为丛书的出版付出了大量心血，我们在此表示衷心的感谢；我们还对丛书编著出版过程中提供热情帮助的相关领导和专家表示崇高的敬意！

杨　新

2016 年 10 月 8 日

序

玉彬新作《阜阳汉代铜镜研究》一书出版之际，嘱我为其作序，盛情之下，实难推辞。而一旦答应下来，反复推敲，面对皇皇四十余万言书稿，仔细思量，此序并不易写好，更遑论写出点眉目、道出点精彩来了。

这是为什么呢？

首先，《阜阳汉代铜镜研究》是一部专业性很强的专著。中国的青铜器研究，自古以来就是由少数人掌握的一门高深学问。而铜器中的铜镜，更是众多青铜器分支中的一种，是青铜器家族中传世数量颇多而又独具特色的重要一员。除了中国和世界其他一些国家博物馆馆藏铜镜外，民间收藏家手中虽有一定数量，但大部分仅限于把玩和欣赏，知之者、研究者少之又少，正所谓"术业有专攻"，深究者、精通者更是凤毛麟角、鲜见其人了。

其次，《阜阳汉代铜镜研究》又是一部学术性很强的专著。中国是一个历史悠久的国度，上下五千年，原始先民茹毛饮血，人们没有"镜"的概念。进入青铜器时代，人类文明告别了仅仅依靠石与火的生活。"铜"与"铁"的使用，极大地发展了生产力，铜镜便在此基础上应运而生，并迎来了三个发展高峰，就是战国铜镜、汉代铜镜和唐镜。何谓之"镜"？《说文解字》曰："镜，从金，景也。"段注："景者，光也。金有光可照物，谓之镜。镜亦曰鉴。"就是说，镜从金，是铜做的；镜即景，景有光，光可照物，就是镜子的来源。镜最初的功能是单一的，就是"照物"，主要是照"人物"，所谓"木兰当户织，对镜贴花黄"描述的即是此类场景，后来，慢慢赋予镜社会功能。在人们日久天长的世俗生活中，镜无处不在，诸如明镜高悬、照妖辟邪、祈福求安、吉祥祝寿等，寄托世人对美好生活的向往。再后来镜亦曰鉴，镜、鉴一体，被赋予明确的政治功能，最著名的就是唐太宗三句话："以铜为镜，可以正衣冠；以史为镜，可以知兴替；以人为镜，可以明得失。"到了北宋，司马光更是把中国历史浓缩为一部《资治通鉴》，告诉当政者什么该做，什么不该做，应该怎么做，以至于“殷鉴不远”不仅成为历代治世名君的座右铭，而且成为一般老百姓借鉴往事的口头禅。

再次，《阜阳汉代铜镜研究》还是一部知识性、系统性、创新性很强的专著。关于知识性，首先是涉及两汉社会的历史文化知识，从汉初的“轻徭薄赋”、“与民休息”、恢复生产、发展经济，到武帝时期的抗击匈奴、罢黜百家、独尊儒术、穷兵黩武，再到西汉晚期的外戚弄权专政、豪强兼并土地、自然灾害频发、社会危机四伏，直到新莽改制、东汉中兴等一系列丰富多彩的历史风云画卷，通过一枚枚出土铜镜，呈现在广大读者面前。其次是“以镜证史”，发挥了小小铜镜可以印证、校证《汉书》的历史功效，成为该书的最大亮点。如对于阜阳出土的新莽镜“井田平贫”铭的研究，铜镜研究领域的著名学者、清华大学汉镜文化研究课题组组长、清华大学顾问教授王刚怀先生评价指出：汉代谣言的大量出现与广泛流播，是我国古代史上一种独特的文化景观，这种现象对社会生活产生的重大影响为后世所罕见。汉初除暴秦“禁言”之弊，继而形成了宽松的政治环境，统治者以“举谣言”“观采风谣”来考察官吏，并检讨自己为政之好恶得失，以及天人感应、谶纬神学等原因，为谣谚参政议政、褒贬吏治、反映民众疾苦、素描社会百态等创造了条件。“井田平贫”铭博局镜即系其中精彩的一例，记载了王莽“复古改制”的梦想。再次是“以镜补史”，就是用出土铜镜及其铭文补充阜阳汉代历史，让阜阳两汉社会生活、民生百态跃然纸上，乃至于鲜活生动起来。众所周知，两汉时代距今已两千多年，有关阜阳汉代社会生活的历史记载，只言片语散布在浩如烟海的文献之中，无法还原其本来面目。况且，时至今日，也无人系统描绘阜阳汉代历史，即便是20世纪90年代初由阜阳师范学院历史系几位教授编著的《阜阳通史》秦汉部分，也仅列出了当时的“阜阳政局”“社会经济”及“科技与艺术”三个子目，总计不满三万字，且很多借“豫州”“汝南”之地名描写阜阳历史，不免有牵强附会之感。而《阜阳汉代铜镜研究》以镜铭书写汉代阜阳历史文化，诸如富贵文化、神仙文化、长寿文化、家族文化、相思文化、诗词文化、书法文化、宗教文化、冶金文化、酒文化等，使人对阜阳汉代丰富多彩的文化生活浮想联翩。诸如此类的研究成果，均属对古代典籍文献记载缺失和今人专题研究不足的最好补充。

关于系统性。一部严肃的学术专著就如同一座高楼大厦，有坚实的基础，有宏阔的框架，有完整的封顶，有密如网格的空间设计，该专著即如此论。通览全书，《阜阳汉代铜镜研究》共分四编十五章（包括附录），总计六十余节，可谓篇目清晰，编排有序，重点突出，首尾呼应。其中第一编第一章“阜阳汉镜发现与研究综述”不能不读，它告诉大家汉镜的种类、命名和分区分期研究概况，汉镜的社会功能和研究价值，阜阳汉镜的发现与收藏状况以及阜阳汉镜的研究价值与研究现状。特别是“阜阳汉镜的研究价值”一节读后，让人们对阜阳汉镜产生一种神圣的敬畏之感，小小汉镜把遥远的历史与现实紧密地结合在一起，使人从现实中看到了历史的影子，实现了“古为今用”的目的和研究之初心。还有“阜阳汉镜铭文考释”一章值得反复阅读、细心品玩，如“贵富”与“富贵”——汉镜铭文中追求富贵思想的研究、“千秋万岁，延年益寿”——两汉铭文中长寿观念研究、“保二亲，利兄弟，宜孙子”——汉镜铭文中反映家族观念的研究、“长相思，勿相忘”——汉镜铭文中相思文化的研究、“大乐富贵，千秋万岁，宜酒食”——汉镜铭文中酒文化研究等，阜阳汉镜给今天人们留下的许多宝贵的文化信息，都在无声地叙说着汉代阜阳的确充满着多姿多彩的生活气息和深刻细微的文化内涵。另外，系统性的特征还表现为对阜阳汉镜的形制、纹饰和图像进行了深入细致的系统性分析研究方面。如对西汉早期镜图蟠螭纹与蟠虺纹、草叶纹、麦穗纹与花瓣纹、星云纹研究，对汉镜仙界图像如仙人类、仙禽类、神兽类、神物类系列图像研究等，使其对汉镜的研究，达到了深到底、广到边的至高境界，至少在目前的研究水平而言，阜阳汉镜研究不会留下许多遗憾。

关于创新性。创新是人类社会发展和民族进步的动力，创新也是一部学术专著的灵魂。纵观全书，《阜阳汉代铜镜研究》比之前的研究有三大创新点：一曰新莽镜“井田平贫”铭研究，二曰汉镜神仙思想的研究，三曰汉镜中的西王母神话研究。关于“井田平贫”铭文研究的评价前已述及，对后两者的创新评价仍引用王刚怀教授的观点，他在《汉镜文化研究·哲学篇》中指出：汉镜神仙思想的物象构成宏富庞杂，自成体系，它是汉人在神仙信仰与升仙不死说支配下营造的一个令观者无限向往的神秘世界。该研究按“仙人”“仙禽”“神兽”“神物”等分类，对镜图承载神仙思想的物象，尝试进行系统的释名释义，对神仙思想题材的汉镜铭文，进行系统的整理考释，并借此分析不同历史阶段中，汉镜神仙思想的演变特征及社会背景、时代动因，对与神仙思想相关的若干汉镜物象认读问题进行考证。与此同时，汉镜中的西王母神话题材十分丰富，该研究集中诸多材料，分析比较禽兽镜、画像镜、神兽镜图式中的西王母图像与铭文，由西汉早期初现，到西汉中晚期至东汉时期逐渐发展、流播的演变轨迹，进一步探讨了汉镜西王母神话题材兴衰衍变的时代背景与社会动因。笔者认为，镜图中的西王母神话题材的流播与演变，主要与汉代社会生活背景及神仙信仰与升仙不死说有关。东汉原始道教的兴起，道家“造神运动”的推波助澜，更是促成汉镜西王母神话内容题材变化的主要动因。因此，上述三大创新研究联想丰富、独树一帜，令人称奇。

玉彬人如其文。

博学多识，是他的资本。然而据我所知，史学专业、考古专业、青铜器专业并不是他的本行。大学毕业后的他，曾在文化部门所属的多个单位工作，到阜阳地区博物馆可以说是半路出家，幸运的是他遇到了为阜阳文博事业奉献一生的老馆长韩自强和“文革”前毕业的北京大学考古系高才生刘海超，两位老师对他耳提面命，言传身教，加之玉彬年轻好学，心有灵犀，在文博这个奇妙世界里吸取丰富营养，不仅对铜镜情有独钟，对青铜器、玉器、陶瓷等也多有体会，常有论文发表于国家文物考古类杂志，成为省内有名气的文博专家，着实令人刮目相看。

严谨敦实，是他的风格。作风严谨，是对每个治学者的基本要求，对文博工作者来说更是如此。我曾听玉彬讲述过他参加田野考古工作的经历，在一般人眼里很好玩、很开心的事，其实工作中充满了艰辛困苦，不仅要抵御严寒酷暑等自然界侵扰，而且要耐得住寂寞和诱惑，严守职业底线，做一个规规矩矩、敦厚诚实的人。

友善平和，是他的为人。玉彬与人为善，在圈子里是有目共睹的。谁家遇到什么事情，他总是有求必应。朋友之间有什么需求，他总是尽力而为，第一时间去帮助解决。包括做学问，写文章，他有了新材料、新发现，也能做到无私提供，甚至帮助提供线索。在遇到一些无谓的纷争时，他总能从大局着眼，从小事入手，耐心细致，多做解释和疏导工作。

总之，玉彬为人、为文、为事，各方面都是一个敢于担当的人，是一个能拿得起、放得下的人，是一个值得尊敬和信赖的人。就历史与文物研究而言，对阜阳汉镜材料做深入系统的整理和原创性研究，是一个困难重重、充满艰辛的过程，不下一番苦功夫、不付诸心血汗水、坐不住冷板凳是无法达到目的的，在当下浮躁的社会环境中尤是如此。玉彬同志工作之余能够沉下心来拿出这样一部专著，可喜可贺，不仅表明他具有扎实的理论水平、深厚的研究功底和吃苦耐劳的钻研精神，也体现了他对阜阳文博事业的无限热爱和强烈的社会责任感、使命感，由此亦使我们看到了阜阳历史研究、文化研究工作的希望所在，期待玉彬将来有更多的新作问世。

最后谈一点《阜阳汉代铜镜研究》一书中存在的问题与不足之处。汉镜实物材料的研究，图片与文字的对比校勘是必不可少的工作，本书给人的感觉是文物照片、拓片、线图配置不够，给读者的阅读理解造成不便。阜阳“双古堆”汉墓出土铜镜，是一批年代明确、出土信息可靠、价值极为珍贵的重要材料，与之相关的西汉汝阴侯国政治、经济、文化、手工业铸造技术等问题的研究，都是阜阳汉文化研究乃至阜阳通史领域里特别有意义的课题，本书未能专列一节作深入系统分析，这不能不说是一大遗憾。另外就汉镜材料的来源而言，由于铜镜是社会生活领域里流通性较强的商品，现在的收藏家手中所持有的汉镜，来源地十分复杂，本书将这些流散器纳入阜阳汉镜的范畴分析讨论尚需谨慎，其中还有值得商榷的地方。这些问题的存在，对本书的专业水准、学术质量不构成影响，是在今后再版中要加以注意的问题。

恭为之序。

李兴武

2017 年 1 月 9 日

目　　录

第一编　概论

第二编　图像汇释

第三编　镜铭考证

第四编　综合研究

第一编 概论

汉镜铸工精整、纹饰华美、铭辞多样，素为收藏家与研究者关注。新中国成立以来，阜阳各级文博单位通过发掘、征集、拣选等途径收藏汉镜三百余枚，这批铜镜种类繁杂、内涵丰富、地域特色鲜明，是研究两汉政治、经济、文化、社会生活习俗、时代艺术风尚的第一手材料，具有珍贵的历史、艺术、科学价值。阜阳汉镜的发展演变，大致经历了汉初承前启后的过渡期、武帝前后的勃兴与成熟期、西汉晚期至东汉早期的发展繁荣期及东汉中晚期繁荣鼎盛期几个阶段。上述演变轨迹，与同时代社会政治生活、经济发展、思想文化变迁等因素密切相关，其中统治者宏观经济政策的调整对阜阳汉镜的铸工具有重要的制约与影响作用。

第一章 阜阳汉镜发现与研究综述

第一节 汉镜概说

一、概述

中国古代铜镜的制作与使用历史悠久，一般认为其发展演变历程中出现过战国、两汉、唐代三个高峰期。汉代铜镜铸工精湛、纹饰华美、铭辞丰富，在古代铜镜发展史中起着承前启后的重要作用。新中国成立以来，全国各地不断有新的汉代铜镜材料出土，加上自宋代以来见于著录的汉镜传世器，目前已经构成了一个数量庞大、种类繁多、内涵宏富、年代演变有序、流播地域广泛的汉镜群，为我们全面认识汉镜特征与发展演变规律、研究汉镜文化内涵提供了丰富材料，同时也为众多研究者进一步深入了解汉代社会思想意识、宗教信仰、社会生活习俗、时代艺术风尚及经济、科技、手工业发展状况等开辟了新途径。随着考古新材料的不断出现和各种综合研究、专题研究工作的持续深入开展，汉镜珍贵的历史、艺术、科学价值也会越来越受到世人的关注。

汉代是我国封建社会发展的强盛时期，较为宽松的社会环境，稳定的政治局面，农业、商业与手工业经济的繁荣进步，文化事业的空前发达，为铜镜的专业化生产与广泛流播创造了得天独厚的条件。汉镜标新立异的卓越工艺成就，主要表现在铜镜形制较前代复杂多变、纹饰题材及其布局更加生动活泼、内涵丰富的镜铭大量出现、铸镜技术手段及质量精益求精、在全国范围内形成若干个著名的高水准铸镜中心等方面。《淮南子·修务训》："明镜之始下型，朦然未见形容，及其粉以玄锡，摩（磨）以白毡，鬓眉微毫，可得而察。"可见早在西汉早中期，人们就已经熟练地掌握了较为复杂精细的汉镜制造、打磨、开光成像的技术。汉镜合金的成分与铸镜的热处理技术，在"和以银锡""幽湅三商""幽湅宫商"等镜铭中也有记述。现代科技检测表明，汉镜主要合金比例成分大致稳定在铜

66% ~70%、锡 23% ~24%、铅 4% ~6% 的范围内[1]，这个比例对提高镜体合金的可塑性、硬度、韧性、耐磨性等都是十分科学的。汉镜表层具有极强抗氧化、抗腐蚀作用的稳定“黑漆古”的形成，是确保诸多铜镜材料千年不腐不锈、光亮如新的重要保护层，其形成技术手段与科学原理，至今仍是收藏家与研究者重点研究的对象。此外，汉镜在自身发展演变过程中镜体的增大与加厚、镜钮与镜缘的不断变化、图案浮雕技法的不断运用等，也与同时代铸镜技术的不断进步息息相关。

二、汉镜的种类与命名

汉代铜镜种类繁杂，古今研究者的分类与命名方法不尽相同，日本学者对汉镜的分类、命名与中国研究者有较大的差异。根据孔祥星先生《中国古代铜镜》一书对汉镜的分类命名法，按其年代先后大致可分为 15 大类，即蟠螭纹镜、蟠虺纹镜、草叶纹镜、星云纹镜、连弧纹铭文镜、重圈铭文镜、四乳禽兽纹镜、规矩纹镜、多乳禽兽镜、连弧纹镜、变形四叶纹镜、神兽镜、画像镜、夔凤纹镜、龙虎纹镜，这一分类命名法，至今为国内多数研究者所沿用。“蟠螭纹镜”由日本学者富冈谦藏首先命名，由于它保留了战国楚镜的鲜明特征，最初又大量发现于寿县及其附近的淮河流域一带，因故中国的早期镜学研究者称之为“淮式镜”。后来此类镜在淮河流域以外的湖南、湖北等地的不断被发现，中国的藏家与研究者才慢慢接受了富冈谦藏的命名法。“蟠虺纹镜”的图案，实则是蟠螭纹镜图案的变形发展，两者前后演变痕迹清晰且共性特征明显，有些学者不主张将两者分开命名，认为统称为“蟠螭纹镜”并无不妥。目前流行的“日光”铭、“昭明”铭、“清白”铭、“铜华”铭四类连弧纹铭文镜，是根据此类镜铭辞内容与空间排列布局的特征命名的，近年日本学者冈村秀典认为：既然本式镜以铭辞内容与绕钮圈带布局特征定名，考虑多铭文圈带的汉镜被称作“重圈铭文镜”，则所谓的“连弧纹铭文镜”定名为“单圈铭文镜”更为合理[2]。从汉镜分类标准的统一性看，冈村氏的命名法不无道理。另一类被国内学者习惯命名为“四乳四虺镜”的禽兽纹镜，冈村氏也认为将镜图主纹区内的“∽”形主纹称作“虺”纹是缺乏建设性的，考虑此类镜流行的时代背景，这些“∽”形装饰当是简约的“符号化”了的云气纹，因此本类镜应命名为“（四乳）云气纹镜”。汉镜命名要讨论的问题还有很多，如“规矩镜”与“博局镜”、“四灵（四神）”与“五灵镜”、“神兽镜”与“龙虎镜”、“柿蒂纹镜”与“莲花纹镜”等，在此不再赘述。

三、汉镜分区、分期研究

汉镜的分区、分期研究，多年来国内外研究者已经做了大量的工作，如长安汉镜、洛阳境、南阳镜、扬州镜、绍兴镜、湖南镜、六安镜、山东镜、四川镜等，均有专著问世，其中孔祥星先生的《中国古代铜镜》《中国古代铜镜图典》奠定了国内汉镜分期分区研究的基础，自然功不可没。日本的诸多镜学研究者如梅原末治、富冈谦藏、西田守夫、林巳奈夫、樋口隆康、冈村秀典、森下章司等，在资料搜集整理、统计分析与比较研究上精益求精，在研究方向与工作思路上视野开阔，独到之处颇多，取得的丰硕成果令人瞩目。中日两国铜镜研究的学术交流与合作课题的开展，也是多年来的汉镜研究领域出现的一个新气象，其中汉魏神兽镜问题的研究、山东地区出土汉镜与镜范的研究是一大亮点。作为一种尝试，国内外一些高校与研究院所之间整合学术资源进行的汉镜文化跨学科、多层次综合大课题研究，也取得了重要成果，清华大学“汉镜文化研究”课题率先作了有益探索。然而由于汉镜分区铸造、流播等问题的复杂性及目前所见铜镜材料有限性、可靠性的制约，对这一问题的研究还谈不上全面深入，其中隐约模糊、缺略存疑乃至目前无法解决的问题还有很多。如汉代铸镜中心的确认问题，在一个幅员辽阔、经济繁荣发达、地域文化差别明显的庞大汉帝国范围内，仅确认西安、洛阳、绍兴、鄂城、广汉等几个著名铸镜中心显然是与实际情况不完全相符的。不少出土资料表明，当时的诸侯王国境内，在今以寿县为中心的六安地区（淮南王国）、江苏徐州地区（楚国）、山东齐鲁地区（齐国）及著名关东汉郡治所境内等，存在若干个铸镜中心是完全可能的。在西汉晚期以来纪氏镜、东汉画像镜的分区铸造与流播等方面，淮河流域出土铜镜材料的丰富性、独特性、重要性多年来没有得到应有的关注，目前有丰富的出土证据表明，六安地区及其周邻一带确实存在着一个由若干个著名作坊构成的东汉画像镜、神兽镜、纪年镜铸镜中心，这一铸镜中心的铜镜造作已经达到了很高的工艺水平。

四、汉镜的社会功能

诚如“内清质以昭（照）明”“昭（照）察衣服观容貌”“以之为镜昭（照）身刑（形）”“象衣服，好可观”等镜铭所言，汉镜的基本功能是用于人们日常生活中的照面饰容，此外诸多铭辞还反映了汉镜被世人所寄寓的长寿富贵、家族兴旺、亲情相思、高官厚禄、避凶趋吉、调节阴阳、升仙不死等复杂内涵。随着新中国成立后大批汉墓材料的发掘，汉镜与丧葬相关的重要功能也逐渐被人们所关注。根据皖北地区近几十年的汉墓发掘情况看，棺内放置铜镜的习俗十分流行，这自然与汉人视死如生，按照逝者生前生活习俗布置墓室环境的丧葬观不无关系，然而一个不容忽视的事实是：这些丧葬镜在棺椁内的摆放位置并非随意所为，而是世人在某种十分明确的宗教思想指导下，遵循特定规制而做出的安排，即绝大多数随葬铜镜被刻意放置在逝者头部的左上方或右上方，另有一定比例的丧葬镜则被置放于逝者的胸部及其附近位置，而放置在足部或者其他部位的例镜极少见。研究者一般将这一丧葬现象解释为汉镜在世俗生者为逝者构筑的地下阴间世界里，承载有辟邪除凶、护卫逝者躯体、导引逝者灵魂升天的功能。

五、汉镜的研究价值

汉镜既是汉代人日常生活中使用的实用器，又是精巧别致的艺术品，其丰富而生动的历史文化信息与研究价值是多方面的。在图案学方面，由于流传下来的汉代画像材料不多，墓葬内出土的画像石、画像砖、壁画、帛画等材料又多局限于表达单纯的丧葬思想意识与文化内涵，后世已经很难全面认识汉代现实生活世界里画像作品的具象形态。汉镜图像较墓葬画像题材反映的内容要宽泛得多，内容题材更具有世俗化、民间化、大众化特征，如镜图中的人物、禽兽、花卉、器物及汉代人想象中的宇宙空间架构、神仙世界、神话故事等，都在镜图中有形象生动的表达。在镜铭方面，种类繁多、内容丰富、年代演变明晰的汉镜铭辞原汁原味保留了同时代社会的政治、经济、文化内涵，反映了同时代人们的精神需求、生活时尚、艺术风格及语言、辞赋、书法特征等，如两汉社会世人追求的安乐富贵、高官厚禄、延年益寿、避凶趋吉、阴阳和谐、爱情相思、亲人团聚、父母安康、子孙兴旺、神仙信仰与追求及期盼国家安定、社会清平、五谷丰登、行有车马、食有大仓的思想等，均可在丰富的汉镜铭辞中找到相关记载。这些短小精练、朗朗上口的镜铭，较之于后世流传的经过历代辗转传抄、刊印有所增删损益变化的文献材料，更能真实地再现两汉时期社会生活、思想意识、文化艺术、语言文字的原始面貌。换个说法，汉镜镜背所铸造的铭辞，是同时代“原汁原味”的特殊文献材料。在铸制工艺方面，汉镜的珍贵研究价值自宋代以来就引起了收藏家与研究者的重点关注，如原材料合金配比问题、模制浇铸成型问题、淬火热处理问题、打磨抛光问题、镜表成像问题、“黑漆古”的形成与成分问题、“透光镜”原理问题等等，目前也已经成为我国冶金史、材料科学、科技考古、艺术史研究中的一个重要领域。清代古器物学家罗振玉先生在《古镜图录》一书中评说古镜之美曰："刻画之精巧，文字之瑰奇，辞旨之温雅，一器而三善备焉者莫镜若也。"以此形容汉镜之珍美，甚是精当。

第二节 阜阳汉镜的发现与收藏状况

历史上的阜阳地区辖域，包括今阜阳市、亳州市和淮南的凤台县、六安的霍邱县、信阳的淮滨县一带，土地广袤、经济文化发达、文物古迹众多。两汉时期的遗迹遗物，更是遍及全区，因此历史上汉镜在本区的不断出土发现，应该是屡见不鲜的事情。然因阜阳地区缺少新中国成立以前的汉镜图录与资料信息，目前还无法对本区历史上汉镜发现状况作准确的推测与评估。大批汉代墓葬的发掘及其汉镜出土实物材料的不断公之于众，应该是从新中国成立以后开始的。

自 1958 年阜阳地区成立博物馆和文物工作组以来，老一代文物工作者在条件极其艰苦、经费十分困难、考古发掘与文物研究技术手段落后的情况下，凭着工作热情和对文物保护管理工作高度认真负责的态度，通过抢救性发掘、征集、拣选、购买等方式，为市、县两级文博单位积累了大批汉镜材料。根据笔者截至 2015 年 10 月的统计，阜阳地区各级文物单位收藏两汉铜镜合计 335 枚（见附表）、私藏两汉镜不完全统计 52 枚，合计 387 枚。本区文博系统的 335 枚汉镜标本，多数集中于阜阳博物馆、临泉博物馆收藏，另有 52 枚标本为私藏镜。以下分类介绍这批汉镜发现与入藏的主要情况。

一、抢救性发掘

新中国成立以来，文物部门配合各项基本建设对两汉时期的墓葬进行抢救性发掘，是获取汉镜材料的一种重要途径。相对于征集、收购、拣选的流散文物而言，墓葬铜镜由于出土地点明确、年代信息可靠，同墓出土的互证材料丰富，其具有的收藏、研究价值，亦远较征集品、收购品、拣选器珍贵，因而汉墓铜镜出土材料最为研究者所关注、珍视。阜阳地区主要汉墓发掘出土铜镜的实例，介绍如下。

1. 阜阳"双古堆"汉墓

阜阳"双古堆"汉墓，位于阜阳市区西南郊原罗庄村内（今阜阳师范学院西区院内）。1977 年 7 月 1 日至 8 月 8 日，安徽省文物工作队、阜阳地区博物馆、阜阳县文化局抽调专业技术人员组成考古队，对阜阳西南郊罗庄“双古堆”汉墓进行了抢救性发掘[3]。墓葬出土漆木器、铜器、铁器、陶器、金银器等随葬器390多件，出土文物表明该墓系西汉第二代汝阴侯夏侯灶夫妇合葬墓。因早年被盗，墓室内所剩文物不多，但仍出土了5枚铜镜：蟠螭纹铜镜3枚、云锦地纹镜1枚、变形动物纹镜1枚，其中1枚菱形蟠螭纹镜镜体硕大，直径达18.3厘米，在同类镜中甚是罕见。第二代汝阴侯夏侯灶下葬的年代为汉文帝十五年（公元前165年），这个准确的年代下限标尺，为确认墓葬出土铜镜的使用与流行年代提供了可靠依据。目前见于著录的西汉蟠螭纹镜种类、数量丰富，但多数为传世器或出土地点不明的流散文物，西汉汝阴侯墓出土的这批例镜具有明确的年代、地点和相关历史信息，可视为同类镜中的“标准断代器”，具有极为重要的研究价值。

2. 涡阳嵇山西汉崖墓

嵇山崖墓位于今涡阳县石弓镇境内的嵇山上，是一处西汉早中期形成的竖穴墓葬群。1975年3月，阜阳地区博物馆、涡阳县文物组对涡阳嵇山崖墓中的2座墓葬进行了抢救性发掘[4]，墓中出土青铜器、陶器、玉器等一批重要文物，其中有蟠螭纹铜镜3枚（1枚完整、2枚残碎）。这座嵇山崖墓的年代下限，约在西汉中期武帝前后，这个相对年代标尺，为判断3枚铜镜的使用与流播年代提供了重要依据。

3. 阜阳七渔河汉墓群

阜阳七渔河汉墓群，位于阜阳市颍州区颍西镇七渔河东侧、临泉路以南约至“单谷堆”一带。1971年1月在一汉墓中出土东汉六乳禽兽镜1枚，1972年7月当地群众平整土地时，部分墓地被破坏，文物部门在墓葬中发现西汉早期蟠螭纹镜1枚、西汉中期星云纹镜1枚。

4. 阜阳女郎台汉墓群

女郎台汉墓群，位于颍泉区泉颍办事处工业物流园区内。墓群原是一处高大的椭圆形土古堆，2004年5月至2005年11月，阜阳市博物馆对墓地进行抢救性发掘，清理汉代墓葬11座，出土铜器、陶器、玉器、铁器、骨角器等文物400多件，其中有汉代凤鸟蟠螭连弧纹镜1枚、蟠螭纹镜3枚。

5. 阜阳腰庄古城遗址

腰庄古城遗址位于阜阳颍泉区伍明镇苏集乡谭庄村腰庄一带，城址范围东至黄庄，西至周孜，南至谭庄，北至郭沟。遗址内曾出土战国至汉代时期的铜鼎、铜钫、铜镜、钱币、铁剑、铁犁铧、陶俑、陶片等文物，20

世纪50年代，在古城的一处遗址内一次集中出土日光连弧纹镜25枚（7枚完整、18枚残）。这批大小、形制、图案基本雷同的汉镜标本出土于同一处遗址内，曾引发论者关于本地存在铸镜作坊或售卖作坊的讨论。1976年该遗址范围内还零星出土过四乳四虺镜、四乳四兽镜标本。

6. 阜阳白洋湖汉墓群

白洋湖汉墓群，位于阜阳颍泉区闻集镇白洋湖附近。墓群中已经发现的墓葬年代，约在西汉中晚期至东汉时期。1976年5月墓葬内出土过四乳四虺禽兽纹镜1枚、昭明连弧纹镜1枚，1999年3月墓地出土过汉“桼言”铭四乳四鸟简化博局纹镜1枚。

7. 王店前郭庄新莽墓

前郭庄新莽墓，位于阜阳颍州区王店镇前郭庄九里沟前郭庄村南侧。1976年5月墓葬被群众取土时挖毁，墓内出土1枚新莽时期珍贵的“新兴辟雍”铭禽兽博局纹镜。

8. 程集万庄新莽墓

万庄新莽墓，位于阜阳颍州区程集镇刘棚万庄村，1978年3月墓中出土1枚新莽“井田”铭禽兽博局纹镜。镜铭反映了王莽进行土地制度改革、推行“王田制”的重要史实，极其罕见。

9. 阜阳老油坊汉墓群

阜阳老油坊汉墓群，位于阜阳颍州区王店镇王寨村老油坊，1975年9月发现一批汉墓，出土新莽时期“昭明”铭四乳四虺禽兽纹镜1枚、昭明镜1枚、八乳八鸟博局纹镜1枚。

10. 颍州西湖汉墓

1967年7月，文物部门对颍州西湖西北侧一处东汉砖室墓进行清理发掘，墓葬出土一批文物，其中1枚东汉“陈氏”铭六乳禽兽镜十分罕见。圆形，半球形钮有穿，圆钮座。座外六乳将主纹区分作六区，依次配置：青龙、凤鸟、朱雀、白虎、蟾蜍、玄武。主纹区外置一周铭文圈带，铭文：“陈氏作镜自有纪，上大山，见仙人，持芝草，与吾道。□□竟，好可观，苍龙白虎主除道兮”，铭文末刻一禽鸟。铭文圈带依次置短斜线纹、三角形锯齿纹圈带。画纹带缘，画纹带中饰九尾狐、三足鸟、对鸟、双鱼、日中金乌、月中蟾蜍、五铢钱文等图案。断为九块，有缺损。直径13.1厘米。

11. 茨淮新河利辛工地汉墓

1973年12月，茨淮新河利辛工地发现一座东汉砖室墓，墓内出土1枚罕见的东汉“蔡氏”铭升仙图画像镜。

除以上列举的汉镜标本外，阜阳地区汉墓出土镜还见于1969年阜南县红旗闸王园一号汉墓出土的四乳四兽镜、1972年12月阜阳东南郊七里铺大古堆汉墓出土东汉四乳神人镜、1973年11月太和县张阁古城遗址出土西汉“上大山”铭博局纹镜、1974年界首尹城子汉墓出土四乳禽兽镜、1974年5月界首河北隋湾子小楼汉墓出土四乳神人禽兽镜、1976年8月界首亮集邢寨汉墓出土新莽时期“新有善铜”铭变体花枝纹镜、1976年10月阜阳西南郊罗庄大队韩庄汉墓出土东汉“常乐富贵”铭四乳禽兽镜、1984年7月临泉县城关中国银行基建工地汉墓出土西汉“大乐贵富”铭蟠螭博局纹镜、1986年9月阜阳郊区窑厂出土东汉七乳禽兽镜、1987年6月阜阳颍河闸汉墓出土西汉蟠螭纹镜等。近年在阜阳城南房地产开发建设中，前贾庄、后贾庄、三里岗汉墓群也出土了一批汉镜，仅笔者所见的“大乐贵富”铭蟠螭博局纹镜、星云纹镜、四乳四虺镜、禽兽博局纹镜就有多枚，这些藏品均已流散到收藏家手中保存。

二、合作社、废品站、土产站仓库拣选

阜阳文博单位收藏的汉镜标本，拣选器占了相当大的比例，这些拣选器多数是20世纪60年代至80年代从阜阳地区合作社仓库、物资回收公司（废品收购站）仓库、土产站仓库获得，也有少量的汉镜标本是从蚌埠地区、宿州地区、淮北地区各级废品站、土产站拣选，以下列举几批重要的汉镜拣选器介绍。

1. 阜阳县合作社仓库拣选器

1966年1月拣选汉四乳禽兽镜1枚；1970年拣选四乳四虺镜3枚、“尚方”铭禽兽博局纹镜1枚、四乳简化博局纹镜1枚、东汉“作佳竟”铭禽兽博局纹镜1枚、东汉“上大山”铭八乳禽兽博局纹镜1枚、画纹带缘神兽镜1枚、四虎神兽镜1枚、四乳八鸟镜2枚、五乳花枝纹镜1枚；1971年拣选四乳四虺八鸟镜1枚、东汉“上大山”铭八乳草叶简化博局纹镜1枚；1972年拣选西汉“大乐贵富”铭四叶蟠螭纹镜2枚、四乳禽兽博局纹镜1枚、西汉“练冶铜华”铭连弧纹镜1枚、东汉莲花纹座连弧纹镜1枚、昭明镜2枚、四乳八鸟镜2枚、四乳四神镜2枚、东汉“吾作明竟”半圆方枚神兽镜2枚、东汉“田氏作竟”铭四乳神人神兽画像镜1枚、变体几何纹镜1枚、星云纹镜2枚、四乳四神镜2枚；1973年4月至1974年10月拣选八乳禽兽博局纹镜3枚、东汉“尚方”铭六乳神人神兽画像镜1枚、东汉“王氏作竟”铭六乳神人画像镜1枚、东汉“尚方”铭七乳禽兽镜1枚、东汉“尚方作竟”铭六乳神人神兽画像镜1枚、东汉“蔡氏作

竟”铭四乳神人车马画像镜 1 枚、“长宜子孙”铭弦纹镜 1 枚；1974 年拣选东汉“尚方”铭四乳简化博局纹镜 2 枚、八乳禽兽博局纹镜 1 枚、四乳四兽镜 1 枚、西汉昭明镜 5 枚；1975 年 10 月拣选四乳四虺镜 1 枚、四乳禽兽镜 3 枚、四乳禽兽博局纹镜 1 枚、羽翼山峦博局纹镜 1 枚、四乳八鸟镜 1 枚；1976 年拣选西汉“见之日光”铭四乳草叶纹镜 2 枚、星云纹镜 1 枚、八乳禽兽博局纹镜 1 枚、神兽博局纹镜 1 枚；1987 年拣选汉“长宜子孙”铭连弧纹镜 1 枚、汉四乳禽兽镜 1 枚。

2. 阜阳地区废品收购站仓库拣选器

1967 年拣选日光镜 1 枚；1976 年拣选西汉日光连弧镜 1 枚；1978 年拣选四乳四虺镜 1 枚。

3. 涡阳县合作社仓库拣选器

1971 年 2 月拣选汉“泰言”铭八乳禽兽博局纹镜 1 枚；1973 年 12 月拣选四乳四虺镜 2 枚、五乳五雀纹镜 1 枚；1974 年 3 月拣选四乳禽兽镜 1 枚；1977 年 10 月拣选四乳四虺镜 1 枚；1979 年 2 月拣选四乳四兽镜 1 枚。

4. 蒙城县合作社仓库拣选器

1973 年 7 月至 1974 年 2 月，拣选日光镜 2 枚、八乳禽兽博局纹镜 1 枚、东汉“张氏作竟”铭四乳神人画像镜 1 枚；1974 年 12 月拣选四乳禽兽镜 1 枚、四乳四神镜 1 枚；1975 年 10 月拣选神兽博局纹镜 1 枚、东汉“上大山”铭八乳禽兽博局纹镜 1 枚。

5. 利辛县合作社仓库拣选器

1974 年 12 月拣选东汉“吾作明竟”四乳神人神兽镜 1 枚；1975 年 10 月拣选四乳四兽镜 1 枚；1976 年 10 月拣选东汉四乳八鸟镜 1 枚。

6. 颍上王岗合作社、城关合作社仓库拣选器

1974 年 4 月拣选四乳四兽镜 1 枚、四乳八鸟镜 1 枚。

7. 亳县合作社仓库拣选器

1972 年 3 月拣选四乳四兽镜 1 枚。

8. 临泉县合作社仓库拣选器

1971 年 2 月拣选东汉龙虎神兽镜 1 枚；1976 年 12 月拣选汉“长乐富贵”铭四乳镜 1 枚。

9. 阜南县合作社仓库拣选器

1970 年 5 月拣选东汉四乳八鸟镜 1 枚；1975 年 10 月拣选东汉“三羊作竟”铭龙虎神兽镜 1 枚。

10. 蚌埠土产站仓库拣选器

1967 年拣选西汉四乳四虺镜 2 枚、昭明镜 2 枚、禽兽博局纹镜 3 枚、

七乳禽兽镜 1 枚、汉“宜家人，乐未央”铭弦纹镜 1 枚、东汉双线波折纹镜 1 枚、四乳神兽镜 1 枚、东汉五乳五雀纹镜 1 枚。

11. 濉溪县土产站仓库拣选器

1967 年 4 月拣选新莽八乳禽兽博局纹镜 3 枚、东汉四乳禽兽镜 1 枚。

12. 凤台县合作社仓库拣选器

1972 年 3 月拣选新莽时期“新有善铜”铭四乳禽兽简化博局纹镜 1 枚；1972 年 11 月拣选汉“桼言”铭四乳神人禽兽简化博局纹镜 1 枚、东汉神兽镜 1 枚；1973 年 4 月拣选七乳禽兽镜 1 枚；1987 年 12 月拣选汉“长宜子孙”铭多乳纹镜 1 枚。

三、基层文化馆（站）、外贸公司等单位移交

1958 年以来，阜阳县文化馆（展览馆）、全区基层文化馆（站）、地区外贸公司等单位，向阜阳博物馆文物库房移交了一批汉镜藏品，以下择要介绍。

1. 文化馆（站）移交

1987 年 12 月涡阳县义门文化馆移交西汉涡纹地蟠螭纹镜 1 枚、四乳草叶纹镜 1 枚、四乳四虺镜 1 枚，涡阳县文化馆移交几何博局纹镜 1 枚；1987 年 12 月颍上县文化馆移交西汉涡纹地蟠螭纹镜 1 枚、五乳五雀镜 1 枚；1987 年 12 月阜阳县展览馆移交西汉“大乐贵富”铭蟠螭纹镜 2 枚、禽兽博局纹镜 1 枚、“桼言”铭禽兽博局纹镜 1 枚、“汉有善铜”铭四神博局纹镜 1 枚、四神博局纹镜 1 枚、“长宜子孙”铭四乳四神镜 1 枚；1987 年蒙城县文化馆移交四乳禽兽纹镜 2 枚、四乳四神镜 2 枚；1987 年 12 月阜南县文化馆移交四乳禽兽镜 1 枚、“尚方”铭禽兽博局纹镜 1 枚；1987 年 12 月界首文化馆移交“丹阳”铭简化博局纹镜 1 枚、“丹阳”铭四神博局纹镜 1 枚。

2. 阜阳地区外贸公司移交

1977 年阜阳地区外贸公司移交四乳四虺镜 4 枚、“练冶铜华”铭连弧纹镜 1 枚、日光镜 1 枚、昭明镜 2 枚、四乳云纹简化博局纹镜 1 枚、“新有善铜”铭四乳禽兽纹镜 1 枚、四乳禽兽镜 1 枚、“新有善铜”铭四乳禽兽镜 1 枚、“上泰山”铭七乳禽兽镜 1 枚、龙虎神兽镜 2 枚、四乳四鸟纹镜 1 枚。

3. 凤台县文教局移交

1987 年 12 月凤台县文教局移交四乳禽兽纹镜 3 枚。

四、征集、收购

除上述汉镜藏品来源外，阜阳文物部门多年来还从文物商店等单位和个人处征集、收购了一批汉镜标本。如 1980 年从阜阳地区文物商店收购西

汉“清白”铭连弧纹镜1枚；1984年7月征集西汉“内清质”铭连弧纹镜1枚；1990年以来临泉县博物馆征集了日光镜5枚、昭明镜2枚、禽兽博局纹镜5枚；1978年太和县文管所征集八乳禽兽博局纹镜1枚等。

五、私藏镜

近几十年，阜阳民间收藏活动方兴未艾，古代铜镜是众多收藏家喜爱把玩、收藏的艺术品之一。据笔者调查，阜阳迄今还没有出现专门收藏铜镜的收藏家，汉镜只是他们“杂项”藏品之一。这些藏品良莠不齐，其来源、真伪均存在不少问题，当然其中也有不少汉镜精品，本书仅收录部分私藏镜。

第三节 阜阳汉镜的研究价值与研究状况

在安徽省乃至周边地区，阜阳汉镜以存世数量多、内涵丰富、自身特色鲜明著称。除一般汉镜所具有的历史、艺术、科学价值外，阜阳汉镜自身独特的多方面研究价值颇受世人关注，以下举例说明。

一、阜阳汉镜图像丰富的物象及内涵，填补了汉画研究材料中的诸多空白，为解读汉画图像提供了重要模本

阜阳汉镜镜图中表现出来的花草树木纹、神禽异兽纹、变体几何纹等，是解读汉画像构图物象的重要材料，如汉代社会建构的“四方八极”宇宙空间模式、“四灵”的配位图像系统、仙界西王母图像系统等，都可以在阜阳汉镜图式中找到清晰的模本。在汉代及其稍后的文献记载中，充斥着大量的有关汉代社会神仙信仰崇拜与升仙不死活动的内容，这些神仙信仰与升仙说也是同时代汉画热衷于表现的主题之一，但就目前所见的汉镜图像而言，这些刻画升仙活动场景的组图，多系被“符号化”了的简略省隐图式，几组图像间似乎各自独立存在、看不出相互之间情节演进或神话内涵上的关联，以致后世论者认识、解读这些简略图时产生不少歧义。可贵的是，在阜阳出土的“升仙图”画像镜构图中，极其完整细腻地描绘了一组具有前承后续情节场景演进关系的汉代人“得道升仙图”，其中车马人物出行、亲朋相送、白虎导引、昆仑之山、仙界人物恭迎、升仙人物跪拜天门、大司守卫天门、仙界琼楼玉宇、主神西王父与东王母、西王母信使等应有尽有，有了这个生动明晰的组图标识，汉镜中长期争议不决的

部分“车马出行图”“人物乐舞宴饮”等图像所承载的神话学内涵，由此得以厘定。

关于淮河流域东汉人物画像镜问题，是多年来汉镜图像学研究中的一个薄弱环节。传统观点认为，以浙江绍兴为中心的南方地区是东汉人物画像镜的一个制作与流播中心，以洛阳、西安为中心的北方地区则为另一个画像镜流播中心，即所谓的“绍兴系画像镜”“中原系（北方系）画像镜”之分。从近几十年来不断发现的汉镜新标本看，上述观点显然是有不少问题的。就淮河流域出土的东汉画像镜而言，目前其种类与数量已经远多于西安、洛阳地区，这些地域特色鲜明的东汉画像镜材料，主要分布在以寿县为中心的安徽六安、阜阳地区及河南的信阳地区（鲁西南邹县、滕州、济宁及江苏徐州等地，也是淮河流域画像镜的一个分布区，或受汉墓画像石构图题材、风格的辐射影响，这一地区画像镜风格特色与阜阳、六安一带画像镜有明显区别，本书后文有专论）。阜阳博物馆收藏此类画像镜 7 枚，均是研究淮河流域东汉人物画像镜的珍贵标本，相信今后随着本地区文物调查与考古工作的深入开展，会有越来越多的实物材料支持本文的论点。

二、阜阳汉镜是研究两汉神仙思想和淮河流域原始道教形成、发展、流播的重要材料

古代淮河流域神仙巫术、天文数术思想十分发达，考古材料表明，此类神鬼巫术之风自史前时期就很盛行。先秦之际，淮河流域还是著名的道家思想发祥地。独特的自然地理条件、远离王朝政治经济中心的社会环境、频发的水旱灾害侵袭、传统神鬼巫术文化的丰厚积淀，是秦汉时期淮河流域神巫思想、原始道教文化发展久畅不衰的重要原因。东汉中晚期，淮河流域西王母信仰崇拜思想异常活跃，以致在社会各种动荡因素的引燃下，西王母祭祀崇拜活动以极端狂热的形式爆发出来。据《汉书·哀帝纪》及《汉书·五行志》记载，汉哀帝建平四年“民惊走，持槁或棷一枚，传相付与，曰行诏筹……经历郡国二十六，至京师。其夏，京师郡国民聚会里巷仟佰，设（祭）张博具，歌舞祠西王母。又传书曰：‘母告百姓，佩此书者不死。不信我言，视门枢下，当有白髮。’”这次行西王母筹的民间宗教运动，从四月至秋历经数月，据日本学者考证，其活动发源地就在淮河流域。行西王母筹传送经过 26 个郡国，最后在长安达到高潮，由此可见西王母神话及其信仰崇拜在汉代民间影响之大。

两汉时期淮河流域神仙信仰与西王母崇拜之风隆盛，在阜阳汉代铜镜图案中有生动的印证，这些镜图无疑为研究本地区原始道教的渊源、形

成、发展与演变提供了有力证据。如果我们把阜阳汉镜中的西王母题材例镜标本大体按照年代先后顺序作统计分析，则从“西王母禽兽镜”到“西王母画像镜”的演变历程，就可以管窥本地区西王母信仰崇拜的演变轨迹。从镜图中整理出来的这个两汉神仙思想演变线索，尽管算不上完备，对填补文献材料模糊省隐、支离破碎的记载，解决宗教史研究中的悬疑问题却是极其重要的。目前所见的西王母题材禽兽镜标本约为20枚，除了不明出土地点的流散器外，其中有明确出土地点的几乎全部集中在淮河流域内，阜阳境内的4枚标本即全部出土于墓葬。早期的此类镜图像流行“西王母配玉兔捣药”“西王母配白虎”两类模式，西王母图像多与三足乌、九尾狐、玉兔、蟾蜍、凤鸟、羽人、持节方士等伴出，其作为至尊“主神”的地位并不突出。此后镜图中的西王母主神地位不断被凸显，其大小、位置的安排与其他物象明显有别，以致到了东汉中晚期画像镜图式中，西王母及其对偶神东王公完全占据了核心位置（本书后文有专论）。阜阳汉镜中西王母图像系统的上述演变轨迹，正是两汉西王母神话演变与原始道教出现、形成的缩影。

三、阜阳汉镜铭文重要的“证史”“校史”价值

1. 研究价值

阜阳汉镜的一个重要特征是镜图中铸有大量的铭文，这些内涵丰富的镜铭，真实保留了同时代政治思想、经济生活、文化面貌、艺术成就等方面的诸多信息，具有重要的“证史”“补史”“校史”价值，举例说明如下：

王莽取代西汉建立新朝后，为解决汉代社会遗留的土地剧烈兼并、流民现象严重、社会动荡不安的问题，曾照搬先秦时期的“井田制”制度，在始建国元年四月下诏推行过“王田制”（亦称井田制）改革，后因遭到大地主、大官僚阶层的反对与阻挠，被迫于始建国四年下令废止“王田制”，前后推行这项土地制度改革的时间不足四年。关于这次著名的短命土地制度改革究竟当时在全国推行过没有，历史上研究者争议颇多，现在还有不少学者认为：由于这项土地制度改革自一开始就遭到大地主阶层的拼命对抗，当时并没有真的在全国范围内广泛推行开来，而是在一定程度上仅停留在“纸面上”说说而已。阜阳发现的一座小型新莽墓中出土一枚“井田”铭禽兽博局镜，镜铭：“刘氏去，王氏持，天下安宁。井田平，贫广其志。”铭辞表明当时的确在全国范围内实行过“王田制”改革。这枚铜镜出土地点明确、年代清晰、记载重大历史事件浅显易懂，是目前发现的记载王莽“王田制”改革事件的唯一一件出土实物材料，具有珍贵的研究价值。

阜阳出土的另一枚新莽时期“新兴辟雍”铭禽兽博局纹镜，镜铭：“新兴辟雍建明堂，然（单）于举土列侯王，将军令尹民户行，诸生万舍在北方，子孙复具治中央。”记载了当时王莽新建辟雍名堂、为太学儒生筑舍万区、处理与北方匈奴民族关系等重大历史事件。《汉书·王莽传》记载元始四年：“是岁，莽奏起明堂、辟雍、灵台，为学者筑舍万区，作市、常满仓，制度甚盛。”辟雍、明堂系当时重要的国家祭祀礼制建筑，遗址位置在汉长安城南城墙向南约1千米处、安门南大道东侧[5]。王莽重建毁于战火的辟雍、名堂时，还同时在其附近规划建设了文武百官和广大太学生的住宅区。通过解读镜铭，我们可以了解当时这一大型古建筑群的规划与建设概况。上述镜铭还反映了匈奴呼韩邪单于来朝汉廷的史实，这是当时汉族与北方匈奴民族和平相处的物证。

阜阳汉镜铭辞是两汉文学作品的特殊表现形式，为研究汉初楚辞体文学风格及两汉七言诗的起源、形成、发展演变提供了珍贵素材。如镜铭“挈清白而事君，怨（患）污驩（秽）之弇明。玄锡之流泽，恐疏而日忘。美之穷（躬），外承可兑（说）。毋绝。”“内（纳）清质以昭明，光辉象夫日月，心忽穆而愿忠，然雍塞。”两类铭辞的完整形态为：“挈清白而事君兮，患污驩（秽）之弇明。被玄锡之流泽兮，恐疏远而日忘。怀媚美之躬体兮，外承欢之可兑（说）。慕窔（窈）佻（窕）之灵景（影）兮，愿永思而毋绝。”“纳清质以昭明（兮），光辉象夫日月。心忽穆而愿忠（兮），然雍塞而不泄。”早在几十年前，就有中日研究者指出此类镜铭是《楚辞》离骚体的结构形态与风格[6]。另外，“湅冶铜华清而明，以之为镜宜文章。延年益寿去不羊（祥），与天毋（无）极而日光”“昭作明镜成快意，上有龙虎四时宜。长保二亲乐毋事，子孙番昌家福贵”“尚方作竟大毋伤，巧工刻之成文章。左龙右虎辟不羊，朱雀玄武顺阴阳，子孙备具居中央”之类的镜铭，多七言成句，前后句子押韵，结构形式相对固定，读起来朗朗上口，与后世流行的完整七言韵句几乎没有什么区别。文学史研究者一般认为五言诗兴于汉代，并产生许多佳作。过去这些汉代铜镜铭辞的七言韵文在文学史上的地位，一直没有受到大的关注。铜镜铭辞的七言韵文应出自民间工匠之手，可谓七言诗之滥觞。由于在目前见到的中国文学史的书籍里，罕见涉及此类内容，因此非常值得注意和研究。镜铭“桼言之纪从竟（镜）始”“桼言之纪竟（镜）舒（始）如”句，现在不少学者就认为其中的“桼言”实则是“七言”之意，“桼”即“漆”的省书，通作“七”。此类镜铭文意，直接明了地道白了汉代七言诗的起源问题[7]。

此外阜阳汉镜铭辞在同时代思想史、宗教史、经济史、冶金史、民俗学、文字学、书法艺术及文物考古断代等方面的珍贵史料价值，也是值得重视的，本书后文有专论，在此不作赘述。

2. 研究状况与存在的问题

关于阜阳汉镜资料的整理与研究，大致是从20世纪六七十年代开始的。值得提及的是，阜阳博物馆原馆长韩自强先生与刘海超先生、阜阳市文物组组长刘奕云先生、阜阳县文物组组长王襄天先生、颍上县文物组马人权先生与常其琴先生、临泉县博物馆原馆长冯耀堂先生等一批老文物工作者，在艰苦的工作环境下为阜阳汉镜的收集、整理、研究做了大量的基础性工作，使一大批汉镜标本历经劫难之后有了一个永久的安全归宿地。今天我们能有机会、有条件目睹阜阳汉镜的风采，了解阜阳汉镜文化的博大精深与珍贵价值，应向老一代文物工作者的执着敬业精神和长期工作中付出的艰辛劳动表达敬意。近几十年来，阜阳汉镜的整理与研究工作呈蓬勃发展态势，研究成果虽算不上丰硕，但经几代文物工作者、史学研究者的不懈耕耘，也取得了可圈可点的成绩。若评价说阜阳汉镜研究工作走在本省或周边地市的前列，应该不算过分。以下对近几十年来阜阳汉镜主要研究成果作分类统计，列表如下。

表1-1　阜阳汉镜研究成果统计一览表

类别	序号	文章名称	作者	资料来源
藏品介绍	1	安徽颍上出土四件古代铜镜	马人权	《文物》1986/9
	2	安徽颍上征集的几件汉代铜镜	马人权	《文物》1991/1
	3	阜阳市郊出土的两件王莽政治歌谣铜镜	韩自强 刘海超	《阜阳文物考古文集》1989年版
	4	安徽阜阳发现的几件铜镜	董　波 刘建生 杨玉彬	《考古与文物》1998/3
	5	精美的汉代丹阳镜	杨玉彬	《收藏界》2007/4
	6	几面有广告铭文的汉丹阳镜	董　波	《文物春秋》2007/2
	7	阜阳汉镜包纳四海百川	杨玉彬	《中国收藏》2004/1
	8	阜阳博物馆收藏的一件汉代铭文镜	董　波	《文物》2001/1
	9	丰富多彩的阜阳汉镜	刘建生	《文物世界》2006/3
	10	汉兽禽规矩纹镜	杨玉彬	《收藏家》2004/1
	11	新莽“新兴辟雍”四神规矩纹镜	杨玉彬	《收藏界》2004/8
	12	阜阳出土的汉代神人画像镜	杨玉彬	《收藏界》2003/12
	13	汉“清白”铭连弧纹镜	杨玉彬	《收藏》2006/6

（续表）

类别	序号	文章名称	作者	资料来源
专题研究	1	绿漆古铜镜的结构成分分析	韩自强等合著	《文物保护与考古科学》1993/7
	2	汉博局禽兽镜中的西王母物象	杨玉彬	《收藏》2010/2
	3	汉禽兽镜中的羽人物象	杨玉彬	《收藏》2010/5
	4	汉禽兽镜图式中的熊	杨玉彬	《收藏》2010/10
	5	汉禽兽镜中的蟾蜍物象	杨玉彬	《收藏》2009/5
	6	汉禽兽镜图式中的九尾狐与三足乌	杨玉彬	《收藏》2010/12
	7	汉禽兽镜中的凤鸟与朱雀物象	杨玉彬	《收藏》2009/6
	8	汉禽兽镜中的“四灵”物象演变	杨玉彬	《收藏》2009/9
	9	汉四乳“四灵”禽兽镜物象观察	杨玉彬	《收藏家》2008/8
	10	汉“四灵”博局镜物象观察	杨玉彬	《文物研究》2009/16
	11	汉镜中的西王母神话	杨玉彬	《中国收藏》2006/8
	12	汉镜中的西王母演变	杨玉彬	《收藏》2007/3
	13	阜阳出土神人车马画像镜的初步研究	杨玉彬	《安徽文博》2012/7
综合研究	1	阜阳出土东汉“升仙图”画像镜考释——兼论东汉神人车马画像镜神话学内涵等问题	杨玉彬	《中国汉画学会第13届年会论文集》，中州古籍出版社2011年10月版
	2	阜阳出土新莽“井田”铭博局镜及相关问题	杨玉彬	《南方文物》2013/2
	3	阜阳出土西王母禽兽镜考释——兼论两汉西王母禽兽镜兴衰演变等问题（上）	杨玉彬	《文物鉴定与鉴赏》2014/2
	4	阜阳出土西王母禽兽镜考释——兼论两汉西王母禽兽镜兴衰演变等问题（中）	杨玉彬	《文物鉴定与鉴赏》2014/3
	5	阜阳出土西王母禽兽镜考释——兼论两汉西王母禽兽镜兴衰演变等问题（下）	杨玉彬	《文物鉴定与鉴赏》2014/4
	6	汉神兽、画像镜中的西王母演变——兼论神兽、画像镜流行的年代关系	杨玉彬	《收藏家》2006/9
	7	淮河流域东汉人物画像镜的初步观察	杨玉彬	《阜阳师院学报》2012/4
	8	淮河流域东汉“升仙图”画像镜的初步观察	杨玉彬	《淮河文化研讨会第六届年会论文集》2011年11月版
	9	阜阳地区出土镜中的道家文化内涵解读	杨玉彬	《老子文化高端论坛》2011年7月交流论文
	10	阜阳出土“道家文化铜镜”考察	杨玉彬	《志鉴》2011/3
	11	汉镜神仙图像校释	杨玉彬	《中国美术研究》2014/2

（续表）

类别	序号	文章名称	作者	资料来源
课题研究	1	汉镜神仙思想研究	杨玉彬	清华大学人文社科基金研究项目“汉镜文化研究”课题（2012WKZ005）结项成果
	2	汉镜西王母神话		
	3	新莽镜“井田平贫”铭研究		
	4	西汉早期铭文镜研究		

多年来，阜阳汉镜整理与研究工作，也存在着不少问题与薄弱环节，主要表现在以下几个方面：

（1）汉镜研究的深度与广度不够，有待进一步开拓。多数同志的整理与研究活动还只是停留在叙述、介绍标本本身的层面，阜阳汉镜所承载的思想史、宗教史、艺术史、经济史、冶金史、民俗学、文字学、书法艺术等方面的内涵与价值，远没有发掘、解析出来。诸多有鲜明地域文化特色镜类的流行，缺少从宏阔社会背景、文化视野与时代精神的角度与周邻同类器作比较研究，自然也就不能深度认识此类标本在汉代整个镜群中的地位与独特价值。如阜阳西汉铸镜业与镜文化的繁荣问题，与同时代社会生活稳定、经济文化繁荣、汉政府政策引导、汉代人审美需求变化等因素息息相关，但宏观社会史变迁与传统区域经济史的重要影响因素，也要特别加以关注。战国晚期阜阳地区系楚都寿春之京畿重镇，《史记·六国表》还记载楚都在考烈王十年曾一度迁居于此达 12 年之久（即由陈城迁居钜阳），楚都经济生活的繁荣与高度发达文化的辐射影响，刺激了阜阳铸镜技术水平的迅速提高，造就了阜阳铸镜业与镜文化的繁荣昌盛。战国晚期发达的铸镜业与繁荣的镜文化所形成的深厚积淀，对阜阳汉镜铸造及镜文化发展造成的影响肯定是存在的，至少在西汉前期是如此。西汉的阜阳地区位于淮南国近郊，文献记载西汉刘氏淮南国经济富庶、文化发达、铜镜铸造等手工业生产水平高，阜阳铸镜业与镜文化的发展演变自然要受到辐射影响，况且阜阳所在的夏侯氏汝阴侯国本身就拥有铜器、漆木器、陶器等手工业作坊与府库，凡此种种都构成了阜阳汉镜文化发展繁荣的重要基础。

（2）汉镜形制、构图与铭辞内容的发展演变，是同时代各种社会因素综合作用、交互影响的结果，要正确揭示某类汉镜组图、铭辞的出现与流播背景，需要对两汉时期不同统治者执政期间实施的政治、经济、文化政策作一具体而精细的考察，这种考察与分析论证，是今后阜阳汉镜研究中亟待加强的地方。如阜阳汉镜形制大小的规整性变化，铭文内容与用字特点由汉初单一、规范到后期灵活多变、随意取舍以及东汉时期纪年镜、纪氏镜的大量出现等，是由于不同历史阶段统治者实施经济政策的变化造成的，尤其是汉政府实行或开放盐铁之禁、允许或控制民间铸镜进入社会流通领域售卖政策的调整，对同时期铸镜业发展产生了重要影响。如果我们不对两汉社会宏观经济政策的变迁加以关注而仅从镜群本身的特征变化加以考察，则最后得出的可能是“只见树木不见森林”的偏颇结论。再如汉镜纹饰、铭辞中的神仙物象与神仙思想，在西汉前期与中晚期、新莽前后、东汉早期与中晚期的不同阶段变化很大，这种思想意识与宗教信仰的变迁轨迹，也要置放于汉代社会史背景下作动态考察。

（3）由于对考古发掘工作的重要性认识不足，多年来阜阳田野文物调查与考古发掘活动日渐萎缩，在一定程度上阻滞了文博单位汉镜藏品不断补充的渠道，导致阜阳汉镜研究工作缺少新材料。一个不容忽视的事实是：目前在阜阳博物馆收藏的三百多枚汉镜标本中，近 10 年补充的“新”藏品数量不足总数的 5. 8%，绝大多数的藏品还是 20 世纪 60、70、80 年代入库的汉镜。今后要想更为全面深入地认识、了解阜阳汉镜，不断补充新材料对相关问题作深度研究，文物调查与考古发掘是亟待加强的工作。

（4）文博单位自身研究力量薄弱、专业人员匮缺、经费支持缺乏，限制了汉镜研究工作的深入开展。培养一批研究人才，充分利用周边高校与文物考古研究机构的技术力量，进行协同创新课题研究，或许是当前走出这一困境的有效途径之一。

关于阜阳汉镜研究工作，还有一个问题需要说明：在阜阳数千年漫长的社会发展史中，汉代的社会繁荣、经济文化发达是一个高光亮点，其中值得后人引以为自豪的东西很多。由于年代久远、文献匮缺与古代文献简略记载的局限性等原因，我们迄今对阜阳两汉社会史的发展面貌还知之甚少。多年来的研究表明，要想从有限的文献材料考证角度试图去全面“复原”“再现”阜阳两汉社会生活面貌是行不通的。并非是古文献研究工作不重要，而是文献陋略疑缺的记载决定了我们获取历史信息的局限性，这种研究不管在某一具体问题上如何深入，对全面认识整个鲜活生动的社会生活史而言仍是支离破碎的，从这个意义上讲，以出土材料为依托的诸如阜阳汉镜整理研究之类的工作尤为重要。阜阳汉镜研究，是从与汉代社会生活尝试“零距离接触”、从尝试与汉代人“直接对话”、从汉代社会生活领域选取一个微观具象的角度认识历史，它是对阜阳两汉社会生活和人文精神的最直接、具体、生动的触摸与解读，虽然这种解读会缘于本书作者视野狭窄、知识经验肤浅、掌握实物材料与历史信息不充分等原因得出不少偏颇结论或出现贻笑大方的错误，那是作者水平有限造成的问题，与所使用的这种研究方法、途径无关。无论如何，开展这种充满艰辛的、原创性的文物研究工作都是值得提倡的，在文物工作落后、历史研究亟待加强的阜阳尤其如此。从哲学认识论的角度看，人类无法全面复原先祖所经历的全部历史，甚至永远无法全面了解祖辈涉足的生活细节，而只能尽可能怀着敬畏之心，以谦虚谨慎的求知态度去了解它、接近它。复原与再现阜阳两汉社会生活史，从实物材料、微观材料入手进行多角度、多侧面具象的研究十分重要，只有这种研究不懈地持久深入下去，不断地去发现、补充、修正、积累素材，尽可能多地复原历史细节，才不会使阜阳两汉史研究空乏无力、流于形式、事倍功半，这需要文献材料研究、考古调查与发掘、文物研究及现代科技手段研究等多途径、多手段并用，更需要研究者，尤其是年轻后学淡泊名利，耐得住清苦寂寞，坐得住冷板凳。

第二章 阜阳汉镜的特征与演变轨迹

第一节 阜阳汉镜的分类与地域特征

一、阜阳汉镜分类简述

本书共收录阜阳汉镜387枚，主要讨论文博单位335枚收藏镜（由于种种原因，52枚私藏镜未获取完整的信息资料）。参照孔祥星先生《中国古代铜镜》一书的汉镜分类标准，这些藏镜大致可分为以下几类。

1. 蟠螭纹镜

21枚。此类镜主要出土于阜阳“双古堆”西汉汝阴侯墓、颍泉区女郎台汉墓、涡阳嵇山汉代崖墓、阜阳七渔河汉墓、阜阳颍河闸汉墓、临泉县城关镇中国银行建筑工地汉墓，流行年代为西汉前期，下限约至武帝时期，是直接承袭战国同类镜特征发展演变而来的一个大镜群。由于此类镜的弦钮、匕形缘、构图蟠螭纹与战国晚期的楚镜基本雷同，又大量出土于以寿县为中心的淮河流域，过去亦曾被叫作“淮式镜”“战国式镜”，后来镜学研究者才逐渐接受了日本学者富冈谦藏先生的命名法而称作蟠螭纹镜。

汉初到武帝前后，蟠螭纹镜经历了缘部、钮部和图案纹饰的发展演变。孔祥星《中国古代铜镜》一书中将此类镜分作“缠绕式蟠螭纹镜”“间隔式蟠螭纹镜”“规矩蟠螭纹镜”三类。缘于前两类镜在年代先后上有时难以截然分开，日本学者冈村秀典《汉镜分期研究》一文，按照蟠螭纹结构的不同将此类镜粗约分作“单线式（Ⅰ式）蟠螭纹镜”“复线式（Ⅱ式）蟠螭纹镜”两类。从阜阳汉镜标本呈现的演变特征看，本式镜大体可分为早、中、晚三期：早期蟠螭纹镜流行配置细密云雷纹地纹，主纹图案为细带状单线蟠螭形态，一般以3组或4组形构相同的环绕状蟠螭纹组图，龙体部分流行饰菱形纹。显然，此类与战国同类镜雷同的蟠螭纹镜，可视为战国蟠螭纹镜在汉初的延续，有些标本或就是战国镜，只是汉代人死后作为丧葬器随葬到汉墓中罢了。汝阴侯墓出土器、女郎台汉墓出土器、七渔河汉墓出土器均属本类镜。有些镜图两组蟠螭图案之间，还多配置草叶纹、变体鸟纹间隔。中期蟠螭纹镜，地纹逐渐简化省隐，蟠螭纹带状双线结构开始流行，并出现“大乐贵富”类的铭文圈带，例镜见于嵇山崖墓出土器、阜阳县合作社仓库拣选器等。晚期蟠螭纹镜，主纹区不仅增加了博局纹，镜钮亦开始由弦钮变为伏兽钮，“大乐贵富”之类的铭文由环带状开始演变成双线方框形，例镜见于临泉城关中国银行基建工地汉墓出土器。

在2005年挖掘女郎台汉墓中，还出土了一件由变体凤鸟纹、蟠螭纹、连弧纹复合而成的所谓“三叠层”图案的蟠螭纹镜，它毫无疑问地属于战国楚镜，只是延续到汉代被人们继续使用，又被用作了丧葬器下葬。本书考虑到器物出于汉墓，因此作为特例将它归入了汉镜范畴。

2. 草叶纹镜

5枚。草叶纹镜是指以花瓣纹、草叶纹、花蕾纹等植物纹样为主体的镜种，此类镜在西汉前期至后期均有出现，由于自一开始出现就没有地纹，其形成年代上应略晚于早期蟠螭纹镜。就本类镜图式中的草叶纹而言，在早期蟠螭纹镜图案中就有配置，并且经历了由花蕾纹向麦穗纹的演变过程。阜阳境内发现的草叶纹镜不多，所见标本大体可归入四乳草叶纹镜类，有的例镜配有“见之日光，天下大明”“见之日光，长毋相忘”铭辞。

3. 星云纹镜

7枚。星云纹镜也是本地区发现较少的汉镜镜种之一。形制多为博山钮，圆钮座，座外饰内向十六连弧纹，主纹区为星云纹带，典型例镜见于阜阳西郊七渔河汉墓出土器、阜阳地区财政局工地汉墓出土器。因主纹多星云状乳突，过去亦习惯称此类镜为“百乳鉴”。孔祥星先生认为，所谓的“星云”，完全是由蟠螭纹渐次演变而成，小乳钉系蟠螭骨节的变幻，云纹则为蟠螭体之化身。目前发现的最早汉代星云纹镜，出土于西安市长安区武帝时御史大夫张汤墓中，结合其他汉墓出土镜资料，可知此类镜主要流行于西汉中期的武帝、昭帝、宣帝之际。

4. 连弧纹镜

56枚。其是本地区发现最多的汉镜种类之一。根据镜铭内容的不同又可细分为“日光连弧纹镜”“清白连弧纹镜”“铜华连弧纹镜”“昭明连弧纹镜”“日有喜连弧纹镜”“宜子孙连弧纹镜”几类，其中以日光连弧纹镜、昭明连弧纹镜最为流行。关于连弧纹铭文镜的命名，考虑到与另一类“重圈铭文镜”定名标准的一致性，近年日本学者冈村秀典建议称作“单圈铭文镜”则更为恰当。连弧纹镜中，也有一类不带铭文圈带的例镜在阜阳被发现，如阜阳东郊轮窑厂汉墓出土器、阜阳城郊双古堆汉墓出土器等。据孔祥星《中国古代铜镜》一书研究，日光连弧纹镜主要流行于西汉武帝后期至新莽时期；昭明连弧纹镜主要流行于西汉中后期，以西汉后期最为盛行；清白连弧纹镜、铜华连弧纹镜、日有喜连弧纹镜主要流行于西汉晚期。

5. 日光铭文镜

26 枚。这是本地区习见的一类汉镜标本。此类镜的特征是主纹区以“见之日光，天下大明”“见之日光，长毋相忘”圈带铭辞为主，没有配置连弧纹圈带。铭文用字疏朗简约，字符间多有涡纹、椭圆纹、菱形纹等图案装饰。从墓葬发掘材料分析，此类镜出现与流行年代要晚于日光连弧纹镜，大致流行于西汉晚期至东汉早中期，可视为以日光连弧纹镜为模本的简化类镜种。

6. 四乳禽兽纹镜

98 枚。四乳禽兽纹镜是本地区最流行的汉镜种类之一。主要采用四乳间配置虺、禽鸟、神兽组图，根据主纹区纹饰配置的差别可细分为四乳四虺镜、四乳四神镜、四乳四兽镜、四乳八鸟镜、四乳禽兽镜五类。关于四乳四虺镜的定名，过去曾有“四虺纹镜”“四螭纹镜”“虺龙纹镜”的叫法，日本学者冈村秀典认为此类镜图式中的所谓逆 S 形“虺纹”系后世学者的误读，它实则是汉代流行的简化“云气纹”，与西汉早中期流行的“蟠螭纹”“蟠虺纹”本无关联，因为此类镜出现与流播时间在武帝至东汉早期，其素宽平缘的典型特征亦是明证，故而其正确定名应是“云气禽兽纹镜”。四乳四神镜、四乳四兽镜、四乳八鸟镜、四乳禽兽镜可以笼统称作“四乳禽兽镜”，它们的出现与流行年代在西汉晚期以后，时间上大致比四乳四虺镜（云气禽兽纹镜）晚。

在阜阳南郊王店老油坊村新莽墓出土器中，有一枚带有“内清质以昭明”铭辞的四乳四虺禽兽纹镜（云气禽兽纹镜），可视为上述四乳四虺镜（云气禽兽纹镜）演变过程中的一个特例。

7. 禽兽博局纹镜

80 枚。其是本地区最流行的汉镜种类之一。此类镜构图的一个最显著特征，是在主纹区配置由“T”“L”“V”形构成的规则博局纹，以标示两汉社会世界认识论中“四正四维”“四方八极”的宇宙空间方位架构。根据纹饰组图的不同，此类镜又可细分为蟠螭博局纹镜、草叶博局纹镜、四神博局纹镜、禽兽博局纹镜、几何博局纹镜、简化博局纹镜等六类。蟠螭博局纹镜、草叶博局纹镜的出现与流行年代前已述及，约始于西汉中期武帝前后。四神博局纹镜、禽兽博局纹镜、几何博局纹镜的流行年代约在新莽时期至东汉前期，其中四神博局纹镜的出现要略早于后两类镜。简化博局纹镜是以上几类镜中出现年代最晚的镜种，它从四神博局纹镜、禽兽博局纹镜、几何博局纹镜构图中蜕变而出，主要流行于东汉中晚期。

禽兽博局纹镜组图的另一个重要变化是镜铭的大量出现，如“尚方”铭类型、“善铜”铭类型、“佳镜”铭类型、“桼言”铭类型、“上大（泰）山”铭类型及众多的纪氏铭类型的铭辞的屡见不鲜，这些镜铭充斥着汉代社会流行的神仙思想、阴阳五行说、谶纬学说内容，也有少量的为统治者歌功颂德的歌谣和宣传铸镜质量优良的吉祥“广告语”。

8. 多乳禽兽纹镜

12 枚。本类镜在阜阳地区发现不多，由于主纹区配图具有环钮圈带状分布的特征，因此不少学者称之为“禽兽带纹镜”“兽带纹镜”或“细线式禽兽带纹镜”，其流行年代主要在东汉中晚期。根据镜图主纹区乳钉数的变化，此类镜可分为五乳禽兽镜、六乳禽兽镜、七乳禽兽镜几类，其中以六乳禽兽镜、七乳禽兽镜最为流行。典型的六乳禽兽镜标本见于阜阳西郊七渔河汉墓出土器、阜阳颍州西湖汉墓出土器及阜阳合作社拣选器，此类镜中还多见“尚方”“陈氏”之类的铭文。典型的七乳禽兽镜标本见于阜阳东郊轮窑厂（建材总场）汉墓出土器及凤台县合作社仓库拣选器。

9. 连弧纹镜

7 枚。在本地区发现较少。此类镜与前述连弧铭文镜不同，是指以内向连弧纹为主题纹饰、铭文处于次要附属地位的例镜。按《中国古代铜镜》一书的分类法，此类镜又可细分为云雷连弧纹镜、“长宜子孙”铭连弧纹镜、素连弧纹镜三类，其出现年代较晚，主要流行在东汉晚期。

10. 画像镜

8 枚。画像镜是指以扁平状浮雕技法表现人物、车马、禽兽等纹饰题材的一类铜镜，阜阳发现的画像镜大致可分为神人神兽画像镜、神人车马画像镜、神人画像镜三类，其流行年代约略在东汉中期以后。阜阳地区汉代画像镜虽然发现不多，但因是“淮河流域画像镜（淮系画像镜）”的典型器而具有重要的研究价值，如茨淮新河利辛段工地汉墓出土的一枚神人车马出行画像镜，完整地再现了汉代人想象中西王母神仙世界及世俗之人的升仙过程。

11. 神兽镜

18 枚。神兽镜是指以立体浮雕技法表现神人、神禽异兽题材纹饰的一类铜镜，它的主要构图特征是较画像镜扁平浮雕更加具有高浮雕的立体效果。阜阳出土的神兽镜以龙虎纹、三虎纹、双龙纹、神兽纹镜居多，其中“蔡氏”铭龙虎神兽镜最具有地方特色，另有极少量的神人神兽镜和半圆方枚神兽纹镜出土。阜阳地区所见神兽镜的流行年代，约在东汉中期以后，与画像镜年代基本雷同。

除上述主要镜类外，阜阳地区汉镜出土器中还有少量的具有地域特色的例镜，如西汉汝阴侯墓出土的云锦地纹镜、变形草叶动物纹镜及“长宜子孙”铭弦纹镜、双线波折纹镜、五乳花枝纹镜、半圆方枚柿蒂纹镜等，这些例镜大多罕见或不见于其他地区出土器或著录中，其铸产地或就在阜阳地区。

二、阜阳汉镜的地域特征

如果把阜阳目前发现的汉镜群置放于两汉之际的整个镜系中观察比较，便容易发现它与我国南方江浙系汉镜、四川广汉西蜀系汉镜、陕西长安系汉镜、湖北鄂州系汉镜、河南中原系汉镜及苏鲁临界一带汉镜之间的异同（本书以人物画像镜为例有进行专门讨论，详参后文“综合研究”部分）。从汉镜分区研究的角度而言，阜阳汉镜属于淮河流域汉镜群的范畴（日本学者称作“淮派镜”“淮系镜”[8]），与以寿县为中心的淮河中下游地区汉镜出土器有较多的共性，但自身的特点也很鲜明。以下概述阜阳汉镜的地域特征：

首先，从汉镜种类分析，阜阳地区流行镜类主要有蟠螭纹镜、星云纹镜、连弧纹镜、单圈日光铭镜、四乳禽兽镜、禽兽博局纹镜、神兽镜七大类，草叶纹镜、多乳禽兽镜、弦纹镜、画像镜亦属流行镜种，但出土数量不多，蟠虺纹镜、重圈铭文镜、变形四叶纹镜及神兽镜中的重列神兽镜、三段式神兽镜、环绕式神兽镜罕见或不见。上述镜群中，蟠螭纹镜、单圈日光铭镜、画像镜、龙虎神兽镜是最具地方特色的镜种：蟠螭纹镜多数沿袭战国楚系镜特征，后期标本构图有变化，大体经历了楚系镜—无地纹单线式蟠螭镜—复线蟠螭纹镜—蟠螭博局纹镜的演变；单圈“见之日光”铭镜数量多，分布广，形体小而规整，构图缺少连弧纹，铭辞书体简约疏朗，几乎成了西汉中期小型墓中必备的随葬器，表明这一时期本式镜在民间使用非常广泛；东汉画像镜出土数量虽不多但很重要，它是淮河流域人物画像镜群自成一系的最重要支撑证据之一；龙虎神兽镜数量多，构图简约大气，是阜阳地区神兽镜区别于江南系、华西系、鄂州系同类镜的最显著特征。前文提及的云锦地纹镜、变形草叶动物纹镜、“长宜子孙”铭弦纹镜、五乳花枝纹镜等，罕见或不见于其他地区，大体亦可视为阜阳地域特色镜。不过目前数量太少或仅系孤例，尚没有充分的依据进行讨论。

其次，阜阳汉镜多数标本直径小、重量轻，缺少诸如六安、淮南等周边地区及徐州、洛阳、西安、绍兴、鄂州等地汉镜中的大体量“重器”群。如草叶纹镜、星云纹镜、四乳四虺镜（云纹禽兽镜）、四乳禽兽镜、日光镜、日光连弧纹镜、昭明镜等，多数标本直径在 10 厘米左右，部分例镜直径不足 8 厘米。到了新莽前后，以博局纹镜为代表的例镜直径才开始逐渐变大，但也多数控制在 16 厘米以内。东汉时期的七乳禽兽镜、人物画像镜直径有超过 18 厘米者，但此期流行的四乳禽鸟镜、五乳禽兽镜、六乳禽兽镜、龙虎神兽镜等，多数标本直径仍流行在 10 厘米左右的范围内。总体而论，阜阳汉镜只有在西汉前期蟠螭纹镜、两汉之际新莽镜流行之际体量较大，其他阶段多流行小型镜。

再次，从构图纹饰题材看，阜阳汉镜与神仙信仰、升仙不死说相关的物象组图十分丰富，神禽异兽、仙界人物、仙界场景及各种与神仙思想相关的云气、山峦、药尊、仙草等物象几乎随处可见，在西汉末年以来的镜图中尤其流行配置西王母图像系统，禽兽镜图式中的西王母形象独树一帜，其出现频率远较其他地区同类镜图式中高，凸显出淮系神人禽兽镜鲜明浓郁的地域特色，而诸如江南系镜中的现实生活场景、历史人物组图之类的物象，却几乎没有出现。本区以龙虎神兽镜为代表的神兽镜群组图内容，亦较江南系、广汉系、鄂州系神兽镜图式区别明显。阜阳地区神兽镜例镜中，目前还没有发现以刻绘东汉“群神谱系”组图的重列式神兽镜出土器。几枚收藏于太和县文管所的半圆方枚环绕式神兽镜，因为是征集品，其出土地是否在阜阳境内，尚值得追问。

另外，阜阳汉镜铭辞配置及文化内涵的区域特征也十分鲜明。从四百余年两汉宏阔的文化背景考察，缘于刘汉王朝乃至短暂的新莽政权整体上统治的是一个大一统帝国，无论是中央政府所在地，还是郡县、诸侯王国甚至包括荒蛮之地，大一统的政治、经济、文化政策必然造成不同地区社会文化面貌的基本趋同，进而形成了诸多汉镜铭文从配置形式到内容、书体具有较多的共性。然而由于区域传统文化、社会风俗、人的审美情趣、铸镜工匠造镜习惯和汉政府调整经济政策（如“张”“弛”盐铁之禁）、区域经济文化发展不平衡性等诸多因素的影响，不同地区流行的汉镜铭文内容还是有差别的，以下依据阜阳汉镜铭辞举例说明。

（1）阜阳汉镜构图中的铭文用字，存在着严重的讹错、减笔、遗漏、省略、反书等现象，如果不是对同时代流行的同类汉镜铭文十分熟悉，有时则难以通读。此类随意处置镜图铭文的用字现象，在西汉中晚期的昭帝至新莽朝之前表现得尤为突出。这一时期汉镜随意配置铭文用字，亦无明显的规律可言。造成此类现象的原因，应与本地区铜镜形体较小、镜背铭文圈带空间狭促、无法容纳更多的汉字的因素有关。可能铸镜工匠设计铭文圈带时多注重其图案的装饰功能，而对铭文用字的结构、形状大小、字符间距及内容的完整性表达缺乏严谨周密的计算与安排，在实际铸模时由于容纳字符空间的局限，便不得不对其中“多余”的字、笔画繁密难铸的字作减笔、缺省、以别字替代等方式处理。

（2）阜阳汉镜铭文，西汉前期流行使用《楚辞》离骚体，西汉晚期以来流行使用七言诗格式，例证在前文“研究价值”一节已经列举。这种镜铭内容的配置使用，在淮河流域十分盛行，其原因应与当时淮河流域楚文化的传统积淀及本地区淮南国作为发达学术中心的辞赋文学之风盛行有关。文献记载，淮南王刘安本人就是一位喜爱、研究《楚辞》文学的高手，汉武帝还曾命刘安作过《离骚赋》，因此《楚辞》离骚体文学在当时的淮河流域流播之风甚盛。毗邻淮南国的阜阳地区汉镜构图中流行离骚体铭文，大抵是受其影响所致。不仅如此，汉代的梁国也是当时著名的辞赋创作与学术研究中心。梁王刘武的梁园里，汇聚了大批汉帝国最高水平的文人墨客，其辞赋诗风对周邻地区的传播影响作用不可小视[9]。夹处在梁国、淮南国两大文学学术中心的阜阳地区则尽得其利，铜镜构图中流行配置七言诗铭文，或与上述文化背景有关。

（3）与汉镜流行配置大量神仙思想题材的物象组图相呼应，阜阳镜图中也配置了丰富的与神仙信仰、升仙不死说内容相关的铭文，诸多铭辞实际是对镜图描绘的仙界人物、神禽异兽、神仙生活场景的确指和解读，如“上大山，见神人，食玉英，饮澧泉，驾交龙，乘浮云”“尚方作竟真大好，上有山人不知老，渴饮玉泉饥食枣，寿如金石”“泰山作竟真大巧，上有山人不知老，渴饮玉泉饥食枣，浮游天下敖四海”“上大山，见仙人。持芝草，与吾道”“上有东王父西王母”等。阜阳汉镜图像与铭文的这些内容，印证了汉代阜阳所在的淮河流域神仙思想之盛，也印证了以西王母信仰崇拜为核心内容的原始道教思想在民间已经广为流传[10]。

（4）阜阳东汉时期的镜铭中，尚方铭类镜、纪氏铭类镜十分流行。如“蔡氏”铭神人车马画像镜、“龙氏”铭神人车马画像镜、“田氏”铭神人神兽画像镜等。近年日本学者冈村秀典研究认为，“蔡氏”“龙氏”“田氏”之类的铭文镜源出于淮河流域，这些纪氏铸镜工匠是从“尚方”御制作坊中分离而出，是东汉中晚期开放铜镜铸造、流通市场所带来的必然结果[11]。阜阳地区目前发现蔡氏铭画像镜6枚（4枚藏阜阳博物馆、2枚私藏），加上六安地区出土的多枚蔡氏镜和寿县出土东汉章和年间“淮南龙氏作竟”铭纪年镜材料，可验证冈村氏的推证观点大致是正确的。

阜阳汉镜数量多，种类全，内容题材广泛，制作工艺精湛，精美器、珍稀品荟萃，发展演变线索清晰，年代前后绵延不绝，以上仅从几个方面简述其地域特征。此外汉镜铭辞中的政治歌谣、对铜镜质量的广告宣传、镜铭中的祥瑞文化及铸镜工艺等也有自身的地域特色，在此不作赘述。

第二节 阜阳汉镜的演变轨迹与社会动因

关于汉镜发展演变的分期研究，论者有不同时段划分标准。国内学者传统的做法是依据汉镜发展历程中的几次重要变化，将其分为西汉前期、西汉中期、西汉晚期至东汉早期、东汉中晚期四个时段。也有学者将其划分成西汉前期、西汉中期、西汉晚期、西汉末至新莽时期、东汉早期、东汉中晚期六个时段研究的。有些研究者还试图将新莽时期的铜镜从两汉镜群中剥离出来，将其作为一个独立的时段、独立的镜种研究，即提出所谓的“新莽镜”“莽式镜”问题[12]。日本学者习惯将汉镜发展演变分作“汉镜1期至4期”共四段或“汉镜1期至7期”共七个时段研究[13]。几种分类方法共性之处颇多，本书沿袭国内学者传统的分期方法，将阜阳汉镜的发展演变轨迹大致划分为西汉早期、西汉中期、西汉晚期至东汉早期、东汉中晚期四个阶段梳理。

阜阳汉镜出土数量多，种类杂，内涵丰富，其发展演变经历了早期战国镜向两汉镜发展的过渡形态、西汉武帝前后的成型与勃兴期、西汉晚期至东汉早期的发展繁荣期及东汉中晚期的标新立异的繁荣鼎盛期。这一演变轨迹，与同时代社会政治生活、经济发展、文化思想的变迁等因素密切相关，其中不同时期统治者经济政策调整的影响起着重要作用。

一、西汉早期

阜阳地区所见西汉早期镜标本，主要有蟠螭纹镜、云雷纹镜、草叶纹镜、星云纹镜、连弧纹镜等几类，其中早期以蟠螭纹镜出土数量最多、铸制工艺成就最高。这些蟠螭纹镜，又有以云雷纹为地纹的单线蟠螭纹镜、复线蟠螭纹镜、配置铭文的蟠螭纹镜多种，是阜阳地区西汉早期最为流行的镜类。晚期草叶纹镜、星云纹镜虽有出土，但数量不多，连弧纹镜大量出现。单纯的云雷纹镜、变体动物纹镜，则仅见于西汉汝阴侯墓出土器。这一时期汉镜的总体特征，主要表现在：（1）镜种单一、制作精整考究；（2）纹饰组图严谨对称，尺寸大小较为统一；（3）图案地纹渐趋消逝、主纹趋于疏朗简约；（4）早期铭文铸制工整，错字较少，句式简短而统一规范，内容以祈求富贵、表达相思为主，晚期铭文中有省字、减笔、反书、讹错等现象；（5）部分铜镜的形制、纹饰与战国镜基本相同，表明它们可能是战国镜的延续使用。在女郎台汉墓中，还发现了随葬的云雷纹—凤鸟纹、蟠螭纹—连弧纹“三叠层”复合图案式的典型战国镜。上述汉镜形制、图案、铭辞等呈现的面貌，表现出这一时期铜镜从战国晚期到西汉镜演变的“过渡型”特点，即一类标本是战国镜的继续沿用，另一类承袭战国镜的特征而有所创新。

阜阳西汉早期铜镜上述特征的形成，有着特定的时代背景与社会动因。刘邦建汉之初，所面临的是一个战后人口大量散亡、社会生产遭到严重破坏的满目疮痍的社会局面，据《汉书・食货志》记载，当时国困民穷的程度，连汉天子也找不到四匹同样颜色的马来驾车，而丞相只能坐着牛车上朝。政治上，各地诸侯王拥兵自立，对汉中央政权构成严重威胁。军事上，北方匈奴实力强大，经常入寇破坏边境的安宁。经济上，粮食供给严重不足，物价暴涨，“米石万钱，马一匹则百金”。这种社会背景下，官方铸镜作坊不可能有大的作为，铜镜制作基本上沿袭战国镜的形制、纹饰特征而缺少新成就。由于高祖治国实行的《九章律》主要承自秦朝，仍带有秦律苛严的特征，盐铁之禁、铜器铸造业还没有对民间开放，此期民间铸镜可能仅限于诸侯王、列侯私铸，市井里坊中还没有出现专门的铜镜私铸作坊。汉初几代统治者为恢复、发展社会生产，推行黄老无为之术，实行薄赋轻徭、约法省禁、与民休息的国策。从惠帝、吕后时期开始，开始推行简政轻刑、惠泽天下的改律活动，“复弛商贾之律”“省法令妨吏民者，除挟书律”（《史记・平准书》）。文景时期，对过去严刑苛法实行更大规模的改动，“弛商贾之律”“开关梁，弛山泽之禁”“是以富商大贾周流天下，交易之物莫不通，得其所欲”（《史记・货殖列传》），这种宽松自由的政策为官方与民间工商业的发展提供了良好的机遇，促进了铜镜铸造业的勃兴与繁荣。加上七十余年的励精图治，至文景时期国家“都鄙廪庾尽满，而府库余财，京师之钱累百巨万，贯朽而不可校。太仓之粟陈陈相因，充溢露积于外，腐败不可食”（《汉书・食货志》），形成了政治清平、社会安定、国富民强的太平盛世局面。这一时期由于社会经济发展、文化繁荣，官方与民间铜镜铸制业也有了新发展，不仅传统的蟠螭纹镜形制、纹饰构图有了创新，草叶纹镜、星云纹作为新的镜种也流播开来。

关于目前所见的阜阳西汉早期镜，有两个问题尚需要特别关注。

一是阜阳罗庄“双古堆”汉墓——第二代汝阴侯夏侯灶夫妇合葬墓出土镜问题，夏侯灶夫妇下葬的年代下限在文帝前期，与同时代汉镜标本比较，两墓出土镜不仅镜体硕大、铸工精整、纹饰华美细腻，镜种也十分庞杂，大型云雷纹镜（过去曾称作云锦纹镜）、变体草叶动物纹镜为同时代其他地区所不见，表明这些铜镜系当时汝阴侯国铸镜作坊所铸造。从墓葬出土材料看，在汉初开放盐铁之禁、纵民铸镜的背景下，显赫富庶的汝阴侯国的确拥有自己的专门造作铜器的机构“汝阴库”，其中的生产工匠、监造官吏还有着较为精细的分工。作为辅证材料，以下列举一组汝阴侯墓出土器铭文[14]：

铜鼎：“女（汝）阴侯鼎，容一斗四升，重十斤五两十二铢。六年，女（汝）阴库守沂、工□造。”

铜行灯：“汝阴侯□，重二斤□两。三年，汝阴库已工□造。”

银扣漆布盘：“汝阴侯布平盘，径尺三寸。七年，吏讳工速造。”

漆耳杯：“十一年，汝阴侯杯，容一升半。库已工意造。”“夫人舍。”

漆盂：“汝阴侯盂，容一升五斗。七年，库襄工延造。”

漆卮：“汝阴侯卮，容五斗。三年，汝阴库已工年造。”

以上是汝阴侯墓出土部分铜器、漆器铭文，标注出汝阴侯国的“汝阴库”是专门的铜器、漆器等器物造作、收藏、管理机构，其中“沂”“已”“讳”“襄”是汝阴库负责监管造作器物的官吏名（工官），“速”“意”“延”“年”是造作铜器、漆器的工匠名。汝阴府库既然能够造出复杂精细的铜器、漆器，当然也可以造日常生活中照面饰容的必需品——铜镜，这是阜阳西汉早期“侯国造镜”的一大特色。汝阴库所造铜镜，自然是以专供汝阴侯家族及其侯国官吏属员使用的，是否还批量造作出后在当时的市场上出售、流通？在此不便妄下结论。20世纪七八十年代，文物工作者曾在阜阳老城东郊发现一批有“汝市”戳印款的西汉早期弦纹、素面圜底罐，年代表明当时这些出自官府作坊机构的陶器，当时是可以作为商品在市场出售的[15]。这个“汝市”商品交易市场，推测可能不会仅仅流通陶器，铜镜、铜器、漆器等生活必需品也应有所交易。

二是阜阳西汉早期镜标本的年代，也有一个早、晚之分的问题。早期的蟠螭纹镜、草叶纹镜、星云纹镜，形制、纹饰与铭文具有严谨规整的显著特征，似乎当时铸镜的镜范“模板”是统一规定的。晚期的草叶纹镜、连弧纹铭文镜，其形制、图案与铭文则出现了灵活多变的新特点。汉镜造作的上述变化，是惠帝至文景之际统治者开放盐铁之禁、纵民铸镜背景下的产物，表明这一时期铸镜业的发展正处于战国晚期向汉代的“过渡阶段”，铜镜造作形制、纹饰、铭辞标新立异的繁荣鼎盛期还没有出现。

二、西汉中期

约从西汉中期武帝前后开始，汉镜的形制、构图、铭文发生了重要变化，研究者一般将武帝至昭帝这一时段，视为汉镜发展演变的承前启后阶段。阜阳汉镜的发展也呈现出镜种大量增加、纹饰题材推陈出新、铭文成为主纹区构图的重要组成部分等新特点，但总体上自身地域特色不明显，与周邻地区汉镜面貌及其发展演变轨迹趋于雷同。

目前发现的阜阳地区西汉中期镜种类，常见的有草叶纹镜、星云纹镜、连弧铭文纹镜（单圈铭文镜）、重圈铭文镜、四乳四虺纹镜、四乳禽兽纹镜等，其中以四乳四虺镜、连弧铭文镜出现的频率最高。构图方面，大量使用四乳四分区模式，纹饰一改过去“主纹”“地纹”重叠组合成图的繁缛细腻风格而趋于质朴简化，地纹装饰不再出现。铭辞方面，镜图中铭文大量出现，成为主题纹饰的重要组成部分，其中“见之日光”镜、“昭明”镜、“练冶铜华”镜及反映相思情感、祈求安乐富贵类的镜铭十分丰富。

阜阳西汉中期出土镜的数量与分布地域的广泛性，也是此前汉墓中的随葬镜无可比拟的。这一时期，无论是大、中型墓还是小型墓葬中，几乎都可见到铜镜随葬器出土，尤其是形体较小的四乳四虺纹镜、日光连弧纹镜在墓葬中最为常见。一个典型的例证是20世纪50年代，颍泉区苏集腰庄古城遗址内就一次性出土日光连弧镜25枚，这些铜镜均形体较小、镜体轻薄，直径均在6.3～6.4厘米，缘厚在0.15～0.2厘米，1976年遗址墓葬区还出土过几枚四乳四虺镜。显然，这些铜镜当时均是作为平民百姓家的实用器出现的。此期阜阳汉镜的种类不仅在全国其他地区常见，镜图、铭文、铸造工艺等也表现出高度的规整性、统一性，以至于不少铜镜爱好者认为它们多是批量生产的“同模镜”。

阜阳西汉中期铜镜的上述特点，有着特定的社会生活背景与时代动因。“文景之治”积累了雄厚的社会财富，到武帝之际形成了国力隆盛的大一统帝国，稳定的国内局面、社会经济的繁荣促进了铜器造作业的发展，为铜镜的规模生产与广泛流通创造了条件。另一方面，为强化中央集权，集中人力、物力发动对匈奴的战争，武帝时期在大力剪除诸侯势力的同时，还对过去“纵民盐铁”的宏观调整经济政策进行了重大调整，以东郭咸阳、孔仅、桑弘羊等人分主农事，并在郡县广设盐铁之官，在全国范围内实行盐铁等专卖，打击官僚贵族、富商大贾私铸铜器，限制民营手工业和商人势力发展，规定“敢私铸铁器煮盐者，钛左趾，没入其器物”（《盐铁论·本议第一》）。这一时期，铜镜造作与售卖基本上由政府专控。在国家政治、经济、文化大一统、铜器生产与流通由政府专控的社会背景下，汉镜造作的形制、纹饰、工艺特征等，自然便呈现出上述高度的一致性。武帝元鼎二年，末代汝阴侯夏侯颇因“与父御婢奸”被人告发而畏罪自杀，侯国旋被中央政府削除，则意味着阜阳西汉中期最大的铜镜私铸中心的覆灭。此后的汝阴侯国故地归入汝阴县治理，铜镜的生产与售卖行业，在郡县的统一管理下生存发展，到西汉晚期，政府掌控器物造作、流通的局面才逐渐有所松动。

三、西汉晚期至东汉早期

阜阳地区发现的西汉晚期镜、新莽镜、东汉早期镜，镜种与数量众多，铭文配置频繁、内容活泼丰富，纹饰构图多繁缛精美而富有变化。这一时段铜镜造作，整体呈现出一种繁荣、创新、多元的勃兴局面。

第一，西汉中期流行的日光镜、照明镜、四乳四虺镜等继续沿用，禽鸟镜、禽兽镜、博局镜大量出现。禽兽镜图中的“四神（四灵）”纹，早在西汉中期就已经见于镜图中，西汉晚期以来，此类按空间方位配组的四神结构，频繁出现于禽兽镜构图，尤其是新莽时期，“四神”架构组图几乎成为镜图中必备的图案。博局纹图案，在西汉中期就已经被配置在“大乐贵富”铭蟠螭纹镜组图中（见 1984 年 7 月临泉县城关镇工行基建工地汉墓出土镜），但其大量流行约略是从西汉中晚期开始的，其中最为常见的是四神纹与博局纹组合配置的一类八乳四神博局纹镜，这一遵循四方八极空间配位规制的镜图，反映的是当时世俗社会流行的神仙思想与天地空间架构的宇宙观。镜缘大量装饰云气纹、锯齿纹、禽兽纹，也是这一时期汉镜构图创新的特征之一。

第二是这一时段铜镜铭文的显著性变化，西汉早中期的镜铭，多是表达富贵、长寿、亲情相思之类的内容。约从武帝以后，镜铭中开始大量出现“尚方”铭、“纪氏”铭、“善铜”铭之类的铭辞，神仙思想、高官厚禄思想、家族繁衍昌盛思想及表达铜镜质地精良的“广告语”等成为镜铭内容的主流。“尚方”铭镜可能早期出自为帝王造器的官方御制作坊，即《汉书·百官公卿表》记载的少府下属的“尚方”，这些宫中铜镜一般是禁止外传的。西汉晚期以来，“尚方”铭镜大量出现于丧葬用器中，阜阳出土镜中此类镜十分常见，有些镜造作十分粗糙，显然这些“尚方”镜不会真的出自官方御制器，铭辞应是铸镜作坊或工匠宣传铜镜质地的自夸溢美之词。从另一类“纪氏”铭文镜看，阜阳境内发现的所谓的“田氏”镜、“陈氏”镜、“王氏”镜等，应是出自当时的一些著名铸镜作坊。由于铜镜是流动性较强的商品，这些纪氏镜的产地亦并不一定出自今阜阳地区。

第三，阜阳地区出土的新莽时期铜镜，质地精良、纹饰华美细腻、构图规整严谨、铭辞内容与书体考究等特点，可将视为两汉镜中的经典之作。铭辞中的歌颂新朝“井田制”内容、歌颂王莽建“辟雍”与“明堂”内容、宣传“丹阳镜”内容，对研究新莽时期的社会史具有重要参考价值。

从阜阳西汉晚期至东汉早期出土镜的种类、数量、分布区域看，此期铸镜水平较过去有明显的进步，产品数量与流通的广泛性亦非西汉早中期所能比。镜铭中出现了大量的纪氏镜、冒用“尚方”铭镜、宣传铜镜质地精良的铭辞及歌颂铜镜功能的吉祥语等，是这一时期铜镜进入流通领域后商品化程度不断加深的物证。

阜阳西汉晚期至东汉早期镜的上述发展演变，是这一时期社会生活领域多种因素交互作用的结果。武帝以来实行的盐铁专卖政策触动了官僚贵族与富商大贾的经济利益，加上国家专卖制度的确有不少弊端，因此在实施过程中不断有反对的声音。据《盐铁论》记载，昭帝始元六年，汉中央政府召开了一次著名的“盐铁会议”，霍光以昭帝的名义命令丞相田千秋召集六十多名贤良文学，与汉政府盐铁专营政策的主要倡导者、执行者桑弘羊就政府是否对盐铁实行专卖一事展开激烈的辩论。此后朝廷盐铁专控虽仍在执行，但经济政策已经有所松动。元帝初元五年“罢盐铁官”，3 年后又恢复盐铁官之设。成帝时期沿袭过去盐铁专营之策，但从发现的西汉晚期铜器造作铭文内容看，这一时期已经出现了官营作坊造器、官署监管民营作坊造器等多种灵活的策略。王莽新朝推行“六莞”经济政策，盐铁、货币、铜器铸造经营等均有政府专控，所以阜阳出土的新莽镜制作精整规范，纹饰构图与铭辞考究，如镜图中的博局纹、四神纹多严格按照空间方位配置、铭辞多是歌颂王莽功德的政治歌谣等。显然，这些构图、铭辞应是经过官署统一设计审定的。东汉早期，光武帝、明帝对盐铁生产经营、铜器造作销售实行官营为主、民营为辅的政策，允许民间铜器私铸业的存在。章帝、和帝时均曾短期内推行过盐铁专卖政策，但不久即“罢盐铁之禁”，实行官营、民营并行的专卖政策。在统治者上述经济政策的不断调整下，汉镜造作、经营才有了创新、多元的勃兴局面出现，阜阳汉镜才会出现诸多自我宣传铜镜质地的铭辞。

四、东汉中晚期

东汉中晚期是阜阳汉镜铸造业发展繁荣的又一高峰期，镜种、构图、铭文较前都有标新立异之处，铸镜工艺呈现出自身鲜明的特色。

新镜种的出现与流行是这一时期铜镜造作的重要特色之一。神兽镜、画像镜是此前本地区很难见到的镜类，到了东汉中期此类镜大量增加，成为最为流行的镜种之一。多乳禽兽镜出现于东汉早期，但真正在阜阳地区流行起来的时间应是在东汉中晚期。博局禽兽镜在这一时期仍很流行，但已经呈现出“L”“V”“T”纹简化、“四神”结构简化、“四神”配位不遵守规制的明显趋势，这一类镜常被论者称为“简化博局纹镜”。

纹饰组图及文化内涵的创新是本期铜镜铸造的另一特色。首先表现为镜图中西王母、东王公（父）题材的大量增加，早在新莽前后，阜阳出土的禽兽镜构图中就有了西王母神话题材，但作为“人物镜”的大量出现与流行还是在东汉中晚期。画像镜中的西王母故事情节，是以升仙不死与神仙生活为神话内涵的，西王母的“对偶神”东王父的形象也是大量出现在这一时期。此期多乳禽兽镜构图技法尽管与画像镜不同，但呈现的组图主题内涵与画像镜是一样的，都是以表现神仙生活、升仙不死为主要内容，镜图中的主神也是西王母与东王父（公）。不少神仙人物图像还带有“东王公”“西王父”“西王母”“西母”“玉女”“仙人”之类的题款，以标识人物身份。神兽镜图案中，流行配置简约变形的龙虎、辟邪、天禄等神兽纹。此类神兽纹多数形体硕大、躯体盘曲，几乎占据了整个镜图空间。

阜阳东汉中晚期镜铭也呈现出新特色，早期出现的“尚方”铭镜仍继续流行，纪氏镜大量出现，其中“蔡氏”铭镜出现的频度最高，“龙氏”铭镜、“陈氏”铭镜、“张氏”铭镜、“田氏”铭镜、“王氏”铭镜在本区均有发现，此类镜铭文配置总体呈现出一种百花齐放、多元并出的特色。镜铭除西王母神仙内容、宣传铜镜质地精良的内容、祝福用镜者高官厚禄及子孙昌盛等内容外，原始道教思想内容的铭辞也开始出现。

这一时期铸镜工艺的变化，开创了汉镜变革创新的新途径，成为我国铜镜发展史上的一大亮点。此前流行的汉镜多是用线条表现图案的禽兽纹镜类，是在一个平面上构图，日本学者称之为“细线式”图案。画像镜、神兽镜组图，则是崭新的浅浮雕、高浮雕技法，增强了纹饰组图的立体效果。此类镜不仅形体硕大，镜钮也是高大的半球形状。

阜阳东汉中晚期铜镜形制、纹饰、铭文的发展演变，与当时的社会环境与统治者实施的经济政策密切相关。约从和帝“罢盐铁之禁，纵民煮铸，入税县官如故事”时开始，统治者便持续实行盐、铁、货币等工业市场向民间开放、放任民间经营的经济政策，政府仅负责收税管理。这一社会背景下，民间铜镜造作与经营业获得了空前发展，全国范围内逐渐形成了一批铸镜中心，以六安、阜阳一带为中心的淮河中游地区也出现了若干个著名的铸镜作坊，如“龙氏”铭镜、“蔡氏”铭镜，日本学者冈村秀典就认为出自淮河流域中游地区[16]。在东汉晚期，由于官方铸镜活动基本退出生产领域，原在中央“少府”尚方御制作坊的一批铸镜工匠纷纷自立门户，各自独立经营自己的私铸作坊。冈村秀典梳理东汉晚期镜铭辞认为，这一时期所见的诸多纪氏镜，其中有一部分就是供职于中央“尚方”御制作坊里的铸镜技师自立门户所开设经营[17]。铜镜新品种的不断流行、铸镜技法的不断推陈出新、镜铭广告宣传语的大量出现、铭辞内容的民间化与世俗化及各类铸镜作坊铭、品牌名称的广泛传播，是东汉中晚期铜镜造作业开放民间市场、允许民间铸镜经营的必然产物。

注释：

［1］孔祥星、刘一曼：《中国古代铜镜》，第 144–145 页，文物出版社，1984 年版。

［2］冈村秀典：《汉镜分期研究》，《汉镜文化研究》，第 51 页，北京大学出版社，2014 年版。

［3］安徽省文物工作队、阜阳地区博物馆、阜阳县文化局：《阜阳双古堆西汉汝阴侯墓发掘简报》，《文物》1978 年第八期，第 12–31 页。

［4］刘海超、杨玉彬：《安徽涡阳嵇山汉代崖墓》，《文物》2003 年第九期，第 25–31 页。

［5］唐金裕：《西安西郊汉代建筑遗址发掘报告》，《考古学报》1959 年第二期，第 45–55 页。

［6］此类研究成果甚丰，见石川三佐男：《“蟠螭纹精白镜”的铭文与〈楚辞〉》，《中国楚辞学》第十四辑，第 188–200 页；李零：《读梁鉴藏镜四篇——说汉镜铭文中的女性赋体诗》，《中国文化研究》第 35 期，第 33–39 页。

［7］此类研究成果见胡淑芳：《汉代铜镜铭文中的七言诗》，《湖北大学学报》2005 年第四期，第 481–484 页；李立：《汉代七言体铜镜铭文文体学意义初探》，《学术交流》2002 年第二期，第 123–127 页；富世平：《汉代七言诗研究》，西北大学硕士学位论文，2002 年。

[8] 冈村秀典:《汉镜分期研究》,《汉镜文化研究》,第 57 页,北京大学出版社,2014 年版。

[9] 巍峨:《梁孝王作家群体的生成、创作与影响》,《商丘师范学院学报》2014 年第四期,第 127–132 页;尧荣芝:《梁孝王文人集团的地域成因》,《四川大学学报》2012 年第一期,第 107–110 页;石观海、杨亚蕾:《梁园赋家行年新考》,《齐鲁学刊》2006 年第二期,第 58–64 页。

[10] 杨玉彬:《阜阳地区出土铜镜中的道家文化内涵解读》,《涡阳·老子文化高端论坛》2011 年 7 月交流论文。

[11] 冈村秀典:《汉镜分期研究》,《汉镜文化研究》,第 55–57 页,北京大学出版社,2014 年版。

[12] 王纲怀:《莽式铭文镜》,《止水集——王纲怀铜镜研究论集》,第 55–94 页,上海古籍出版社,2010 年版。

[13] 冈村秀典:《汉镜分期研究》,《汉镜文化研究》,第 47–48 页,北京大学出版社,2014 年版。

[14] 以下涉及的西汉汝阴侯墓出土器物铭文,均转引自安徽省文物工作队、阜阳地区博物馆、阜阳县文化局:《阜阳双古堆西汉汝阴侯墓发掘简报》,《文物》1978 年第八期,第 12–31 页。

[15] 关于阜阳老城东郊发现的这批有“汝市”戳印款的西汉陶器,韩自强先生认为是当时的汝阴县或汝阴侯国设置的“市”上所流通的商品,戳印款则是市场管理者加盖的勘验标识。其说甚是。参见《阜阳文化史(史前至魏晋南北朝卷)》,合肥工业大学出版社,2016 年版。

[16][17] 冈村秀典:《汉镜分期研究》,《汉镜文化研究》,第 54–55 页,北京大学出版社,2014 年版。

第二编 图像汇释

汉镜图像是汉代绘画艺术载体的重要组成部分，它与画像砖、画像石、帛画、漆画、壁画等墓葬出土绘画材料比较，有其特殊性。后者因为是为逝者构筑地下阴间环境服务，属于丧葬文化背景下的产物，其创作意图及表现的思想内容自然与墓主死亡、灵魂地下活动等密切相关，对现实生活世界的活动场景、思想内涵等关注不多。汉镜图像则不同，缘于铜镜是现实生活中流播甚广的日常实用器，图像所反映的内容题材与同时代人们日常物质文化生活、精神文化生活息息相关，因此物象形态更具有民间化、世俗化、大众化的特征。阜阳汉镜图像内容宏富庞杂、包罗万象，涵盖了现实生活世界、神仙世界里的诸多内容，其中反映神仙思想与升仙不死说的内容尤为丰富，本编前一部分汇释西汉早期镜中的图像名称与内涵，后一部分则重点对镜图神仙世界里的物象释名释义。

第一章　西汉早期镜图像释名

第一节　蟠螭纹与蟠虺纹

一、蟠螭纹

“蟠螭纹镜”最初由日本学者富冈谦藏命名，后逐渐为学者所接受。由于它早期大量发现于以安徽寿县为中心的淮河流域[1]，又具有战国楚镜的典型特征，因此曾被不少学者称之为“淮式镜”“楚式镜”[2]。从出土墓葬材料看，蟠螭纹镜最早出现于战国中期，至战国晚期成为楚地流播甚广的镜种。西汉早期，此类镜仍十分流行，因此它是直接从战国晚期承袭下来的一类汉镜。

阜阳汉镜中所见的几类蟠螭纹镜，在前文“概述”部分已经述及，按照蟠螭图像组合有“缠绕式”“间隔式”“博局蟠螭式”三类，依据蟠螭结构则有“单线式”“复线式”之分。若将一个蟠螭单元从镜图中剥离出来单独观察其结构形态，可见其头部膨大，独角，椭圆眼、长吻前伸，颌下有须，作张嘴昂首曲颈状。蟠螭躯干、四肢骨节多膨大外展，角、吻、须、羽翼、四肢、尾等部位多作“C”形、“S”形翻卷，使整个身躯作昂首行进、盘曲缠绕、舒展纠结的灵动状，虽其形态纤瘦绵柔，却充盈着力与速度的艺术美感。蟠螭博局纹镜出现的年代较晚，镜图中的蟠螭纹叠压在博局纹下，仅时断时续地显露出局部结构，而看不出其完整的躯体，汉镜蟠螭纹演变过程中这种“简化”“解构”“变异”现象，是其即将从镜图中消逝的重要标志，典型例镜见于临泉县城关镇中行基建工地汉墓出土的“大乐贵富”铭蟠螭博局纹镜。

蟠螭纹，有论者称之为龙纹，是指躯体细长盘曲的龙、蛇类图案，此类图案在春秋战国铜器上十分流行。铜镜上蟠螭纹出现较晚，应是从春秋战国青铜器图案中沿袭而来。“蟠”是盘曲、弯曲、环绕的意思，《广雅·释诂一》：“蟠，曲也。”《淮南子·兵略》：“龙蛇蟠，簦笠居。”又《汉书·邹阳传》：“蟠木根柢，轮囷离奇。”蟠螭的“螭”，古代文献中有多种解释，《说文》："螭，若龙而黄，北方谓之地蝼……或云无角曰螭。"段玉裁以为这里说的"地蝼"不释作蝼蛄，并引《吕氏春秋》云："黄帝之时，天先见大蝼大螾"，《史记·封禅书》说："黄帝得大德，黄龙地螾现"，认为地蝼之说本乎于此。《说文》又有一说云："无角曰螭"，即认为螭就是无角之龙。《后汉书·张衡传》："伏灵龟以负坻兮，亘螭龙之飞梁。"李贤注："《广雅》曰：无角曰螭龙也。"又《汉书·司马相如传》之"蛟龙赤螭"句下注引文颖曰："龙子为螭"，认为螭就是小龙。综合螭为龙诸说，可认为螭乃无角小龙的别称，与春秋战国青铜器上的蟠螭纹形构大体是吻合的。汉镜图像中蟠螭头上几乎都有角，甚至有点类似于凤首，则是此类纹饰不断衍变异化的缘故。

战国中晚期蟠螭纹镜在楚地广为流播，有着特定的文化背景。楚人迷信人死后灵魂可以升天，进入另一个生命可以无限延长与再生的世界，而灵魂升天并非易事，它需要借助某种超自然的工具或媒介导引方能完成。"蟠螭"作为楚人想象中的神龙，具有这种自由飞升天界的超凡能力，所以备受楚人推崇、喜爱并大量融入铜镜图案中。《楚辞·九歌·河伯》："乘水车兮荷盖，驾两龙兮骖螭。"《九章·涉江》："驾青虬兮骖白螭。"可见楚人神话中是将螭龙作为飞天工具的。西汉承袭了楚人的螭龙引魂升天思想，镜图中仍在流行配置蟠螭纹。文献中也有螭龙升天的记载，如扬雄《解难》："独不见翠虬绛螭之将登虖天，必耸身於苍梧之渊。"

蟠螭纹在铜器中的出现具有十分重要的意义，其"形构上的非对称式组图，改变了商以来青铜器纹饰轴对称布局的传统格式，在青铜器纹饰发展过程中是极为重要的变革，并被学者们认为是春秋时期独特风格建立的标志。同时蟠螭纹以一个面积较小的单元重复出现布于器表，亦说明此种纹饰在制范时是采用模印的方法连续压印于外范之上的……因此蟠螭纹的出现也标志着青铜器制范工艺的重要变革"[3]。

二、蟠虺纹

阜阳目前还没有发现单纯由蟠虺纹构成的汉镜出土器，所能见到的此类镜均为收藏者私藏的流散器。从蟠虺纹结构形态看，它与蟠螭纹十分类似，只是躯体较粗、形态简化了许多，因此有论者认为它们实际是从凸线蟠螭纹镜直接演变过来的，可归入"蟠螭纹镜"的一个晚出特殊镜类[4]。

虺，是蛇类的一种，一说为蝮蛇。《尔雅·释鱼》："蝮、虺、博三寸，首大如擘。"邢昺疏："案，舍人曰：蝮，一名虺，江淮以南曰蝮，江淮以北曰虺。"孙炎曰："江淮以南谓虺为蝮，广三寸，头如拇指，有牙最毒。"

又《诗经·小雅·斯干》："维熊维罴，维虺维蛇。"一说为小蛇，《国语·吴语》："为虺弗催，为蛇将若何？"韦昭注："虺小蛇大也。"一说为大蛇，《字汇·虫部》："虺，蛇属，细颈大头，色如绶文，大者长七八尺。"汉镜中的所谓"蟠虺纹""虺纹"，是后世论者比附之说，至于西汉时期人们是否称这种动物纹为"虺"则不能确认，当时它或许与所谓的"蟠螭"是指同一类神物——"龙"，而并非叫作"蛇"类。

西汉中期以来出现与流播的"四乳四虺纹镜"，其中的"虺纹"均成简约的"∽"状。近年也有日本学者认为此类短粗硕大的"∽"纹不应该叫作"虺纹"，考虑西汉武帝以后神仙思想盛行，镜图中与此类"∽"穿插配置的多是神禽异兽纹饰，它们代表的含义可能是神仙世界常见的云气纹，因而应该称为"云纹"[5]。本书称此类镜为"四乳四虺镜"，是沿袭传统的叫法。

第二节　草叶纹、麦穗纹与花瓣纹

一、草叶纹、麦穗纹

阜阳汉镜中发现的草叶纹镜不多，目前统计出来的共 5 枚。汉镜中的所谓"草叶纹"，是指以花瓣纹、草叶纹、蕾形纹等植物纹样组合构成的图案。汉代草叶纹镜出现与流播的年代在西汉前期后段，从标本出土情况看，此类镜早期主要产自关中地区，此后分布区域不断向关东等地区扩展而流行开来。就阜阳所在的皖北地区而言，此类镜似乎始终没有成为一类广为流播的镜种。

阜阳西汉草叶纹镜组图，大致分为两类：一类是三弦钮，圆钮座外侧四出四组硕大草叶，主纹区配置解构的蟠螭纹、羽状纹，此类镜从战国羽状草叶纹镜承袭下来的特征十分明显；另一类镜圆钮、柿蒂纹钮座，座外两组双线方框，方框内配置"见之日光，天下大明""见之日明，长毋相忘"铭文，方框外四角外出四组草叶纹或花瓣（花蕾）纹，方框四边外出八组变形草叶纹。在镜图空隙处，还对称填衬蕾纹。镜图中无论是配置哪类草叶纹、花瓣纹或变形的植物纹，均严谨规整，讲究图案的对称效果。

上述镜图中"草叶纹"的名称及其承载的文化内涵，过去研究者有过争论，如有人认为应该称之为"火焰纹"，有人认为是"麦穗纹"或是喻指社稷观念中的"稷纹"[6]，还有人认为此类草叶纹在镜图中的流行与同时代人们追求延年益寿、长生不死的主题有关[7]。就镜图内有双线方框、外有连弧纹圆形圈带的结构看，它所表现的应是汉代社会流行的“天圆地方”宇宙空间架构，这个架构中草叶、花瓣配置的方位，也严谨遵循了《淮南子·天文训》中描述的四维四正、四方八极的天地图式。如果镜图中的“双线方框”确系大地的代表符号，考察草叶纹镜流行时代的社会背景，将方框外侧向四方伸展的草叶纹解释为“麦穗纹”亦未尝不可。

汉兴七十余年，几代统治者都高度重视农业生产。刘邦建汉之初，社会动荡，土地荒芜，人口流散，伤亡严重，整个社会处于经济衰敝极端贫困之中。招募流民安家复垦土地，恢复和发展农业生产，是当时最为迫切的政治任务，粮食成为当时最为珍贵的财富。汉初推行薄赋轻徭、鼓励发展农业生产的系列措施，在稳定社会局面、巩固新生政权方面发挥了重要作用。惠帝、吕后时期，粮食生产与农业经济得到了一定程度的恢复。文景之际继续实行与民休息、鼓励发展农业的国策，上至中央政府，下至郡县、乡里遍设农官，劝课农桑、生产粮食成为社会政治、经济生活中的第一要务。不仅如此，文帝还听从晁错的建议，令民入粟县官，得以拜爵或除罪，大大调动了农民垦地种粮的积极性。粮食丰产与仓储的不断积累，为社会安定、人民乐业、国库富足太平盛世局面的形成奠定了基础。西汉草叶纹镜的出现与流播年代，主要是在文景前后，这一时期镜图流行配置麦穗等五谷纹，是当时社会高度重视农业生产的史实印证，是以农为本、农业兴邦安天下主流思想的反映。

二、花瓣纹、蕾纹

上述铜镜图案中，与草叶纹同区配组的还有一类被称为“花瓣纹”“蕾纹”的变形植物纹饰。在多数此类图案中，两者配图繁缛细腻，严谨而华美。

花瓣纹的形构，多为中间一根竖直向上的蕊柱，两侧对称生出两片外展下垂的花瓣，或者仅有一个“水滴”状的花蕾。此类纹饰是否就是有些学者认为的“花瓣纹”“蕾纹”？笔者认为解释成五谷之类的秆茎或尚未开放的穗苗则更恰当。既然草叶纹能够解释成“麦穗纹”，镜图表达的又是汉代流行的农耕文化题材内容，将前述图案解释成“花瓣纹”“花蕾纹”似乎与镜图展现的农耕文化不太相符。其实，此类草叶纹镜图式中的各类纹饰，都有明显做了艺术变形处理的痕迹。如所谓“麦穗纹”与现实生活中写实性的麦穗纹比较，区别很大，前者是一种极具图案装饰效果的变形体等。西汉草叶纹镜组图，是将汉代五谷、草叶等自然界存在的植物花卉等高度概括而艺术化、图案化了的复合图案，把此类图案的复合体笼统称作“五谷纹”“嘉禾纹”或更为妥帖。鉴于目前众多学者的流行叫法沿袭已久，本书仍称之为“花瓣纹”“蕾纹”。

第三节 星云纹

星云纹镜多为博山钮（或称作“连峰钮”），镜背四乳四分区组图，主纹由“弧线”和“乳钉”串接构成，十六连弧纹外缘。此类镜著录，最早见于北宋王黼《博古图录》，当时称此类镜为“百乳鉴”“素鉴”，近代学者多认为由于这类图案形状类似天文星象纹，所以应称之为“星云纹”。孔祥星等研究者通过考辨，认为此类镜图中的所谓“星云纹”，实际就是早期镜图中蟠螭纹解构异化后的衍变体：弧线形的“云纹”是蟠螭解构后的残躯符号，乳突状的“星”纹是蟠螭骨节膨大后的变形[8]。目前考古所见的汉代天文星象图资料已经十分丰富，“星象”多用圆圈或圆点表示，星宿之间的连线则用短直线表示，并没有出现以弯弧线连接星宿构图的例证，所以从图像形态看此类镜称作“星云纹镜”是有不少问题的，孔氏之“变形蟠螭纹”说确有道理。更有学者进一步指出，造成西汉中期铜镜由蟠螭纹到星云纹构图风格衍变的原因，与当时社会思潮和风尚的变化密切相关[9]。既然“星云纹镜”图式与天文星象没有关联，其承载的文化内涵自然亦不能用西汉天文星象理论解释。

汉镜蟠螭纹图式的发展，大致经历了“单线式”组图到“复线式”组图，有地纹蟠螭到无地纹蟠螭组图，“躯体完整型”蟠螭到“解构异化型”蟠螭的演变轨迹。约从武帝早期开始，一类“蟠螭博局纹”复合型图案在铜镜中流行，也可以明晰地观察到镜图蟠螭纹“解构”后的具象形态。蟠螭博局纹镜的流播年代与“星云纹镜”出现与流播年代大体一致，两类镜中的蟠螭纹“解构”异化现象，大体上反映了汉镜蟠螭纹的演变线索，此类整体图案的肢解、离散、异化，可视为蟠螭纹即将从汉镜构图中消逝的前奏。

“星云纹”镜中解构蟠螭纹的形态上虽有变化，其承载的文化内涵并没有因外形的演变而异化，它仍然在表达螭龙具有的飞升天界、能够沟通天地人神的超凡能力。从西汉中期武帝前后开始，以实现长生不死为终极目标的神仙思想与升仙说已经十分流行，人们迷信以“螭龙”为飞天工具，祈盼通过这种“符号”媒介的导引，来实现自己升天成仙的愿望，所以此类纹饰被大量配置于镜图中。也有学者联系铜镜具有的祭祀天地的功能，认为此类图案承载了汉代人佑福祈祥的愿望[10]。

第四节 柿蒂纹、方花纹与莲花纹

阜阳汉镜中的柿蒂纹，最早出现于草叶纹镜图式中，年代约在文景时期。

汉镜中的所谓“柿蒂纹”图像，是后代研究者对一类呈十字状四叶花纹的俗称，因其形状如同柿子的花蒂（花萼）而得名。这种“柿蒂纹”的叫法，历来研究者说法不统一，如近代学者有称之为“四叶花”“四叶纹”“花叶纹”“扁叶形纹”“花苞纹”“四瓣花纹”“花瓣纹”“莲瓣纹”“花朵纹”者；对其含义也看法不一，有的视作水仙花，有的认为是茱萸纹，有的认为它是花而非叶。因为流行在南方的楚国，所以也有人认为这是荷花[11]。此类纹饰，最初被配置在镜图中央的镜钮下面，是作为钮座图案出现的。武帝以后尤其是东汉以来，柿蒂纹在镜图中被大量使用，既有配置在镜钮座位置的例子，也经常作为主纹区乳钉纹座出现。

柿蒂纹作为装饰图案出现的渊源甚古，早在战国时期的铜器、漆器中，此类图式就被大量使用。李零先生认为，汉镜中的柿蒂纹原型，就是战国铜镜上的大四瓣花纹，根据河南王趁意先生收藏战国大四瓣花纹镜中“方华（花）蔓长，名此曰昌”铭文（《中原藏镜聚英》图89-1），可知此类纹饰在战国时期铜镜中的名称应称为“方花纹”，意思就是标志四方的花，“方花”又可读作“芳华”，屡见于辞赋中[12]。如果李先生考说无误，则所谓的汉代“柿蒂纹”就应改称为“方华纹”或“方花纹”。

张朋川先生则认为，汉镜中的柿蒂纹就是莲花纹的变体，镜钮座饰作柿蒂状花形纹，是取水中的莲荷形象。他从分析莲花图纹特定的使用场合和装饰部位入手，界定了莲花图纹在阴阳五行观念构成的宇宙图式中的位置和含义，即象征天穹正中的华盖。此外华盖还与星宿名有关，华盖星（紫微星）位居天上中宫，莲花纹则表示正中的天庭[13]。

汉代草叶纹镜构图的“圆钮、方框”模式既然被认为是同时代“天圆地方”宇宙观架构的体现，则柿蒂纹（莲花纹）被配置中央镜钮下方的原因及其承载的内涵也就不难理解，所以张朋川先生对此类纹饰才有上述解读。不过，有关所谓“柿蒂纹”图案名称与内涵的讨论，目前并没有成为定论，诸多问题的热烈讨论还在继续[14]，只是缘于此类图式叫作“柿蒂纹”已经约定俗成，本书仍沿袭旧称。

除以上几类纹样外，西汉前期镜图中还流行诸多几何纹或变体几何纹，如菱形纹、云雷纹、旋涡纹、连弧纹、锯齿纹、短斜线纹等。这些几何纹多是从战国纹样中承袭而来，如以圆涡状“云纹”、回形“雷纹”复合成的细密云雷纹图样，早在春秋时期的铜器中就已经十分流行，战国晚期成为铜镜图案中最为常见的地纹。菱形纹在战国蟠螭纹镜图式中也经常出现。到西汉中期，菱形纹、云雷纹趋于消逝，旋涡纹、连弧纹继续演变异化，锯齿纹、短斜线纹则是脱胎于战国纹饰并不断推陈出新的图样，相关例证不再一一赘述。

注释：

［1］20 世纪初，瑞典工程师加尔贝克修建蚌埠淮河铁路桥期间，在以寿县为中心的淮河两岸地区收罗了大量文物，并于 1926 年在《中国科学美术》杂志上发表了《中国古铜镜杂记》。1941 年瑞典汉学家高本汉在此基础上编成《早期中国铜镜》，书中收录铜镜 324 枚，其中 F 类蟠螭纹镜 48 枚。由于上述蟠螭纹镜主要来自淮河流域，故有些学者称之为“淮式镜”。参见王纲怀：《瑞典藏西汉蟠螭纹铭文镜》，《汉镜文化研究》，第 513 页，北京大学出版社，2014 年版。

［2］雷从云：《楚式镜的类型与分期》，《江汉考古》1982 年第二期，第 20 页；高至喜：《论楚镜》，《文物》1992 年第五期，第 42–60 页。

［3］朱凤瀚：《中国青铜器综论》，第 550 页，上海古籍出版社，2009 年版。

［4］［5］冈村秀典：《汉镜分期研究》，《汉镜文化研究》第 49–50 页，北京大学出版社，2014 年版。

［6］梁鉴：《也谈西汉草叶纹镜》，《收藏家》2004 年第四期，第 40–42 页。

［7］邓秋玲：《论长沙西汉墓出土的草叶纹镜》，《收藏家》2007 年第十二期，第 60 页。

［8］孔祥星、刘一曼：《中国古代铜镜》，第 65 页，文物出版社，1984 年版。

［9］［10］徐征：《略论西汉星云纹镜》，《四川教育学院学报》2009 年第四期，第 60–62 页。

［11］［13］张朋川：《宇宙图式中的天穹之花——柿蒂纹辨》，《装饰》2002 年第十二期，第 4–5 页。

[12] 李零:《“方华蔓长，名此曰昌”——为“柿蒂纹”正名》,《中国国家博物馆馆刊》2012 年第七期，第 35-41 页。

[14] 关于“柿蒂纹”谓之莲花纹的观点，较早见于日本学者林巳奈夫:《中国古代莲花的象征（一)》(蔡凤书译),《文物世界》1999 年第三期，第 78-95 页。张朋川等人的观点与林巳奈夫基本雷同，仅在解读论点所使用的理论资源上有所不同。刘道广则把“柿蒂纹”考定为“侯纹”(射箭的箭靶子)，见《所谓“柿蒂纹”应为“侯纹”论辨》,《考古与文物》2011 年第三期，第 58-61 页、第 66 页。此外张同标撰文认为汉晋时期的“柿蒂纹”称作莲花纹缺乏坚实证据支持，其他谓之“方花纹”“侯纹”的也不能成立，此类图像的名称与内涵迄无定论，见张同标:《汉晋柿蒂纹不是莲花纹的辨析》，《中国美术研究》2014 年第四期，第 4-22 页。

第二章 汉镜仙界图像系统释名

第一节 概 述

就阜阳整个汉镜群而言，直接描绘现实生活题材的纹样在镜图中所占的比例并不大，尤其是到了西汉中期以来，大量的纹饰图案及其承载的文化内涵，还是与神仙迷信与升仙不死说有关。汉镜图案纹饰与铭辞的这个重要变化，约是从武帝时期的“细线式”禽兽镜组图开始的。在新莽与东汉时期的禽兽镜、神兽镜、画像镜图式中，神仙思想与仙界场景几乎成了无处不在的表现题材。因此，本章没有采用“汉代中晚期镜图像释名”作题，而是集中材料重点释读汉镜神仙世界图像的名称与含义。

神仙的概念，闻一多先生在《神仙考》中定义为“是随灵魂不死观念逐渐具体化而产生的一种想象或半想象的人物”，倘若仅以仙界中的“人”作为考察对象而论，这个说法无疑是正确的，然既是世人想象构建出来的“人物”，便不能脱离其周围赖以标示“不死”神性身份的环境条件而存在，否则“仙人”就失去了血肉丰满、光彩照人的生机活力。从这个意义上讲，整体考察阜阳汉镜神仙世界的物象系统及其环境特征，要比将“仙人”从这个系统环境中剥离出来单独分析、讨论，显得更为重要，况且在汉镜所铺陈的神话世界图像中，有相当数量的“神仙”身份本来就是“人”“禽”“兽”浑融不分的。为此，本书尝试将阜阳汉镜中的“仙人”“仙禽”“神兽”“神物”等内容，完整地纳入神仙体系作综合考察。

汉代社会思想文化中，铜镜是最为常见的物化载体之一，两汉社会流行的神仙信仰与崇拜、仙人故事传说、各种升仙方术等内容，在汉镜图式与铭文中几乎都被真实地、形象地记录下来，因而考察汉镜神仙物象系统特征及其赖以生存的环境条件，并尽可能完整地“复原”汉代神仙世界里的本来面貌，对正确揭示两汉时期社会上流行的神仙信仰与升仙不死说内容，梳理汉代神仙思想的内涵与演变轨迹，深入研究汉代社会的思想文化、宗教信仰、生活习俗、艺术风尚等具有重要意义。以下追索镜图“物象”“铭文”两条线索，对阜阳汉镜描绘的神仙世界、承载的神仙思想内容及其演变轨迹试作系统观察，对其发展演变的时代动因亦作概略分析。

阜阳汉镜神仙思想的物象构成宏富庞杂，自成体系，它是汉人在神仙信仰与升仙不死说支配下以现实生活为底本，营造的一个令生者既无限向往又似乎触手可及的神秘而诱人的世界，就这些物象形态及其存在的环境背景看，有虚幻而荒诞的成分，更有源出现实世界的衍变痕迹，因故有论者说名曰“仙界场景”，实系“人间百态”。以下按“仙人”“仙禽”“神兽”“神物”几类释名释义。

第二节 仙人类图像

阜阳汉镜中的仙人图像，最早是以西汉中后期禽兽纹镜图中的“人面鸟”“鸟首人身像”“人首兽身像”“羽人”等形式出现的，此类仙人长头，长耳，长发后飘，尖嘴，颈细而曲，体被羽毛或生双翼，有的还有细长尾，是一类“半人半兽型”“人兽合体型”的怪异人物形态。西汉晚期、新莽时期禽兽纹镜中西王母跽坐图像的出现，标志着阜阳汉镜中成熟人物图像的成型。在此后的禽兽镜、画像镜、神兽镜组图中，西王母、仙人侍者、持节方士、升仙人物等图像广为流播，这些人物图式的头部、躯体、四肢甚至发式、服饰多数已与现实世界中的世俗之人类同，有的人物形象仅体被羽翼以示与常人有异。随着东汉中期西王母“对偶神”东王公形象在镜图中的出现，神仙人物形象、仙界环境、神仙生活场景及其故事情节等，几乎成为镜图中必备的内容。在阜阳汉镜仙界图像系统中，西王母既是居于至尊核心地位的主神，又在人物镜的发展演变历程中起着重要的标识性作用。本节重点梳理阜阳汉镜西王母图像的演变轨迹，对西王母图像系统及其他仙界人物图像释名释义。

一、西王母、东王公（父）

1. 西王母图像

西王母是阜阳汉镜图像中出现频率最高、前后流播时间最长的主神，其图式前后经历了复杂演变。以下按“神人禽兽镜”“神人画像镜”“神人神兽镜”三类图式分类整理说明。

（1）神人禽兽镜中的西王母图像

阜阳汉镜中的西王母图像，最早出现于西汉晚期至新莽时期的神人禽兽镜图式中，典型标本有两例：一例为“西王母配玉兔捣药”图式，1970年6月出土于阜阳县王店邢集赵王庄汉墓，图中西王母头部、面部五官形构，仍残存有“兽首”的特征，但侧身跽坐、头戴胜、着宽袍大袖的典型躯体轮廓已经十分清晰；一例为“西王母饲凤”图式，1972年1月出土于阜阳县城郊罗庄大队郭韩庄新莽墓。图中西王母头部不戴胜，躯体下部还有卷曲的细长尾，尚残留有早期神话传说中的“兽身”特征。上述西王母镜在汉代禽兽镜类中所占的比例虽然不高，但在汉代人物镜的演变过程中却具有重要的推陈出新、承上启下的过渡作用。

为较为全面地观察上述禽兽镜中西王母图像的演变特征，本书统计见于著录的汉代禽兽镜标本，对镜图中的西王母图像系统列表比较如下。

表2-1　汉代神人禽兽镜中的西王母图像系统

	西王母图像	辅助图像	出　处	资料来源
1	蓬发戴胜，侧身跽坐云端，宽袍大袖，独处，一手前伸向玉兔作接药状	玉兔捣药	国家博物馆藏	《全集》图59
2	戴胜，侧身跽坐云端，宽袍拢袖，独处	跽坐羽人，药尊，云气	扬州蜀岗新莽墓出土	《图典》图303
3	戴胜，侧身跽坐，独处	凤鸟、羽人举仙果、九尾狐	日本宁乐美术馆藏	《汉代画像石综合研究》第149页
4	长发后飘，宽袍拢袖，侧身跽坐，独处	玉兔捣药、高柄杯、九尾狐、三足乌、凤鸟、神树	故宫博物院藏	《故宫》图34
5	戴胜，正面跽坐，宽袍大袖，独处	玉兔捣药	平壤石岩里M257出土	《汉代画像石综合研究》第149页
6	戴胜，侧身跽坐，宽袍大袖，独处	玉兔捣药，神雀	私藏	《中拍国际2011秋拍》图5121
7	蓬发戴胜，侧身跽坐，宽袍大袖，一手扬起持灵芝，独处	羽人捣药、药尊、灵芝、神雀	陈介祺藏	《陈介祺》图91

（续表）

	西王母图像	辅助图像	出　处	资料来源
8	戴胜，侧身跽坐，手持仙草，宽袍大袖，独处	虎食灵芝	私藏	《鉴道明神》图 2680
9	蓬发戴胜，宽袍大袖，侧身跽坐，独处	白虎、九尾狐、三足乌、蟾蜍、玉兔	息斋	《息斋》图 2617
10	披发戴胜，宽袍大袖，侧身跽坐，独处	白虎	徐良国私藏	《古今》图 78
11	戴胜，宽袍大袖，侧身跽坐，独处。形体小	玉兔捣药、蟾蜍、九尾狐、三足乌、云纹	周胜私藏	《古今》图 82
12	披发戴胜，宽袍大袖，侧身跽坐，独处	玉兔捣药、云气纹	江苏扬州仪征出土	《仪征》第 81 页图
13	戴胜，宽袍大袖，侧身跽坐，独处	玉兔捣药	江苏扬州仪征出土	《仪征》第 79 页图
14	戴胜，宽袍大袖，侧身跽坐，独处。形体小	持节羽人、玉兔捣药、云气纹、神雀、九尾狐、三足乌、凤鸟蟾蜍	江苏丹阳铜镜青瓷博物馆藏	《丹阳》图 97
15	宽袍大袖，侧身跽坐，一手前伸持仙果	玉兔捣药、云气纹	安徽寿县博物馆藏	《六安》图 104
16	戴胜，侧身跽坐。形体小，填衬图像	无	徐俊杰私藏	《宜兴》图 42
17	戴胜，宽袍大袖，侧身跽坐	玉兔捣药、羽人持仙果枝	杨斌骅私藏	《宜兴》图 54
18	戴胜，宽袍大袖，侧身跽坐，一手前伸持仙果状	玉兔捣药、仙果	宗彬斌私藏	《宜兴》图 62

（续表）

	西王母图像	辅助图像	出　处	资料来源
19	披发戴胜，宽袍大袖，侧身跽坐，一手臂前伸持灵芝饲鹿	灵芝	宗彬斌私藏	《宜兴》图 89
20	戴胜，宽袍大袖，侧身跽坐，一手前伸探取灵芝	三足鼎、灵芝、羽人、云气纹	陆旭春私藏	《宜兴》图 103
21	戴胜，宽袍大袖，侧身跽坐云气纹上，独处	玉兔捣药	私藏	《千秋金鉴》图 1064
22	戴胜，宽袍大袖，正面跽坐，独处	玉兔捣药、仙果、云气纹	私藏	《仙辉朗鉴》图 1299

通过上表比较，可以梳理出禽兽纹镜中西王母图像的主要特征与演变轨迹：

A. 阜阳汉代禽兽纹镜图式中的西王母图像出现频率不高，主要流行“西王母配玉兔捣药”“西王母配白虎”两类组图模式。

B. 西王母侧身跽坐云端，蓬发戴胜，形体较小，躯体结构简约省隐。就形构空间配组而言，西王母在整幅镜图组图中还没有凸显出作为主神的“核心”地位。

C. 西王母图像多与三足乌、九尾狐、玉兔、蟾蜍、凤鸟、羽人、持节方士等物象伴出，共同构成西王母神仙世界的环境情节。

D. 此期西王母组图中标示“西王母之山”的昆仑山物象还没有出现，只是以大量的云气纹、卷云纹填充画面以标示仙界所在。

E. 镜铭中出现的西王母词句数量不多，表达的思想内涵单调，多与祈愿生命长寿有关。

可见这一时期镜图中的西王母图式与铭文，还只是比较单纯地描述、再现西王母及其神仙世界里的场景与特征，没有出现世俗之人与仙人互动、人神景观杂融的情况，“世俗之人”“仙人”之间难以逾越的界隔还是极明显的，此期西王母的对偶神东王公（父）亦没有出现。前文所举的阜阳地区西王母禽兽纹镜，图中没有出现九尾狐、三足乌、蟾蜍、仙人侍者等系列仙界物象，是新莽前后此类镜中的图样简约型例镜。

（2）神人画像镜中的西王母图像

在东汉中晚期流行的神人画像镜图式中，西王母图像是其中出现频率最高的一类题材。阜阳境内发现的7枚神人画像镜，有6枚是西王母、东王公图像系统构成的主纹区。为较为全面地认识阜阳汉代神人画像镜中西王母图像的特征及演变轨迹，以下对见于著录的汉代神人画像镜西王母图像系统进行列表分类整理。

表2-2　汉代神人画像镜中常见的西王母图像

内容 类别	西王母图像	组图模式	例　镜	插　图
Ⅰ类	侧身跽坐，宽袍大袖，头硕大，圆脸，体态丰满圆润	多为“一主二仆，主大仆小”组图，与东王父图区隔钮对置，两主神大小、形构类同	《上博》图49，《全集》图80，《浙江》彩版18，《六安》图120、121	《上博》图49
Ⅱ类	侧身跽坐，宽袍大袖，体态较Ⅰ类瘦而挺拔	多“一主三仆、四仆，主大仆小”组图，与东王父夹钮对置，东王公着冠、颌下有须	《上博》图58，《古今》图143、144，《丹阳》图204、206，《镜涵》图102	《上博》图58，《镜涵》图102
Ⅲ类	形构与Ⅱ类类同，体被上飘羽翼	主神两侧羽人侍者众多，形态多变；东王父图区隔钮对置，组图与西王母类同	《西安》图47，《古今》图141，《浙江》彩版14，《上博》图59	《上博》图59
Ⅳ类	侧身站立或跽坐，体态瘦而修长，构图简约	多“一主二仆，主仆大小类同”组图，两侍者躯体前倾站立或跽坐；东王公图区隔钮对置，形构基本雷同	《清华》图68，《图典》图442、443，《宜兴》图131	《宜兴》图131
Ⅴ类	侧身跽坐，戴冠，宽袍大袖，双手前伸，刻画精细	多“一主二仆、主大仆小，侍者居主神同侧”组图，东王公图区隔钮对置，形构、组图与西王母不同	《中原》图115，《宜兴》图135，《陕西历博》图245，《镜涵》图100	《宜兴》图135

（续表）

内容 类别	西王母图像	组图模式	例 镜	插 图
Ⅵ类	侧身或正面踞坐，双手拢袖或前伸	西王母单独成区或“一主一仆，主、仆大小雷同”组图，东王公图区不再遵循与西王母隔钮配组的规制	《图典》图448、455，《全集》图81，《长沙》图114，《鄂州》图88，《鋻耀》图196，《南阳》图版105下，《全集》图87	《南阳》图版105下，《全集》图81、87

通过整理比较，可对阜阳汉代神人画像镜西王母图像的主要特征及演变轨迹梳理如下：

A. 汉代神人画像镜中西王母图像大量出现，并成为此类镜构图中的核心图像。

B. 镜图中作为主神的西王母形体高大，居于主纹区构图空间的“核心”位置，其两侧还多配置有形体较小的侍神。

C. 此期作为西王母的“对偶神”东王公已大量出现，并多和西王母夹钮对置，两者处于对等地位。

D. 早期镜图中的九尾狐、三足乌、玉兔、蟾蜍等表征西王母神仙世界特征的图像，在主纹区基本消失，代之而来的是大量的“车马出行”“神仙人物”“仙人娱乐”“仙人拜谒”等具有浓郁“世俗化”“民间化”特色的组图。西王母、东王父、玉女及其他侍神、羽人形构，亦渐趋演变成世俗之人的体貌特征。

E. 此期“世俗世界”与“仙人世界”之间难以逾越的界限已不再明显，现实生活中的人物几乎随时可通过乘坐车马、服食丹药或在方士、神禽异兽的导引下进入西王母仙界，“人”“仙”互动的场景在镜图中已常见。

F. 这一时期镜铭中亦大量融入了西王母、东王公内容，除表达神仙不死思想和描述仙人快乐生活情景外，还拓展了赐予世人财富、显贵，为世人消灾除凶、护佑众生吉祥平安等丰富内涵。

（3）神人神兽镜中的西王母图像

阜阳地区出土的神人神兽镜标本不多，目前仅见几枚“吾作明竟”铭对置式例镜，主纹区均配置有西王母、东王公图式，两者正面趺坐或踞坐，体生双翼，形构向着简约省隐的“抽象化”“符号化”方向演变。其他地区流行的“五段式”神人神兽镜等镜类，本地区目前仅见一枚私藏器，此或表明东汉中晚期西王母神兽镜不是本地区的主要流行镜种。

阜阳地区汉镜中西王母图像与神性功能，大体上经过了一个“长寿神→掌不死药的主神→掌管世人升仙的主神→护佑生命、抚慰心灵的万能救世神→列仙中的主神之一”的演变历程。关于汉镜西王母图像的渊源、流播、演变轨迹及其社会背景、时代动因等，本书在第四编“综合研究”部分列有专题探讨，在此不赘述。

2. 东王公图像

阜阳汉镜图式中，作为西王母“对偶神”出现的东王公，主要流行于画像镜、神兽镜图式中。东王公在镜图中一般与西王母夹钮对置，亦有与西王母邻区配位的图式，有的镜图中还常见“东王公”“王父”之类的榜题。镜图中东王公形象及其图像分类，与西王母图式基本雷同，一般以头戴山字形冠（三山冠）、颔下有胡须相区别。

东王公图像出现较晚，一般认为不早于公元2世纪。《神异经·东荒经》及《中荒经》中有东王公居于东荒山大石室、借助昆仑大鸟羽翼与西王母相会的记载。东汉郭宪《洞冥记》载有“西王母适东王公舍”的故事，《真诰·甄命授》记载汉代流行儿歌“著青裙，入天门；揖金母，拜木公”，稍后《陌上桑》载有“济天汉，至昆仑，见西母，谒东君”，凡此表明，东汉时期人们普遍认为东王公与西王母在神仙世界里经常相伴、形影不离，两者关系宛若夫妻。

东王公与西王母对偶出现在汉镜图式中，是东汉中晚期神仙思想、阴阳五行说广为流播影响所致。汉代人迷信自然万物生存之道在于保持阴阳平衡和顺，神仙世界亦莫例外。为了主神西王母的存在能够遵循阴阳平衡的法则，与其地位平等的另一位主神东王公便应运而生。

二、羽人、人面鸟、鸟首人

1. 羽人

阜阳汉镜图式中有大量的羽人图像。这些羽人形态各异，大体可分为以下三类。

第一类，长头，长耳，长发后飘，尖嘴，颈细而曲，体被羽毛或生双翼，有细长尾或无尾。此类羽人图像，流行于西汉晚期到东汉早中期镜图中，新莽时期的博局禽兽镜中尤其常见。与此类羽人形态基本雷同的例镜标本在其他地区也很常见，如《练形神冶、莹质良工——上海博物馆藏铜镜精品》图39，《古镜今照》图66、图96、图141，《宜兴民间藏镜精品集》图 49 收录的镜器。

第二类，鸟喙形尖长嘴，下部躯体似人形，形成所谓的“鸟首人身”图式。类似的图式还见于《西安文物精华·铜镜》图 34、图 35，《古镜今照》图 113 收录器。有的此类“人鸟合体”型羽人，还长有长鼻子，如《古镜今照》图 67 收录的镜器。

第三类，羽人头部、躯体、发式、服饰与现实生活中的人无异，仅体被羽翼以示区别。这种羽人图式，已经基本从早期“半人半兽”“人兽合体”“人禽合体”型仙人图像中演变出来，是一类取材于现实生活中人类形构的成熟仙人形象。类似的羽人图式，还见于《练形神冶、莹质良工——上海博物馆藏铜镜精品》图 50。

阜阳汉镜图式中的羽人活泼多变、极具动态美感，有躯体前倾献物状、伏地爬行状、持举器皿状、持举或采食仙草状、持杵捣药状、乘骑奔走状、空中飘飞状、跪拜状、跽坐状、站立状、奏乐状、吟唱状、舞蹈状、杂耍状等复杂形态。镜图中的羽人，多作为西王母、东王公主神之侍者出现，有的成排并列，分居主神两侧，形构简约，仅夸张性凸显硕大羽翼。还有部分羽人独立活动，没有与西王母图像配组发生直接关联。

为全面认识阜阳汉镜中羽人的身份、形态特征及其神性内涵，下表列出目前见于著录中的几类羽人图式，以资与阜阳镜同类图像作比较。

表 2－3　汉镜图式中常见羽人形态统计一览表

内容 序号	类　型	例　镜
1	躯体前倾	《中原》图 21，《三槐堂》图 67，《丹阳》图 214，《古今》图 96、104
2	伏地爬行	《陈介祺》图 96，《古今》图 105
3	持举器皿	《古今》图 141，《上博》图 50，《稻房》图 6738
4	持杵捣药	《六安》图 135，《中原》图 87，《妙极神工》图 427，《绝照览心》图 84，《嘉德 2009 春拍图录》图 4738，《华夏 2011 春拍图录》图 873、886，《泓盛 2011 春拍图录》图 2029
5	乘骑奔走	《三槐堂》图 65、《镜涵》图 61
6	空中飘飞	《故宫》图 34、54，《古今》图 141、148、150，《丹阳》图 182，《长沙》图 114，《稻房》图 6821
7	跪拜	《丹阳》图 213

（续表）

内容 序号	类　型	例　镜
8	踞坐	《三槐堂》图103、105,《丹阳》图214
9	站立	《南阳》图版97-1,《古今》图82,《三槐堂》图107
10	奏乐	《三槐堂》图93
11	吟唱	《丹阳》图184,《长沙》图114
12	舞蹈	《宜兴》图61,《古今》图136、141,《六安》图117,《中原》图21、32,《长安》图版56,《稻房》图6782,《丹阳》图201
13	杂要	《图典》图339、346、355、365,《故宫》图47、48、49,《古今》142,《鄂州》图91,《六安》图99,《故宫》图47
14	采食仙草	《宜兴》图49,《古今》图105、113,《宜兴》图49

阜阳汉镜中的羽人，即神仙传说中的仙人，有些图式还在羽人旁边铸有“仙人”榜题。我国古代羽人传说的渊源，可以追溯到史前鸟图腾崇拜时期。至迟在距今六千多年前的大汶口文化时代，东夷部族就流行以鸟为图腾崇拜对象，《左传·昭公十七年》记载郯子曰：“我高祖少昊挚之立也，凤鸟适至，故记于鸟。”商族认为他们的先祖也是鸟类，《诗经·商颂》：“天命玄鸟，降而生商。”古代生产力落后，人们对能够自由飞天的鸟类充满着好奇与敬畏，认为人如果能够幻化成体被羽翼的飞鸟，就可以自由升天、脱离世俗生命的束缚而不死，于是擅长飞翔的不死“羽人”便在人们的幻想中应运而生。《山海经·海外南经》：“羽民国在其东南，其为人长头，身生羽。”王逸注：“《山海经》言有羽人之国，不死之民。或曰人得道，身生毛羽也。”又《楚辞·远游》：“仍羽人于丹丘兮，留不死之旧乡。”王逸注：“人得道身生毛羽也。”洪兴祖《楚辞补注》：“羽人，飞仙也”，可见汉代人认为羽人就是仙人。汉代人迷信羽化升仙说，对升仙术与升仙之途有不少绘声绘色的描述。《论衡·道虚篇》：“好道学仙，中生毛羽，终以飞升……为道学仙之人，能先生数寸之毛羽，从地自奋，升楼台之陛，乃可谓升天。”《论衡·无形篇》：“图仙人之形，体生毛，臂变为翼，行于云，则年增矣，千岁不死。”《雷虚》：“飞者皆有翼，物无翼而飞谓仙人，画仙人之形，为之作翼。”两汉时期“鸟首羽人”或“鸟兽合体”的仙人形象，被真实地保留在铜镜图式中，成为汉镜神仙世界中最活跃

的因素。

2. 人面鸟、鸟首人、人面兽

阜阳汉镜图式中，还流行一类头部同人形、躯体有羽翼的禽鸟式“人面鸟身”图像。这些“人面鸟”或与神禽异兽并立，或振翅飞升天空，或与神人相向对语，主要出现在西汉晚期以来的禽兽纹镜中，其身份也是汉代人想象构造出来的一类“仙人”。人面鸟在其他地区汉代禽兽纹镜图式中也十分流行，如《古镜今照》图79，《镜涵春秋》图64、图85，《中原藏镜聚英》图40，《丹阳铜镜青瓷博物馆·千镜堂》图80，《长安汉镜》图42，《湖南出土铜镜图录》图55、图59，《历博藏镜选辑（三）》图67、图69，《陈介祺藏镜》图68、图77、图84、图101、图139，《故宫藏镜》图32，《息斋藏镜》图2730，《西安出土文物精华·铜镜》图35，《宜兴民间藏镜精品集》图50、图68、图82等标本镜图中，均可见此类仙人图像。

最早记载“人面鸟”的文献是古本《山海经》，其中《中山经》：“自煇诸之山至于蔓渠之山，凡九山，一千六百八十里，其神皆人面而鸟身。”“自景山至琴鼓之山，凡二十三山，二千八百九十里。其神皆鸟身而人面。”又《海外东经》：“东方句芒，鸟身人面。”句芒乃辅佐帝太皞或东王公的东方之帝。此外，《山海经》所著录的“禺强”“瞿如”“颙”“凫徯”“竦斯”等神兽，多为人首鸟身的形象，它们均系主司某一方面的神灵。人面鸟身者，在史前时期原始部落中很可能是指人们祭祀崇拜的鸟图腾，而不是指神人。汉代的考古资料中，人面鸟身神十分常见，如长沙马王堆汉墓出土帛画、洛阳西汉卜千秋墓中主室前壁壁画、洛阳金谷园村新莽墓壁画及河南、山东、陕西、四川地区画像石中均有此类图像。西汉墓葬中常见的彩绘陶器、漆器上，也有人首鸟身像。这些“人面鸟”“人首鸟”，在汉画中均出现在仙界图像环境中，它们的身份显然也是指神仙世界里的主角——仙人。

先秦及汉代时期为什么会创造出长着硕大羽翼的“人面鸟”图像并使它广泛流播？要因在于，汉代人认为仙人能够自由飞升九霄，则必然需要借助某种工具或介质才行，而鸟体被羽翼、擅长飞升，恰好具有世人想象中自由飞升天界的仙人特性。“人”“鸟”合体的人面鸟，实际就是汉人想象中的神仙形象，《抱朴子·对俗》亦记：“千秋之鸟，万岁之禽，皆人面而鸟身，寿亦如其名。”有些汉画材料中，在人面鸟旁还直接刻有“千秋万岁”的铭辞，大抵是表达它们生命不死之神性。阜阳汉镜镜图中，还有一类“鸟首人身”式怪神，也具备鸟类擅长飞升的神性功能，也是汉代神仙说中仙人形象之一。

阜阳汉镜中还见另一类人面兽身图像，此类人面兽身怪人，也是汉代神仙说中的仙人，在此不再赘述。《镜涵春秋》图91，《宜兴民间藏镜作品集》图49、图64收录的图式中也有此类图像。

三、仙人侍者、求仙者、升仙者、方士

1. 仙人侍者、求仙者、升仙者

阜阳汉镜图式中，主神西王母、东王父两侧除配置有不少羽人侍者外，有时还配置另一类躯体没有羽翼的侍者。此类侍者身形、衣着与汉代现实生活中的人无异，主要形态或擎举献物，或跪拜求药，或执便面侍立，或作恭迎状，或奏乐吟诵，或歌舞杂耍，或拢袖于胸站立等，有的侍者旁还有“侍女”“玉女”“玉女作倡”之类的榜题。这些主神侍者的身份，也是神仙世界里的仙人。

仙人侍者的图像在其他地区的汉镜中也很流行，它们在镜图的形构基本雷同，为便于比较，下表列出见于著录的部分例证。

表2-4　汉镜图式中常见仙人侍者形态统计表

内容 序号	侍者形态	例　镜
1	擎举献物	《浙江》图版28、29，《丹阳》图166，《古今》图152
2	跪拜求药	《图典》图44
3	执便面侍立	《中原》图21，《图典》图438
4	侧身恭迎	《古今》图150
5	奏乐吟诵	《古镜今照》图92，《图典》图445
6	乐舞百戏	《图典》图437、454
7	站立	《古今》图143

西汉中期以后，随着神仙说“民间化”“世俗化”程度的不断加深，大量的与现实生活题材相关的内容融入神仙生活世界之中，不仅仙人的形象、体态、衣着趋同于世俗之人，人间流行的乐舞百戏、宴饮活动、车马出行等生活方式亦成为神仙世界里常见的场景。这一现象，在汉代画像砖、画像石、帛画、漆画、青铜器图案中常见，汉镜图式大量出现上述仙界侍者形象，是同一社会神话背景下的产物。

阜阳出土的东汉中晚期流行的画像镜、神兽镜中，还出现了直接刻画世

俗之人乘着车马，在白虎导引下升天成仙的“情节演进”式组图，其中包括了拜谒西王母、东王父祈求不死之药者（求仙者）、跪拜天门求入仙界者（修道入仙者）、乘骑进入昆仑“西王母之山”者（升仙者）等。这些组图，以更为直白的方式，再现了汉代人想象中的“世俗之人入仙者”的形象。

2. *方士*

阜阳汉镜中的方士，出现于禽兽镜、画像镜图式中。禽兽镜中的方士呈“半人半兽”“人兽合体”形态，属于一类尚未演变成世俗人物特征的形象。画像镜图式中的方士，已经演变成与世俗之人完全类同的人物形象，只是手中持举旌节或在升仙者前方行走，表现出与常人不同的神异功能。

镜图中的方士，是一类与汉人升仙活动直接相关的人物形象。此类人物有“步行式”“乘骑式”“伫立式”“跽坐式”“跪拜式”等多种形态，均以“持节”为主要特征。为比较、认证阜阳汉镜图式中方士的身份，以下列出常见铜镜著录中有方士图案的例证。

表2－5　汉镜图式中常见方士形态统计表

内容 / 序号	方士形态	例　镜
1	步行	《丹阳》图165，《古今》图142
2	乘骑	《中原》图21
3	伫立	《陈介祺》图126
4	跽坐侍神	《丹阳》图97
5	跽坐炼丹	《长沙》图108
6	跽坐举物	《妙极神工》图303，《嘉德2010春拍》图7177
7	跪拜主神	《长沙》图114
8	跪立	《稻房》图6906

方士在镜图中常以“羽人”或身披羽衣者的形象出现，有些方士作一手持旌节、一手捧举三株果或芝草状（《妙极神工》图303），虽不见主神出现于图像区，其承载的神仙思想内涵却十分清楚。镜图中还有一类方士，侧身跽坐在圆腹釜（鼎）形器前，釜（鼎）中沸腾的热气上飘，方士则全神贯注地观察着釜（鼎）中情况，形象生动地再现了汉代典型的“方士炼丹”场景（《长沙》图108）。

“方士”即古代精于巫医与神仙说之术士，其神异本领在于能够“通鬼神”、招“仙人”、炼“丹药”、服食成仙等，文献所记的汉代开火炼丹、沟通仙人、招觅鬼神、自言长生不死、导引世人升仙之类的活动，多系方士所为。两汉社会方士信仰之盛，《史记》《汉书》《后汉书》均有详细记载。自武帝以来，痴迷于神仙术的帝王对方士多恩宠有加，方士因贡献各种“致仙方”而显贵者甚众，《汉书·郊祀志》：“汉兴，新垣平、齐人少翁、公孙卿、栾大等，皆以仙人黄冶、祭祠、事鬼、使物、入海求神贵幸，赏赐累千金……元鼎、元封之际……言有神仙祭祀致福之术者以万数。”淮南王刘安好方技，新朝王莽用符命，东汉光武信谶言，均系痴迷于方士之术的结果。两汉时期，方士在神仙信仰与升仙术的传播与演变中发挥了重要作用，然其所持弄的所谓成仙方术，毕竟多系具有虚幻蒙骗色彩的伪诈活动，“听其言洋洋满耳，若将可遇。求之，荡荡如系风捕影，终不可得”（《汉书·郊祠志》），此类伪委神灵、欺罔世主的行迹败露后，招来杀身之祸者不乏其例。镜图中描述的方士活动场景，大抵属于“导引入仙”“拜谒仙人”“开火炼丹”之类的内容。

与汉代方士密切相关的另一个问题，是阜阳所在的淮河流域原始道教的形成问题。一般研究者认为，方士及其所宣传的神仙说、所从事的神仙巫术活动，是东汉中晚期原始道教出现与形成的重要渊源之一[1]。有人认为，早期原始道教中的道士（传道者），有一部分就是直接由方士的身份转变而来，他们在民间医疗保健及各类丧葬活动中表现得尤其活跃。考古发现的大量的带有巫术色彩的汉墓镇墓文、买地券铭辞，多出自民间方士之手，这些宗教仪轨活动的具体实施，也应是方士所为。

四、王子乔、赤松子

阜阳汉镜图式中的仙人王子乔、赤松子，见于西汉晚期至东汉早期禽兽镜、东汉中晚期画像镜中，文献中多简称作“松乔”。常见的组图形态有“仙人骑鹿”“仙人骑羊”“仙人骑龙”“仙人骑独角兽”等，即一位长鼻、长耳、长发的羽人乘骑瑞兽飞驰而过。此类图像模式，多以一位神人乘骑出现，罕见“松乔”成对出现的例证。另一类为“松乔”持杵捣药图式，例证见于东汉“袁氏”铭神人画像镜中，组图形式为两仙人相对跽坐捣药。关于上述镜图中仙人“松乔”身份的认证，后文有专论。

阜阳汉镜中的“松乔”图像，在其他地区镜图中也很流行，如浙江绍兴漓渚出土的柏氏七乳禽兽镜中（《浙江》图版20），有一组两仙人相对跽坐的博弈图，两人形体细部结构简约模糊，但长首、长耳上竖、长发后飘的特征十分明显，其中一人身体前倾作静观状、一人手臂前伸望着博盘正在执子走棋。两人身后各有一马在低首进食，两马旁边刻铸有“王乔马”“赤诵马”榜题，显然马的主人——两位弈棋者就是王子乔、赤松（踊）子。此类仙人博弈图在汉镜中出现频率较高，在七乳禽兽镜图式中尤为流行。对于另一类有“上有东王公西王母，仙人子侨赤松子，白虎熏炉在左”“青龙在左白虎居右，山人子侨赤松子”“仙人子侨赤松子，辟邪居右”“青龙在左白虎居右，神鱼仙人赤松子”“崔文王侨骑鹿行”之类铭辞“注释”仙人身份的镜图，则可以推定图式中两者相对跽坐博弈、捣药、戏耍、骑鹿的仙人就是传说中的王子乔与赤松子（《妙极神工》图417、《澄质朝神》图916）。

以下列举见于著录的汉镜“松乔”图像例证。

表2-6　汉镜中常见“王子乔”“赤松子”图像统计表

内容 类别	组图模式	镜铭、榜题	例　镜
Ⅰ类	两仙人弈棋	仙人乘骑旁有“王乔马”“赤诵马”榜题	《浙江》图版20
Ⅱ类	两仙人捣药	袁氏作镜真大巧，青龙在左白虎居右，山人子高（乔）赤诵（松）子，辟邪喜怒无央，千秋万岁主长久	《妙极神工》图417， 《稻房》图6853， 《澄质朝神》图916
Ⅲ类	两仙人侍奉西王母、东王父	袁氏作镜真大巧，上有东王公西王母，青龙在左辟邪（白虎）居右，仙人子乔赤诵（松）子，千秋万岁不知老	《三槐堂》图106， 《宜兴》图131
Ⅳ类	两仙人乘骑	铭文：“……上有仙人不知老，东王父西王母，山人子（乔）赤松子”，榜题“东王父”“西王母”	《宜兴》图114

王子乔、赤松子是汉代神话中的两位著名仙人，《淮南子·齐俗训》：“今夫王乔、赤诵子，吹呕呼吸，吐故纳新，遗形去智，抱素返真，以游玄眇，上通云天。”《泰族训》：“王乔、赤松，去尘埃之间……乘云游雾，可谓养性矣。”汉乐府诗《王子乔》：“王子乔，参驾白鹿云中遨。下游来，王子乔，参驾白鹿，上至云戏，遨游上建，逋阴广里。践近高，结仙宫，过谒三台，东游四海五岳上，过蓬莱，紫云台……”我国古代关于王子乔的传说十分丰富，如有传说王子乔的原型为周灵王太子晋，后修道成仙，《列仙传》：“王子乔者，周灵王太子晋也，好吹笙作凤鸣。游伊、洛之间，

道人浮丘公接以上嵩高山。三十余年后，求之于山上，见桓良曰：‘告我家，七月七日待我于缑氏山顶。’至时，果乘白鹤驻山头，望之不得到，举手谢时人，数日而去。为立祠于缑氏山下及嵩高之首焉。”另外还有叶县令王乔说、蜀人王乔说、越人王乔说等多种说法[2]。赤松子是传说中的神农雨师，《搜神记》：“赤松子者，神农时雨师也，服水玉以教神农，能入火自烧。往往至昆仑山上，常止西王母石室中，随风雨上下，炎帝少女追之，亦得仙，俱去。”《史记·留侯世家》：“愿弃人间事，欲从赤松子游耳。”汉代人多以“松乔”合称指代仙人，《西都赋》：“庶松乔之群类”，《后汉书·冯衍传》说冯衍意欲隐退之事，“阖门讲席道德，观览乎孔老之论，庶几乎松乔之福”，稍后曹丕《芙蓉池作》：“非松乔谁能的神仙”，可见汉代关于王子乔、赤松子的神仙思想传播十分活跃。

传说中的王子乔、赤松子最初可能都是世俗修道之人，随着汉代神仙说而广泛传播，两人的身份逐渐“神仙化”。西汉晚期以来，“松乔”终于成为家喻户晓的著名神仙典范。这一典范仙人图像的广为传颂，间证的恰是同时代神仙思想与升仙说炽盛的社会史实。

第三节　仙禽类图像

一、朱雀与凤鸟

1. 朱雀

阜阳汉镜图式中朱雀出现的频率较高，按形态大致可将其分作三类。

第一类为“伏卧型”。体形作静伏状，低首或者昂首，细颈，两翅附于体背，尾呈孔雀屏状，分多岔，硕大而外展。此类朱雀图式还见于《古镜今照》图 95，《镜涵春秋》图 59，《中国铜镜图典》图 281、图 282、图 294。

第二类为“伫立型”。形态各异，多作昂首引颈展翅伫立状，或回首展翅欲飞状，此类图式还见于《古镜今照》图 77，《上海博物馆藏镜精品》图 43，《中原藏镜聚英》图 13，《丹阳铜镜青瓷博物馆·千镜堂》图 196，《中国铜镜图典》图 248、图 249、图 258 收录器。有的体态长而略作流线型，昂首引颈伫立，两翼伸展，尖喙，羽冠长而后飘，曲颈略细长，尾长而粗大并向两侧分叉，还有的图像呈短粗流线形状。

第三类为“飞翔型”。体形作昂首展翅飞行状，长喙，羽状冠，尾长而分叉上扬，末端卷窝纹状。此类图式还见于《古镜今照》图 70、图 79 收录的镜器和《中国铜镜图典》图 270 收录的镜器。

以上几类朱雀，与现实生活中的孔雀形构大体类似。另有一类出现在镜图画纹带缘中的朱雀，整体或局部形构作了拉长、扭曲、变形、简化等“图案化”处理，多具有条带状的艺术装饰效果，可视为朱雀的“变异型”图式，此类镜还见于《古镜今照》图 94、图 96。此外，镜图中的朱雀还常见头、尾、翅简化图式，躯体大而浑圆成流线型的图式及雏雀型、鹅、雁型图式等，此类镜还见于《古镜今照》图 91，《中国铜镜图典》图 281、图 293、图 316、图 317 等。

镜图中的朱雀，是一类配置在“四神”空间架构特定方位的神禽，有守卫南方、除凶去恶辟不祥的神性。《尚书・尧典》：“日中星乌”，传：“乌，南方朱雀七宿。”疏：“南方朱雀七宿者，在天成象，星座鸟形，《曲礼》：前朱雀，后玄武，左青龙，右白虎。雀即鸟也。”

朱雀还是秦汉神话中常见的仙人乘骑，《楚辞・九辨》说升天时“左朱雀之茇茇兮，右苍龙之跃跃”。《惜誓》：“飞朱鸟使先驱，驾太一之象舆。”此外，朱雀还被汉人广泛用于除凶、镇守宅门或丧葬镇守墓门等。

2. 凤鸟

阜阳汉镜图式中的凤鸟，多作昂首展翅、高冠长颈、长尾分岔而卷曲状，类似的图像在其他地区汉镜中也很流行，如《古镜今照》图 96，《中国铜镜图典》图 248、图 273，《西安出土文物精华・铜镜》图 35 收录镜等。镜图中的凤鸟还有少量的回首伫立型图式。这些凤鸟图像，多出现在禽兽纹镜和画像镜中。

汉代神话中，凤鸟作为常见的仙人乘骑、得道之人升天的向导或祥瑞神鸟，比朱雀的出现更为频繁。《春秋命历序》：“（皇谈）锐头日角，驾六凤凰，出地衡。”《楚辞・离骚》：“吾令凤鸟飞腾兮，继之以日夜。”凤鸟还是西王母仙界守护昆仑天阙的神鸟。作为祥瑞，凤鸟则预示王者有德、天下太平，《山海经・南次山经》：“（丹穴之山）有鸟焉，其状如鸡，五彩而文，名曰凤凰……见则天下安宁。”《白虎通》：“凤鸟者……上有明王，太平乃来。”汉镜中还常见凤鸟张嘴引颈吞服圆颗粒状物的图式，如《稻房藏镜》图 6866、《中原藏镜聚英》图 13、《六安出土铜镜》图 99、《古镜今照》图 75 收录的镜器等，这些形态的凤鸟，应系传说中的凤鸟服食长生果“琅玕”场景的再现。《艺文类聚》引《庄子》：“南方有鸟，其名为凤……以璆琳琅玕为食”，凤鸟以长生果为食，由此获得了永生不死的神性。

阜阳汉镜中，凤鸟与朱雀外观形构大多雷同而无法区别。一般说来，两者作为神鸟仅具有空间方位属性上的明显差异[3]：朱雀是“四神”空间架构中位居南方的神禽，在镜图中遵循严格的空间配组配位规制，而凤鸟不属于“四神”空间体系中的方位神，它多数场合下以“百鸟之王”“祥瑞”“出入天界的使者”“仙界的护卫神”“升仙乘骑”等身份出现。汉镜图式中的一只神鸟，如果不出现在“四神”空间架构体系中的南方而仅从形构上判别，则很难确认它究竟是“朱雀”还是“凤鸟”。在目前发现的其他汉画材料中，也见“朱雀”“凤鸟”混用的例证，有学者认为这是当时民间作画者偶尔混用的现象[4]。

二、三足乌、青鸟、三青鸟

阜阳汉镜中的三足乌图像出现在禽兽纹镜与画纹带缘镜组图中，其形构多与常见的乌鸦、飞雀无异，仅以“三足”标示其“神异”之处，类似的图像还见于《宜兴民间藏镜精品集》图 123，《古镜今照》图 82，《镜涵春秋》图 83，《中原藏镜聚英》图 87，《故宫藏镜》图 34，《三槐堂藏镜》图 92，《中国铜镜图典》图 250、253、图 297、图 303 收录的镜器中。东汉镜画纹带缘中，三足乌图像尾部多分岔上卷、膨大而极具装饰效果，是一类夸张变形了的特殊图样。汉镜里的三足乌经常被配置在西王母图像系统所表现的神仙世界里，一般与九尾狐成对出现（《故宫藏镜》图 34、图 47、图 49，《古镜今照》图 63、图 82，《妙极神工》图 236）。镜图画纹带缘中，还有一类三足乌常与蟾蜍相对配置图式，两者作采食仙果状（《宜兴民间藏镜精品集》图 121、图 132、图 159），其承载的神话学内涵十分明晰。

汉代三足乌神话渊源有两说：一说与太阳有关，认为三足乌是太阳之精，亦称作阳乌，《淮南子·精神训》：“日中有踆乌。”高诱注：“犹跗也，谓三足乌。”《论衡》：“日中有三足乌。”《灵宪》：“日者，阳精之宗，积而成鸟，象乌，而有三趾。”《春秋元命苞》：“阳成于三，故日中有三足乌”。一说三足乌为西王母役使的取食鸟。《大人赋》：“吾乃今日目睹西王母，皓然白首戴胜而穴处兮，亦幸有三足乌为之使。”《汉书·司马相如传》注引张云：“三足乌，青鸟也，主为西王母取食，在昆仑墟之北。”在谶纬迷信炽盛的东汉中晚期，三足乌有时还作为祥瑞出现，《春秋运斗枢》：“维星得日月，乌三足，礼仪修，物类合。”汉镜图像中的三足乌，多见于西王母神话系统中，是作为西王母侍者身份出现的。在画纹带缘镜中，也有作为“日中金乌”图式出现的三足乌，其图像配置一般与“月中蟾蜍”对称出现，以遵循阴阳平衡的规制。

在神仙信仰与西王母传说盛行的汉代，文献和汉画材料中还见有西王母身边的另一类“青鸟”“三青鸟”存在。此类神鸟名称的渊源，亦可追溯至遥远的先秦时期，《山海经·西山经》：“又西二百二十里，曰三危之山，三青鸟居之。”郭璞注：“三青鸟，主为西王母取食者，别自栖息于此山也。”《山海经·海内北经》：“西王母梯几而戴胜，其南有三青鸟，为西王母取食，在昆仑墟北。”又《大荒西经》：“三青鸟赤首黑目，一名曰大鵹，一名小鵹，一名曰青鸟。”《楚辞·九叹》：“三鸟飞以自南兮，览其志而欲北。愿寄言于三鸟兮，去飘疾而不可得。”洪兴祖补注：“《博物志》：‘王母来见武帝，有三青鸟，如乌大，立侍母旁。’三鸟，王母使也，出《山海经》。”此外，据说是班固所撰《汉武故事》云：“七月七日，上于承华殿斋，日正中，忽见有青鸟从西方来，集殿前。上问东方朔，朔对曰：‘西王母暮必降尊象，上宜洒扫以待之。’……有顷，王母至。”可见青鸟、三青鸟既是西王母的侍者，又是传递西王母行踪的重要信使。

汉画像砖、画像石材料中，青鸟、三青鸟的形状类同于凤鸟，此类神鸟多位于西王母身旁，或口含“不死之药”——小颗粒仙果出现于仙界图像系统。根据汉画学者对早期文献与出土材料的排比研究，约从西汉中晚期开始，“三足乌”始脱离日轮（“金乌负日”或“日中金乌”图式）出现于西王母图像系统中，成为主神西王母的侍者。此后，“三足乌”“青鸟”“三青鸟”的形构与神性内涵渐趋混同，汉镜图像中，已很难区别三足乌的名称究竟是“三足乌”还是“三青鸟”。不过，与九尾狐对称出现的此类神鸟，确定其身份是“三足乌”应是没有问题的，此类旁证材料，在同时代画像石、画像砖、帛画、漆画中常见。

三、神雀

阜阳汉镜图式中常见的神雀形构有三类：第一类为“写实型”，如同现实生活世界里的麻雀形态，类似的图像还见于《古镜今照》图105、《中国铜镜图典》图253、《陈介祺藏古拓本选编·铜镜卷》图84。此类图式多被配置在镜图主纹区，一般作为形体较小的填衬物象出现（《中国铜镜图典》图270）。第二类多与镜图中的凤鸟、朱雀同区配置，外形作长嘴尖喙，头上方有羽冠，两翼展开或附贴腹部，尾羽长而硕大，与凤鸟形构大体雷同，类似的图像还见于《中国铜镜图典》图285。第三类常见于画纹带缘中，躯体形态作了变形处理，是一类图案化、符号化了的神雀。

汉代神话世界里，雀是出入仙界的神鸟，《汉武内传》：“西王母曰：仙次药，有昆仑神雀。”此外仙界神鸟还是祥瑞的征兆，“雀”与“爵”

谐音，汉镜图式中多用神雀组图，还有加官进“爵”的寓意。

四、仙鹤

阜阳汉镜图式中的鹤，多尖喙、细长颈、细长腿，常作伸头引颈飞翔状，形象易于辨别。此类图像多为形体较小、构图简约的填衬物象出现，类似的图像见于《故宫藏镜》图47、图49，《洛阳出土铜镜》图31。

汉代人认为鹤是仙界中的长寿仙禽，《淮南子·说林训》：“鹤寿千岁，以极其游。”稍后《古今注·鸟兽》：“鹤千岁化为苍，又千岁变为黑，所谓玄鹤也。”《拾遗记》：“蛇、鹤延年之物。”此外，鹤还是神仙说中常见的仙人乘骑，《楚辞·远游》：“驾鸾凤以上游兮，从玄鹤与焦明。孔鸟飞而送迎兮，腾群鹤于摇光。”《九怀》：“耆蔡兮踊跃，孔鹤兮回翔。”《列仙传》记王子乔升仙即驾鹤而行，王粲《白鹤赋》：“接王乔于汤谷，驾赤松于扶桑。”《搜神记》所记“玄鹤衔珠“，也与服食长生果的升仙说有关。

五、雏鸡

阜阳汉代禽兽镜中，配置雏鸡的图像十分流行，如西汉晚期以来出现的“四乳四鸟纹镜”“四乳八鸟纹镜”图像，主纹区内配置的几乎都是形构雷同的雏鸡。此类雏鸡的形态，短小而肥硕，憨态可掬，在汉镜图像中十分流行，如《古镜今照》图79、《广西出土铜镜》彩图4、《陈介祺藏古拓本选编·铜镜卷》图106、《故宫藏镜》图32、《山东民间藏镜》图127等收录的镜器中均有雏鸡图式。

在传统民俗文化中，“鸡”与“吉”谐音，以其形象构图取避凶趋吉、大吉大利、吉祥美好之意。《春秋说题辞》：“鸡之言佳也，佳而起为人期，莫宝也。”鸡还具有司晨、主信的神性，河北望都汉墓壁画祥瑞图题铭：“鸡，夜侯，不失更，信也。”在谶纬神学中，鸡为阳性，属火，《春秋说题辞》：“鸡为积阳，南方之象。火阳精物，炎上，故阳出鸡鸣，以类感也。”阜阳汉镜镜图中还见“羽人饲鸡”图式，表明鸡也是仙禽灵物。

第四节　神兽类图像

一、青龙与白虎

1. 青龙

阜阳汉镜构图中，青龙出现频率高，形构复杂多变。常见的青龙形构，大致可分作以下五类。

第一类，头硕大，生角，长嘴，曲颈，有须，长尾，体呈四肢张腾的翼兽状。此类图式还见于《古镜今照》图 64，《中国铜镜图典》图 248、图 250，《西安出土文物精华·铜镜》图 34、图 35。

第二类，形态与第一类大体类同，但躯体短宽肥硕，与白虎躯干基本雷同，仅以头部与虎相区别，属典型的“兽体型”龙图式。此类图式还见于《上海博物馆藏铜镜精品》图 43，《古镜今照》图 67、图 74、图 86、图 95、图 96、图 180，《中国铜镜图典》图 272，《丹阳铜镜青瓷博物馆·千镜堂》图 169、图 171，《中国青铜器全集·铜镜》图 87，《淮南市博物馆藏镜》图 113，《六安出土铜镜》图 76，《鉴道神明》图 2680。

第三类，小头，张嘴，线状细长颈，兽体型，四肢长、尾部细长或短而分岔，体被羽翼。此类图式还见于《古镜今照》图 64、图 70。

第三类，头部呈鸟首状，体瘦长，是特殊的“鸟兽体”型龙。此类图式还见于《镜涵春秋》图 61、图 130，《古镜今照》图 136，《三槐堂藏镜》图 83，《广西出土铜镜》图 72。

第三类，线体龙，头部硕大，尖嘴，额上有角，躯体弯曲连蜷，四肢短小或简约省隐，细长尾。此类图式还见于《宜兴民间藏镜精品集》图 41、《古镜今照》图 66。

第四类，青龙躯体、四肢被任意拉长、收缩、压扁、扭曲、简化，处理成“图案化”“符号化”装饰。类似的图像还见于《镜涵春秋》图 61，《古镜今照》图 91、图 96，《中原藏镜聚英》图 13。在许多镜图画纹带缘中，此类图式往往被扭曲成长弧状流线型，成为典型的“线体型”龙纹样。类似的图像，见于《古镜今照》图 66、图 94，《故宫藏镜》图 45、图 54，《三槐堂藏镜》图 79，《山东民间藏镜》图 137，《妙极神工》图 236。

第五类，兽体盘曲型，即躯体盘曲在镜钮附近，几乎占据了主纹区大部分空间，部分躯体结构为镜钮叠压遮掩。类似的图像，还见于《丹阳铜镜青瓷博物馆·千镜堂》图 153、《古镜今照》图 132、《镜涵春秋》图 90、《稻房藏镜》图 6826、《中国铜镜图典》图 473 至图 476。本例龙主要出现于龙虎神兽镜中，龙首硕大，多作张嘴吞食丹药状，有些龙体和白虎、辟邪、天禄等神兽缠绕纠结在一起，彼此难以剥离分开。

若单独观察汉镜青龙活动的形态而言，可见昂首曲颈前行（《宜兴》图 50）、伸首引颈疾驰（《宜兴》图 67、图 73）、站立托举日轮或器物（《古今》图 79、《中原》图 40、《故宫》图 32）、张口吞食仙物（《西安》图 32）、吹奏弹拨乐器（《镜涵》图 86、《宜兴》图 119）、驻足回首观望

（《宜兴》图151）、躯体盘曲（画纹带缘图式中）、拉云车或为仙人坐骑（《古今》图114、《鄂州》图119）、与仙人戏要（《宜兴》图64）等多种复杂形态，镜图中有的青龙身份及承载的内涵，显然已经被“人格化”“神格化”了。

阜阳汉镜中的龙被赋予了多种内涵：在神仙世界里，龙是神仙传说中的仙人乘骑，也是修道之人升天的导骑，《山海经》《大戴礼记》多处记神人骑龙出行，《焦氏易林》：“驾龙骑虎，周遍天下，为人所使，见西王母，不忧不殆。”《史记·封禅书》记有黄帝乘龙升天的传说，青龙在“四神”空间配置配位中属东方之神，具有守护东方的神性，《三辅黄图》：“苍龙、白虎、朱雀、玄武，天之四灵，以正四方”，《论衡》：“宅中主神有十二焉，青龙、白虎列十二位。龙虎猛神，天之正鬼也，飞尸、流凶，安敢妄集。”此外，青龙还具有去恶除凶辟不祥的神性功能。

2. 白虎

阜阳汉镜构图中，白虎的形象易于辨识，常见形态有三类。

第一类，形体与现实生活中的虎大致雷同，或引颈前行，或昂首驻足，或盘曲静卧，或张口作吞食灵芝与仙果枝状等，属于“写实型”神兽。类似的形态，还见于《宜兴民间藏镜精品集》图115，《古镜今照》图67、图70、图77、图78、图91，《中国铜镜图典》图248、图259、图265，《三槐堂藏镜》图71。

第二类，体被双翼，躯体某些部位夸张变形，属于“羽翼型”神兽。类似的图像，还见于《古镜今照》图86、图95、图96，《六安出土铜镜》图120、图122，《丹阳铜镜青瓷博物馆》图169、图171，《西安文物精华·铜镜》图35，《南阳出土铜镜》图版105-2收录器。

第三类，躯体盘曲在镜钮附近，有的与青龙、辟邪、天禄等神兽缠绕纠结在一起（同类图像还见于《中原藏镜聚英》图77，《中国铜镜图典》图480、图481，或单独成区（《图典》图478），有的部分躯体结构为镜钮叠压遮掩（类似的图像见于《丹阳铜镜青瓷博物馆·千镜堂》图153）。

第四类，躯体作拉长、压扁、扭曲等变形处理，常见于画纹带缘图式中。同类图像还见于《古镜今照》图94，《中国铜镜图典》图349、图350、图353、图436、图461。

第五类，头硕大，张口露齿，四肢粗壮，双翼，躯体饰长毛，类似于狮子形构。类似的图像还见于《上海博物馆藏铜镜精品》图57收录的镜器。

镜图中白虎是神仙世界中导引世俗之人升天成仙的使者，也是仙人乘骑出游、往来天地之间的工具，《楚辞·哀时命》：“使枭羊先导兮，白虎为之前后。”贾谊《惜誓》：“苍龙蚴虬于左参兮，白虎骋而为右骈。”在西王母神仙世界里，白虎是伴随西王母左右的坐骑。此外白虎还有镇守西方、除凶辟不祥的神性，有时还作为寓示王者政治清明、仁德彰兴的祥瑞出现。《焦氏易林》：“驾龙骑虎，周遍天下，为人所使，见西王母，不忧不殆。”南阳汉画像石中有骑虎升仙图。

二、神龟与玄武

1. 神龟

阜阳汉镜图式中所见神龟，均为写实型形态，易于辨识。此类神龟图式，在不同地区汉镜组图中大体雷同，如《故宫藏镜》图 47、《稻房藏镜》图 6826、《古镜今照》图 76、《镜涵春秋》图 92、《中国铜镜图典》图 353、《妙极神工》图 236、《澄质朝神》图 905 收录的镜器等。

早在遥远的史前时期，龟就被原始先民赋予了生命不死、预测凶吉的神性。先秦时期的文献中，龟已被泛称为“神龟”，《庄子·秋水》：“楚有神寿龟，死已三千岁矣。”汉代人认为龟长寿、能知凶吉，《史记·龟册列传》：“龟千年乃游莲叶上。”《春秋说题辞》：“龟之为言久矣，千岁知凶吉也。”龟长寿有灵气，善于行气导引，所以是长生不死的象征。缘于龟具有上述灵性，汉代神仙说还视龟为仙界不死灵物，具有引导世人升仙的神性，是神仙世界里的仙人乘骑之一，《尚书·帝验期》：“洎周穆王驾龟鼍鱼鳖……而升昆仑圃阆苑之野，而会于王母。”河南南阳麒麟岗汉画像石墓中，出土有“乘龟升仙”画像石。在宜兴发现的西汉晚期禽兽镜中，有龟衔持仙草作伸首引颈爬行状的图式（《宜兴民间藏镜精品集》图 41），直白而形象地再现了龟为仙界不死神物的场景。此外，龟还有预示祥瑞、辟恶除邪、富贵长寿等神性。

2. 玄武

阜阳汉镜玄武的构图，常见以下几种类型：

第一类，龟蛇合体，两者缠绕纠结，属于常见的玄武“标准图式”。类似的图像，还见于《古镜今照》图 67、图 86、图 91、图 96，《宜兴民间藏镜精品集》图 130，《镜涵春秋》图 63 收录的镜器中。

第二类，蛇位于龟上方，两者不缠绕纠结，仅有部分躯体相连。同类图像还见于《镜涵春秋》图 76、《中原藏镜聚英》图 13、《六安出土铜镜》图 117、《宜兴民间藏镜精品集》图 58、《陈介祺藏古拓本选编·铜镜卷》图 67、《古镜今照》图 99、《金懋国拍 2011 春拍图录》图 1019 收录的镜器中。

第三类，龟、蛇躯体离解，蛇环包龟，两者仍居一区。同类图像还见于《中国铜镜图典》图 279。

第四类，龟、蛇完全分开，两者并列的图式。同类图像还见于《古镜今照》图 75、图 105，《镜涵春秋》图 68，《陈介祺藏镜》图 109，《六安出土铜镜》图 74，《稻房藏镜》图 6816，《妙极神工》图 248，《净月澄华》图 19，《千秋金鉴》图 1105，《清华铭文镜》图 42，《中国铜镜图典》图 274、图 291 收录的镜器中。蛇游离原位后，多与龟分区对称配位，此类图式严格意义上讲已不属传统概念中的玄武形构，但因构成玄武的两个动物要素还配于同区，仍可视其为玄武的异化形态。

第五类，衍变异化型，见于镜图画纹带缘中。类似的图式还见于《古镜今照》图 96、图 107，《金懋国际 2011 春拍图录》图 1020。

汉代神话中，玄武具有载人升天成仙的神性，是仙人出行的常伴神物，《楚辞·远游》："时暧而傥莽兮，召玄武而奔属。"王逸注："呼太阴神，使承卫也。"《楚辞·九怀》："玄武步兮水母"，王逸注："天龟，水神，次从余也。"山东出土的汉画像石中，也有此类仙人乘玄武的图像（《山东汉画像石选集》图 109、图 143）。

三、辟邪、天禄、麒麟、飞廉、天马

1. *辟邪与天禄*

阜阳汉镜图式中的辟邪与天禄，皆系世俗世界中本不存在的虚构神兽，其形构与组图，为汉代人依据对文献记载的理解、揣度所"加工创造"，似乎没有一个统一固定的图谱资以比勘，且文献对辟邪、天禄形态特征的记载，也有粗略模糊甚至有相互抵牾存疑之处。如此，为确认镜图中两类神兽的具体形构带来困难。目前较为可靠的办法，是以"辟邪""天禄"榜题自铭、铭文对图像的对应互释为线索来确定镜图中某类神兽就是"辟邪""天禄"，再以此类图像为"标准图式"，类比推定其他雷同或类似的神兽名称。

目前见于著录的汉镜标本中，镜图与榜题或铭文互指的"辟邪""天禄"图像，列举如下。

表 2-7　汉镜中常见"辟邪""天禄"图像一览表

内容 序号	组图与形态特征	镜　铭	例　镜
1	辟邪自成一区。独角，长颈，躯体四肢硕壮，长尾上卷，作张口回首衔尾状，鬓角鬃毛后飘	"辟邪"榜题	《古今》图 106，《浙江》图版 20

（续表）

内容 序号	组图与形态特征	镜 铭	例 镜
2	同区对称配置两辟邪。独角，细长颈，前肢短小、后肢硕壮，粗长尾一卷曲、一上扬。作张口回首衔尾状，鬓角鬃毛后飘	/	《镜涵》图 64
3	辟邪、天禄成对出现。头硕大，粗壮长角后扬，辟邪多作独角、天禄多作双角。张口瞠目相对，躯体、四肢肥硕雄健，占据了镜图主纹区大部分空间	“辟邪配天禄”；“上有辟邪与天禄”；有“天禄”榜题	《古今》图 127，《镜涵》图 125，《宜兴》图 144，《中原》图 70
4	辟邪自成一区。张口露齿，双目圆睁，两角细长后弯，躯体呈盘曲龙形，粗长尾蜷曲，末端分叉	/	《古今》图 138
5	两天禄夹钮对置。正面圆脸，大圆眼，顶部毛发向两侧延伸上卷，有粗长独角后伸。躯体修长盘曲，四肢硕壮，粗长尾	“天禄福寿居中央”“上有天禄居中央”	《镜涵》图 130，《德惠堂》图 134
6	辟邪、白虎成对出现。辟邪张口露齿，双目圆睁，头顶部粗大双角左右弯曲伸展，鬓部有细密鬃毛。躯体、四肢硕壮盘曲，体表饰有乳丁纹、条形纹。白虎无角，形构与辟邪类同	“……白虎辟邪匹……”“……上有白虎辟邪主除道……”	《中原》图 77，《南阳》图 219，《宜兴》图 151
7	辟邪、白虎（青龙）夹钮对置。辟邪双目圆睁，作张口回首衔尾状，头部粗大独角向后弧状曲伸展，颌下有一绺长须。躯体硕壮盘曲，长尾卷曲	“……青龙在左辟邪居右……”“……白虎辟邪在左右……”	《三槐堂》图 106，《妙机神工》图 117
8	辟邪、天禄各独成一区，夹钮对置作奔跑状，背上各有一仙人乘骑。两者均头硕大，一两角一无角，长颈，四肢、躯体硕壮，羽翼粗大	/	《上博》图 57，《宜兴》图 132
9	辟邪、天禄夹钮对置，作奔跑回首衔尾状。天禄头硕大，张口露齿，两长角左右外展，粗长颈，躯体硕壮，体被羽翼。辟邪两角平行后展上卷	/	《镜涵》图 93

（续表）

内容 序号	组图与形态特征	镜　铭	例　镜
10	天禄独占主纹区，张口瞠目，头上两角左右弧状外展，鬣毛粗壮，躯体、四肢细长盘曲，长尾上卷	/	《宜兴》图 118

据上表材料可知，汉禽兽镜中有一类榜题自铭“辟邪”的神兽，龙首兽身，四肢硕壮而健走，孔武凶悍，作回首张口欲衔尾状，头部多有独角。此类“回首衔尾独角兽”图式出现的频率较高，可视为“辟邪”的一类标准模式。在晚期神兽镜中，也有双角短粗、嘴大而宽扁、两圆眼外凸、正面踞蹲的辟邪图式（《古镜今照》图 131）及似虎似狮图式，有的还有榜题自铭（《古镜今照》图 48）。辟邪本系虚构的神兽，现实生活世界无真实动物原型资以比勘，此类物象在镜图中出现多种形构，易于理解。

“辟邪”一词最早见于先秦时期，本意指偏邪不正。《左传·昭公十六年》：“辟邪之人而皆及执政，是先王无刑罚也。”杜预注：“言为过谬者，自应用刑罚。”《国语·周语上》：“国之将亡，其君贪冒、辟邪、淫佚、荒怠、粗秽、暴虐。”汉代的辟邪多特指一类神兽，主要职能是辟除凶邪。东汉《急救篇》：“射魅辟邪除群凶”，师古注：“射魃、辟邪，皆神兽名……辟邪，言能辟御妖邪也。”汉代传说中的辟邪，神威要比白虎大得多，此系辟邪不能为白虎所取代的要因。

阜阳汉镜图式中还有一类大嘴狮形兽，则可能是常与辟邪伴出的另一种神兽“天禄”。此类神兽多体被双翼，作四肢弓张、昂首吼叫状，有独角、两角等多种形构，多因缺少榜题资证而难以准确认定其身份。《古镜今照》图 116、图 135 收录的镜器中，也有此类神兽形象。有些镜铭如“上有天禄居中央”（《德惠堂》图 134）或直接有“天禄”榜题者（《嘉德 2010 春拍铜镜》图 7146），则可推定镜图中的神兽就是天禄。“天禄”一词见于《孟子·万章下》《尚书·大禹谟》，本意指上天所赐福禄，至汉代演变成有翼狮子状的神兽。后亦专指一类神兽，或写作“天鹿”，认为它能够祓除不祥。《后汉书·灵帝纪》：“复修玉堂殿，铸铜人四，黄锺四，及天禄、虾蟆。”

关于天禄与辟邪形构上的区别，有人根据文献推定，认为天禄头上有双角、辟邪无角，从上述汉镜图像观察并非如此[5]。天禄与辟邪神兽在镜图仙界的不断出现，反映了汉代社会追求避凶趋吉的心理需求。

2. 麒麟

阜阳汉镜中的麒麟形象，多被配置在禽兽纹镜组图中，其形态一般呈奔跑的“独角羊”式。常见的图式，可大致分为两类。

第一类，为独角羊昂首前奔形态。汉镜中此类麒麟图像很流行，如《图典》图 260、图 269、图 303、图 350，《陈介祺藏古拓本选编 · 铜镜卷》图 102 中，均有此类图像。

第二类，体表饰有斑点，为“羊首鹿身”型图式。此类神兽，多被配置在“五灵纹”组图中的西南空间方位，《西安文物精华 · 铜镜》图 32 的镜图中有此类图像。

汉镜镜图中，迄今尚未发现自铭为“麒麟”的神兽，近年有报道出现过上述“独角羊”神兽旁铸有“孔子羊”“孔子白羊”的榜题，其实标注的就是汉代的麒麟图式（参见《南阳出土铜镜》图版 105–2，《古镜今照》图 106，《妙极神工》图 376），这个形象承载的神话学内涵，源于鲁哀公十四年“西狩获麟”的典故。传说鲁哀公狩猎获麟，引起大德仁者孔子的震惊与哀怜，认为是杀身亡国的不祥之兆，并因此绝笔《春秋》。

麒麟实物形构的出现，最早见于河北平山县战国初期的中山国国王墓葬中，为一件错银青铜神兽。汉代的麒麟形象，《说文 · 鹿部》云：“麒，仁兽也，麋身，牛尾，一角。麐（麟），牝麒也。”段玉裁注：“状如麕，一角，戴肉，设武备而不为害，所以为仁也。”《征祥记》：“麒麟者，牡曰麒，牝曰麟……许云仁兽，用公羊说，以其不履生虫，不折生草也。”亦有文献记麒麟为“麕（獐）身、牛尾、狼额、马蹄”神物。可见麒麟是公认的“仁兽”，它的出现被视为天降祥瑞，往往还被附会为圣贤的降生，是太平盛世的表征物。在谶纬思想炽盛的汉代，此类神兽的出现，备受世人推崇。

早期的麒麟，被认为是与凤、龟、龙并列的“四灵”之一。随着汉代青龙、白虎、朱雀、玄武“四灵”空间架构的定型和“阴阳五行说”宇宙观理论的流行，汉代又出现了“五灵说”，即在原有四灵架构的西南方位配置上麒麟，构成所谓的“五灵”。阜阳西汉晚期以来的禽兽纹镜图式中，便有此类严格遵循空间方位规制的五灵纹，其中夹处于白虎、朱雀之间的西南方位上的独角兽，便是麒麟。此类独角兽多呈奔跑状，形态似山羊或小鹿。

汉代文献中记载的麒麟，有时还作为仙人乘骑出现，如《春秋命历序》云：“驾六飞麟，从日月飞”。汉镜图像中，的确有不少仙人乘骑类似独角山羊之类的神兽，这些图像中的独角兽是否可以完全叫作麒麟还难以确指，因为有些独角羊在汉代仅被赋予了“吉祥”的民俗文化内涵，似乎与麒麟的神性关联不大。

3. 飞（蜚）廉

阜阳汉镜图式中有“鸟首鹿身”式的有翼神兽，应系传说中的飞廉，常见的图式有三类。

第一类，头部作禽鸟形，兽体有翼，尾细长卷曲。类似的图像，还见于《故宫藏镜》图33、《南阳出土铜镜》图版96－2、《仙辉朗鉴》图1226、《澄质朝神》图1023收录的镜器组图中。

第二类，位于镜缘画纹带中，作鸟首、长颈、有角状，躯体鹿形、有翼，尾短小。类似的图像，还见于《湖南出土历代铜镜》图61中。

第三类，头部作鸟首形，独角长而卷曲，体细长有翼，尾上卷。类似的图像还见于《中国铜镜图典》第297页收录的镜器组图中。

飞廉是早期神话中擅长奔跑的风神，《楚辞·离骚》：“前望舒使先驱，后飞廉使奔属。”《吕氏春秋》：“风伯曰飞廉。”到了汉代，飞廉已演变为仙人乘骑，《淮南子》：“骑飞廉而从敦圄。”《汉书·武帝纪》注引应劭曰：“飞廉，神禽，能致风气者。”《史记·司马相如列传》“推蜚廉”句《集解》引郭璞曰：“飞廉，龙雀也。鸟首鹿身者。”《三辅黄图·观》：“飞廉，神禽能致风气者，身似鹿，头如雀，有角而蛇尾，纹如豹。”由此，飞廉大体上经历了“风神”—“神禽”—“禽兽合体”—“神兽”的复杂演变历程。汉代人操作的升仙活动与打鬼驱邪多是相联系的，“打鬼”是“升仙”的前提条件，所以镜图中还见将怪熊与神仙坐骑飞廉同配一区或夹钮对置的图式。

4. 天马（乘黄）

阜阳汉镜中，神禽异兽间有时还会出现马的图像，这些马显然不是世俗世界里的动物，而应归入文献记载的“天马”的范畴。此类天马多作昂首曲颈、四肢弓张、鬃毛上竖、短尾上翘的奔腾状，亦有部分伸首引颈狂奔的图式。形体与现实生活中马的主要特征雷同，属于“写实型”的图式，易于辨识。两者的区别在于天马多有羽翼，以显示其异于世俗之物的神性，类似的图像还见于《古镜今照》图142，《镜涵春秋》图94、图96，《丹阳铜镜青瓷博物馆·千镜堂》图137，《陈介祺藏古拓本选编·铜镜卷》图126中。有的镜图刻画了羽人乘骑天马（《浙江出土铜镜》彩版26、彩版24、图版35）。还有的奔马图式旁边，铸有“天马”“王侨马”“赤诵马”之类的铭款，如《淮南博物馆藏镜》图164、《镜涵春秋》图101、《历博藏镜选辑（三）》图116等。

在多乳禽兽镜图式中，还有“伫立型”的天马形态（《浙江》图版

20）。有的马上有羽人乘骑、前方另有一羽人牵住缰绳使马站立停下来，马旁边有“天马”榜题（《华夏国拍2011春拍》图735）。

阜阳出土的神人画像镜中，还有一类出现于画像镜“车马出行图”中的马，身份较复杂，其中属于载人升天成仙、进入西王母仙界的图式，可归入“天马”的范畴。

汉代神话中的天马，马身龙翼，谓之“乘黄”，《山海经》：“白民之国有乘黄，乘之寿二千岁。”乐府诗《日出》“訾黄其何不来下”句下应劭曰：“乘黄，龙翼马身，乘之寿二千岁。”汉代人认为，世俗之人乘骑天马不仅能够长寿，还能够直接将其作为升天工具实现成仙的愿望，乐府诗《天马》：“天马来，执徐时，将遥举，谁无期。天马来，开远门，竦予身，逝昆仑。天马来，龙之媒，游阊阖，观玉台。”汉镜图式中的羽人乘天马飞驰、世俗之人乘天马赴昆仑山拜谒西王母组图，承载的均为神仙说中的升仙不死思想内涵。此外，天马还是仁君有德的祥瑞征兆，《尚书中侯考·河命》：“德及禽兽，则乘黄出。乘，神马也。”

四、玉兔、蟾蜍、九尾狐

1. 玉兔

阜阳汉镜组图中，兔在仙界的形象多作为“捣药”图式出现。此类图式，大致可分为三类。

第一类为“兔首兽身型”，长耳，体被羽翼，面向西王母，多见侧身跽坐、上体直立持杵捣药状。本类图像，还见于《古镜今照》图82、《故宫藏镜》图34、《六安出土铜镜》图104、《尊古斋藏镜》图1、《丹阳铜镜青瓷博物馆·千镜堂》图97。

第二类为“兔首人身型”，兔多作主神侍者，长耳、小脑袋、尖嘴，躯体则类同前述的羽人。类似的图像，还见于《丹阳铜镜青瓷博物馆·千镜堂》图184、《仙辉朗鉴》图1299收录的镜器中。此类图式，与汉镜中流行的另一类“羽人持杵捣药”形制基本类同。

第三类为“写实型”，多单独出现于神仙世界、作伏地状静立的图式。此类图式为汉镜中常见，如《镜涵春秋》图87、图90，《六安出土铜镜》图40，《丹阳铜镜青瓷博物馆·千镜堂》图124。亦有躯体前倾或站立作持杵捣药状的图式例镜，如《宜兴民间藏镜精品集》图79、图122、图124，《中国青铜器全集·铜镜》图59，《六安出土铜镜》图44、图104，《古镜今照》图133，《尊古斋藏镜》图1，《故宫藏镜》图44，《中拍国际2011秋拍图录》图5109、图5121，《仙辉朗鉴》图1301收录器镜图等。

汉代关于兔的神话内容有两类：其一，与月亮传说有关，兔与蟾蜍并居月中，代表月亮阴阳圆缺的变化，《灵宪》：“月者阴精而成兽，象兔蛤焉。”《春秋元命苞》：“月之言阙也，两设以蟾蜍与玉兔者，阴阳双居，明阳之制阴，阴之倚阳也”。其二，与西王母不死之药有关，即玉兔为西王母捣练不死之药之类的传说，汉乐府诗《董逃行》：“采取神药若木端，白兔长跪捣药蛤蟆丸。……服此药可得神仙。”东汉晚期以来两类神话渐趋融合，傅玄《拟天问》：“月中何游？玉兔捣药。”此外兔还是预示长寿、敬老的祥瑞，《抱朴子·内篇》：“玉兔寿千岁，五百岁其恩加耆老，则白兔见。”阜阳汉镜中的玉兔组图，几乎全部与西王母不死之药有关。

2. 蟾蜍

阜阳汉镜图像中的蟾蜍形态，多见昂首直立、上肢外展上扬状，或体作昂首踞蹲状、后仰状、爬行状。这些蟾蜍，大体上可分为“写实型”“短兽体型”“长兽体型”三类。

第一类为“写实型”，即蟾蜍的形态近于写实，躯体呈团状，肥硕，嘴扁宽，两后肢粗壮，体表多饰圆点斑，有的颌下生须、有的有短小尾。本类图式在其他地区汉镜中也十分流行，例镜见于《宜兴民间藏镜精品集》图50，《镜涵春秋》图68，《六安出土铜镜》图40，《淮南市博物馆藏镜》图147，《古镜今照》图112，《妙极神工》图279、图340，《稻房藏镜》图6821，《丹阳铜镜青瓷博物馆·千镜堂》图97、图121、图125、图142，《上海博物馆藏镜精品集》图44、图45，《故宫藏镜》图32，《陈介祺》图96等。西汉早中期，还见一类躯体趴伏、四肢张开、头部尽力前伸的例镜，蟾蜍背上的规则斑点清晰可辨，例镜见于《汉镜文化研究·图录》图10。

第二类为“短兽体型”。体呈团状，嘴宽扁，头上有粗大独角，颌下有须。体被上卷或后飘的羽翼，四肢长而粗壮，长尾，有的长尾分叉向一侧或两侧翻卷。本类镜中的蟾蜍也是汉镜中常见的图样，例镜见于《宜兴民间藏镜精品集》图58，《丹阳铜镜青瓷博物馆·千镜堂》图49，《西安文物精华·铜镜》图35，《古今》图67、图74、图79、图101，《陈介祺藏镜》图84，《三槐堂藏镜》图65、图85，《南阳》图版97-1、《故宫》图45。有的体呈团状，兽首，耳后竖，两下肢硕壮粗大（《镜涵春秋》图61）。

第三类为“长兽体型”，头生独角，躯体长而健壮，作昂首引颈爬行状。同类镜还见于《古镜今照》图99，《中国青铜器全集·铜镜》图56，《西安文物精华·铜镜》图36、图37，《陈介祺藏镜》图137收录的镜器中。

镜图中蟾蜍的神话内涵，多与月神、西王母及不死之药有关，《淮南子·览冥训》："羿请不死之药于西王母，姮娥窃以奔月，托身于月，是为蟾蜍，而为月精。"缘于与不死之药的关联，蟾蜍在汉代又被赋予了长寿、生命不死的神秘特性。汉乐府诗："采取神药山之端，白兔捣成蛤蟆丸。"汉镜中蟾蜍头生独角、后有长尾即表示其神性，《玄中记》："蟾蜍头生角，得而食之，寿千岁。"《抱朴子》："肉芝者，谓万岁蟾蜍，头上有角……（食之）令人寿千岁。"镜图中有时还配置有"蟾蜍举盘献药"状（《丹阳》图 121）、"羽人乘骑蟾蜍举仙果枝"状（《妙极神工》图 214）、"蟾蜍持药丸饲龙"状（《中拍国际 2011 秋拍图录》图 5074）等图式。据阴阳五行说，蟾蜍为月精，属水，属阴，位在北方，故在镜图中多与玄武配位北方。文献记载蟾蜍还能"食山精"、"辟五兵"、除凶辟邪。此外，蟾蜍还有致雨行雨的神性，《春秋繁露》《焦氏易林》记有以蟾蜍请雨行雨的方法。

3. 九尾狐

阜阳汉镜中的九尾狐形态，长脸，尖嘴，体细长，与狐狸形态类同。而尾长分岔，又表现出异于狐狸的神性。镜图中常见九尾狐有四类。

第一类为"蹲踞型"。上体直立或前倾，作昂首前视或回望状，耳上竖，尾多竖直状上卷，体态肥硕。此类图像，还见于《中国铜镜图典》图 253、图 303，《丹阳铜镜青瓷博物馆·千镜堂》图 96，《山东民间藏镜》图 127。

第二类为"行走型"，躯体近鹿形，长颈，有翼，四肢较长，多作昂首前行状。此类九尾狐图像，还见于《镜涵春秋》图 127、图 130，《故宫藏镜》图 49，《三槐堂藏镜》图 92，《中国铜镜图典》图 253、图 297，《古镜今照》图 63、图 82、图 94、图 105、图 107、图 152。汉镜中亦有形体细长、伸首引颈伏地爬行的九尾狐图式，见于《中国铜镜图典》图 365，《故宫藏镜》图 45、图 49、图 52，《山东民间藏镜》图 137，《古镜今照》图 107。

第三类为"奔跑型"，即身体作四肢弓张、伸首引颈奋力奔跑状。此类九尾狐图式，还见于《故宫藏镜》图 34、《镜涵春秋》图 61。

第四类为"站立型"，四肢弓张站立，昂首，尖嘴，耳后竖，尾上翘。类似的铜镜还见于《丹阳铜镜青瓷博物馆·千镜堂》图 90、《上海博物馆藏铜镜精品》图 34，有的站立型九尾狐，还有向上飘逸的双翼（《宜兴》图 49）。

早期文献中有关神兽九尾狐的记载，见于《山海经·南山经》："有兽焉，其状如虎而九尾，其音如婴儿，食者不蛊。"汉代九尾狐是西王母仙界常见的神物，具有预示其赐福人间、使子孙繁盛家族兴旺的神性，因此镜图中的九尾狐多与主神西王母伴出。此外，九尾狐的出现也是古代的祥瑞之兆，王褒《四子讲德论》："昔文王应九尾狐而东夷归周。"《白虎通》《孝经援神契》记"德至鸟兽，则尾九狐"。古代"尾"是天象东方七宿的尾宿，由九颗小星组成，《史记·天官书》："尾为九子。"《索隐》："宋均云：属后宫场，故得兼子。子必九者，取尾有九星也。"因故九尾狐也被认为是子孙繁息兴旺的征兆。

五、熊、猿（猨、猴）、鹿、羊、鱼

1. 熊

阜阳汉镜中有不少怪熊图式，这些熊几乎都出现在神仙世界里，按其形态大致可分为四类。

第一类，四肢伸张仰卧状，体态肥硕，圆脸，小眼，尖耳后竖，耳后有长而后飘的体毛。此类熊在汉镜中十分流行，例镜见于《上海博物馆藏铜镜精品集》图 34，《镜涵春秋》图 62，《中国铜镜图典》图 246、图 254、图 283、图 305，《三槐堂藏镜》图 88，《南阳出土汉镜》图版 96-1，《故宫藏镜》图 33，《湖南地区出土铜镜》图 48。

第二类，作回首爬行状，尖嘴外突，嘴大张，小尾上卷，一前肢上扬作扑击状。类似的镜图，还见于《洛阳地区出土铜镜》图 26、《三槐堂藏镜》图 83。

第三类，作直体踞蹲状，两前肢伸展，后肢一屈弓一伸展，嘴大张、尖细夸张性外突，头有弯曲独角，小眼，尾细长，尖端卷曲分岔。典型例镜还见于《镜涵春秋》图 80、《宜兴民间藏镜精品集》图 62、《仪征出土铜镜》图 113、《三槐堂藏镜》图 85、《古镜今照》图 89。

第四类，呈踞蹲后仰形态，圆脸，圆耳，体态肥硕，一前肢前伸作扑食状。同类图像还见于《中国铜镜图典》图 354、《妙极神工》图 236。

此外，汉镜图像中的熊还见于站立前行、作回首导引状的图式（《宜兴》图 61，《古今》图 75），熊击杀牛图式（《六安》图 104），熊戏搏白虎图式（《宜兴》图 54、图 61，《六安》图 99，《镜涵》图 74，《古今》图 75、图 106）等。

熊在汉镜神仙世界中常见，具有生命延长与化生的神性，《山海经·中山经》："熊山，有穴焉。熊之穴，恒出入神人。"《抱朴子·玉策篇》：

“熊寿五百岁，五百岁则能化。”熊还是古代象征男性生殖繁衍的祥瑞动物，《诗经·小雅·斯干》：“吉梦维何，维熊维罴……维熊维罴，男子之祥。”汉画中的熊，多隐喻生殖崇拜，祈求生命繁衍、子孙兴旺。作为打鬼首领方相氏的象征，熊还具有驱鬼避疫的神性，《搜神记》：“昔颛顼氏有三子，死而为疫鬼……于是正月命方相氏，帅肆傩以驱鬼疫。”《周礼·夏官》：“方相氏掌蒙熊皮，黄金四目，玄衣朱裳，执戈扬盾，帅白隶而时傩，以索室驱疫。”熊作为祥瑞出现在汉代，被认为能预示王者清明，《孝经援神契》：“赤熊见则奸佞自远。”武梁祠画像题铭：“赤罴，仁奸明则至。”此外，熊的生命力旺盛、力大勇武、刚猛强悍，还是抵御凶邪的祥兽。

2. 猿（猨、猴）

阜阳汉镜中有类似于猿、猴的图式，多作躯体前倾、四肢外展、侧面张望的爬行状，动作十分夸张，此类图式还见于《故宫藏镜》图47、《汉镜文化研究·图录》图10。在禽兽镜画纹带缘中，也有少量的昂首目视前方或回望的图式。

猿（猨）在古代被认为是一类具有长寿、聪慧、善变、擅奔特性的神异灵兽，它既生活在世俗人间，又出入光顾神人仙界。《艺文类聚》转引《吕氏春秋》：“荆王有神白猨，王自射之，则博树而熙。使养由基射之，始调弓矫矢，未发，猨拥树而号。”《淮南子·说山训》：“楚王亡其猿，而林木为之残。”是说猿不仅机灵绝顶，还属于“神灵”一类的动物范畴。猿作为神兽，还见于《艺文类聚》转引《山海经》：“堂庭之山，发爽之山，其上多白猨。”《艺文类聚》转引《吴越春秋》中，记载有一则白猿化作老者猿公、点化越女技击的奇异传说。《抱朴子》：“周穆王南征，一军皆化。君子为猨为鹤，小人为虫为沙。”可见猿在神话传说中具备善于变化的神通。汉镜将猿的物象题材融入神话图式中，还缘于汉人迷信猿擅长行气导引、具备长寿不死的特性，《春秋繁露》：“蝯以猴，大而黑，长前臂，寿八百，好引其气也。”稍后《抱朴子》：“猿寿五百岁则变为玃，千岁则变为老人。”猿的这个生命不死神性，与两汉之际世人迷信神仙不死说、渴望实现生命无限延长与再生愿望的思想十分契合，因而此类物象多象征性地配置在仙界图式中。

3. 鹿

阜阳汉镜中常见各种鹿的图式，一般为昂首引颈前奔或驻足静立状。鹿嘴尖细，两耳上竖，颈略细长，体饰圆斑点，尾短小，形构近于写实。鹿在其他地区汉镜图像中也十分常见，如《宜兴民间藏镜精品集》图86，

《古镜今照》图 64、图 66，《镜涵春秋》图 61，《中国铜镜图典》图 254、图 273、图 297、图 339、图 358，《长沙市博物馆藏镜》图 65，《古镜今照》图 64，《三槐堂藏镜》图 92，《仪征馆藏铜镜》图 113，《中原藏镜聚英》图 27，《故宫藏镜》图 31 收录的镜器中，均有此类图像。

鹿是汉代神话中常见的仙人乘骑，《穆天子传》："天子西升于黎丘之阳……乃驾鹿以游于山上。"《飞龙篇》："乘彼白鹿，手翳芝草。"《仙赋》："观仓川而升天门，驰白鹿而从麒麟。"《汉镜文化研究・图录》图 142 收录镜图式中有铭"崔文王侨骑鹿行"，是对鹿的神性功能的直接注释。有些镜图中还有"仙人倒骑鹿"的物象（《清华铭文镜》图 43）。古人认为鹿是长寿灵物，《抱朴子・玉策篇》："鹿兽千年，满五百岁则色白。"此外鹿还是王者有道的祥瑞，《礼稽命征》："君乘水而王，其政和平，则北海输以白鹿。"《瑞应图》认为鹿是："纯善之兽也，道备则白鹿见，王者明惠及下则见。"缘于神鹿具有飞升的神性，还被世人视为仕途升迁的祥祯，《后汉书・郑弘传》记主簿黄国拜贺郑弘曰："闻三公车轞画作鹿，明府必为宰相。"阜阳汉镜中配置的各类鹿图式，承载的内涵多与神仙思想直接关联。

4. 羊

阜阳汉镜图式中的羊，多独角长而后卷，作昂首飞驰状，与现实生活中羊的造型明显有异。类似的图像，还见于《西安文物精华・铜镜》图 36，《中国铜镜图典》图 253、图 256、图 313。

羊也是神话中的仙人乘骑，《春秋命历序》："（皇神）出游，驾六蜚羊，政三百岁。"《列仙传》："（葛由）乘木羊入蜀……随之者不复还，皆得仙道。"汉代画像中的羊，还是象征吉祥的祥瑞，《说文》："羊，祥也。"铜器上常见"宜侯王，大吉羊""大吉羊，宜用"等铭文。汉画像石墓门楣刻绘羊头图样，有引魂升天与避凶趋吉的双重内涵。羊在汉代还被认为是知礼知孝的象征，《公羊传》："（羔羊）乳必跪而受之。"《春秋繁露》："羔饮之其母必跪，类知礼者。"羊还是有吉祥纳福内涵的礼品，《春秋繁露》："凡贽，卿用羔……羊之为言祥，故以为贽。"

汉代镜图中的麒麟也多被刻铸成独角羊形象，两者图样有时难以截然区分。它们区别的主要依据在于配置空间的方位不同，如果独角羊配置在镜图标准"五灵纹"空间架构中，则此类"独角羊"就是麒麟。假如镜图中的"独角羊""仙人骑羊"单独出现或在神禽异兽中配置较为随意，则无法认指它们的身份是麒麟。有些镜图中的独角羊（《南阳出土铜镜》图版 105-2，《古镜今照》图 106，《妙极神工》图 376），虽然有"孔子羊"

“孔子白羊”榜题，其身份及承载的神话学内涵仍然可以确定为麒麟，而不能据字面意义解读为“独角羊”。

5. 鱼（神鱼）

阜阳汉镜图式中的鱼十分常见，主要出现于镜图主纹区的填衬物象中。此外画纹带缘中，也有鱼的图式出现。这些鱼的形态皆为写实型，易于辨识。汉镜图式中的鱼，还见于《古镜今照》图 106、图 152，《长沙市博物馆藏镜》图 114，《中国铜镜图典》图 339、图 350、图 353、图 365。

鱼是传说中的仙界神物，汉代画像材料中的鱼，有时作为指示仙界方向的“标识物”存在，鱼行进的方向，往往就是仙人世界所在的位置（《陈介祺》图 126）。鱼有时作为仙人乘骑或仙界使者出现（《故宫藏镜》图 25），有时作为死者灵魂乘骑出现（《中国文物报》1996 年 5 月 26 日载南阳“天公出行”镜），有时则作为方士、仙人的随从现身（《中原藏镜聚英》图 124，《陈介祺藏镜》图 126），这些组图均体现出鱼具有沟通天地人神、导引世人或死者灵魂升天成仙的神异功能。镜图中还见有“鱼车图”“鱼鸟图”“鱼龙（蛇）图”“双鱼（比目鱼）图”等组合物象，虽承载的内涵较隐晦，但多与其具有导引升仙、生命延长与化生的神性功能相关。

此外，鱼在古代有预兆丰年的吉祥意义，《诗经 · 无羊》：“牧人乃梦，众谓鱼矣……众维鱼类，实为丰收。”鱼还常作为祥瑞出现，山东武梁祠题铭：“白鱼，武王渡孟津，入于王舟。”“比目鱼，王者德及幽隐则见。”《孝经左契》：“将军顺，虎衔珠，大夫正，海出鱼。”汉代乐府诗《江南可采莲》中还有“鱼戏莲叶间”句，历来被解读为男女交合的隐语，具有生殖繁衍的寓意。

汉镜图像中，还应有镜铭中提及的诸如“角王”“巨虚”“白凤”之类的神禽异兽物象，因这些物象多源出于古人的想象虚构，现实生活中无实物“标准器”勘验，所以在缺少榜题的情况下将“图像”与“名称”对应起来认证，十分困难。

第五节 神物类图像

一、灵芝、琅玕、三株果（树）、仙草、丹药

1. 灵芝、琅玕、三株果（树）、仙草

阜阳汉镜镜图营造的仙人世界中，有羽人与神禽异兽持举三株果、桃

形或圆形仙果枝、仙草、丹药的图式。类似的图像，还见于《西安文物精华·铜镜》图32，《宜兴民间藏镜精品集》图111、图134，《古镜今照》图141，《中国铜镜图典》图248、图281、图293、图352。这些仙人持举物，最常见的是一种体呈三枝状、顶端饰圆珠果实、被称为“三株果”的泛指物象，如《宜兴民间藏镜精品集》图112，《妙极神工》图303，《镜涵春秋》图62、图88、图104，《古镜今照》图63，《妙极神工》图303收录的镜器中均有此类图像。这些“三株果”如为凤鸟所食，应是文献中所称的琅玕（《中国铜镜图典》图305），如为其他仙禽神兽所食，则可能是灵芝或三株树。

阜阳汉镜镜图中另见有两托叶的“桃状物”，也应是汉代神仙说中的“仙桃”之类的仙果，类似的图像还见于《镜涵春秋》图84、《息斋藏镜》图2626收录的镜器。灵芝、琅玕、三株树是汉镜神话中仙禽神兽所食的常见“不死物”，《尔雅》：“芝，瑞草，一岁三华，故楚辞谓三秀。”《说文》：“芝，神草也。”《论衡》：“芝草一年三华，食之令人眉寿庆世，该仙人之所食。”张衡《思玄赋》：“聘王母于银台兮，羞玉芝以疗饥。”琅玕是传说中凤鸟所食仙果，《庄子》：“吾闻南方有鸟，其名为凤……以璆琳琅玕为食。”《说文》：“琅玕，似珠者。”

汉镜组图中，有时还见有“凤鸟吞珠”“凤鸟吐珠”图式，例镜见于《中原藏镜聚英》图13、《六安出土铜镜》图99、《稻房藏镜》图6866，此类组图，或系文献所记的凤鸟食琅玕场景。《山海经·海外南经》载西王母所居昆仑山赤水上有三株树，“其为树如柏，叶皆为珠”，也是仙界长生不死之物。汉镜图式中，的确配置有长满珠状果的神树（《西安文物精华·铜镜》图47、《德惠堂藏镜》图142、《宜兴民间藏镜》图134），这些树或即指仙界的三株树。

阜阳汉镜图像中，还见羽人或神兽持草状物的图式，有的仙界组图中，也有不少草状植物作填衬物象。这些草状物，并非是指世俗世界里的草本植物，它们承载的内涵，应是文献中记载的“仙草”，在此不再赘述。

2. 丹药

阜阳汉镜图式中，有仙人持颗粒状“药丸”的图式，类似的图像在其他地区汉镜中也很流行，如《镜涵春秋》图61、图80，《古镜今照》图113、图137，《妙极神工》图160收录的镜器等。这些仙人持药丸组图，常见主神手持药丸作赐予侍神状（有跪拜羽人作扬臂举手接物状图式与其呼应）、主神手持药丸作服食状两类。在其他地区汉镜镜图中，还见配置有“蟾蜍擎举丹丸”（《丹阳铜镜青瓷博物馆·千镜堂》图124）、“青龙吞丹丸”(《古镜今照》图 137)、“白虎吞食丹丸”(《宜兴民间藏镜精品集》图 132)、“龙虎相对吞食丹丸”图式(《六安出土铜镜》图 135)等，汉镜中另一类过去被称作“仙人弄丸”游戏的图式，也可能与丹药有关，而非如论者所言为单纯的嬉戏场景。这些表现仙人赏赐、服食、把玩药丸的场景，反映的也是汉代神仙思想内容。此类场景，亦见于乐府诗《善哉行》的描述：“经历名山，芝草翻翻，仙人王乔，奉药一丸。”

二、甘露、玉泉、澧泉、承露盘、药尊

1. 甘露、承露盘(杯)

阜阳汉镜镜图中，有一类羽人或独角翼兽头、颈上扬站立，两前臂擎举一盆、盘、杯状容器朝向天空作承接状的图式。此类组图，主要出现于西汉晚期以来流行的禽兽镜中，类似的图像还见于《中国铜镜图典》图 271。此类图式，表现的是仙人用承露盘、酒杯等器皿承接甘露的场景，汉代文献对这类场景有清晰的记述。汉代流行服食升仙说，认为仙人过的就是“不食五谷，吸风饮露”式的逍遥生活。史载武帝曾派方士用铜盆(承露盘)承接甘露，用以和玉屑服食，意欲以此实现升仙不死的愿望。《汉书·郊祀志》：“太初元年建建章宫，宫中有铜柱，上有仙人掌，承露，和玉屑饮之。”《三辅黄图》：“建章(宫)有神明台……武帝造祭仙人处。上有承露盘，有铜仙人舒掌捧铜盘、玉杯，以承云表之露，以露和玉屑服之，以求仙道。”《长安记》：“仙人掌大七围，以铜为之。”

甘露亦名“天酒”，《神异经·西北荒经》：“西北海外，有人长二千里，两脚中间相去千里，腹围一千六百里，但日饮天酒五斗。”注：“张华云：天酒，甘露也。”《瑞应图》：“甘露者，美露也。神灵之精，仁瑞之泽，其凝如脂，其甘如饴，一名膏露，一名天酒。”

2. 玉泉、澧(醴)泉

阜阳汉镜图式中，有仙人组图中间置放器皿或仙人举杯对饮的场景，这些“仙人宴饮”图，在禽兽镜、画像镜中配置尤为常见。类似的镜图，还见于《丹阳铜镜青瓷博物馆·千镜堂》图 126、图 133 中。有些汉镜镜图表现的容器中，还放有盛取仙药的勺子(《古镜今照》图 149)，这些容器中的液体，可能就是汉人所谓的“玉(澧)泉”之类的饮用物。

“玉泉”“澧泉”“玉醴”又称作玉液琼浆，是用甘露、玉屑及其他矿物质等拌浸在一起久酿而成的液体。我国古代久有服玉不老的说法，《神农本草经》说玉泉能够“主藏百病，柔筋强骨，安魂皖，长肌肉，益气，久服而耐寒暑，不饥渴，不老神仙”。久食此类“玉泉”可以延年不老、

化入仙境的说法，亦见于《楚辞·离骚》：“折琼枝以为羞兮，精琼爢以为粻。”《抱朴子·对俗》：“饮则玉醴金浆，食则翠芝朱英。”《仙药》：“玉亦药耳，但难得耳。”汉镜铭文“渴饮玉泉饥食枣”“上大山，见神人，食玉英，饮澧泉”之类的铭辞十分流行，说明汉代人不仅相信服食玉液琼浆可以成仙，还认为“饮玉泉”“食玉英”也是仙人应该过的生活。

3. 药尊（尊、鼎、壶、杯、臼等）

阜阳汉镜组图中，常见药尊类容器。这些器具既有仙人或神禽异兽正在使用的持用物，也有作为填衬物象出现者。目前所见汉镜镜图中与仙人服食相关的容器，种类、数量甚繁，组图形式灵活多变，主纹区与镜缘区、主题图像与填衬图像中皆见，如有的配置在仙界主神与侍者中间的案几或空地上（《中国铜镜图典》图436、图446、图455，《古镜今照》图141，《上海博物馆藏铜镜精品集》图50），有的托举在侍神的手中（《中国铜镜图典》图271，《丹阳铜镜青瓷博物馆·千镜堂》图212、图204，《浙江出土铜镜》图版28、图29，《陈介祺藏镜》图67，《古镜今照》图152）等。容器的形状，有圆柱状尊或奁（《故宫藏镜》图52，《古镜今照》图149）、圆腹形三足鼎、圆腹有盖提梁壶（《古镜今照》图145、图149）、直口圆腹壶、高脚杯、倒三角形器、亚腰形器等。

上述容器几乎都被配置在镜图神仙世界中，显然它们并不是世俗之物，而是用于盛放仙人玉泉、澧泉、丹丸、仙果等“不死药”的药尊。值得特别关注的是，在画像镜中配置的车马出行图与西王母图像区之间，亦见有多种壶、尊、鼎之类的容器，这些容器被置于“世俗世界”与“仙人世界”的临界区，显然也是作为承载生命不死神话学内涵的“药尊”使用的。作为一类具有“生命不死”隐讳内涵的标识性“符号”，它喻示着车马升仙者只要跨过容器（药尊）所在的位置，就算是进入了个体生命可以无限延长的不死仙界。

为了对汉镜中常见仙界容器的形状、配组、使用场景及其功能作全面了解，下表列出目前见于著录的此类主要例镜。

表2－8　汉镜中常见仙界服食容器图像一览表

名称＼内容		形态特征	图像配位	例　镜
尊	1	圆筒形，大口	主神与侍神间；主神前	《图典》图436、图446，《故宫》图52，《古今》图149
	2	圆筒形，小口	主神面案几上、羽人擎举手中等	《古今》图141，《上博》图50，《丹阳》图212，《浙江》图版29

（续表）

名称＼内容		形态特征	图像配位	例　镜
盘	1	广口，浅腹	羽人前面	《宜兴》图 120
杯	1	高柄	主神持举	《图典》图 455
盆	1	广口	独角龙托举	《图典》图 271
盆	1	敞口，折腰，喇叭足	主神、侍神间	《上博》图 50，《六安》图 104
釜	1	三足	主神面前	《陈介祺》图 126
炉	1	三足	主神、侍神之间	《图典》图 454
	1	侈口，束腰，平底	填衬界隔主纹区间隙	《浙江》图版 23
壶	1	直口，长颈，圆腹，有柄	主神、侍者间	《丹阳》图 204
	2	直口，圆腹，平底	倒立仙人的身后	《图典》图 455
	3	侈口，圆腹，平底	主神、侍神间	《古今》图 149
	4	圆腹，提梁壶	主神面前；击鼓侍神身后	《古今》图 145、图 147、图 149，《上博》图 50、图 52
鼎	1	直口，圆鼓腹，三足	主神前面	《宜兴》图 103、图 119、图 128，《中原》图 115
臼	1	敞口，束腰，平底	玉兔持杵捣药；两仙人持杵捣药	《宜兴》图 62、《图典》图 444
	2	敞口，平底，倒梯形状	玉兔与羽人持杵捣药	《宜兴》图 79、图 122
	3	敞口，鼓腹，束腰，平底	填衬羽人持杵捣药	《六安》图 135，《镜涵》图 103

三、门阙、楼阁、山峦、车马

阜阳汉镜图式中，与仙人、神兽配图者，还有门阙、楼阁、山峦等物象。这些物象多为表现仙人世界里的环境场景而设，虽是构成神仙世界的辅助成分，却在表现神仙信仰与升仙不死说内涵中有着重要的标示作用。

1. 门阙（天门）

阜阳汉镜中的门阙图像，见于东汉晚期神人车马画像镜图式中。此类门阙与楼阁建筑图，在其他地区汉镜与画像砖、画像石材料中也十分常见。

阙，原本是宫殿前高大威武的建筑物，在神仙说炽盛的汉代，被人们移用到了仙界想象中的。汉代文献与画像材料中，“门阙”是仙界“天门”的重要标志[6]，早期文献中关于“天门”的记载，见于《淮南子·天文》：“天阿（门）者，群神之阙也。”《神异经·西北荒经》：“西北荒中有二金阙，高百丈……二阙相去百丈，上有明月珠，径三丈，光照千里。中有金阶，西北入两阙中，名曰天门。”西王母则是这个天国内的主神。有的镜图在门阙内还配置有大司守卫，以表示天门等级森严，不能随便出入。《焦氏易林》：“天门九重，泽内难通，明坐到暮，不见神公”，表明世俗之人通过天门，十分困难。

2. 楼阁

阜阳汉镜中，与上述门阙（天门）同配一幅镜图的，往往还有仙人所居的楼阁图。此类屋舍楼阁图，还见于《宜兴民间藏镜精品集》图 133，《息斋藏镜》图 2643，《莹质天工》图 2204，《浙江出土铜镜》彩版 13、彩版 14 等镜图。

汉代神仙说认为“仙人好楼居”，西汉中期的著名方士公孙卿，曾对汉武帝说只要建造“高观”，则“仙人可见”，武帝于是便在长安及各地广造宫室。太初元年建建章宫，中有太液池，池中有蓬莱、方丈、瀛洲三神山，宫中还有专供侯神的神明台。《三辅黄图》：“神明台，武帝造祭仙人处。”此外，长安还建有飞廉馆、桂馆，在甘泉宫建有益寿馆与通天台，《三辅黄图》：“通天台于甘泉，去地百余丈，望云雨悉在其下，望见长安城。”这些公馆中均有奇高的台、柱，其功用就是为了招仙人降临。汉镜镜图中的此类楼阁，多表现的是仙人所居场所。

3. 山峦（昆仑、蓬莱）

阜阳汉镜构图中，山峦形态常见，禽兽镜、画像镜组图中都有此类图像。

汉镜镜图中“山峦”的构图极简约，仅用几组上下交错相叠或平行并列的短弧线配组（《故宫藏镜》图 51、《浙江出土铜镜》图 14、《三槐堂藏镜》图 102、《陕西历史博物馆藏镜集成》图 245）。有的镜图山峦短弧线形结构，还用成组直线或弧线做了装饰处理，使原本已经简约省隐的“山峦”更难以看出初始形构（《丹阳铜镜青瓷博物馆·千镜堂》图 201、图 203、图 209，《浙江出土铜镜》图 13、图 16，《中原藏镜聚英》图 21），进而被学者屡屡误读。这些山峦形构，多被配置在行进车马和西王母仙界之间，其承载的神话内涵，就是西王母所居的“昆仑山”。世俗修道升仙者，如果行进车骑进入或跨过此类山峦，则表明已经进入了西王母所居的昆仑仙界。在江苏宜兴发现的一枚车马出行画像镜组图中，前面的一马已经疾速穿过山峦、后面的乘骑者随后跟进，仙界羽人则向乘骑升仙者伸出双首作迎接状，极为形象生动地再现了此类场景（《宜兴民间藏镜精品集》图126）。陕西历史博物馆收藏的一枚车骑出行画像镜（《陕西历史博物馆藏镜集成》图247），镜图中两组一马轺车均行进在山峦之中，所承载的升仙神话内涵与上述宜兴镜类同。

昆仑山是古代神仙说中的灵山，多与“不死”“仙人”联系在一起，《山海经·海内荒经》：“昆仑之虚……百神所在也”“开明北有……不死树”，《淮南子·地形训》：“昆仑之丘……或上倍之，登之乃神，是谓之太帝之居。”升仙者跨过山峦，则表示进入了神仙世界实现了升仙愿望；镜图中朝向西王母、东王公仙界行进的“车马”，因多与升仙活动紧密相连，或车马本身就是仙人的出行工具。此类图式所反映的与神仙说相关的内涵，十分清楚。

西汉中晚期铜镜形构中，还流行一类“博山钮”纹样，是另一类不同于西王母昆仑山的特殊“山峦”图。此类或受博山炉形构启发而铸成的立体图案，学者多认为应是与神仙思想相关的物象[7]。关于汉代博山钮形构的早期记载，见于汉代刘歆《西京杂记》、晋张敞《东宫旧事》等文献，《西京杂记》：“长安巧工丁缓者……作九层博山香炉，镂为奇禽怪兽，穷诸灵异，结自然运动。”宋代欧阳修《集古录》、赵九成《续考古录》、徐兢《宣和奉使高丽图经》等也有记述，徐兢《宣和奉使高丽图经》：“博山炉，本汉器也。海中有山，名博山，形如莲花，故香炉取象。”近代学者对此类图案的研究成果颇多，一般认为汉代“博山”类器形大量出现于武帝时期，并认为此类图案造型的流行与当时迷信入海求仙的神仙思想有关[8]，《山海经·海内北经》：“蓬莱山在海中，大人之市在海中。”郭璞注曰：“上有仙人宫室，皆以金玉为之，鸟兽尽白，望之如云。”为寻觅不死药，武帝屡派方士前往大海访问虚无缥缈的仙人。铜镜中的博山钮，是海上蓬莱仙山的象征符号，是汉代神仙思想的形象化反映。

4. 车马

阜阳汉镜镜图仙人世界中，车马物象出现频繁，多以马拉车向前疾驰为主要图式，常见的车有三类。

第一类为轺车。一般以“一马轺车”组图最为常见，是淮河流域神人车马画像镜中流行配置的车图，仅近年出版的《六安出土铜镜》中就收录有三枚此类镜（《六安出土铜镜》图86、图121、图122）。此外此类图像还见于《宜兴民间藏镜精品集》图128、《浙江出土铜镜》彩版18、《洛阳出土铜镜》图57、《丹阳铜镜青瓷博物馆·千镜堂》图201、

《陕西历史博物馆藏镜集成》第245页图、《中国铜镜图典》图435、图436收录的镜器。汉代的轺车，是一类无帷幔遮挡的马拉车，《释名·释车》："轺，遥也，遥远也，四向远望之车。"因为有盖无帷，可以遥望四方，又谓之"轻车"。也有少量轺车，在车厢左右侧板上各附加一个挡泥板，称着"施轓（车耳）轺车"。江苏宜兴发现的一枚禽兽镜中（《宜兴民间藏镜精品集》图120），有一马拉无盖的轺车行进，车乘人物旁还有"大王"榜题，此类无盖轺车是轻巧灵便、机动性强的"轻车"，系古代战车的常见形制。《后汉书·舆服制》："轻车，古之战车也。洞朱轮舆，不巾不盖，建矛戟幢麾，辐辄弩服。"这种车在汉代规格较低，本式镜以"大王"身份坐乘，说明汉镜图示中的车马配置并不完全遵循当时的规制，或系工匠误置或随意配置所致。

第二类为辎车、軿车。此类车常见于以绍兴为中心的南方地区画像镜图式中，阜阳所在的淮河流域较为少见。《说文》："辎、軿，衣车也。"《释名·释车》："軿车：軿，屏蔽也，四面屏蔽……辎、軿之形同，有邸曰辎，无邸曰軿"，"辎车，载辎重，卧息其中之车也。辎，厕也，所以载衣服杂厕其中也"。可见辎车、軿车形构基本雷同。此类车多为王室、官吏、豪强大家的贵妇所乘，因四面屏蔽，又谓之"衣车"。此类车马的类型有"一马辎车"（《宜兴民间藏镜精品集》图133，《镜涵春秋》图90、图104，《丹阳铜镜青瓷博物馆·千镜堂》图211，《镜涵春秋》图90、图104，《中国铜镜图典》图437）、"两马辎车"（《镜涵春秋》图101、图104，《浙江出土铜镜》图17，《丹阳铜镜青瓷博物馆·千镜堂》图212、图214，《中原藏镜聚英》图12，《故宫藏镜》图50）、"三马辎车"（《镜涵春秋》图99、图102，《古镜今照》图154，《浙江出土铜镜》图24，《丹阳铜镜青瓷博物馆·千镜堂》图208），"四马辎车"（《镜涵春秋》图97，《上海博物馆藏铜镜精品集》图58，《故宫藏镜》图51，《中国青铜器全集·铜镜》图83、图84，《浙江出土铜镜》图13，《洛阳出土铜镜》彩图4）、"五马辎车"（《镜涵春秋》图97，《浙江出土铜镜》彩图12，《旅顺博物馆藏镜》图63）、"六马辎车"（《古镜今照》图151，《三槐堂藏镜》图102，《中国青铜器全集·铜镜》图85、图86，《山东民间藏镜》图169）多种，组图甚是生动。镜图中上述两类车马，均属于"写实型"，与汉代世俗世界里使用的车马完全相同，只是它们出现于以主神西王母、东王父为内容题材的神话镜图中，且多数情形下还构成"车马向西王母（东王父）行进"的特定情节特征（《故宫藏镜》图50，《六安出土铜镜》图122，《浙江出土铜镜》彩版12、彩版17、彩版19，《上海博物馆藏铜镜精品集》图59，《丹阳铜镜青瓷博物馆·千镜堂》图206、图211），甚至有些车马旁还有“东王公车马”的榜题（《古镜今照》图145），所以应归入仙人世界的物象范畴。

汉镜图像中还有一类不常见的辇车，见于《镜涵春秋》收录的车马出行画像镜中（《镜涵春秋》图104），形制为一马拉车，车上有拱顶形卷棚。辇车又称“栈车”，即驾马的大棚车，《说文》：“栈，棚也，竹木之车曰栈。”此类车一般车厢较长，上面以篾席做成卷棚，多用作妇女所乘，出行时往往跟在辎軿车之后，规格低于辎軿车。

汉镜中常见的车马出行图，分类列表比较如下。

表2-9　汉镜常见的出行车马图像一览表

分类＼内容		名　称	例　镜
轺车	1	一马轺车	《宜兴》图128，《六安》图86、121、122，《浙江》彩版18，《洛阳》图57，《丹阳》图201，《陕西历博》第245页图，《图典》图435、436
	2	二马轺车	《丹阳》图201
	3	一马无盖轺车	《宜兴》图120
辎车（軿车）	1	一马辎车	《宜兴》图133，《镜涵》图90、104，《丹阳》图211，《镜涵》图90、104，《图典》图437
	2	二马辎（軿）车	《镜涵》图101、104，《浙江》彩图17、19，《丹阳》图212、214，《中原》图12，《故宫》图50
	3	三马辎（軿）车	《镜涵》图99、102，《古今》图154，《浙江》图24，《丹阳》图208、211
	4	四马辎（軿）车	《镜涵》图97，《上博》图58，《故宫》图51，《全集》图83、84，《浙江》彩图16、图13、23、34，《洛阳》彩图4，《历博》图113，《丹阳》图204、206、213
	5	五马辎（軿）车	《镜涵》图97，《浙江》彩图12，《旅顺》图63，《历博》图112，《丹阳》图203、209
	6	六马辎（軿）车	《古今》图151，《三槐》图102，《全集》图85、86，《山东民间》图169，《浙江》彩图14，《尊古斋》第237页图
辇车	1	一马辇车	《镜涵》图104

汉镜图式中，还有另一类与升天成仙、神仙出游活动密切关联的“云车”“鱼车”“龙车”“鸟车”等，留待后文“组合物象”中叙述。

四、云气纹、蝙蝠纹、柿蒂纹、鸟羽（翰）纹

1. 云气纹

阜阳汉镜图式中，配置有大量的云纹图案。镜图主纹区、镜缘区内，习见涡状卷云纹、“S”形流云纹、水波形流云纹、双曲卷云纹、不规则卷曲纹等繁缛多变的云气纹组图。尤其在与神仙思想相关的场景中，云纹几乎成了无处不在的物象。

汉代文献及出土汉画材料中，云气纹几乎是仙人世界里必不可少的构成要素。《庄子·逍遥游》：“藐姑射之山有神人焉……不食五谷，吸风饮露，乘浮云，御飞龙，而游乎四海”，《论衡·无形篇》：“图仙人之形，体生毛，臂变为翼，行于云，则年增矣，千岁不死。”可见仙人出游、飞升都需要借助云气才能完成。传说中的仙人“吸风饮露”“餐朝霞”“食沆瀣”，益寿万年不老不死，亦多与采食云气有关，如应劭《汉书音义》注引《列仙传》曰：“《列仙传》陵阳子言春（食）朝霞，朝霞者，日始欲出赤黄气也。夏食沆瀣，沆瀣，北方夜半气也。并天地玄黄之气为六气。”此外，汉镜铭文中还多见直接描述神仙出行“驾交龙兮乘浮云”之类的词句。

汉镜中大量使用云气纹，有以云纹代表天空、隐喻仙界的含义。

2. 柿蒂纹（莲花纹）

阜阳汉镜图式中，有大量的被研究者俗称为“柿蒂纹”的物象，其中以禽兽镜图式中最为常见。此类图像形构主要有两类：第一类为“写实型”，即标准的四出柿蒂纹状。此类图像还见于《镜涵春秋》图 57、图 64、图 90，《宜兴民间藏镜精品集》图 42、图 49、图 80、图 94。第二类为“变异型”，整体形构保留柿蒂纹特征，但四出瓣夸张变形，具有几何图案化的装饰效果。此类图像还见于《宜兴民间藏镜精品集》图 96，《中国铜镜图典》图 268、图 275、图 323、图 372、图 375–378，《上海博物馆藏铜镜精品集》图 41、图 45 等。

柿蒂纹的空间配图，也有配置于中央部位钮座和作为主纹区内的乳钉座装饰两种形式。本书在前文第一章第四节“柿蒂纹与莲花纹”中已经论及，这些所谓的“柿蒂纹”研究者有多种解释法，尚未形成统一的结论。从汉镜仙界图像配组的角度看，将柿蒂纹释读成汉代文献《西京赋》《鲁灵光赋》《景福殿赋》中所说的莲花纹，有其合理性。莲花在汉代是“天

国仙境”的象征符号，因而常将它配置在镜图的中央位置，喻指天之正中的“华盖”，即天极中宫所在地。

3. 蝙蝠纹（鼠仙纹）

在阜阳东汉时期流行的画纹带缘镜图中，镜缘部分配置了多组被变形成装饰图案的蝙蝠纹，颇具流畅华美的动态神韵。这类蝙蝠纹，在其他地区汉镜画纹带缘组图中也十分流行，如《古镜今照》图66、图84，《镜涵春秋》图61，《宜兴民间藏镜精品集》图86、图93，《湖南出土铜镜》图63、图64，《长沙市博物馆藏镜》图99，《息斋藏镜》图2740，《山东省博物馆藏珍·铜镜卷》图24，《尊古斋藏镜》图52、图83等收录的镜器中，均可见此类图像。

蝙蝠作有翼鼠形，擅长夜间飞翔，古有“服（伏）翼”之称，《尔雅》：“蝙蝠服翼。”古人认为蝙蝠神秘而多变，具有生命不死、幻化再生的神性。《玄中记》：“百岁伏翼，色赤，止则倒悬。千岁伏翼，色白，得食者，寿千岁。”因此，古代的蝙蝠又有“仙鼠”之别称，《太平御览》引《古今注》：“蝙蝠一名仙鼠，又曰飞鼠，五百岁则色白脑重……食之得仙。”可见古人认为蝙蝠如同蟾蜍一样，因为本身长寿而被赋予了“不死药”的神性，食之即可升仙永生。阜阳汉镜画纹带缘中大量配置了蝙蝠纹作装饰图案，承载的是与升仙不死思想相关的神性内涵。

4. 鸟羽纹（翰纹）

阜阳汉镜神仙世界物象系统中，还配置有许多鸟羽纹、羽状纹。这些类似凤尾的羽翼，看起来很像金光四射的“发光体”，它们实则是一类与升仙羽化相关联的仙界符号。类似的图像，还见于《洛阳出土铜镜》图30，《三槐堂藏镜》图93，《中国铜镜图典》图267、图305收录的镜器中。

早在先秦时期，鸟羽就与“神”性密切关联而被赋予了特定的悦神、娱神含义。汉镜图式中的此类羽翼，实则是文献所述的“翰”，《说文》：“翰，天鸡也，赤羽。”《诗经·小雅·小宛》：“宛彼鸣鸠，翰飞戾天”，可见“翰”寓意高飞，用于镜图中显然与羽化升天的神仙思想有关，是标示世人升仙或天国仙境的指向性“符号”。

五、博局（规矩）、铜柱（天柱）、悬圃、龙虎座、华盖

1. 博局（规矩）

同其他地区西汉中期以来的汉镜一样，阜阳汉镜中也大量出现博局纹图式。这些镜图，按年代早晚演变顺序大致可分为蟠螭博局纹、禽兽博局

纹、几何纹博局纹、简化博局纹几类。新莽前后，四神博局镜成为本地区流播最广的镜种，直到东汉晚期，简化博局纹仍常见于汉墓出土器中。

“博局纹”是指镜图中以“T”“L”“V”三类图形按照四方八极空间架构配组构成的图案，过去此类图像曾被中外学者长期叫作“规矩纹”，并对它的内涵进行过广泛讨论。后来人们根据汉镜铭辞“刻治六博中兼方”“刻具博局俱不羊（祥）”的记载，认为在汉代此类镜应该叫作博局镜。李学勤先生则认为，规矩纹本来是用来图解阴阳四时五行宇宙论的，只是因为此类图形习见于博局中，汉代人便把它叫作“博局”了[9]。若李先生所说不误，则“规矩纹”较“博局纹”的名称，有着更为古老的渊源。

尽管不少学者对上述铜镜的定名有争议，但关于博局纹含义的诠释诸多观点还是较为接近的，即认为它是象征天地构造模式的图形，是图解阴阳四时五行宇宙论性质的组合图案。《淮南子·天文训》描述了汉代流行的“天圆地方”宇宙观，其中“方形”大地由二绳、四维、四隅、八方架构构成。为体现这一宇宙空间架构模式，汉代博局镜圆钮及钮座外多配置规整的双线方框纹，方框内配置十二地支铭，方框外主纹区配置“四神”。这个组图中，“十二地支”既代表时间，又标识空间方向，即“子午、卯酉”为《淮南子·天文训》所述的“二绳”（T纹），“丑寅、辰巳、未申、戌亥”为《淮南子·天文训》所述的“四钩”（V纹）。这个天地架构模式，融合了同时代流行的阴阳五行思想、神仙思想及谶纬、术数、筮法理论而承载了“法相天地”“日月光明”“随四时合五行”“去恶除凶辟不祥”等复杂内涵。有了这个宇宙架构规制，整个社会便会阴阳和谐、五行顺畅、统德序道、祇灵是兴、百业兴旺、万民安康。这便是镜图中大量配置此类图式的要因所在。

2. 铜柱（天柱）

阜阳汉镜中的“铜柱”，见于多乳禽兽镜组图中，形体作直柱状。类似的图像，还见于《中国铜镜图典》图350、图358，《古镜今照》图106，《浙江出土铜镜》图20收录的镜器中。

“铜柱”是汉代神仙说中位于昆仑仙山的神物，《神异经·中荒经》：“昆仑之山有铜柱焉，其高入天，所谓天柱也。围三千里，周圆如削，下有回屋方百丈，仙人九府治之……西王母岁登（希有）翼上会东王公，故其柱铭曰：‘昆仑铜柱，其高入天，周圆如削，肤体美焉’。”有的镜图中的铜柱上，往往还可见用锁链拴着的虎豹形凶悍神兽，这是表示天门森严，有虎豹神守卫，世俗意欲升仙者难以通过。虎豹神孔武凶残，也要严加管束，否则任其随便活动，也会危害人类、伤及无辜，所以要用锁链将其锁住。《楚辞·招魂》："魂兮归来，君无上天些。虎豹九关，啄害下人些。"王逸注："言天门凡有九重，使神虎豹执其关闭，主啄啮天下欲上之人而杀之也。"汉武帝迷恋神仙说，致力于实践升仙术，亦在宫中建有铜柱神物，《汉书·郊祀志》说"太初元年建建章宫，宫中有铜柱"，《三辅黄图》记载武帝在建章宫内神明台建造的铜柱，高达"二十丈"，直通天穹。

3. 悬圃

阜阳汉镜中的"悬圃"图式，见于东汉晚期对置式神兽镜中。此类图案，是作为西王母、东王公等主神的座位出现的，其基本形构为上部圆形，下部多见弧形的支撑柱状，刻画极其简约。

"悬圃"本系位于昆仑仙山的山名，为主神西王母所居。《淮南子·坠形训》："昆仑之丘，或上倍之，是谓之凉风之山，登之而不死；或上倍之，是谓悬圃，登之乃灵，能使风雨；或上倍之，乃维上天，登之乃神，是谓太帝之居。"后在镜图中简化为西王母身下的坐圃，形构上部圆平，下方有柱状物支撑。为在狭促的镜图中节省空间，神兽镜图式中悬圃下方的"支撑柱"，往往还被处理成弧状。类似的图像，还见于《古镜今照》图117、图118、图120，《上海博物馆藏铜镜精品集》图54、图55。

4. 龙虎座

阜阳东汉晚期神兽镜中，有西王母坐"龙虎座"的图式。类似的镜图，还见于《镜涵春秋》图90、图114，《上海博物馆藏铜镜精品集》图60、图61，《中拍国际2011秋拍图录》图5229收录的镜器。禽兽镜图式中，西王母龙虎座罕见，《古镜今照》图116中绘有此类图式。

镜图"龙虎座"所承载的神性内涵，一般认为是"左龙右虎结构，体现西王母王者的尊贵身份"，同时龙虎凶猛异常、孔武有力，还具有辟邪除恶的神性。另有学者认为，龙、虎配位一体，有阴阳交合、化生生命的内涵，这与西王母作为最高母性之神的身份特征也是一致的。

5. 华盖

阜阳汉镜神仙世界图式中，还可见类似于"华盖"的图式，形态为上部伞盖呈倒扣膨大的扇面状，伞柄上部弯曲、下部直挺或弯成弧状，一般有站立的侍神手执扇柄，将伞盖罩覆于主神上方。类似的图像，还见于《中原藏镜聚英》图87、《古镜今照》图147收录的镜器。在南方地区镜图中，还见"华盖"置于主神旁边的图式（《镜涵春秋》图98），也有主神侍者头顶"华盖"的镜例（《丹阳铜镜青瓷博物馆·千镜堂》图213，《古镜今照》图142、

图154，《丹阳铜镜青瓷博物馆·千镜堂》图201、图210）。

华盖本为帝王出行时有礼仪象征的遮阳挡雨之伞盖，后被化用到神仙世界的主神图式中，成为仙人世界里主神身份地位的标志物。《楚辞·怀思》："玄武步兮水母，与吾期兮南荣，登华盖兮乘阳，聊逍遥兮播光。"传说中"华盖"为黄帝所作，崔豹《古今注·舆服》："华盖，黄帝所作也，与蚩尤战于涿鹿之野，常有五色云气，金枝玉叶，止于帝上，有花葩之象，故因而作华盖也。"黄帝因建造华盖而升天成仙，所以它在汉代还被认为是可以借此进入仙界、实现升仙愿望的重要工具。《汉书·王莽传》记载王莽："（天凤二年）或言黄帝时建华盖以登仙，莽乃造华盖九重，高八丈一尺，金蚤羽葆，载以秘机四轮车，驾六马，力士三百人、黄衣帻，车上人击鼓，挽者皆呼登仙。"在天文星象学中，华盖也是星宿名，属紫薇垣，共十六星，在五帝座上，今属仙后座。东汉、三国之际，三段式神兽镜上段中央之华盖，应是天地中心之象征。

六、便面、笏、谒版、旌节、幢、矛戟斧钺

阜阳汉镜图式中，仙人手中所持之物甚多，常见者有便面、笏、谒板、旌节等。在神人乐舞镜图中，还见有琴、瑟、笙、竽、铸、箫、鼓等乐器。

1. 便面

"便面"是镜图神人手中常见的持物，其中侍神手中配置便面的图式十分流行。类似的图像，还见于《浙江出土铜镜》彩图12、彩图19，《长沙市博物馆藏镜》图108，《故宫藏镜》图51，《丹阳铜镜青瓷博物馆·千镜堂》图166，《稻房藏镜》图6783，《妙极神工》图387、图425，《古镜今照》图142、图143、图147、图152、图154收录的镜器。

尽管镜图中侍神及其手中执物所占的空间狭小，便面一边半椭圆形（亦有作梯形的图式，见《古今》图148）一边为手柄、形若竖立小旗状的形态仍清晰可见。关于汉代"便面"的名称与功用，文献记载甚明，《汉书·张敞传》"然敞无威仪……自以便面拊马"句下颜注："便面，所以障面，盖扇之类也。不欲见人，以此自障面则得其便，故曰便面。亦曰屏面。今之沙门所持竹扇，上褒平而下圜，即古之便面也"，"所谓'便面'者，所执持以屏面……藉其隐翳，得之则安，故呼'便面'耳。"显然，颜师古认为便面是汉人用于遮挡脸面的手持工具。不过，镜图中便面的功用并非如此简单，若仅以"障面"概括其功能，则使用柄在中部的圆扇、矩形扇岂不更为方便实用？从便面大量出现于神仙人物及达官贵人手

中、甚至成为地位最尊贵的主神手中执物看，它还应该具有礼仪用具的功能[10]。在汉画像仙人、神禽异兽表演的“扇舞”中，便面是主要道具，则还意味着它与辟邪、升仙活动等神仙思想内涵有关。

2. 笏、谒板

阜阳汉镜中还有一类神人执手板的图式，其形体多作长条形片状，执手板者多为主神两侧形体较小的侍神。按照执手板者与主神的组图形态不同，可将此类图式大致分作两类。

第一类，持手板者低眉垂目，面向主神侧身站立或跽坐，双手持握执板于胸前，一副恭敬受命的神情。类似的图像，还见于《陈介祺藏镜》图126，《古镜今照》图147、图151，《丹阳铜镜青瓷博物馆·千镜堂》图178，此类侍神手中所持的执板，当是文献中记载的“笏”。画像镜中，也有少量主神跽坐持“笏”前指的图式（《古今》图141）。

第二类，持手板者侧身面向主神跽坐或跪拜，两手作递举执板状，主神则执举便面以作应答，类似的图像，还见于《妙极神工》图425收录的镜器中。此类跪拜者手中的执板，应系拜谒活动中使用的“谒板”。

“笏”与“谒板”，形构大体类同，两者使用功能则有区别：“笏”的原始功能是做记录用的，《礼记·玉藻》：“笏，天子以球玉，诸侯以象，大夫以鱼须文竹，士竹本象可也……凡有用于指画于君前，用笏；造受命于君前，则书于笏。”可知笏为手板，主要用于指画、记事。谒板是人物拜谒活动中使用的工具，《释名·释书契》：“谒，诣也，诣告也。书其名于上，以告所至诣者也。”古人在诣告时，要将自己的姓名写在谒板上，以通告进谒的对象。如镜图中的求仙者意欲谒见主神，则需以捧持谒板呈进的方式通名致意。拜见之前呈递谒板（奉谒），并可由此问安、道贺、进言、进物、自荐，是一种示敬的礼仪行为[11]。汉代的谒板，多以木为材，其修治、削改皆需使用书刀。一般而言，谒板的长度要短于笏。

笏与谒板，本系汉代世俗生活世界里使用的器物，神仙世界中出现此类东西，是当时神仙说内容的世俗化印证。

汉代与笏相关的器物，还有“缙绅”“笏囊”。“绅”是指古代高级官吏束腰的大带，“缙绅”本意是指插笏于绅，《论语》邢昺疏：“以带束腰，垂其余以为饰，谓之绅。”后以“缙绅”代指官吏、士大夫。约从唐代开始，又以“笏囊”盛放笏。

3. 旌节、幢

阜阳镜图中的方士形象，以持“旌节”为主要特征。“节”本为汉代出使或奉有特殊使命者所执，是一种代表着君命的信物，《释名》：“节，赴也，执以赴君命也”，“节毛上下相重，取象竹节”。汉代旌节的形状，《汉官仪》记载：“节所以为信也，以竹为之，柄长八尺，以旄牛尾为其眊，三重。”镜图中的旌节，与文献记载大体相符。类似的图像，还见于《丹阳铜镜青瓷博物馆·千镜堂》图97、图165，《陈介祺藏古拓本选编·铜镜卷》图126，《鄂州铜镜》图125，《长沙市博物馆藏镜》图108、图114，《妙极神工》图303。

镜图中还见另一类物象“幢”，与旌节的形状大体类同，也是长直杆状、上部饰有多重旄的图式，例镜见于《上海博物馆藏铜镜精品集》图57，《古镜今照》图142、图153，《中原藏镜聚英》图21。幢与旌节的形制、承载的内涵与功用有区别，主要表现在以下几个方面：

（1）幢是古代用于仪仗的一种旗帜，《汉书·韩延寿传》：“建幢棨，植羽葆。”颜注：“晋灼曰：幢，旌幢也。”《后汉书·班超传》：“八年，拜超为将兵长史，假鼓吹幢麾……横吹、麾幢皆大将所有，超非大将，故言假。”旌节则作为执行王命的凭信使用。

（2）旌节的形状，依规制似无超过四重旄者。旌幢则不然，四重旄以上者常见。

（3）因“旌幢”行使仪仗功能，在出行中有彰显主人身份、“立威仪”的作用，所以常常出现在“车骑仪仗出行”的庞大队列中（《丹阳铜镜青瓷博物馆·千镜堂》图165，《古镜今照》图142），不仅常见多重旄装饰，其幢杆亦似较“旌节”长而高大。镜图中执幢羽人多成群出行，持节羽人多独自前进，盖因于此。

汉代神仙说认为，仙人世界同世俗生活世界一样，也存在着一个尊卑有序的等级规制，其中的最高神如西王母之类就是“君”“君王”。代表君命的信物旌节及标识官僚贵族出行身份的幢出现于神人世界，反映的便是此类思想。

4. 矛、戟、斧、钺

阜阳汉镜图中，在表现仙人出行队列仪仗时，有时还见配置侍者或导骑持礼仪兵器的图式，以显示王者出行的威仪场面。这些兵器的名称，大抵可归属矛、戟、斧、钺之类的范畴，在此不作赘述。

七、琴、瑟、笙、竽、排箫、笛、鼓

阜阳汉镜表现的神仙世界场景图式中，仙人宴饮、乐舞百戏是最主要的内容之一，其中乐舞活动场景的铺陈，有大量的乐器出现。缘于镜图狭促、物象轮廓简约模糊，这些乐器的名称与功用，还不能一一辨识解读。目前能够根据形状、演奏场景大致确认名称与功能者，有琴、瑟、笙、竽、排箫、横笛、竖笛、建鼓、鼗鼓、小鼓、铙等，这些乐器，可按弦乐、管乐、打击乐分作三类叙述。

1. 琴、瑟

（1）琴

阜阳汉镜中的琴，多配置在多乳禽兽镜物象组图中，虽细部结构模糊，但仍可以看出其形制为一端宽、一端窄的长四边形，琴面有的还有多根平行弦。此类图像常出现在汉镜神人神兽世界里，弹奏者均将其置放于双膝上弹奏。

琴是汉镜乐舞百戏图式中习见的弹奏弦乐器，类似的图式还见于《故宫藏镜》图 42、图 46、图 48，《镜涵春秋》图 86，《宜兴民间藏镜精品集》图 122，《中国铜镜图典》图 346、图 353、图 355，《三槐堂藏镜》图 93 收录的镜器。

我国古琴的造作与使用历史悠久，《尔雅》记载琴为伏羲所造，《说文解字》认为琴为神农所造。《史记 · 乐书》：“舜弹五弦之琴，歌南风之诗而天下治。”《新论 · 琴道》：“禹援琴作‘操’。”《韩非子 · 十过》记载古琴乃纣王师延所造。这些说法多有传说附会的色彩，并无确证的实据。从《诗经》中不少关于“琴”“瑟”的词句记载看，可判定至迟西周时期这两种乐器就已经产生了。琴在古代被赋予了复杂的人文内涵，是贵族身份地位与文人墨客寄寓高雅情怀的标志物。从文献与画像材料可知，汉代琴的形制：①琴首较宽，尾部较窄，琴面弧状隆起，底部板平；②东汉早期琴长三尺六寸六分，东汉晚期琴长多数四尺五寸，宽均为六寸；③为七弦乐器。

汉代是古琴发展史上的一个重要里程碑，两汉古琴的使用十分广泛，并出现过司马相如、庆安世、刘道强、师中、赵定、龙德、赵飞燕、桓谭、蔡邕、蔡文姬等一批著名的演奏家，此外汉代还出现了《新论 · 琴道》《琴清英》《琴操》《诸琴杂事》之类的关于古琴的专著和一大批传颂千古的名曲。汉代的琴，多数是置放于双膝上弹奏，也有极少量一端置于膝上、一端用雁足支撑在地上（席上）弹奏的例证。

（2）瑟

阜阳汉镜中的瑟，见于多乳禽兽镜图式中，其形制、人物弹奏场景与琴类同，两者的区别在于：瑟的平面形状呈长方形，弹奏时一般一端置于弹奏者膝上、一端置放于席（地）上，亦有将瑟横陈席前弹奏者。镜图中琴与瑟的辨识，多从形制上区分。若形制轮廓过于模糊，则难以判定此类弦乐是属于“琴”与“瑟”中的哪一类。

瑟在其他地区汉镜乐舞图像中也十分常见，《故宫藏镜》图44，《六安出土铜镜》图99、图123，《镜涵春秋》图86，《宜兴民间藏镜精品集》图119、图122、图128，《长沙市博物馆藏镜》图108，《中国铜镜图典》图358收录的镜器中，均有此类弦乐器。

瑟是一种古老的弦乐器，从《诗经》里多次提到瑟的名称与使用可知，这种乐器最迟流行于周代。瑟在古代与琴并称，“琴”“瑟”合奏声调协调优美，古人常以两者结合比喻夫妻恩爱、感情和谐。汉代瑟的形制与结构，《太平御览》引《白虎通》：“大瑟谓之洒，长八尺一寸，广一尺八寸，二十七弦。”马王堆汉墓出土有两件西汉早期瑟，面稍弧形，底板以竹钉固定，弦由四股素弦左旋搓成，首尾以弦枘系结。阜阳西汉汝阴侯墓随葬器物中也有瑟，可惜残朽过甚，仅剩弦枘了。画像材料中所见的瑟，多呈两端大小一致的长方形状。瑟是一弦一音，只弹散音，所以与琴不同[12]。鼓瑟者跽坐弹奏时，一般将瑟的一端斜靠在膝上，另一端置于席上，双手同时操弦而鼓：右手掌朝下，五指弯曲垂直掌心置于弦上；左手掌朝下但稍偏向右侧，五指弯曲垂直掌心置于弦上。

其实，琴与瑟的区别不仅仅表现在形状上，从此类弦乐器上是否有弦枘（三个或四个），也可判断其名称：有弦枘者必为瑟，因为汉代琴弦的系结方式，尾部是将七根弦通过“龙龈”与“龈托”缠在琴背雁足上，是没有弦枘的。只是汉镜构图多数过于简略省隐，不易看出其细部结构罢了。

汉代与瑟的形制、系弦方式类似的弹拨乐器，还有古筝，《盐铁论·散不足》：“往者民间酒会，各以党俗弹筝鼓缶而已。”四川新津汉代崖墓画像石中的古筝，细颈长腹，面部圆弧，类似剖竹筒，研究者认为是东汉中期以前筝的形制[13]。从晋代贾彬《筝赋》、傅玄《筝赋序》记载看，东汉后期流行的筝，与瑟的形制已经十分相似，《乐道类集》还记载有“筝”是从“瑟”中分化出来的传说。汉画像图式中，东汉中晚期筝的形制与瑟难以区别，汉镜图式中更是如此，所以阜阳汉镜组图中类似于“瑟”的乐器，有一部分也可能是指古筝。

东汉后期还流行一类弦乐器“卧箜篌”，其形制和弹奏方法与琴、瑟、筝也十分类似，例镜图式见于《镜涵春秋》图90收录的镜器。它们之间的区别是：琴无柱，瑟、筝、卧箜篌都有柱，但瑟、筝的柱是参差若阶梯状排列的“活动柱”，可以在弦下左右移动，卧箜篌的柱是横贯于弦下的固定柱，类似于后世琵琶的品柱结构。

2. 笙、竽

阜阳汉镜乐舞百戏组图中，有人物吹笙、竽的图像，画面虽小而简约，仍可以清晰判断此类乐器的名称与功用。其他地区汉镜中配组人物吹奏笙、竽的场景也很流行，如《三槐堂藏镜》图 93，《故宫藏镜》图 42，《宜兴民间藏镜精品集》图 119、图 122 收录的镜器中，均有此类乐器。

笙、竽出现的年代十分古老，《尔雅·释乐》：“大笙谓之巢，小者谓之和。”据考殷代甲骨文中就已经出现了“和”字，所以郭沫若先生认为甲骨文中的“和”就是指小笙。先秦文献中，经常提到竽的名称，《韩非子·解老》：“竽也者，五声之长也，故竽先，则钟瑟皆随；竽唱，则诸乐皆和。”表明战国时期乐器合奏中，诸乐随竽而和，竽起着极为重要的定音作用。早期的竽，以匏、竹管和竹黄制成，到了汉代，竽的音斗开始改作木制，《太平御览》引《淮南子》：“（竽）管三十六，宫管在左右。和十三，宫管在其中，今日竽并以木代匏而漆之，无复八音矣。荆、梁之南，尚仍古制。”长沙马王堆汉墓中不仅出土有一件音斗为木制的竽，还发现有调竽用的 12 件竽律（律管）。

笙和竽的形态、构造原理相同，两者的区别在于簧的数量多少不同：具有二十簧以上的称作“竽”，不足二十簧的称作“笙”。由于两者形态相近，汉镜图式中难以区分开来。一般来说，竽的形体比笙大而重，吹奏耗气费力，到南北朝时期这种乐器便基本消失了。

3. 排箫、长笛（竖笛）、篴（横笛）、篪

阜阳汉镜图式中有排箫乐器，此类吹奏乐因形制特殊易于辨识。《宜兴民间藏镜精品集》图 119、图 122，《中国铜镜图典》图 355 收录的镜器图式中，也有人物吹排箫表演的场景。此外在汉画像石、画像砖乐舞百戏组图中，排箫也是常见的演奏乐器，表明此类乐器在汉代俗乐中占有重要的地位。

汉代的排箫也称作“箫”“洞箫”“籁”，是一类竹制编管乐器，从汉代王褒《洞箫赋》的描述中，可知排箫要选用竹节稀疏、圆直、通畅者为之。这类乐器的起源与流播历史悠久，文献记载有舜帝作箫、伏羲作箫的传说。秦汉时期排箫的管数，似乎并无严格的规定，《尔雅·释乐》：“大箫谓之言，小者谓之筊。”郭璞注：“大箫编二十三管，长尺四寸。小箫（筊）十六管，长尺二寸。”又《通典·乐四》引蔡邕曰：“箫，编竹有底，大者二十三管，小者十六管。长则浊，短则清，以蜜蜡实其底而增减之则和。”

也有认为排箫十管者，《风俗通·声音》："箫……十管，长一尺。"汉镜中的排箫，因形构小而简约，很难分辨其具体管数。

汉镜图式中的竹制吹奏乐器除上述排箫外，还有竖吹的长笛、横吹的篴、篪：长笛是一类竖吹竹类单管乐器，其形制细长，吹奏者双手持管，跽坐吹奏，例镜见于《中国铜镜图典》图346，《长沙市博物馆藏镜》图114，《宜兴民间藏镜精品集》图122、图135收录的镜器；篴是横吹的竹类单管乐器，就是后世文献中所称的笛，《说文》解释"笛"为七孔筒，"篴"的意思是"断竹"；篪是一类古老的乐器，《诗经·大雅》中就有关于"篪"的记载，认为篪与埙合奏，声音和谐。篪的形制，《吕氏春秋·仲夏纪》高诱注："篪，以竹，大二寸，长尺二寸。七孔，一孔上状，横吹之。"可见篪是一种横吹的单管乐器，吹孔与按孔不在一个平面上，吹奏时采取捧握的方式，双手掌心向里，用大拇指托管，其余八指摄按孔音。《长沙市博物馆藏镜》图114收录的镜器图式中，有东王父捧着横棒状器演奏的场景，这种乐器其实就是东汉时期流行的"篪"。

4. 建鼓、鞉鼓（鼗鼓、鞀鼓）

阜阳汉镜图示中有建鼓乐器，此类鼓虽不如汉代画像砖、画像石、壁画中的建鼓形构、细部轮廓清晰，但作为建鼓出现的表演场景特征还是十分明显的。建鼓及其表演场景图式，在其他地区汉镜组图中也很常见，如《六安出土铜镜》图99、《宜兴民间藏镜精品集》图122、《三槐堂藏镜》图93收录的镜器镜图中均有此类乐器表演场景，说明建鼓舞在汉代十分流行。

建鼓又称作"楹鼓"，它的得名与其形制有关，"建"犹如"树"，"楹"意为"柱"，意思就是用木桩贯通、树立的鼓。汉镜图像中，此类鼓的形状较大，横置，中间以一根立柱贯通鼓腔，树立在鼓座（跗）上，的确与建鼓的称谓是相符的。建鼓起源较早，汉代建鼓一般立柱上装饰羽葆，有的还饰有流苏与幢，立柱顶端有的还有伞盖等。建鼓的旁侧多置有小鼓，此类小鼓称作"应""朄"。《诗经·周颂·有瞽》郑笺："朄，小鼓，在大鼓旁，应鞞之属也。"《尔雅·释乐》注："应、朄，悬鼓在大鼓侧。"此类小鼓与建鼓配合演奏的秩序，《周礼·春官·大师》"令奏鼓朄"句下郑注："朄，小鼓也，先击小鼓，乃击大鼓，小鼓为大鼓先引，故曰'朄'。"可见建鼓旁的小鼓，是用来"裨助鼓节"的。击鼓表演时，先于建鼓前击打的称为"朄"或"朔"，是用于导引建鼓的演奏。在建鼓之后击打的称为"应"，是用来呼应大鼓的。

汉镜图像中还有一类有柄的小鼓，称作"鞉鼓"或"鼗鼓""鞀鼓"，其形制是在鼓身两侧系绳，绳端系结圆球，摇动则发音，类似于现在的货郎鼓。《周礼·春官·小师》“掌教鼓、鼗”句下郑玄注：“鞉如鼓而小，持其柄摇之，旁耳还自击。”鞉鼓的功用，《仪礼·大射》郑玄注：“鼗如鼓而小，有柄，宾至摇之奏乐也。”《释名·释乐器》：“鞉，导也。所以导乐作也。”因此它的作用是在乐舞百戏开始时，先摇鞉鼓为先导，以引导出乐曲声。

第六节　组合图像

阜阳汉镜图式中，仙界物象除单独存在标示特定的神性外，还有大量的仙人、神禽异兽、植物、器具之间的组合物象出现，择要列举如下。

一、羽人饲（戏）龙（虎、凤、鹿、雀、玄武等）

1. 羽人饲龙

阜阳汉镜中，“羽人饲（戏）龙”组图出现的频度较高，此类图像在其他地区汉镜组图中也很流行，如《镜涵春秋》图59、图64、图76，《宜兴民间藏镜精品集》图50，《古镜今照》图67、图70、图75、图77、图78，《六安出土铜镜》图41、图73、图75、图96、图117，《长沙市博物馆藏镜》图66，《长安汉镜》图版50、图版171，《妙极神工》图162等收录的镜器中，均有此类组合图像。这些组合图像中的羽人，多见屈体前倾、伸首引颈、后肢或蹲屈或跪地、手前伸持芝草、三株果、桃形仙果等物与青龙相对的形象（《古镜今照》图67，《中国铜镜图典》图249、图253、图254、图297），也有羽人起舞等其他图式。根据羽人形态、羽人手中持物、龙形态的不同，将镜图中常见的几类“羽人饲龙”图式列表比较如下。

表2-10　汉镜中常见的“羽人饲龙”图像统计表

序号＼内容	形态特征	例镜
1	羽人躯体前倾持仙果饲龙，龙张口服食状	《宜兴》图50、63、67，《古今》图67，《妙极神工》图162

（续表）

内容 序号	形态特征	例镜
2	羽人跪持仙果枝前伸饲龙，龙回首张口状	《宜兴》图 51
3	羽人站立扶持仙果树，龙张口服食状	《宜兴》图 52
4	羽人回首伸举仙果枝，龙向仙果枝行进	《宜兴》图 53
5	羽人举灵芝果饲龙，龙伸首引颈欲食	《宜兴》图 64
6	羽人站立伸举仙果枝饲龙	《宜兴》图 115
7	羽人伏地举仙果招引龙，龙引颈奔向仙果	《宜兴》图 73、86，《六安》图 73
8	羽人屈膝举物饲龙，龙昂首欲食状	《澄质朝神》图 892
9	羽人屈膝擎举仙草，龙回首作欲食状	《古今》图 75
10	羽人躯体前倾，手伸入龙口作喂食状	《古今》图 78
11	羽人站立托举神树，龙作昂首张口欲食状	《古今》图 82
12	羽人躯体前倾托举芝草，龙昂首奔向仙草	《古今》图 105
13	羽人向龙口中抛送仙果，龙张口引颈吞食	《六安》图 76
14	羽人躯体前倾，以仙草饲龙，龙回首张口吞食	《图典》图 249
15	羽人屈蹲，手前伸持仙果饲龙，龙伸首欲食	《图典》图 253
16	羽人躯体前倾托举三株果，龙回首欲食状	《图典》图 254
17	羽人持举仙果枝饲龙	《净月澄华》图 50

值得提及的是，汉代多乳禽兽镜图式中，手中持物的羽人、意欲服食仙物的青龙虽由乳丁分割成独立的两区，但两者互相呼应、完整表达“羽人饲龙”活动的场景内容十分清楚，因此解读此类图像内涵，应将两者视为同一个“情节单元”处理（《宜兴民间藏镜精品集》图 115、图 116、图 117）。

2. 其他羽人饲神禽异兽图像

阜阳汉镜中除有“羽人饲龙”组图外，还有羽人饲其他神禽异兽的例证，如羽人饲鹿、虎、羊、熊、麒麟、凤鸟等。这些组合图像，在其他地区汉镜中也很流行，以下将常见的羽人饲神禽异兽图式列表比较。

表2－11 汉镜中常见的“羽人饲禽兽”图像统计表

序号＼内容		名 称	例 镜
神兽类	1	羽人饲龙	见表2－10
	2	羽人饲虎	《宜兴》图134，《镜涵》图59，《仪征》图68，《六安》图96、120，《上博》图39、43，《浙江》图版35
	3	羽人饲鹿	《上博》图48，《镜涵》图74、92，《六安》图120，《鄂州》图92，《陈介祺》图90，《长沙》图66
	4	羽人饲羊	《长安》图版56，《西安》图35
	5	羽人饲麒麟	《古今》图109
	6	羽人饲熊	《六安》图104
	7	羽人饲玄武	《上博》图39、40，《丹阳》图90，《妙极神工》图2680
	8	羽人饲龟	《鉴道神明》图2680
	9	羽人饲蟾蜍	《宜兴》图134
	10	羽人饲牛	《古今》图152
神禽类	1	羽人饲凤（朱雀）	《镜涵》图59，《古今》图81，《六安》图41、72、96，《稻房》图6829，《丹阳》图90
	2	羽人饲雏鸡	《古今》图79、109，《图典》图271，《上博》图42，《长沙》图106
	3	羽人饲雀	《三槐堂》图65，《妙极神工》图340、367、396，《华夏国拍2011春拍》图735

上述羽人饲神禽异兽图式，承载的文化内涵一致，均系汉代神仙说中“服食”升仙思想内容的形象反映，是同一升仙不死说内涵的不同具象表达。此类图式的广为流播，寄寓了汉代世俗之人渴望通过“服食”不死药的方式进入神仙世界的愿望。

有研究者将汉镜中的“羽人饲龙”释为“羽人戏龙”，认为它表现的是汉代神仙说中的仙人“导引”之术。从诸多图式分析，羽人手持不死之物具有的神性内涵，将其认证为“羽人饲龙”似应更确切一些。对有些羽人手中不持物与青龙相对的图式，解释为“羽人戏龙”（《故宫》图47），并认为其承载了“导引”升仙神学内涵亦可说得通，同类图像还见于“羽人戏鹿”（《古镜今照》图136）等。修炼升仙活动中的导引术，早在战国时代《庄子·刻意》中就提出过“吹呴呼吸，吐故纳新，熊经鸟申”之法。《楚辞·九歌》：“灵连蜷兮既留，烂昭昭兮未央。”王逸注：“连蜷，巫引神导引貌也……言巫执事肃敬，奉迎导引，颜貌矜庄，形体连蜷，神则欢喜，必留而止。”汉镜中流行一类羽人导引之态图式（《古镜今照》图136，《息斋藏镜》图66，《六安出土铜镜》图73，《陈介祺藏古拓本选编·铜镜卷》图102），与上述王逸注疏所描述的情形相合，其承载的神话学内涵，当与汉代人渴望通过“导引”修炼实现升仙愿望有关。

二、仙人乘骑（鹿、龙、凤、龟、羊、鹤、麒麟等）

1. 仙人（羽人）骑鹿

阜阳汉镜中流行配置羽人乘骑图像，这些“羽人”实际就是汉代神仙说中的仙人。以“羽人骑鹿”为例，此类图式的形构较为稳定，鹿昂首引颈，作四肢腾空前奔状，嘴小而尖，两耳上竖，腹部肥硕丰满且多饰圆斑点，尾短小而上翘。羽人则长头长耳，颈部多有长羽后飘。类似的镜图，还见于《息斋藏镜》图2750，《古镜今照》图79、图99、图101，《镜涵春秋》图81，《故宫藏镜》图32、图45，《宜兴民间藏镜精品集》图82，《中国铜镜图典》图270、图271，《六安出土铜镜》图104，《上海博物馆藏铜镜精品集》图42，《三槐堂藏镜》图65，《南阳出土铜镜》图版97-1，《陈介祺藏古拓本选编·铜镜卷》图126，《清华铭文镜》图43等收录的镜器。

鹿是汉代神话中习见的仙人乘骑，《楚辞·哀时命》：“浮云雾而入冥兮，骑白鹿而容与”，汉乐府诗集《长歌行》：“仙人骑白鹿，发短耳何长。”《春秋命历序》：“神驾六飞鹿，化三百岁。”《列仙传》记载有崔文子向王子乔学仙的故事，所以汉镜中有“崔文王乔骑鹿行”之类的词句（见《止水集》第84页表八E-9）。

2. 其他仙人乘骑图像

除仙人骑鹿组图外，阜阳汉镜镜图中还常见“仙人骑神兽”等物象配组，这些组图所承载的均为仙人出行或得道之人乘骑升仙的神话内涵，是对汉代神仙说中“乘骑升仙”“仙人出游”场景的生动图解。

阜阳东汉画像镜图像中，还常见一类与西王母、东王父图像邻区或夹钮配位的“车马出行图”。此类组图中车马形态、乘车人物形象、人物发式服饰及场景设置等，与汉代现实生活中的车马出行场景类同，所表现的内容却多为“仙人车马出游”情节。在其他地区的汉镜图式中，有的车马旁还有“东王公车”榜题（《古镜今照》图145），另一部分未标注榜题者亦多属于“乘骑升仙”的题材范畴，如《丹阳铜镜青瓷博物馆·千镜堂》图211，《浙江出土铜镜》彩版18，《中国青铜器全集》图83、图84，《洛阳出土铜镜》彩图4收录的镜器中，均有此类组图。为全面了解、比较汉镜仙人乘骑组图的形态特征，以下将常见图录中的仙人乘骑图像进行列表整理。

表2-12　汉镜中“仙人乘骑”图像一览表

分类＼内容		名　称	例　镜
神兽类	1	仙人乘鹿	《息斋》图2750，《古今》图79、图99、图101，《镜涵》图81，《故宫》图32、图45，《宜兴》图82，《图典》图270、图271，《六安》图104，《上博》图42，《三槐堂》图65，《南阳》图版97-1，《陈介祺》图126，《清华》图43
	2	仙人乘龙	《古今》图149，《保利2011秋拍》图7640
	3	仙人乘虎	《镜涵》图96
	4	仙人乘玄武	《妙极神工》图
	5	仙人乘龟	《清华》图42，《故宫》图34，《陈介祺》图67，《古今》图119，《上博》图47，《镜涵》图105，《中拍国际2011秋拍》图5123、5229
	6	仙人乘蟾蜍	《妙极神工》图214
	7	仙人乘马	《镜涵》图101，《宜兴》图101、114，《保利2011秋拍》图7640
	8	仙人骑羊	《宜兴》图114、127，《镜涵》图102，《古今》图154，《丹阳》图137，《全集》图59，《保利2011秋拍》图7640
	9	仙人乘鱼	《故宫》图34
	10	仙人乘瑞兽	《古今》图154，《中拍国际2011秋拍》图5123、5229
神禽类	1	仙人乘凤	《故宫》图45，《古今》图114，《图典》图249、267，《全集》图58，《鉴道神明》图2680，《中拍国际2011秋拍》图5123、5229
	2	仙人乘鹤	《古今》图114

3. 仙人倒乘骑图式

阜阳汉镜中有仙人倒骑鹿图式，此类组图在其他地区汉镜图式中也有发现，如《古镜今照》图 153 中的“方士倒骑瑞兽”，《丹阳铜镜青瓷博物馆 · 千镜堂》图 173 中的“仙人倒骑马”，《故宫藏镜》图 45 中的“仙人倒骑鹿”，《陈介祺藏古拓本选编 · 铜镜卷》图 137、图 138 中的“仙人倒骑鹿”，《千秋金鉴》图 1077 中的“仙人倒骑鹿”，《宜兴民间藏镜精品集》图 79、《妙极神工》图 344、《仙辉朗鉴》图 1301 中的“仙人倒骑龙”，《宜兴民间藏镜精品集》图 79、《仙辉朗鉴》图 1301 中的“仙人倒骑虎”，《宜兴民间藏镜精品集》图 79、《妙机神工》图 2680、《仙辉朗鉴》图 1301 中的“仙人倒骑凤（朱雀）”，《仙辉朗鉴》图 1301、图 1966 中的“仙人倒骑玄武”等。此类怪异乘骑，大抵表示仙人无拘无束、逍遥自在的仙游方式有异于世俗之人。此亦表明，唐宋以来流传于世俗坊间的所谓“仙人倒骑驴”出行的传说，有着更为古老的渊源。

三、仙人持物

阜阳汉镜中的仙人持物图式，情况较为复杂，大体上可分为“献物”“接物”“持物”几类，持举物中有仙果、仙果枝、器具等多种。这些仙人持物组图，在其他地区汉镜中也十分常见，主要出现在禽兽镜与画像镜图式中，典型例证列举如下。

其一，“仙人献物”类图式：见于《六安出土铜镜》图 99、图 101，《稻房藏镜》图 6854，《丹阳铜镜青瓷博物馆 · 千镜堂》图 180，《浙江出土铜镜》图版 24 收录的镜器中。

其二，“仙人接物”类图式：见于《丹阳铜镜青瓷博物馆 · 千镜堂》图 173 收录的镜器中。

其三，“仙人持举器具”类图式：见于《中国铜镜图典》图 271，《丹阳铜镜青瓷博物馆 · 千镜堂》图 212，《浙江出土铜镜》彩图 29，《陈介祺藏古拓本选编 · 铜镜类》图 126，《古今》图 152 收录的镜器中。

其四，“仙人执便面”类图式：见于《浙江出土铜镜》彩图 12，《故宫藏镜》图 15，《古镜今照》图 142 收录的镜器中。

其五，“仙人持手板”类图式：见于《古镜今照》图 151，《丹阳铜镜青瓷博物馆 · 千镜堂》图 178，《陈介祺藏古拓本选编 · 铜镜类》图 126，《中国古代铜镜》图 135、图 152 收录的镜器中。

其六，“仙人执乐器”类图式：见于《古镜今照》图 153、《中原藏镜聚英》图 115、《镜涵春秋》图 86、《六安出土铜镜》图 99、《故宫藏镜》

图 42 收录的镜器中。

汉镜中的上述仙人持物图式，表达的情节内容不尽相同，其中“羽人持灵芝（琅玕、三株果）”“仙人献（赐、求）药丸”“仙人擎举容器”之类的图式，承载的是与“服食升仙”题材有关的内容。“侍者（仙人）持便面”“仙人执手板”之类的图式，表达的是仙人进行日常礼仪活动的场景内容。仙人执乐器演奏，则常见于各类仙界乐舞宴饮活动场景中。这些画面文化内涵虽有差异，但多与汉代流行的神仙信仰与升仙不死说有关。

四、仙人宴饮、乐舞百戏

阜阳汉镜中，有不少表现“仙人宴饮”与“乐舞百戏”的组合图像，两类图式又往往出现于同一幅组图中。

第一类，“仙人宴饮”组图。此类图像多为一位主神侧身跽坐宴饮、侍神分居左右侍奉的模式，也有两位主神相对宴饮的组图。此类图式还见于《镜涵春秋》图 90，《丹阳铜镜青瓷博物馆·千镜堂》图 126、图 132、图 133、图 142，《宜兴民间藏镜精品集》图 119，《妙极神工》图 434 收录的镜器中。镜图的主神与侍神间，多配置盛放食用、饮用物的器具（《上海博物馆藏镜精品集》图 50，《古镜今照》图 141，《中国铜镜图典》图 436、图 446），亦见侍者捧举容器的以备主神享用的场景（《陈介祺藏古拓本选编·铜镜类》图 67，《稻房藏镜》图 6783，《浙江出土铜镜》图版 28、图版 29）。

第二类，“乐舞百戏”组图。乐舞百戏组图是阜阳汉镜中出现最为频繁、组图形式最为复杂的图式之一，此类组图在其他地区汉镜中也十分常见。尤其西汉中期以后社会上流行的舞蹈表演、器乐演奏、杂技艺术、角抵、斗兽、驯兽等，在镜图中多有生动表现。以下将见于著录的汉镜图式中常见的乐舞百戏图，按照类别列表比较。

表 2-13　汉镜中常见的乐舞百戏图像一览表

分类＼内容		名　称	例　镜
歌舞表演	1	长袖舞	《三槐堂》图 103，《中原》图 115，《丹阳》图 164，《长沙》图 144，《故宫》图 49，《宜兴》图 135
	2	盘舞	《故宫》图 49，《历博（三）》图 114，《古今》图 103、141，《妙极神工》图 425、426，《宜兴》图 119、128
	3	吟唱	《丹阳》图 175，《妙极神工》图 427，《故宫》图 48，《古今》图 92

（续表）

分类 \ 内容		名称	例镜
器乐演奏	1	弹琴	《古今》图92、101、110、145、153，《六安》图99，《丹阳》图133、142、211，《浙江》图24，《故宫》图47、48、52，《三槐堂》图93，《宜兴》图119
	2	鼓瑟	《镜涵》图90、103，《中原》图115，《古今》图149
	3	吹奏	《古今》图145，《镜涵》图123，《历博（三）》图114，《中原》图96，《丹阳》图126、142，《三槐堂》图93，《宜兴》图119、135
	4	吹箫	《镜涵》图86，《六安》图144
	5	吹笙	《中原》图96，《故宫》图49
	6	吹埙	《宜兴》图97
	7	击鼓	《宜兴》图122，《六安》图99，《妙极神工》图434，《中原》图100，《三槐堂》图93，《镜涵》图97、123，《宜兴》图119、135
	8	击小鼓	《古今》145，《中原》图100
	9	建鼓舞	《息斋》图2651，《宜兴》图122，《妙极神工》图434，《故宫》图42、44、49
	10	击鼙鼓	《古今》图151，《中原》图100
	11	击铙	《古今》图103，《镜涵》图86，《丹阳》图126，《宜兴》图97、119
百戏表演	1	倒立	《镜涵》图103，《妙极神工》图425，《中原》图87，《丹阳》图175，《三槐堂》图93、213，《古今》图142、145、150，《妙极神工》图425，《宜兴》图119、135
	2	叠案	《镜涵》图97，《故宫》图49，《中原》图96，《丹阳》图126、132，《故宫》图49，《古今》图144
	3	弄丸	《中原》图100，《鄂州》图91，《丹阳》图165，《古今》图145
	4	投壶	《故宫》图52，《宜兴》图121、124、132、159
	5	斗兽	《宜兴》图120、124、132，《古今》图107，《镜涵》图90，《中原》图96，《六安》图99，《丹阳》图174，《故宫》图42、43、48，《古今》图82、107
	6	驯兽	《故宫》图48，《宜兴》图120
	7	弈棋	《故宫》图48，《丹阳》图126、133，《古今》图97，《三槐堂》图93，《保利2011秋拍》图7640

上表中镜图设定的“乐舞百戏”特定情节内容，与汉代世俗生活中的乐舞百戏场景几乎同出一辙，只是因为有主神、仙人等融入镜图场景内，观者才不至于将“人”“仙”两界相混。

不唯仙人如此，汉镜神仙世界里，龙、虎、凤、人面鸟、人面兽等神禽异兽亦可以参与到各种乐舞百戏活动场景中，如“青龙弹琴”（《镜涵春秋》图86）、“青龙吹笙”（《华夏国拍2011春拍图录》图735）、“青龙吹排箫”（《宜兴》图119、图122）、“青龙吟唱”（《宜兴民间藏镜精品集》图128）、“白虎鼓瑟”（《镜涵春秋》图86，《华夏国拍2011春拍》图735）、“白虎吹排箫”（《宜兴民间藏镜精品集》图122，《六安出土铜镜》图144）、“人面鸟击铙”（《镜涵春秋》图86）、“人面兽击鼓”（《六安出土铜镜》图99）等。凡此表明，在汉代人神仙说营造的仙人世界里，仙人、禽兽之间是可以互相交流通融的，禽兽亦被赋寓了“人”格，人与兽之间并没有明显的界隔。

五、鸟衔（啄、食）鱼、鱼化龙（蛇化鱼）

阜阳汉代禽兽镜中，还有一些承载神仙思想内涵较为隐晦难懂的图式，其中以画纹带缘镜组图中的“鸟食鱼”“鸟衔鱼”“鱼化龙（蛇缠鱼）”图像最为典型。这些物象题材，多是取材于先秦时期流传下来的神话传说，经汉代社会神仙思想的不断“仙化”改造而成型，以下试作阐释。

1. 鸟衔（啄、食）鱼

汉镜中的鸟、鱼组合，多见“鸟衔鱼”“鸟啄鱼”“鸟食鱼”几种图式。鸟长喙，长颈，细长腿，酷似世俗生活中的鹤或鹭鸶。鱼的形态则为写实型，易于辨识。此类图式在汉镜主纹区、画纹带缘中均有配置，尤其汉镜画纹带缘组图中，“双鸟捕食双鱼”组图十分流行，其中一鸟从后方追赶、一鸟在前方作回首捕食状的“围捕”图式最为常见（《镜涵春秋》图127，《中原藏镜》图42、图87、图96）。汉镜图式中常见的几类“鸟鱼图”，列表整理如下。

“鸟衔（食、啄）鱼”图式出现的年代甚为古老，早在史前时期这类图像即被原始先民赋予了“生殖崇拜”的神性内涵[14]。不少学者认为，鸟象征“阳”，鱼象征“阴”，两者交合象征阴阳相接、男女相合、雌雄相配，具有“阴阳交配、化生生命”的寓意，由此实现了生命的再生与无限延长，与汉代神仙说中的“升仙”内涵雷同[15]。《山海经·西山经》：“（玉山）是西王母所居也……有鸟焉，其状如翟而赤，名曰玉胜，是食鱼。”可见食鱼鸟也是西王母仙境里的神鸟，“鸟食鱼”图式也是天国仙境的表征物之一。

表 2－14　汉镜中常见的“鸟鱼图”图像一览表

分类＼内容		图像配位	组图特征	例　镜
鸟衔（啄、食）鱼	1	主纹区填衬图像	一鸟追捕一鱼	《上博》图 34
	2	主纹区主题图像、填衬图像	一鸟回首啄鱼，一鸟昂首食鱼	《六安》图 99
	3	主纹区填衬图像	一鸟追捕一鱼	《中原》图 42
	4	主纹区填衬图像	一鸟啄一鱼	《息斋》图 2750
	5	主纹区主题图像	对称配置两组，每组一鸟衔一鱼	《宜兴》图 62
鸟捕鱼	1	画纹带缘中	双鸟前后围捕双鱼	《息斋》图 2613，《故宫》图 49，《中原》图 87、图 96，《莹质天工》图 2204
	2	画纹带缘中	一鸟追捕一鱼	《宜兴》图 135
	3	画纹带缘中	双鸟从前方拦截捕食双鱼	《宜兴》图 121、图 132、图 159，《镜涵》图 127
	4	画纹带缘中	双鸟前后围捕一鱼	《故宫》图 44

2. 鱼化龙、蛇化鱼（蛇缠鱼）

阜阳汉镜画纹带缘中，流行一类“鱼”“蛇（龙）”缠绕复合的图式。此类图式，在其他地区汉镜画纹带缘中也十分流行，例镜见于《历博藏镜选辑（三）》图 77、图 90，《古镜今照》图 94，《长沙市博物馆藏镜》图 81、图 99，《湖南出土铜镜》图 64，《息斋藏镜》图 2740，《山东省博物馆藏珍・铜镜》图 24，《尊古斋》图 52、图 83，《中国铜镜图典》图 278、图 365，《宜兴民间藏镜精品集》图 86、图 93，《陈介祺藏镜》图 96，《山东民间藏镜》图 137，《嘉德 2011 春拍》图 1039，《嘉德 2011 秋拍》图 123，《澄质朝神》图 904。汉镜主纹区中，也有配组此类图式的例证，只不过“鱼”“龙（蛇）”的形状与组合方式与镜缘区完全不同（《中原藏镜聚英》图 50）。多年来，论者对此类物象组图神话学内涵的认识付诸阙疑，本书给出“鱼化龙”“蛇化鱼”两种释读。

（1）“鱼化龙”

见于镜图画纹带缘中，鱼的形态近于写实，龙体则细长连蜷，缠绕鱼体几圈后，头部昂起回望，四肢伸展，独角后飘。“鱼化龙”的神话学内涵，可能是渊源于汉代“河伯化龙”的神话传说。水神河伯的神话传说年代久远，至两汉时期河伯神话与川神冰夷神话经历了复杂的演变而渐趋融合。河伯神祇初始以“鱼”的外在形象存在，《尸子》：“（河伯）白面长人鱼身。”《韩非子·内储说》：“（齐人）乃为坛场大水之上，有间，大鱼动，因曰：此河伯也。”因鱼生活于水中，河伯的神祇生命亦仅存于水，入水则生，出水则死。“河伯化龙”的传说始见于东汉文献，《楚辞·天问》王逸注：“河伯化为白龙游于水旁，羿见而射之，眇为左目。”龙具有升天入地、化生万物生灵的神性，河伯由“鱼”化“龙”，摆脱了生命原在水域空间的束缚与限制，实现了生命的转化、再生与永恒，神性亦因此发生了质的突变。这一“脱胎换骨”式的生命转化，实际是河伯神祇的“仙化”过程[16]，“升仙不死”是这一转化的终极目的。此类神话图像的出现，是汉代人不断改造早期神话传说而出现的必然结果。

（2）“蛇化鱼”

上述图式中缠绕鱼的“龙”，亦可认定为是“蛇”的形态，如此图式中“蛇”“鱼”互化情节，表现的也可能是先秦时期流传下来的“鱼妇”神话内容。《山海经·大荒西经》：“有鱼偏枯，名曰鱼妇。颛顼死即复苏。风道北来，天乃大泉水，蛇乃化为鱼，是为鱼妇。颛顼死即复苏。”郭璞注：“《淮南子》曰：‘后稷龙（垄）在建木西，其人死复苏，其半为鱼。’盖谓此也。”所谓的“鱼妇”，谓颛顼乘蛇化为鱼之机，半体托生与鱼，因而“死即复苏”。汉镜图式中流行这个喻示生命能够“转化”与“再生”，进而实现永生不死愿望的神话传说，隐讳地表达了东汉时期神仙说中的“升仙”“仙化”思想。

以上两类解释，虽神话渊源、表现形式不同，但与承载的汉代升仙不死说内容是一致的，都与“仙化”这一生命转化与再生的设定情景密切相关。

六、大螺化龙（大螺化仙）

阜阳东汉中晚期流行的画纹带缘禽兽镜中，常见一类“大螺化龙”图式，图中的大螺多作“写实型”的螺旋壳状，一端口大张、一端细卷尾，龙从大螺体内钻出作前行或回望状，龙头及上半躯已露于螺外。此类图像多与“鱼化龙”图式同区配组，在其他地区的东汉镜画纹带缘中也十分常见，如《湖南出土铜镜》图63、图64，《中国铜镜图典》图278，《澄质朝神》图892收录的镜器中，均见此类图式。

大螺是古代神话中的水神之一，早期文献中大螺神话缺载，已出土的许多螺神题材的画像石，可证至迟东汉时期这个神话已广为流传。“螺神化龙”传说的神性内涵类同于“河伯化龙”神话，大螺由水神“化生”成龙从而完成了“神”向“仙”的根本性转变，实现了生命的再生与永恒，这是汉代升仙思想对传统神话传说的影响、改造所致。在南阳画像馆收藏的一块螺神画像石中，同时刻绘有“鱼妇神话”与“螺神化龙”两幅图，这个承载颛顼生命“转化”与“再生”隐晦寓意的神话出现于上述画像题材中，可作为“大螺化龙”具有相同神话学内涵的间证。此外，大螺也是汉代常见的祥瑞，《拾遗名山记》：“（蓬莱山）有大螺名裸步，负其壳露行……明王出世，则浮于海际焉。”

汉镜中还有一类大螺化仙人的图式（《镜涵春秋》图61），其中的仙人直接从大螺躯壳内钻出，替代了上述组图中的龙。此类“大螺化仙”图式，更为直白地表现了汉代神仙说中的“仙化”主题。

七、玉兔捣药、仙人捣药

1. 玉兔捣药

阜阳汉镜中的“玉兔捣药”图式，多出现于西王母图像系统中，有的则见于镜图画纹带缘中。在其他地区的汉镜图像中，也流行此类组图，如《六安出土铜镜》图41、图104，《故宫藏镜》图44，《宜兴民间藏镜精品集》图79收录的镜器。与这些“玉兔捣药”图像配组配位的，还常见仙人持芝草、仙人持药丸或其他类神兽等。

汉画像材料中的玉兔捣药图式，约出现于新莽前后，至东汉中晚期此类图像广为流播。汉代人迷信服食升仙说，认为神仙世界里有“不死药”存在，世俗世界里的修道之人如果能够获得并服食不死之药，就可以进入仙界实现生命的无限延长愿望。“玉兔捣药”是汉代仙界制造不死之药者的象征符号，汉画图像中大量出现此类图式，反映了汉代人对获取不死之药的强烈渴望。传说中神仙世界里的西王母就是掌管不死之药的主神，“玉兔捣药”图像流行配置在西王母图像系统中，意在标识西王母具有掌管不死之药的神职。

2. 仙人捣药

除上述玉兔捣药图式外，阜阳汉代禽兽镜、画像镜中还有仙人捣药图式。如东汉晚期流行的一类“袁氏”铭西王母画像镜组图中，就有两位仙人相对持杵捣药的场景。“仙人捣药”在其他地区汉镜图式中也十分流行，例镜见于《妙极神工》图379、图417，《梦蝶轩藏镜》图772，《保利拍卖公司2011年秋拍图录》图7640，《莹质天工》图2204，《古镜今照》图145，《稻房藏镜》图6853，《淮南市博物馆藏镜》图167，《息斋藏镜》图2748，《镜涵春秋》图103，《陈介祺藏古拓本选编·铜镜卷》图135，《中原藏镜聚英》图87，《仪征出土铜镜》图79。有些汉镜组图中，还出现了羽人、玉兔共同捣药的图式（《历代铜镜纹饰》图66）及一位仙人持杵捣药的图式（《六安出土铜镜》图135，《妙极神工》图427，《绝照览心》图84，《嘉德拍卖公司2009年春拍图录》图4783，《华夏拍卖公司2011年春拍图录》图873、图886，《泓盛拍卖公司2011年春拍图录》图2029）。

镜图仙人捣药图像承载的神仙思想内涵与玉兔捣药图式相同，都是对汉代服食升仙说内容的具象图解。为与阜阳汉镜中的此类图像比较，下表列举见于著录的部分此类镜标本。

表2-15　汉镜中常见的玉兔、仙人“捣药图”一览表

内容 分类	镜图配位	例　镜
一玉兔踞坐捣药	填衬禽兽镜或龙虎神兽镜主纹区	《六安》图135，《绝照览心》图84，《泓盛2011春拍》图2029，《嘉德09春拍》图4783，《宜兴》图79，《仙辉朗鉴》图1301
一玉兔站立捣药	禽兽镜主纹区、禽兽镜画纹带缘区	《故宫》图44，《宜兴》图124，《仪征》图79
一仙人捣药	禽兽镜主纹区，画像镜主纹区填衬	《华夏2011春拍》图886，《陈介祺》图135，《中原》图87
两仙人捣药	龙虎镜填衬图像，画像镜主纹区	《淮南》图167，《息斋》图2748，《镜涵》图103，《妙极神工》图379、417，《梦蝶轩》图772，《保利2011秋拍》图7640，《莹质天工》图2204，《稻房》图6853
一玉兔、一仙人捣药	禽兽镜主纹区，画像镜主纹区	《古今》图145，《六安》图41、104，《妙极神工》图427，《历代》图66
一玉兔、一神兽捣药	禽兽镜主纹区	《宜兴》图122

八、青龙擎日、白虎擎月

阜阳汉代禽兽镜中，有夹钮对称配置的“青龙擎日”“白虎擎月”组图，图中青龙、白虎形构基本雷同，均作曲颈仰面、前肢捧举日轮、月轮状，有的日轮中可见金乌、月轮中可见蟾蜍轮廓。“青龙擎日”“白虎擎月”组图在汉代禽兽镜中十分流行，典型例镜见于《宜兴民间藏镜精品集》图68，《古镜今照》图79、图99、图101，《中原藏镜聚英》图40，《上海博物馆藏镜》图42、图45，《丹阳铜镜青瓷博物馆·千镜堂》图77、图95，《陈介祺藏古拓本选编·铜镜卷》图74、图77、图82、图84、图86、图99、图101，《六安出土铜镜》图41，《长沙市博物馆藏镜》图83，《鄂州铜镜》图19，《息斋藏镜》图2750，《故宫藏镜》图32、图45，《南阳出土铜镜》图200，《三槐堂藏镜》图88，《西安文物精华·铜镜》图31，《嘉德拍卖公司2011春拍图录》图853，《净月澄华》图106收录的镜器。

“青龙擎日”“白虎擎月”在镜图中的配组配位，遵循严谨的夹钮对称规制，这是当时社会流行的阴阳五行思想影响浸淫所致。西汉晚期以来，阴阳五行观念越来越被神秘化、精细化，阴阳平衡和谐在世间万物、神仙世界的存在与运转中的作用越来越凸显。京房的《易传》、刘向的《洪范·五行》在当时社会上十分流行，推行阴阳灾害成为理解宇宙变动的主导观念，天象气候等任何一个细微变化，都被解释为与人的言行有密切关联。整个人神世界都被神秘的阴阳五行力量所支配，“阴”“阳”的此消彼长，构成了世界时空的不断变动。阴阳平行和谐，则国家安定、天下太平、万民和顺、五谷丰登，整个社会运转有序，否则便会社会动荡、灾异横生、万民流离失所。汉镜神仙世界的图像配组配位，自然也要严格遵循阴阳对称、平衡和谐的理论，也要反映阴阳五行宇宙观的基本结构与具体内容，如镜图中青龙对白虎、日轮对月轮、金乌对蟾蜍等，都是严格按照阴阳平衡的规制配组的。

九、龙虎（双兽）交合图

阜阳东汉中晚期流行的神兽镜中，有不少“青龙与白虎”“白虎与辟邪”“辟邪与天禄”等神兽相互缠绕纠结组成的图式。这些神兽的头部生两角或一角，多作张口相对状，躯体、四肢则相互纠缠叠压在镜钮下，彼此难以辨析出界隔的轮廓。此外在主体图像的间隙内，还配置有形体较小的仙人娱乐、仙人炼丹捣药、玉兔捣药及蟾蜍、药臼、仙果、仙草、丹丸等填衬图像。这些龙虎交合或双兽交合图像，在其他地区同类镜中也多有发现。为了相互比较，以下将汉镜中常见的龙虎等神兽交合图，列表如下。

表2－16 汉镜中常见的“神兽交合图”一览表

分类＼内容	形态特征	填衬图像	例 镜
一青龙、一白虎交合	躯体缠绕，张口相对，或虎头伏于龙身下，或龙、虎头部夹钮相对	丹丸，羽人擎举仙果，羽人吹横笛、神兽鼓瑟，蟾蜍倾听，蟾蜍起舞，仙人吹横笛，仙人表演鼗鼓，仙人持器物，飞鸟，小鹿，仙人持杵捣药	《宜兴》图147、149，《古今》图132、133、134；《镜涵》图123、131，《六安》图135
两龙、一虎	龙虎缠绕	仙果	《镜涵》图124
一白虎、一辟邪	躯体交缠，张口相对		阜阳私藏镜
两辟邪、一虎	躯体交缠，一辟邪、一虎张口相对，另一辟邪隔钮配置	云气纹	阜阳私藏镜
一辟邪、一天禄交合	辟邪、天禄缠绕	羽人起舞、吹竖笛	《宜兴》图144、154、159，《镜涵》图126、127
两辟邪、一天禄交缠	躯体交缠，张口相对	仙果枝	《宜兴》图145
一辟邪、一天禄	躯体交缠，张口含丹丸相对	丹丸、羽人吹横笛	宜兴私藏镜
两龙、一虎	龙虎交缠，两头张口相对	仙果	《宜兴》图148
两天禄	夹钮缠绕、对置		《镜涵》图130
两兽相对	躯体交缠，张口相对	仙草、丹药	《古今》图150

关于上述镜图中所谓的“龙虎交合图”文化内涵，近年来研究者阐释多有歧义，如有研究者认为此类图表现的是龙虎撕咬争斗、神兽交配时的

情感酝酿之景，甚至有论者认为这些神兽下体还暴露出生殖器模样的形构，因而承载的是神兽交媾、生殖繁衍的内涵。另有论者认为此类龙虎交合图，表现的是当时社会上流行的阴阳观念，龙、虎等神兽则具有辟邪除凶的作用。从此类铜镜中常见的铭辞如“左龙右虎辟不祥”“上有穷奇辟不祥”“上有龙虎四时宜”等，可以知道这些龙虎交合图、神兽交合图，的确承载有阴阳交合化生、阴阳调和平衡的内涵。

十、车马出行升仙图

阜阳东汉神人画像镜中，流行配置车马神仙人物组图，常见的图式可分为三大类：一类为“四乳四分区”组图，其中两组为车马出行人物，两组为西王母、东王公仙界图式；一类仍为“四乳四分区”组图，其中两组车马出行、一组西王母组图、一组神仙人物乐舞宴饮或神兽组图；还有一类属于“四分区”或“五分区”组图，这些图像呈现的升仙人物、西王母仙界等情节内容，具有前承后续的演进关系，彼此相互关联构成一个具有完整升天成仙内涵的故事场景，形象生动地再现了汉代升仙不死说内容。以下分类概说。

1. “四分区”车马出行升仙图

此类组图中的出行车马图像，常见一马或两马拉着轺车夹钮对称同向行进，车上乘坐的人物多数简约省隐，分辨不清五官轮廓，但大致可以看出驾车者与乘车者的主仆关系。镜图中的另两区图像，分别为西王母与东王公组图。西王母图像区的主神西王母着宽袍大袖，侧身跽坐中央，形体高大。西王母的两侧，配置有形体较小的仙人侍者、羽人或神禽异兽。此类画像镜中的车马人物组图，在同时期同类镜中常见，只是南方地区以绍兴为中心的画像镜与北方地区画像镜图像形态差异区别明显，如车马形状、马的数量、西王母图像系统的精细程度及铭辞、榜题等均有较大差异，本书后文有专论。

东汉神人画像镜图式中，还有一类四分区车马人物出行图，与上述镜图组合的大体类同，区别在于此类镜图中只有西王母图像区，没有东王公图像出现，而是以神禽异兽组合或仙人乐舞百戏组合图式取代了上述镜图中的东王公图像区。

2. “五分区”车马出行升仙图

此类镜图，由“车马出行”“仙界迎宾”“跪拜天门谒见西王母”“仙境歌舞宴饮场景”多幅图式前后连贯构成，“车马图”为一马拉轺车，车内乘两人，前面为驾车者，后面为主人（升仙者）。“仙界迎宾”是主神西王母派出迎接升仙者到来的专列队伍，队伍前方一组人物朝向车马方向作低首恭迎状，最后为侧身跽坐的主神西王母。“跪拜天门”图由双阙、守门大司、阙前伏地跪拜者组成，门阙后面为楼阁建筑群，楼阁内有西王母、东王公并排跽坐，一侍者正朝着门阙行进。“仙界歌舞宴饮场景”中由主神西王母（东王公）和表演侍神组成。

阜阳出土的东汉人物车马出行画像镜数量不多，表明本地区可能不是此类画像镜的主要流播区。在其他地区画像镜图式中，此类车马出行图也十分流行，列举四类如下。

第一类，由“车马出行”“羽人迎宾”“西王母仙界”三组图式构成。车马有轺车、辎车两类，拉车的马有两匹至六匹不等。乘车者或隐于车内不显或显露半身，一般出现主仆两人。西王母（东王公）仙界场景包括形体高大的主神西王母（东王公）、数量不等的小型仙人侍者及其他神禽异兽、药尊器皿、仙果、云气等。在行进车马和西王母图像之间，分别配置有跪迎车马的羽人和向西王母通报消息的羽人（《浙江出土铜镜》彩图12）。

第二类，由“车马出行”“山峦”“西王母仙界”三组图式构成。车马出行图、西王母仙界图与前一类型大体雷同，“山峦”在此类镜图式中配置的频率极高，系指代西王母仙界的昆仑山，由几组上下交错叠压的弯弧线构成，形体小而简约，多呈“符号化”标识物（《丹阳铜镜青瓷博物馆·千镜堂》图201、图203、图205、图206，《浙江出土铜镜》彩图14、彩图15）。

第三类，由“车马出行”“拱桥”“西王母仙界”三组图式构成，是此类镜图中数量不多的组图模式（《丹阳铜镜青瓷博物馆·千镜堂》图211）。

第四类，由“大王车马”“导骑”“仙界楼阁迎宾”“夫妻室内交谈”等组图（《宜兴民间藏镜精品集》图120）。

上述几组图式可确认为“升天成仙图”内涵的原因，缘于“车马出行图”与“西王母仙界图”之间配置了“迎宾羽人”“昆仑山”“拱桥”等图式，正是此类作为连接“升仙者”与“西王母”符号物象的存在，才将几幅看似互不相干的场景图，连贯成具有前承后续发展演进情节的升仙故事，使其中原本隐而不显的神话学内涵表述出来。“羽人迎宾”“昆仑山”的神话内涵清晰无误，“车马过拱桥”的神话学内涵则较隐讳难解，汉代神仙说认为，“人间”与“仙界”之间存在着世俗之人难以逾越的界限，其间的“临界点”符号（亦有学者称为“符箓”），汉画中多用“卫桥”

（拱桥）标示。世俗之人如果过了“桥”，则意味着已经从“人间”进入“仙界”，抑或进入了另一个地下“阴间”世界，进而实现了个体生命形式转换的“根本变化”，这显然应是十分困难的。所以，汉画中在安排世俗之人乘骑“过桥”或车马“过桥”时，总要安排残酷激烈的双方打斗场面，以示过“桥”的艰难与不同寻常。

十一、太一出行图

阜阳东汉神兽镜画纹带缘中，有表现“太一（太乙）出行”场面的图式。此类图像，在其他地区东汉神兽镜或画像镜画纹带缘中也十分流行，例镜图式见于《上海博物馆藏铜镜精品集》图47、图57、图60，《宜兴民间藏镜精品集》图136，《鄂州铜镜》图119—122，《古镜今照》图114、图116—122、图124、图127收录的镜器。此类图式在东汉晚期流播之广，在神兽镜镜缘图像区中几乎成为无处不在的题材，“太一神”所乘的龙车（云车），有“三龙驾车”“六龙驾车”等多种图式，龙车前后所配置的物象组图，甚是繁缛复杂。以《中原藏镜聚英》图132收录的神兽镜为例说明，该镜画纹带缘中共配置了16组组合物象：太一神所乘的巨大龙舟前方有三龙牵拉，龙舟上共置4位神人，其中太一神仰首侧身跽坐在椭圆形宽大羽毛状圃垫上，长发后飘，双首拢袖于胸前，体被庞大后飘的羽翼。前方一躯体前倾跽坐仙人，作手臂前伸执鞭上扬状，正全神贯注驱龙驾车，仙人体被向身后飘逸的羽翼。太一神身后并列配置两持节而立的仙人侍者，皆躯体前倾面向主神；龙舟的前方，依次配置“伏羲御日”“仙人乘凤”“仙人乘鹤”“仙人乘龟”“仙人乘鸟头兽”“仙人乘虎”“兵神蚩尤”“狮子”“辟邪”“女娲捧月”等组图，均朝着太一神龙舟出行的同一方向飞奔，组图间穿插舒卷流动、缠绵纠结的流云纹，尽显一种场面宏大、气势磅礴、众神前呼后拥、腾云驾雾热闹纷繁的尊贵气势。

汉代的“太一神”，在神仙天界具有至高无上的尊显地位，包括上古帝王在内的群神均从属于它，因此“太一出行”的场面自然非同凡响，文献中“太一出行”的描述见于《楚辞·九歌·东君》：“驾龙舟兮乘雷，载云旗兮委蛇。”汉镜如此繁缛细腻的铺陈画面，意在突出太一神的尊显地位。

关于“太一”的起源，有渊源于道教、哲学概念上古原始宗教、天文星象等多种说法[17]。“太一神”早在先秦时期就已经被尊为祭祀之神，《庄子·天下》《吕氏春秋·大乐》中均有关于太一神的记载，《楚辞·九歌·东皇太一》记录了战国时期楚人祭祀太一神的过程。到了汉武帝时期，太一神被尊为最高神，具有统领诸神的“大一统”神性功能，并设有泰畤祠专祭。两汉对太一神的崇拜祭祀，经历了一个由居于“核心尊显”地位到逐渐被“边缘化”的演变过程。到东汉中晚期，太一神的地位已趋于衰落[18]，被置于边缘次要的地位，汉镜中的此类组图被配置在画纹带缘中而罕见于主纹区，便反映了同时代人们宗教观念的这一变化。

注释：

［1］吴荣曾：《镇墓文中所见到的东汉道巫关系》，《文物》1981 年第三期，第 56–63 页；李零：《战国秦汉方士流派考》，《传统文化与现代化》1995 年第二期，第 33–48 页。

［2］关于王子乔、赤松子传说的考证，见王卉：《东汉铜镜上的“王子乔”与“赤松子”》，《宁夏师范学院学报》2010 年第四期，第 73–77 页；［日本］大形徹：《松乔考——关于赤松子和王子乔的传说》，《复旦学报》1996 年第四期，第 97–105 页。

［3］［4］施杰：《意义、解释与再解释——谶纬语境与汉画形相》，《中国汉画研究》第二卷，第 160–161 页，广西师范大学出版社，2006 年版。

［5］此类研究文章颇多，如孙机：《汉代物质文化图说》，第 429 页，文物出版社，1991 年版；李零：《入山与出塞》，第 111–117 页，文物出版社，2004 年版；朱希祖：《天禄辟邪考》，《金陵全书》（乙编史料集），第 396 页，南京出版社，2011 年版；张松利、张金凤：《许昌汉代大型石雕天禄、辟邪及其时代特点》，《中原文物》2007 年第四期，第 74–77 页；赵克礼：《天禄、獬豸、麒麟考辨——从永陵石兽为“天禄”谈起》，《文博》2003 年第四期，第 38–42 页。

［6］赵殿增、袁曙光：《“天门”考——兼论四川汉画像砖（石）的组合与主题》，《四川文物》1990 年第六期，第 3–11 页；李清泉：《墓门与“天门”——陕北东汉墓门画像主题考》，《美术学报》2015 年第二期，第 14–24 页；王煜：《也谈马王堆汉墓帛画——以阊阖（璧门）、天门、昆仑为中心》，《江汉考古》2015 年第三期，第 91–98 页。

［7］孙章峰：《博山炉的兴起与丝绸之路》，《华夏考古》2015 年第四期，第 94–108 页；林小娟：《博山炉考》，《四川文物》2008 年第三期，第 65–67 页；邵小龙：《再论博山炉的起源及相关问题》，《中国国家博物馆馆刊》2016 年第五期，第 52–61 页。

［8］邵小龙：《再论博山炉的起源及相关问题》，《中国国家博物馆馆

刊》2016 年第五期，第 52 页。

[9] 李学勤：《〈博局占〉与规矩纹》，《文物》1997 年第一期，第 49-51 页。

[10] 夏晓伟：《汉代便面功用小考》，《东南文化》2003 年第十一期，第 68 页。

[11] 马怡：《汉画像中的两幅“奉谒”图》，《中国汉画学会第十三届年会论文集》，第 50-54 页，中州古籍出版社，2011 年版。

[12] 萧亢达：《汉代乐舞百戏艺术研究》（修订版），第 73-85 页，文物出版社，2010 年版。

[13] 萧亢达：《汉代乐舞百戏艺术研究》（修订版），第 127 页，文物出版社，2010 年版。

[14] 周玫：《汉画像石鸟鱼组合图像解析》，《大连大学学报》2007 年第四期，第 39-42 页。

[15] 刘立光：《汉画像“鸟啄鱼”图像研究》，《中国汉画学会第十三届年会论文集》，第 222-228 页，中州古籍出版社，2011 年版。

[16] 李立：《汉墓神画研究——神话与神话艺术精神的考察与分析》，第 52-54 页，上海古籍出版社，2004 年版。

[17] 张影：《汉代“太一神”略论》，《古籍整理研究学刊》，2009 年第四期，第 101-103 页。

[18] 张影：《汉代“太一神”略论》，《古籍整理研究学刊》，2009 年第四期，第 105 页。

第三编 镜铭考证

阜阳汉镜铭文，是镜背纹饰构图的一个重要组成部分。镜铭所占空间大小及其结构布局，具有明显的装饰效果，有了这些铭文圈带或方框，镜背图案就更加生动活波而层次多变。然汉镜配置铭文的意义并不仅仅在于艺术装饰，铭文的研究价值才是后世学者最为关注的重要内容。阜阳汉镜图像中配置的铭辞，多是同时代人们所喜闻乐见的流行词句，它所呈现的内容是当时社会思想意识、宗教信仰、生活习俗、文化艺术风尚的反映，不少铭辞则直接再现了同时代社会生活领域里发生的重大事件，反映了当时社会政治、经济、文化生活中的一些重要变革，记载了与著名历史人物兴衰相关的变迁史实等，因此这些铭辞也是"刻铸金石"上的第一手历史文献资料，具有珍贵的证史、补史、校史价值。若从文学艺术、文字演变、书法艺术的发展演变角度看，阜阳汉镜铭辞的研究价值也是极其珍贵的，它是今天我们所能见到的为数不多的两汉金文材料之一。这些镜铭文字按照时代先后排列，大体上再现了两汉书法艺术的发展演变轨迹。

为便于考察研究，以下分类整理阜阳汉镜中常见的铭辞[1]。

第一章　阜阳汉镜铭文分类整理

第一节　西汉早期镜铭

阜阳地区出土的西汉早期铭文镜，主要是指汉武帝以前流行使用的镜类，根据《广州汉墓》一书确定的汉墓年代分期标准，其年代下限约略在汉武帝初年。目前发现的这一时期汉镜，有可靠年代特征的标本出现在汝阴侯夏侯灶夫妇合葬墓中，其下限在汉文帝十五年，但该墓出土的多枚铜镜中均未见铭辞。阜阳女郎台战国到西汉早期墓出土一批例镜，亦未见铸有铭辞。凡此表明，阜阳地区西汉早期铜镜中的铭辞极其罕见。现在所能见到的年代最早的阜阳地区汉镜铭文，出现于阜阳博物馆、临泉博物馆收藏的蟠螭纹镜图式中，年代约略在武帝早期。这些铭文句子短，字体规整，错字少。内容多为祈求显贵、财富、延年益寿等。镜铭字体多为小篆，笔画转折圆润，字形规范，大体上带有秦代小篆体的风格，文末还配置有鱼形图案。有些草叶纹镜图式中也配置有铭文，书体多作间有隶书意味的小篆，多将篆书圆润的转折变为方折，并开始出现一些笔画的简化、缺省等现象。

这一时期的阜阳汉镜铭辞，主要有以下两类。

1. 云雷地纹蟠螭纹镜

大乐贵富，千秋万岁，宜酒食（鱼形图记）。

大乐贵富得所好，千秋万岁，宜酒食。

2. 蟠螭博局纹镜

大乐贵富得所好。千秋万岁，延年益寿（鱼形图记）。

第二节　西汉中期镜铭

西汉中期武帝前后，汉镜铭文的配置较前发生了巨大变化，主要表现在汉镜图案中铭文大量出现、铭文所占空间比例越来越大、铭文配置的地位越来越显著重要。这一时期，镜钮外侧不仅出现了单圈带铭文镜，还流行起完全用铭文圈带配组镜背图案的镜种，重圈铭文镜也开始大量出现。就铭文内容而言，四字成句的“日光”铭镜、五字成句的“昭明”铭镜大量出现并成为主要流行镜类，铭文反映的多是叙述铜镜质地优良、表达男女爱恋相思、祈求富贵显达、渴望酒食享乐之类的内容。这一时期，另一类如“洁清白而事君”之类的“楚辞体”式镜铭也很流行。就书体而言，西汉早期那种笔画转折圆润的“秦小篆”基本不存，代之而来的是一类笔画整齐方正的“缪篆体”书风。武帝以后，这种缪篆体镜铭已趋于稳健成熟。

阜阳西汉中期铜镜铭文，分类列举如下：

1. “昭明”铭镜

内（纳）清质以昭明，光象夫日月，心忽忠而，不泄。

内（纳）清质以昭明，光辉象夫日月，心忽穆而愿忠，然雍塞。

2. “清白”铭镜

洁清白而事君，志欢之弇明。玄锡之泽流，恐疏而日忘。美之穷，外承可兑（说）。毋绝。

3. “长相思”铭镜

长相思，毋相忘，宜佳人，乐未央。

长相思，毋相忘，常贵富，乐未央。

4. “见日之光”铭镜

见日之光，天下大明。

见日之光，见天下明。

见日之光，长毋相忘。

见日之光，长不相忘。

第三节　西汉晚期镜铭

阜阳西汉晚期铜镜，约是指汉宣帝至哀帝之间出现与流行的镜类。这一时期铜镜承袭西汉中期镜铭的内容与特征，如“日光”铭镜、“昭明”铭镜仍很流行，同时连弧铭文镜、重圈铭文镜大量出现。镜铭的种类繁多，内容丰富多彩，文字的书体与空间布局较前期有了重大变化。一是镜铭种类、内容的变化，除“日光”铭镜、“昭明”铭镜继续流行外，还出现了“湅冶铜华”铭镜、“日有熹”铭镜、“桼言”铭镜、“汉有名（善）

铜”铭镜、“昭作”铭镜之类铭文镜。二是铭辞中大量出现简笔字、连笔字、反书字、同音替代字、讹错字及漏字、省略字等，字与字之间流行夹杂“ↄ”“◈”“◇”“而”“之”之类的装饰符号。三是句子较长，铭文成为镜图的主要内容，其他装饰纹样处于次要、辅助地位。四是文字书体多见篆书向隶书过渡的“篆隶体”特征，这种篆中带隶、篆隶混杂的书体，具有汉代篆书向隶书演变的明显痕迹。

阜阳西汉晚期镜铭文，分类列举如下：

1.“日有熹”铭镜

日有熹，月有富，乐毋事，常得意，美人。

日有熹，月有富，乐毋事，常得意，美人侍。

2.“湅冶铜华”铭镜

湅冶铜华清而明，以之为镜宜文章，延年益寿去不羊（祥），与天毋（无）极而日光。长乐未央。

湅冶铜华清而明，以之为镜宜文章，延年益寿去不羊（祥），与天毋（无）极如日光。千秋万岁乐未央。

3.“昭作明竟”铭镜

昭作明镜成快意，上有龙虎四时宜，长保二亲乐毋事，子孙番昌家福贵。

4.“昭胸齐”铭镜

昭匈（胸）齐（胁），身万全。象衣服，好可观。宜佳人，心意欢。长尚（裳）志，心固然。周复始，传子孙。

镜铭分三圈：

外圈：昭容貌，长万全。见衣服，好可观。宜佳人，心意欢。食玉央（英），饮澧泉。驾龙，乘浮云。尚（裳）志，固尚（常）然。宜。

中圈：桼言之纪从镜始，仓（苍）龙在左，白虎居，长宝（保）二亲右宜官秩，子孙。

内圈：子丑寅卯辰巳午未申酉戌亥。

第四节　新莽时期镜铭

王莽新朝年代虽短，但此期铸镜业与铜镜文化却十分发达，镜铭在承袭西汉晚期镜的基础上不断推陈出新，逐渐形成了自身鲜明的风格特色，对后世铜镜铭文亦产生了深刻影响。这一时期阜阳地区铜镜铭文特征主要表现在以下几个方面：一是铭文种类繁多，较为流行的如“尚方”铭镜、“新有善铜”铭镜、“上大山，见神人”铭镜、“桼言”铭镜、“作佳镜”铭镜、“泰山作竟”铭镜、“新兴辟雍”铭镜、“刘氏去，王氏持”铭镜、“宜子孙”铭镜等；二是铭文内容丰富、词句较长，十二地支铭、七言诗句均已出现，内容广泛涉猎了当时的思想文化、宗教信仰、重大历史事件、重要社会活动等内容，尤其是政治歌谣镜铭，以极其精炼的通俗民谣描述了当时的政治、经济、文化改革运动，对新朝托古改制举措进行宣传颂扬，成为后世研究新莽朝历史的第一手材料；三是“尚方”铭镜、纪氏铭镜、具有宣传铜镜质地精良的广告词句的出现，表明当时铜镜生产、售卖商品化程度的不断加深；四是镜铭书体既有隶书、也有篆书，词句常使用“兮”字结尾，反映了新朝托古改制风气的盛行。

阜阳出土的新莽镜铭文，分类列举如下：

1.“新有善铜”铭镜

亲（新）有善铜出丹阳，以之为竟（镜）（宜文章）。

亲（新）有善铜出丹阳，取以锡。

新有善铜出丹阳，和以银锡（清且明）。

2.“刘氏去，王氏持”铭镜

刘氏去，王氏持，天下安宁。乐可喜，井田平，贫广其志。

3.“新兴辟雍”铭镜

新兴辟雍建明堂，然（单）于举土列侯王，将军令尹民户行，诸生万舍在北方，子孙复具治中央。

新兴辟雍建明堂，然于举土列侯王，将军令尹民户行，子孙复具治中央。

4.“上大山，见神人”铭镜

上大山，见神人。食玉英，饮澧泉。驾蜚（飞）龙，乘浮云。宜官秩，保子孙。与天寿，与地载。

上大山，见神人。食玉英，饮澧泉。□□□，□□□。长万岁，宜子（孙）。

上大山，见神人。食玉英，泉。驾蜚龙，乘浮云。宜官秩，保子孙。得天道，物自然。富贵昌，乐未央。宜孙子。

上大山，见神人。食玉英，饮澧泉。参驾蜚龙乘浮云。长万年，宜子孙。日富贵，无忧患。

上大山，见山人。食玉英，饮澧泉。驾交龙，乘浮云。

5.“桼言之纪”铭镜

桼（漆、七）言之始自有纪，湅冶铜华去其宰（渣）。辟除不祥宜古

（贾）市，长保二亲利孙子。

桼言之纪竟（镜）舒如，长保二亲宜孙子，辟去不羊宜古（贾）市。

桼言之纪始，长保二亲利孙子，辟去不羊宜古（贾）市，寿如金石西母，从今而往乐。

桼言之纪竟（镜）舒如，青在左，白虎在右。

桼言之纪从竟（镜）始，苍龙在左，白虎居右。

桼言之纪从竟（镜）始，苍居左，白虎在右。子丑寅卯辰巳午未申酉戌亥。

桼言之纪从镜始，长保二亲宜孙子，辟去不羊（祥）宜古（贾）市，从今而往乐乃始。

6. “尚方作竟”铭镜

尚方作竟（镜）真大好，上有山人不知老，渴饮玉泉兮。

尚方作竟（镜）真大好，上有山人不知老，渴饮玉泉饥食枣，寿如金石兮。

7. “作佳竟”铭镜

作佳竟（镜）兮真大好，上有山人不知老。渴饮玉泉讥（饥）食枣，浮游天下兮。

8. “泰山作竟”铭镜

泰山作竟（镜）真大巧，上有山人不知老。渴饮玉泉讥（饥）食枣，浮游天下敖四海兮。

第五节　东汉早期镜铭

阜阳东汉早期镜铭，大体是指东汉初年至章帝之前这一时段出现的镜铭。这一时段的汉镜铭文，基本沿袭了新莽时期镜铭的内容与风格特征，如“尚方”铭镜、“善铜”镜、纪氏镜等继续流行，但私人作坊铸造的纪氏镜铭成为主流镜种广为流播，如“田氏”铭镜、“陈氏”铭镜、“王氏”铭镜、“张氏”铭镜等。日本铜镜研究者认为，这种社会现象的出现，可能是当时随着铸镜业私有化、商品化程度的加深，使一部分原来在官方“尚方”御制作坊里的铸镜工匠分离出来自立门户，依靠自己精湛的铸镜技艺开办了一批私铸作坊所致。这一时期镜铭的另一个特点，是镜铭中“西王母”“东王父”之类的神仙题材及表现阴阳五行思想的题材大量增加。此类现象，或与当时社会上神仙思想炽盛、阴阳四时五行思想的广为流行有关。

阜阳出土的东汉早期镜铭文，分类列举如下：

1. “尚方作竟”铭镜

尚方作镜佳且好，子孙备具长相保，上有山人不知老。

尚方作镜佳且好，令君大富宜孙子。上有东王父西王母，与天相保兮。

尚方作竟（镜）自有道，明而日月世少有，刻治今（禽）守（兽）悉皆在，而日。子丑寅卯辰巳午未申酉戌亥。

尚方作竟（镜）大毋伤，巧工刻之成文章。左龙右虎辟不羊（祥），朱雀玄武顺阴阳，子孙备具居中央。

尚方作竟（镜）自有纪，辟去不羊（祥）宜古（贾）市，长保二亲。

尚方作竟（镜）真大巧，上有仙人不知老，□□□□。

2. “纪氏”铭镜

陈氏作竟（镜）有禧（精）神，上大山，见仙人。持芝草，与吾道。□□竟，好可观。苍龙白虎主除道兮。

张氏作竟（镜）四夷服，多贺君家人民息。胡虏殄灭天下复，风雨时节五谷熟。长保二亲得天力，传告后世乐无极。

蔡氏作竟（镜）四夷服，多贺君家人民息。胡虏殄灭天下复，风雨时节五谷熟。大吉。

王氏作竟（镜）自有纪，涑（炼）冶同（铜）清去才（宰、滓）土、粡（除）去不羊祥宜古（贾）市，长保二亲宜孙子。东王。

3. “桼言”铭镜

桼（漆，七）言之始自有纪，涑（炼）冶铜华去其宰（渣），辟除不祥。

桼（漆，七）言之纪从竟（镜）始，练冶铜华去宰（滓），从今而往乐。

4. “汉有善（名）铜”铭镜

汉有名镜出丹阳，杂银锡清而明，左交（蛟）龙。

汉有善镜出丹阳，取之为镜清而明。

5. “宜子孙”铭镜

长宜子孙。

宜子孙。

6. “日富昌”铭镜

日富昌，宜君王。

富贵长寿。

第六节　东汉中晚期镜铭

阜阳东汉中晚期铜镜铭文，大体是指章帝至汉末流行的镜铭。这一时段本区画像镜、神兽镜大量出现，铜镜铭文中“尚方”铭镜、“纪氏”铭镜十分流行，镜铭除有表示各种吉祥语、宣传铜镜质量的词句外，西王母、东王父、仙人及其相关的神仙题材仍是镜铭的主要内容。纪氏镜的大量出现与流播，说明当时民间铸镜兴旺发达，私人铸镜与销售是铜镜业发展的主流。镜铭书体以隶书为主，字迹亦不甚精整，且简化字、代用字、词句残缺等现象十分常见。诸如此类的问题，均反映出当时铸镜业民间市场开放的特征。

阜阳目前所见的东汉中晚期镜铭，分类列举如下：

1. “蔡氏作竟”铭镜

蔡氏作竟（镜）真大巧，上有山（仙）人不知老。渴饮玉泉饥食枣，浮游天下敖（遨）四海，寿敝（比）涌（甬、诵同“松”）洛（乔）[2]。

蔡氏作竟（镜）真大巧，上有山（仙）人不知老。子丑寅卯辰巳午未申酉戌亥。

蔡氏作竟（镜）佳且好，明而日月世少保。上有辟邪白虎主聖（圣）道，长保子孙不知老。

2. “龙氏作竟”铭镜

龙氏作竟（镜）佳且好，明日月世少有。刻治今（禽）守（兽）悉皆在，长保二亲宜孙子。大吉矣。

3. “袁氏作竟”铭镜

袁氏作竟（镜）真大巧，上有东王公、西王母。青龙在左白虎居右，仙人于乔赤诵（松）子。

4. “田氏作竟”铭镜

田氏作竟（镜）真大巧，东王父西王母。辟邪喜怒无央咎，上有二山（仙）在右，千秋万岁主长久。

5. “吾作明竟”铭镜

吾作明竟（镜），幽湅三商。配象万疆，敬奉臣良。周（雕）刻无极，世得光明。子孙蕃昌，服者大吉。□山不知老，其师命长。

吾作明竟（镜）自有纪，明而日月世少有。

6. “青盖作竟”铭镜

青盖作竟（镜）世少有，位至三公中尚（常）侍兮。

青盖。

7. “三羊作竟”铭镜

三羊作竟（镜），上有不老。吉兮。

注释：

[1] 阜阳私藏镜铭文，因为系统收集整理十分困难，本编没有全部列出。

[2] 此例铭文最后“寿敝涌（诵）洛（乔）”四字，字迹模糊，其中“涌（诵）洛（乔）”可释读，前两字“寿敝”系本书作者推定。

第二章 阜阳汉镜铭文考释

阜阳汉镜铭文种类繁多、内涵丰富、前后沿用时段较长，广泛涉猎了两汉时期社会政治、经济生活、文化艺术、宗教信仰、婚姻丧葬、民风民俗、对外交往与民族关系等方面的内容，不少铭文独具特色，客观真实地记录了同时代社会生活领域的重大历史事件、重要历史人物的相关史实，反映了两汉社会主流思想意识、官方与民间社会生活百态的原始面貌，是研究汉代文化史、经济史、社会生活史最为可靠的文献资料。本章分几个专题解读阜阳汉镜铭辞的内涵与意义，以此管窥两汉社会生活风貌与时代精神。

第一节 “贵富”与“富贵”

——两汉镜铭中的富贵追求

一、镜铭举要

阜阳汉镜铭文中（彩图 1），表现两汉时期人们向往、追求、炫耀富贵的词句很多。“贵富”与“富贵”，成为镜铭中习见的吉祥语，列举如下：

1. 大乐贵富得所好，千秋万岁，延年益寿。
2. 大乐贵富，千秋万岁，宜酒食。
3. 长相思，毋相忘，常贵富，乐未央。
4. 昭作明镜成快意……长保二亲乐毋事，子孙番昌家福贵。
5. 上大山，见神人……富贵昌，乐未央，宜孙子。
6. 上大山，见神人……长万年，宜子孙。日富贵，无忧患。
7. 日有憙（喜），月有富……
8. 尚方作镜佳且好，令君大富宜孙子……
9. 日富昌，宜君王。
10. 富贵长寿。

在目前所见的其他地区汉镜铭文中，“大乐贵富”“日富贵”“家富贵”“常富贵”“家常富贵”“富贵昌”之类的词句也很流行。不唯如此，汉代的瓦当、印玺、铜洗、空心砖、画像砖、画像石、汉简等器物铭文中，也常见“贵富”“至富”“长生大富”“大乐富贵”“富昌未央”“富昌万岁”“大富昌”“乐富昌”“宜富昌”之类的铭辞。凡此表明，企盼、渴求、享受、炫耀富贵，在汉代社会主流意识中是一种普遍存在的现象，是当时人们热切追求的一种生活时尚与不懈为之奋斗的终极目标。

西汉早期镜铭中的“贵富”一词，与后期镜铭“富贵”所表达的含义略有不同：前者的“贵”是指“显贵”“尊贵”“高贵”，是对显赫身份地位而言，“富”则是指“富有”“富足”“富厚”，是对个人或家族占有的“财富”而言，因此“贵富”含有社会地位尊贵显赫并拥有巨厚财富两层意思。此类铭辞多出现在西汉早期镜中，如“大乐贵富得所好”“大乐贵富千秋万岁”等；后者的“富贵”内涵则较单一，主要是指个人或家族拥有金钱、土地等财富而富甲一方、富厚天下、富厚累世的意思。

二、“富贵”镜铭流播的社会背景与时代动因

汉代社会崇尚荣华富贵、以贫贱为耻的风气甚盛，对富贵的强烈渴望与追求，则是当时社会上一种积极健康的社会风尚[1]，两汉文献中对此有大量的记载：

《史记·陈涉世家》：“……（陈涉）曰：‘苟富贵，无相忘’，庸者笑而应曰：‘若为佣耕，何富贵也?’”

《史记·项羽本纪》记载项羽：“心怀思欲东归，曰：‘富贵不归故乡，如衣绣夜行，谁知之者?’”

《后汉书·郎觊传》：“君子耻贫贱而乐富贵。”

《史记·外戚列传》记褚先生曰：“丈夫龙变……丈夫当时富贵，百恶灭除，光耀荣华，贫贱之时何足累之哉!”

《史记·季布栾布列传》：“穷困不能辱身下志，非人也；富贵不能快意，非贤也。”

《汉书·匡衡传》：“夫富贵在身而列士不誉，是有狐白之裘而反衣之也。”

两汉之际，相对于富商大贾累积财富等方式而言，军功受爵、裂土分封则是一种更为快捷的“大富贵”途径，也是统治者赖以凝聚人心、号令天下、克敌制胜的最有效手段之一。尽管这一获取富贵的途径充满了艰辛、苦难甚至是流血、死亡的风险，对豪杰志士而言仍有着巨大的诱惑力，以至于许多人为此不惜铤而走险以命相搏。汉兴以来，布衣出身的刘邦之所以能够以少胜多、以弱制强，在楚汉争雄中战胜强大的项羽集团，

充分运用封地授爵调动将士的积极性，将一大批雄杰谋士收归其麾下所用是他的成功经验之一。《史记・留侯世家》记载，汉三年，张良曾对刘邦说："天下游士，离其亲戚，弃坟墓，去故旧，从陛下游者，徒欲日夜望咫尺之地。"《史记・陈丞相史家》中陈平说刘邦："大王能饶人以爵邑，士之玩顿嗜利者亦多归汉……天下指麾即定矣。"可见当时许多谋臣将士舍生忘死追随刘邦打天下，无非是为了有朝一日获得授爵封地的"大富贵"而已。

事实亦果真如此，汉帝国建立后，刘邦大封有功之将士谋臣"上至之王，次为列侯，下乃食邑……为列侯者，赐大第室，吏二千石徙之长安，受小弟室。入蜀汉，定三秦者，皆世世复"。以列侯为例，《汉书・高惠高后文功臣表序》说："天下初定，故大城名都民人散亡，户口可得而数者什二三，是以大侯不过万家，小者五六百户。后数世，民咸归乡里，户益息，萧、曹、绛、灌之属或至四万，小侯自倍，富厚如之。"从这个文献记载看，大约到了文景时期，这些列侯已经成为富贵暴发户了。《后汉书・班超传》载："（班超）因激怒之曰：'卿曹与我俱在绝域，欲立大功，以求富贵……'"由此亦见立大功、博取功名的目的就是"求富贵"。

当博取、尊崇富贵成为社会生活中的一种普遍时尚和人生积极进取的原动力时，以富贵为荣、炫耀富贵以显示身份地位的奢侈之风便应运而生。两汉时期，炫富贵、奢侈僭制之风盛行见于史册，《史记・平准书》："宗室有土，公卿大夫以下争于奢侈，室庐舆服僭于上，无限度。"《潜夫论・浮侈》："今京师贵戚，衣服饮食车舆文饰庐舍，皆过王制，僭上甚矣。从奴仆妾，皆服葛子升越，筒中女布，细致绮谷，水纨锦绣，犀象珠玉，琥珀玳瑁，石山隐饰，金银错镂，獐麂履写，文组彩褋，骄奢僭主，转相夸诧。箕子所晞，今在仆妾。富贵嫁娶，车軿各十，骑奴侍僮，夹毂节引。富者竞欲相过，贫者耻不逮及。是故一飨之所费，破终身之本业……其后京师贵戚，必欲江南檽梓豫章楩楠，边远下土，亦竞相仿效……工匠雕治，积累日月，计一棺之成，功将千万。夫既其终用，重且万斤，非大众不能举，非大车不能挽。东至乐浪，西至敦煌，万里之中，相竞用之……今京师贵戚，郡县豪家，生不极养，死乃崇丧。或至刻金镂玉，檽梓楩楠，良田造茔，黄壤致藏，多埋珍宝偶人车马，造起大冢，广种松柏，庐舍祠堂，崇侈上僭。"

三、富贵名灭，福祸相依

世间万物的变化，有其物极必反、盛极而衰、福祸相倚之道，尽管汉代社会崇尚与追求富贵，渴望“富贵累世”“富贵不离于身”“富贵传于无穷”，但是一个家族甚至一个贵族阶层世世代代永享富贵几乎是不可能的。以汉初分封列侯为例，据统计刘邦、惠帝、高后三朝分封列侯至少有143位，这些功臣侯、王子侯、外戚侯构成了一个骤然暴富、庞大而显赫的贵族势力集团。直到武帝即位初年，前朝所封列侯仍有110人，其中高祖功臣侯尚存73人。而到了武帝晚年，包括高祖功臣侯在内的前朝列侯，统统被废，无一幸免。高祖功臣侯除6人无后、1人为人所杀外，其余皆因“坐不敬”“坐不道”“坐祝诅”“坐为太常”等罪名削爵除国甚至被处斩灭亡。太史公对汉初显贵列侯家族的衰亡作了总结：“子孙骄溢，忘其先，淫嬖。至太初，百年之间，见侯五，余皆坐法殒命亡国，耗矣。罔以少密焉，然皆身无兢兢于当世之禁云。”（《史记·高祖功臣侯者年表》）又《汉书·高惠高后文功臣表》：“子孙骄逸，忘其先祖之艰难，多陷法禁，殒命亡国，或亡子孙。讫于孝武后元之年，靡有孑遗，耗矣。”

古者富贵而名灭，不可胜数，《汉书·高惠高后文功臣表》也记录了汉初功臣侯削爵除国后，其家族后裔悲惨的生活遭遇：“降及孝成，复加恤问，稍益衰微，不绝如线……（迹汉功臣）百余年间而袭封者尽，或绝失姓，或乏无主，朽骨孤于墓，苗裔流于道，生为悯隶，死为转尸。以往况今，甚可悲伤。”这个列侯集团盛极而衰的演变，再一次验证了“卒富不祥”“富贵无德不幸”“富贵生骄奢”“富贵不过三代”的古训[2]。由此可见，汉镜铭文中“日富贵”“日有喜，月有富”“常富贵”“令君大富宜孙子”“大乐贵富，千秋万岁”之类的词句，亦只不过是一类媚俗的吉祥语、虚幻的祝福之辞罢了。

第二节　千秋万岁，延年益寿

——两汉镜铭中的长寿文化

古往今来，健康长寿都是世间个体生命不懈追求的目标。《尚书·洪范》将“寿”“富”“康宁”“攸好德”“考终寿”称作“五福”，桓谭《新论》则将“五福”定义为“寿”“富”“贵”“安乐”“子孙众多”，无论是哪一种说法，均将“长寿”视作“五福”之首，可见古人对长寿是何等的期盼与重视。两汉时期的太平盛世，政治相对稳定，经济文化繁荣发达，人们渴望通过延年益寿来最大限度地享受富足安逸的现实生活，于是“长寿”思想及其由此而衍生的文化在社会上久盛不衰，尤其是西汉早中期，可以说“延年益寿”思想已成为社会主流意识中的一个十分突出的文化现象。汉镜铭文中出现大量的与长寿有关的词句，便是这一社会思想文化的反映。

一、镜铭举要

阜阳汉镜铭文中（彩图1），关于长寿的词句很多，列举如下：

1. 千秋万岁，宜酒食。
2. 千秋万岁，延年益寿。
3. 延年益寿去不羊（祥）……
4. 延年益寿去不羊（祥）……千秋万岁乐未央。
5. 与天寿，与地载。
6. 长万岁，宜子孙。
7. 长万年，宜子孙。
8. 寿如金石西母。
9. 富贵长寿。
10. 千秋万岁主长久。
11. 寿比涌（松）洛（乔）。

在目前见于著录的镜铭中，关于长寿文化的词句十分丰富，以下试作摘录（选自冈村秀典《汉镜分期研究·附表》，与上述阜阳镜铭雷同者不再列入）：

1. 与天相寿，与地相长……
2. 大乐贵富毋极，与天地相翼。
3. 大上贵富，长乐未央。延年益寿，幸毋见忘。
4. 服者君王，寿至未央。
5. ……服此镜者，富贵长寿……
6. 此镜甚明，服者君卿，万岁未央。
7. 镜气清明，服者君卿，延年益寿……
8. 日有喜，月有富……老复丁，死复生……
9. ……利二亲，宜兄弟。寿万年，长相保，宜子孙。
10. ……见上下，知人情，心得志，乐长生兮。
11. 角王巨虚日有喜，延年益寿去忧事，长乐万事宜酒食……
12. ……凤凰集兮见神仙，保长命兮寿万年……
13. ……保长命，寿万年。
14. ……寿敝金石如侯王兮。

15. ……常服此镜寿命长。
16. ……延年益寿辟不羊，与天无亟如日光，千秋万岁乐未央。
17. ……辟去不详利孙子，千秋万岁生长久。
18. ……五色尽具正赤青，与君无亟毕生长，如日月光兮。
19. 延年益寿，长乐未央，寿敝金石，与天为长，善哉毋伤。
20. 尚方作竟（镜）佳且好……令人富贵不知老。
21. ……曾年益寿，子孙番昌……

上述汉镜铭文中与“长寿”有关的词句，按其表述文化内涵的不同，大致可分为几类：一类是属于保健养生范畴的长寿文化，如“延年益寿辟不羊”“延年益寿去忧事”“富贵长寿”“曾年益寿”“保长命寿万年”“大乐贵富毋极，与天地相翼”“心得志，乐长生”等；一类与神仙信仰与升仙不死说有关，如“老复丁，死复生”“与天寿、与地载”“寿敝金石”“寿如金石西王母”等；一类属于宣传使用铜镜可以使人长寿的广告词、吉祥语，如“常服此镜寿命长”“（尚方镜）令人富贵不知老”“与君无亟毕生长”“服者君卿，延年益寿”“服此镜者，富贵长寿”“服者君王，寿至未央”等。

二、“长寿”镜铭流播的社会背景与时代动因

汉镜长寿题材铭文的流播状况及其文化内涵的前后变迁，有着特定的时代背景与社会动因，大致可分两个时段考察。

1. 西汉前期（汉初至武帝早期）

镜铭大量出现“千秋万岁，延年益寿”之类的词句，作为一类极为规范的镜铭，能够整齐划一地长时间、大范围流播，表明它可能是当时官方作坊统一设定的“模板化”铭辞。历经反抗暴秦、楚汉争雄的长期残酷战争洗礼后，西汉初年社会出现了难得的和平稳定局面，在此期间，政治清平、经济恢复发展、文化建设百废俱兴，汉政府对皇亲贵戚、军功阶层等实行封地、赐爵、赐宅第、赐财物，流散的民众也得以安居乐业，人们迫切希望这种安逸享乐的“富贵”生活能够千秋万代传承下去，世俗生命能够无限延长、永享太平盛世带来的富足美满。汉镜铭文中流行“大乐贵富，千秋万岁，延年益寿”之类的词句，大抵是当时社会生活领域流行的上述思想意识的表达。

2. 西汉后期至东汉时期（武帝中期以后）

汉武帝穷兵黩武，连年发动攻击匈奴的战争，消耗大量国力，给民众带来了繁重的赋税、徭役，造成了社会离乱之苦。这一时期，镜铭中出现

了大量的反映亲人离别、夫妻相思内涵的词句，而关于长寿文化的镜铭则很少见到，此亦客观反映了上述社会生活史实。

武帝中期以后镜铭长寿文化的另一变化，便是融入了大量的与神仙信仰、阴阳五行说内容相关的词句。新莽以降，镜铭中的长寿文化，更是带有浓重的神仙信仰与升仙不死说、阴阳五行说及早期道教思想、谶纬思想等内容，西王母东王父题材、服食升仙题材、乘骑升仙题材、仙人出游题材、仙人宴饮娱乐题材等成为表达长寿文化的主要形式。

两汉长寿文化镜铭的流行，大体上与汉初黄老无为思想的盛行、汉政府实行的休养生息政策、神仙信仰与升仙不死说的影响、汉代以孝治国与孝文化繁荣的影响等因素相关。与长寿文化密切相关的另一类神仙题材的镜铭，下文有专章论述。

第三节　保二亲、利兄弟、宜孙子

——两汉镜铭中的家族伦理观

阜阳汉代铜镜图案中，常见“保二亲”“利兄弟”“宜孙子”之类的铭辞，这些镜铭表达了汉代社会尊崇孝道、褒扬家庭成员和睦相处、期盼子孙后代繁荣昌盛的家族伦理观，反映了汉代重视家庭伦理道德建设，渴望家庭生活幸福美满、家族兴旺发达的社会风尚。

一、镜铭举例

以下列举阜阳镜铭中的相关词句：

1. ……长保二亲乐毋事，子孙番昌家福贵。
2. ……周复始，传子孙。
3. ……长宝（保）二亲宜官秩，子孙。
4. 新兴辟雍建明堂……诸生万舍在北方，子孙复具治中央。
5. ……宜官秩，保子孙……
6. ……长万岁，宜子孙。
7. ……宜官秩，保子孙……宜孙子。
8. ……长万年，宜子孙。日富贵，无忧患。
9. ……辟除不祥宜古（贾）市，长保二亲利孙子。
10. ……长保二亲宜孙子，辟去不羊宜古（贾）市。
11. 桼言之纪□□始，长保二亲利孙子……

12. 泰言之纪从镜始，长保二亲宜孙子……
13. 长宜子孙。
14. 宜子孙。
15. 尚方作镜佳且好，子孙备具长相保……
16. 尚方作镜佳且好，令君大富宜孙子……
17. ……朱雀玄武顺阴阳，子孙备具居中央。
18. ……长保二亲得天力，传告后世乐无极。
19. ……刻治今（禽）守（兽）悉皆在，长保二亲宜孙子。
20. ……□去不羊宜古市，长保二亲宜孙子。
21. ……上有辟邪白虎主聖（圣）道，长保子孙不知老。
22. ……子孙蕃昌，服者大吉。

二、“保二亲”镜铭解读

上述镜铭中，“长保二亲乐毋事”“长保二亲宜官秩”“长保二亲宜（利）孙子”“长保二亲得天力”反映的是企盼、祝愿父母健康长寿的孝道文化。

中国古代孝道文化源远流长，《尚书·酒诰》就有“小子惟一妹土，嗣尔股肱，纯其艺黍稷，奔走事厥考、厥长，肇牵车牛，远服贾用，孝养厥父母。厥父母庆，自洗腆，致用酒。”的记载，《史记·仲尼弟子》记载孔子的学生闵子骞以孝敬父母称著于世。与秦代以法治国之术不同，两汉倡导以孝道治理天下，“孝道”在文化建设、伦理道德建设中被推崇到无以复加的地步，《大戴礼记》：“夫孝者，天下之大经也。夫孝，置之而塞于天地，衡之而衡于四海，施诸后世，而无朝夕，推而放诸东海而准……孝有三：大孝不匮，中孝用劳，小孝用力……父母爱之，喜而不忘。父母恶之，惧而无怨。父母有过，谏而不逆。父母既殁，以哀，祀之加之；如此谓礼终矣。”汉代将《孝经》作为儒家七经之首，《礼记》《四民月令》还规定了汉代社会生活中尊奉、孝敬父母的一套伦理规范和行为准则。既然“以孝治国”作为国策，皇帝自然要身体力行，树立一个百官贵族、黎民百姓的道德楷模示范者。西汉帝王除刘邦外，其余谥号前面均加一个“孝”字以示尊崇孝道，如孝惠帝、孝文帝、孝景帝、孝武帝、孝昭帝、孝宣帝、孝哀帝等。《史记·高祖本纪》记载刘邦做了皇帝后“五日一朝太公，如家人父子礼”“未央宫成，高祖大朝诸侯群臣……高祖奉玉卮，起为太上皇帝……”不仅如此，汉政府为提倡“以孝治国”，还实施了“举孝廉”入仕为官的选拔制度，《汉书·武帝纪》记载武帝元光元年

“冬十一月，初令郡国举孝廉各一人”，此后“举孝廉”便成为汉代的选官制度之一被广泛推行。

在历代帝王以身示范、中央与地方政府的鼓励引导下，尊老、尽孝在社会生活和家庭生活领域蔚然成风，“孝文化”深刻影响、渗透到汉文化的各个层面，并在铜洗、铜镜等青铜器、画像石、画像砖、简牍、印玺、文献典籍等实物遗存中留下烙印。在上述社会背景与文化环境中，尊老爱老、孝敬父母成为官方与民间考核、评价一个人道德素质与伦理水平的最主要标尺，汉镜中流行配置祝愿、期盼父母健康长寿、永享幸福的词句，是当时社会生活领域中尊崇孝道风尚的反映。

三、“宜子孙”镜铭解读

阜阳镜铭中另一类“宜孙子”“利孙子”“保子孙”“传子孙”“长宜子孙”“子孙蕃昌”“子孙蕃昌家福贵”“长保子孙不知老”“子孙复具长相保”“子孙复具居中央”“子孙复具治中央”词句，表达的则是汉代人渴望子孙健康成长、祝福家族繁衍兴旺的强烈愿望。两汉社会家族伦理观中，子孙备具、多子多孙、家族兴旺被奉为人生幸福美满的主要标志，“子孙不殖”“绝嗣无后”则被视为大凶、大不幸，“宜孙子”“利孙子”“子孙蕃昌”由此也成为社会生活领域最为流行的祝福吉语。除以上列举的22例阜阳镜铭外，其他地区镜铭及在同时代文字砖、画像石、碑记、铜器、玉器、印玺、简牍、典籍等中也大量出现“宜子孙”“利子孙”“子孙蕃昌”之类的铭辞[3]。

1. 富乐未央，子孙益昌。（汉墓文字砖）
2. 世世贵富，永宜子孙。（汉墓文字砖）
3. 永元六年闰月一日……保二亲，大富利，宜子孙。（青铜熨斗铭）
4. 大吉利，长宜子孙。（青铜熨斗铭）
5. 大贵富，宜子孙，宜牛羊。（青铜铃铭）
6. ……（石刻）坚固万岁，人民喜，长寿亿年，宜子孙……（摩崖石刻）
7. 大吉羊，宜子孙，传世老寿。（石羊题记）
8. 李大书门宜子孙（居延简）
9. 王君豫宜子孙（汉印文字）
10. 君宜高官，长宜子孙。（镜铭）
11. 长宜子孙，位至三公。（镜铭）
12. 寿如金石，长宜子孙。（镜铭）

13. 长宜子孙，富贵昌万。（镜铭）

14. 寿如金石，君宜官秩，长宜子孙。（镜铭）

15. 上有辟邪交龙道里通，长宜子孙寿无穷。（镜铭）

16. ……八子九孙居中央，寿如金石宜侯王。（镜铭）

17. ……八子九孙治中央，千秋万岁辟不祥。（镜铭）

18. 李氏作竟自有纪……宜子孙，五男四女凡九子……（镜铭）

19. 光和元年五月作尚方明竟……买者长宜子孙延年益寿……（镜铭）

20. 熹平二年正月丙午造作尚方明竟……买人大富贵，长宜子孙延年兮……（镜铭）

21. 吾作明竟幽练三商……子孙蕃昌，曾年益寿，与师命长。（镜铭）

22. 建安十年吾作明竟……位至王公，子孙蕃昌。（镜铭）

23. 遂兴灵宫，于山之阳……子子孙孙，永永番昌。（《白石神君碑记》）

24. 五星和，是为易行，有德，受庆，改立大人，掩有四方，子孙蕃昌。（《史记·天官书》）

25. ……永安宁以祉福，长与大汉而久存。实至尊之所御，保延寿而宜子孙。（《鲁灵光殿赋》）

可见，“宜子孙”“子孙番昌”意识在汉代是一种普遍的社会心理需求，作为社会主流意识中的一种伦理思想，它已经影响、渗透到两汉政治、经济、文化、教育、伦理道德、宗教信仰、民风民俗等社会生活的各个层面，成为上至皇亲贵戚、官僚贵族，下至普通百姓家族繁衍所共同追求的生活目标。渴望子孙繁衍昌盛、期盼家族绵延不绝，自先秦时期就是一种积极健康的社会风尚，两汉这一“宜子孙”“子孙番昌”伦理文化的发展繁荣，既有传统思想观念、文化习俗传承的因素，也有汉代社会发展进步的客观需求、对外战争的影响及政府提倡奖励人口生产等因素的影响。由于长期战争的破坏，西汉初年人口伤亡过甚，劳动力缺乏，社会生产力遭到严重摧残，促进人口繁衍、尽快增加人口与劳动力、恢复和发展生产成为西汉政权要迫切解决的问题。汉初，政府推行了倡导早婚、奖励生育、招抚流民还乡等一系列促进人口繁衍的政策措施，如高祖七年汉政府规定了“民产子，复毋事二岁”的优惠生育政策，就是家中生一个孩子，就免除户主两年的徭役。汉政府还以户口是否增加，作为考核地方官政绩和决定其是否升迁的重要依据。惠帝六年，中央政府规定“女子年十五以上至三十不嫁，五算”，即对晚婚者加税5倍的办法予以惩罚。有汉一代，子孙能否正常繁衍、后代能否绵延不绝的问题，一直被人们视为最神圣的宗法责任，也是衡量一个人家庭、事业成功与否的标志。

既然繁衍子孙问题受到家族、社会和汉政府的高度重视，子孙的平安健康、成长教育等问题自然也就成了社会生活领域里的头等大事，为此汉代还出现了预测“生子”健康状况、人生前景、破解“生子”凶吉的专著《日书》和一批专门从事预测此类占卜的术士。

在经济繁荣、文化发达、生活富足的太平盛世，健康长寿、家族和睦、多子多福永远是世俗社会向往与追求的生活目标，汉代亦概莫能外，“利兄弟”承载的伦理思想内涵，与“保二亲”“宜子孙”有异曲同工之处，在此不再赘述。

第四节 长相思，勿相忘

——汉镜铭文中的相思文化

西汉中晚期尤其是武帝时期，铜镜中流行一类表达亲人离别之苦、夫妻相思之情的铭辞，辞藻精炼清雅、文意委婉细腻、情感哀怨缠绵，堪称古典美文。此类铭辞承载的文化内涵、流播社会背景与时代动因，早为金文、文学研究者所关注，学者一般称之为“相思文化”镜铭。

一、常见的“相思文化”镜铭

阜阳汉镜中，有不少表达相思文化的铭辞，最为流行者有以下几类：

1. 见日之光，长毋相忘。

2. 见日之光，长不相忘。

3. 愿长相思，幸毋相忘。

4. 长相思，毋相忘，宜佳人，乐未央。

5. 长相思，毋相忘，常贵富，乐未央。

6. 内（纳）请（清）质以昭明，光辉象夫日月。心忽（沕）穆而愿忠，然壅塞。

7. 絜（洁）清白而事君，污秽之弇明。玄锡之流泽，恐疏而日忘。美之窮（躬），外丞（承）可说（悦）。毋绝。

汉镜中的“相思文化”类铭辞，内容庞杂，形式多样，流播地域甚广。除上述所列阜阳镜例证外，以下从冈村秀典《汉镜分期研究·镜铭集释》中再举 20 例铭辞试做探讨。

1. 修相思，勿相忘，常乐未央。

2. 修相思，慎（愿）勿相忘，大乐未央。

3. 愁思悲，愿见怨君不说（悦），相思愿毋绝。

4. 内（纳）请（清）质以昭明，光辉象夫日月。心忽（沕）穆而愿忠，然壅塞而不泄。

5. 絜（洁）清（精）白而事君，窓（患）污秽之弇明。彼（被）玄锡之流泽，恐疏远而日忘。怀糜（媚）美之窮（躬）嘳（體），外丞（承）驩（欢）之可说（悦）。慕窈窕之灵景（影），愿永思而毋绝。

6. 长乐未央，愿毋相忘。

7. 长毋相忘，时来何伤。

8. 君来何伤，慎毋相忘。

9. 常与君，相欢幸，毋相忘，莫远望。

10. 日有喜，宜酒食，长富贵，愿相思，久毋见忘。

11. 与天无极，与地相长。欢乐如言，长毋相忘。

12. 与天相寿，与地相长。富贵如言，长毋相忘。

13. 道路辽远，中有关梁。鉴不隐情，修毋相忘。

14. 秋风起，使心悲，道路远，侍前希。

15. 久不见，侍前俙（希）。秋风起，予志悲。

16. 久不见，侍前俙（希）。君行卒，予志悲。

17. 君有行日毋反（返）时，端正心行如妾在，时心不端行不正，妾亦为之，君能何治。

18. 君有行，妾有忧。行有日，反（返）毋期。愿君强饭多勉之。仰天大息，长相思。毋久。

19. 行有日兮反（返）毋时，结中带兮长相思。妾负君兮万不疑，君负妾兮天知之。

20. 毋弃故而娶新，亦成亲心与心，长毋相忘，俱死葬何伤。

上述铭辞多数有夫妻离别相思的内涵，或为表达爱情忠贞之类的誓言，或为行人闺怨之辞，或系妻子对外出远行丈夫的嘱咐等，部分镜铭直接描述了丈夫到遥远的地方戍边，妻子不得相见的相思之苦。从铭辞表述的口气特征看，多以女性自述为主，或以镜自喻依托相思之辞，或托物言志含蓄委婉地述说怨恨、表达对夫君爱情的坚贞，或直接表达出对远方亲人的担忧等，因此有学者称此类铭辞为“女性赋体诗”。

二、两类特殊“相思文化”镜铭的解读

以上所举汉镜“相思文化”类铭辞，大多数都能直观释读文意，研究

者几乎没有异议。值得讨论的是阜阳镜铭中的“6”“7”两例，与《汉镜分期研究・镜铭集释》中收录的同类镜铭比较，前者显然是后者的简化、省隐形式。汉镜铭文圈带在镜背图案中具有较强的装饰作用，有时为了图案配置需要，常常采用直接减字、截句等方式节省空间组图，给后人释读造成困难。正确理解阜阳镜中“6”“7”铭辞的内涵，还是要从全面解读《汉镜分期研究・镜铭集释》之“4”“5”例入手，而由于这两类铭辞中异体字、通假字、减笔字较多，字的形辨识困难，文意晦涩难读，造成了研究者破读断句歧义纷呈。

1. “内清质以昭明”类铭辞

关于研究者对《汉镜分期研究・镜铭集释》第4例“内清质以昭明”类铭辞的解读，近年王纲怀先生在《西汉昭明镜铭文释考与研讨》中总结至少有五种说法[4]。

一是“工艺说”。

主要是依据铭辞“内清质以昭明，光辉象夫日月”，指铜镜洁净无杂质，镜面如日月般光亮，认为此类铭文是宣传、赞扬铜镜精湛的制作工艺，带有后世的所谓“广告语”性质。这一说法存在的问题是对铭辞后两句“心忽扬而愿忠，然壅塞而不泄”解释过于牵强，使人感觉文意不明。

二是“养生说”。

主要根据镜铭“然壅塞而不泄”，认为与陆贾“养气治性，思通精神，延寿命者，则志不流于外”之说（《新语・怀虑》）文意相通，是养身健体思想在镜铭中的反映。

三是“敬夫说”。

主要是联系常见的昭明-清白铭重圈镜中有“絜（洁）清白而事君”句，认为文意是女子（男子的妻妾）对着镜子的内心情感表白。

四是“忠君说”。

认为镜铭中“愿忠”“事君”铭辞，表达的是臣子忠君之意。如台湾地区的学者林素清《两汉镜铭所见古语研究》（台湾政治大学中文系：《汉代文学与思想学术研讨会论文集》，台湾文史哲出版社，1991年版）一文就认为此类镜铭“乃借镜之洁净光明为喻，说明忠君有坚贞之志”，镜铭“然壅塞而不泄”句在《楚辞・九辩》中有类似的表述，其文意是说屈原、宋玉感慨奸人当道，自己忠心不得上达。

五是“晁错说”。

王纲怀认为，此类镜铭文意是对西汉前期名臣晁错一生的评价。晁错提出的治国方略与“消藩”等改革措施，直接触动了当时诸侯王贵族的切身利益，引发了“七国之乱”，晁错因此被冤杀。镜铭正面肯定晁错的功勋，对晁错之死感到惋惜，反映了对晁错的敬仰与怀念。

另外，李零、汪春泓、窦葳及台湾地区的学者陈英梅、日本学者石川三佐男等，也对上述“相思文化”类镜铭作出不同的分析。

台湾地区的学者陈英梅在《两汉镜铭用字研究》一文中又提出上述昭明镜铭文“辟邪说”，认为此类昭明镜铭辞中“光辉象夫日月”句，与同时代日光镜铭辞表达的文意基本雷同，皆是出于人们希望铜镜产生辟邪作用的心理需求，认为镜子的光芒来自日月，甚至可以把镜子本身视作日月的化身，于是人们便认为它也能如同日月的光辉一般将黑暗、鬼邪之气加以映射驱逐出去[5]。

窦葳《两汉镜铭与社会研究》一文认为，上述昭明镜铭辞反映的实则是汉代社会流行的日月神崇拜的内容[6]。

汪春泓《从铜镜铭文蠡测汉代诗学》一文解释上述镜铭又提出“固精说”，认为铭辞表达的是当时“固精守气”的养生文化内涵，唯有固精，才能自持节制、恬静欢乐，而人的欢乐并非仅止于口体之奉，乃由道德修养既深所能体会到的真正的愉悦。此类养生保健思想，既是早期道家养生延年说的内容，也是后世道教修炼“精气说”的理论渊源[7]。

日本学者石川三佐男《“蟠螭纹精白镜”的铭文和〈楚辞〉》一文，将高本汉先生1939年6月在Burlington Magazine上著文列举的一枚蟠螭纹精白镜铭文与《楚辞》相关词句比较，发现两者辞章结构、句式、韵文甚至表述的内容雷同之处甚多：高本汉列举的镜铭文为内、外两圈，内圈铭文为“内清质以昭明兮，光辉象夫日月。心忽扬而愿忠兮，然壅塞而不彻穆陈”，这段镜铭中的“日月”“愿忠”“壅塞”“穆陈”与《楚辞》之相关诗句极为相似，孙星衍《续古文苑》认为“其文体似楚骚”。石川三佐男比较后认为，镜铭表达的文意实则是死者的魂向天界诸神哀诉以期感动诸神，由此此类镜纯粹是作为丧葬镜而被制造、使用的[8]。

李零《读梁鉴藏镜四篇——说汉镜铭文中的女性赋体诗》一文，则对上述镜铭有着另外一种解读[9]，认为词句中前两句“内（纳）清质以昭明，光辉象夫日月”是讲镜子的“光”“明”“清”，说话人是对着镜子照面饰容的女子，说话对象是她深爱的夫婿。后两句“心忽（沕）穆而愿忠，然壅塞而不泄”是讲人心的“玄”“幽”“深”，人纳外物于心，与镜相似。上述四句铭辞译成现代句子，大意就是“镜子是用清白的东西铸成，光辉有如日月，可以照见一切。我对你一心一意，千言万语埋心底，但郁结于内，没法说出来”。

以上罗列了研究者关于昭明镜铭辞解读的多种说法，哪一种说法更有合理性，此类铭辞可否归入“相思文化”镜的范畴，还是要结合此类镜铭出现与流播的社会背景及时代动因等因素作综合考察（后详）。

2. “洁清白而事君”类铭辞

第5例“洁清白而事君”类铭辞的解读，也是多年来争议较多的问题之一。晚清以来，不少学者对此类镜铭进行过研究，由于铭辞中部分文字释读困难、句意隐晦难懂，释读则歧义多出，进而出现了“工艺说”“敬夫说”“晁错说”“君臣说”“魂魄说”“相思说”“养生固精说”等多种说法。关于镜铭“工艺说”“敬夫说”“晁错说”“君臣说”“魂魄说”“养生固精说”的内容，与上文解读昭明镜铭辞的思路大体雷同，在此不再赘述。

李零先生在《读梁鉴藏镜四篇——说汉镜铭文中的女性赋体诗》一文中从辨读古字着眼，对上述铭文给予全新的见解。他认为，此类镜铭的解读歧义，或系研究者对铭辞中的部分文字辨形、读音、读意的不同造成的，并将其中难解的关键字、句释读如下：

（1）“愙污驩之弇明”句：“愙”或作“志”，属于错字，此字与“怨”“冤”等字相通，可训作怨、恚，有愤恨之意，又可读“悹”或“患”，训忧。以上两种读法都通，读“患”则更好。“污驩”读作“污秽”，有学者将污读为“沄”“洹”等，属误释。“驩”是晓母元部字，“秽”是影母月部字，古音相近。“弇明”是遮盖光明的意思，“弇”同“掩”。

（2）“彼玄锡之流泽”句：第一个字读作“被”，学者多误释作“彶”，古时施恩曰“施”、蒙恩曰“被”。“玄锡”是汉代磨镜用的镜药（后文第六节有专论），见于《淮南子·修务》记载。“流泽”是指以玄锡磨镜所产生的光亮。

（3）“怀糜美之窮（躬）嘈（體）”句：“怀”是怀念，“糜美”读作“媚美”，意指“妩媚”。“窮嘈”读作“躬體”，“躬”训作“身”，“躬體”即身体。

李零认为上述铭辞表现的是女子以镜自喻依托相思之辞。此类铭辞，可译文如下：“我是携清白之心侍奉你，就像一尘不染的明镜，最怕污秽掩盖光明。你对我的深恩，就像镜子施以玄锡，光可鉴人，怕的是被你疏远，渐渐想不起来，就像镜子失去光泽。但愿你能怀念我的花容月貌、千娇百媚，讨你欢心。但愿你能思慕我镜子中的美丽身影，长相思，毋相忘。”

解读上述第4例“昭明”铭、第5例“精白”铭铭辞，有几个问题值得注意：（1）具有明确出土信息的例镜主要流行于西汉中晚期，其中以武帝前后最为流行，如陕西西安郑王庄汉墓（《长安汉镜》图7－2）、陕西咸阳马泉汉墓（《考古》1979年第二期）、江苏扬州东风砖瓦厂汉墓（《考古》1982年第五期）、江苏扬州邗江胡杨汉墓（《文物》1980年第三期）、湖北襄樊汉墓（《考古》1994年第一期）等；（2）有些例镜中还将两类铭辞同时配置在镜背图案区，构成典型的重圈铭文镜，表明两类镜铭出现与流播的年代基本相同；（3）这两类镜铭配字组句的另一个特征是“全文”罕见，字句残缺不全甚至无法通读的例子却相当丰富，由此表明此类镜在当时已经十分流行，因为“简化、缺省”版本的铭文，是在“标准全文”版本的基础上删减、取舍而来，是汉代铸镜工匠为了适应镜背构图空间大小、满足镜背图案装饰而做出的惯性处理；（4）就铭辞体例风格而言，早有学者指出此类镜铭的“楚辞体”“离骚体”（或称作“骚体”）特征，日本的不少研究者还专门将此类镜铭用字、组句的特点与楚辞相关篇章作了具体比较[10]。这一辞章风格的流行，恰是武帝及其稍后时期西汉文学“诗”“楚辞”创作风的兴盛期。以淮河流域的淮南王国、梁国为例，两地均是当时全国著名的楚辞体文学创作与研究中心，淮南王、梁王的门下，蓄养了大量的文学创作高手“门客”，如贾谊、枚乘、邹阳、司马相如等。淮南王刘安、梁王刘武本人也是辞赋创作与欣赏高手，梁国辞赋、“梁园名士”成为两汉文学创作领域乃至中国古代文学史上的一道亮丽风景。有研究者认为上述楚辞体“昭明”铭、“精白”铭镜铭大量出现、流播于淮河流域，并不意外。

如果将西汉武帝以来铜镜中流行配置“相思文化”铭辞的现象及上述“精白”镜铭辞的特征综合考虑，可知李零先生对此类镜铭的解读是颇有见地的。

王渭清先生也对上述镜铭解译如下：“修饰清白的仪态侍奉您，怨恨奸邪（不正当的快乐）遮蔽了您的心。（看着）那镜面上的玄锡焕发着光泽，我担心你把我渐渐疏远遗忘。我内怀华丽的品质可以坚守到白发皑皑，外渴望夫妻欢爱以娱我心。对镜顾影自怜窈窕的身影，我发誓想你到永远。”[11]这种解读，与李零先生的理解与表述虽有不同，但都可归属于表达夫妻爱情、女子相思的文化范畴。

三、汉镜“相思文化”铭辞流播的社会背景

汉镜中的“相思文化”铭辞，滥觞于西汉前期，兴盛、流播于西汉中

晚期，尤其是武帝之际及其稍后，铜镜中相思文化铭辞的出现达到了极盛期。这一铜镜文化现象的出现，有着特定的社会背景与时代动因。

汉兴以来，国家经过几代帝王休养生息、励精图治的治理，至武帝即位时已经积累了雄厚的实力，使西汉真正成为一个疆域辽阔、声威远播的庞大帝国。随着国力的增强，征讨四方、巩固国防，尤其是彻底解决匈奴长期侵扰、威胁边境问题的时机已经成熟。为武力解决边患，汉武帝举全国之力连年发动了对匈奴的大规模战争。长期的残酷战争消耗了大量的军事力量，需要征发数量众多的青壮年男子从军戍边、补充兵员，进而造成了无数个家庭的亲人生死离别，青壮年男子被迫辞别父母，抛妻离子远赴前线参加战斗。据文献记载，武帝攻击匈奴的多次大规模战争，每次前方士卒加上后方劳役皆有数十万之众，残酷的战争背景下，夫妻分离、家庭破碎的现象司空见惯。有夫妻天各一方的长期分离，有战争背景下众多将士面临随时伤亡的危险，才有无数家庭妻子对远方亲人的无尽相思与担忧，而铜镜作为女性常用的照面饰容实用器与把玩艺术品，镜背铸出相思文化铭辞最容易引起她们灵魂深处的共鸣，以镜寄托相思、以镜托物言志成为当时女性赋体诗流播的重要形式，这就是西汉武帝以来相思文化镜铭出现与流播的主要社会原因。作为一种独特的铜镜文化现象，这一相思文化镜铭影响深远，约至西汉晚期才渐趋式微。

第五节　桼言之纪从镜始

——从镜铭看汉代七言诗的形成与演变

阜阳西汉晚期以来的铜镜中，流行一类“桼言之纪”铭文（彩图4），有研究者称其为“七言镜歌”[12]。此类镜铭，词句前后成韵，读之朗朗上口，已经具备了早期七言诗的完整形态。铭辞中的“桼”是“漆”的简体，通作“七”，此类用法在汉代简牍文字中较为常见。本类铭文记录了两汉时期七言诗起源与流播的重要史实，涉及考证我国古代文学史上诗词形成、演变历程中的一些重要问题，具有珍贵的研究价值。

一、“桼言之纪”镜铭整理

阜阳汉镜中常见的“桼言之纪”铭辞，列举如下：

1. 桼言之始自有纪，湅冶铜华去其宰（滓），辟除不祥宜古（贾）市，长保二亲利孙子。

2. 黍言之纪竟（镜）舒如，长保二亲宜孙子，辟去不羊宜古（贾）市。

3. 黍言之纪始，长保二亲利孙子，辟去不羊宜古（贾）市，寿如金石西母，从今而往乐。

4. 黍言之纪竟（镜）舒如，青在左，白虎在右。

5. 黍言之纪从竟（镜）始，苍龙在左，白虎居右。

6. 黍言之纪从竟（镜）始，苍居左，白虎在右。

7. 黍言之纪从镜始，长保二亲宜孙子，辟去不羊（祥）宜古（贾）市，从今而往乐乃始。

8. 黍言之纪从竟（镜）始，练冶铜华去宰（滓），从今而往乐。

上述“黍言之纪”类镜铭，在西汉晚期以来的铜镜中流播甚广，目前发现的此类铭文镜出土地，几乎涵盖了汉帝国辽阔的疆域范围。以下从冈村秀典《汉镜分期研究·镜铭集释》著录的例镜中列举一组与阜阳镜铭辞试作比较：

1. 黍言之纪造镜始，湅铜锡去其宰（渣），以之为镜宜孙子，长保二亲乐毋事，寿币金石西王母，棠（常）安作。

2. 黍言之纪造镜始，长保二亲利孙子，辟除不祥宜古市，寿如金石西王母。从今以往乐乃始。

3. 黍言之纪造竟（镜）始，苍居左白虎在右，辟去不祥宜古市，长保二亲利孙子。寿敝金石西王母。

4. 黍言之纪从镜始，调湅铜锡去恶宰（渣），刻镂均好宜孙子，常保二亲乐无已，寿敝（比）金石先王母……

5. 黍言之纪从镜始……寿比金石先王母……

6. 黍言之纪从镜始，长保二亲和孙子，辟去不祥宜古（贾）市，寿而金石西王母，从今以往乐乃始。

7. 黍言之纪从镜始，长保二亲利孙子，辟去不羊宜古（贾）市，寿如金石□王母，乐乃始。

8. 黍言之纪镜舒如，仓龙在左白虎在右，辟去不羊（祥）宜古市，长宜君亲利孙子。

9. 黍言纪，富如江河入四海，寿如王乔赤松子，好□□□□□□。

10. 今（令）名之纪七言止，湅冶铜华去恶宰（渣），铸成错刀天下喜，安汉保真世毋有，长乐日进宜孙子。

11. 黍言之纪孝为右，古有便父又利母，鲜（仙）人王乔赤诵（松）子，乘云日露越江海，徘徊名山。

以上镜铭，大致可分为“桼言之始自有纪”“桼言之纪从镜始”“桼言之纪造镜始”“桼言之纪镜舒如”“令名之纪七言止”“桼言之纪孝为右”六大类。六类铭辞以“桼言”开篇，是直接说明汉代七言诗起源、形成、发展于汉镜铭文的实例：“桼言之始自有纪”的意思是说汉代七言诗的起源自有一套规程、标准，这里的“纪”有规制、法度、标准的含义；“桼言之纪从镜始”“桼言之纪造镜始”是说用七言所描述的“纪”，从这面铜镜制作时就表现出来了；“令名之纪七言止”是说只有用七言诗才能将这面铜镜的美好名称（纪）描述出来，“七言止”即“止于七言”。此类镜铭，对研究古代七言诗的形成发展问题十分重要。

二、汉镜中的七言诗铭辞

前文所列举的部分镜铭，均系自铭七言诗（桼言之纪）源出于铜镜铭辞的例证。其实，汉代铜镜中具有“七言诗”特征的铭辞种类，数量远不止乎此，在西汉晚期以来流行的铜镜标本中，属于“七言诗”体例的镜铭几乎随处可见。新莽前后，大量的“尚方”铭镜、纪年铭镜、纪氏铭镜等铜镜铭文，均属于七言成句的诗体韵文，表明这一时期，七言诗体例已经成为镜铭流播的主要形式。以下从阜阳镜及见于著录的汉镜标本中选出一组铭辞，作为例证试作比较：

1. 练冶铜华清而明，以之为镜宜文章，延年益寿去不羊（祥），与天无极如日光，千秋万岁乐未央。

2. 汉有善铜出丹阳，和以银锡清且明，左龙右虎主四旁，朱雀玄武顺阴阳。

3. 新有善铜出丹阳，炼冶银锡清而明。尚方御镜大毋伤，巧工刻之成文章。左龙右虎辟不羊，朱雀玄武顺阴阳。子孙具备属中央，长保二亲乐富昌，寿比金石如侯王兮。

4. 尚方作镜大毋伤，左龙右虎掌四旁，朱凤玄武和阴阳，子孙备具居中央，长保二亲乐富昌，宜侯王兮。

5. 尚方作镜真大好，上有仙人不知老，渴饮玉泉饥食枣，浮游天下敖四海，寿比金石为国保。

6. 尚方作镜四夷服，多贺国家人民息，胡虏殄灭天下复，风雨时节五谷熟，长保二亲子孙力，传吉后世乐毋极兮。

7. 角王巨虚曰有熹，照此明镜成快意，上有龙虎四时置（宜），长保二亲乐毋事，子孙相息家富就，玄（与）天毋极受大福。

8. 昭作明镜成快意，上有龙虎四时宜，长保二亲乐毋事，子孙番昌家福贵。

9. 新兴辟雍建明堂，然（单）于举土列侯王，将军令尹民户行，诸生万舍在北方，子孙复具治中央。

10. 作佳竟（镜）兮真大好，上有山人不知老。渴饮玉泉讥（饥）食枣，浮游天下兮。

11. 田氏作竟（镜）真大巧，东王父西王母，辟邪喜怒无央咎，上有二山（仙）在右，千秋万岁主长久。

12. 张氏作竟（镜）四夷服，多贺君家人民息，胡虏殄灭天下复，风雨时节五谷熟，长保二亲得天力，传告后世乐无极。

13. 龙氏作竟（镜）佳且好，明日月世少有，刻治今（禽）守（兽）悉皆在，长保二亲宜孙子。

14. 王氏作竟（镜）自有纪，涑治同（铜）清去才（宰、滓）土，鉤（除）去不羊宜古市，长保二亲宜孙子。

15. 蔡氏作竟（镜）佳且好，明而日月世少保，上有辟邪白虎主聖（圣）道，长保子孙不知老。

以上七言韵句在镜铭中的大量出现表明，所谓“桼言之始自有纪”“桼言之纪从镜始”“桼言之纪造镜始”“令名之纪七言止”之类的说法，从镜铭观察是不虚的。早期研究者讨论古代七言诗的形成与演变，多例举汉乐府《郊祀歌》中的七言句、张衡《思玄赋》系词与《四愁诗》为证，提及的其他汉代材料不多。约从明代以后，人们才开始逐渐关注到汉代镜铭中七言辞句现象。现在已经有越来越多的研究者整理此类镜铭加以系统研究[13]，相关成果大大弥补了文学史研究领域的空白，古代七言诗的起源、形成与发展演变线索逐渐清晰起来，由此镜铭的史料价值亦愈发显得重要。仅从目前所见汉镜铭文分析，现在已经可以这么描述：七言诗在西汉早期镜铭中即已经成型，到了西汉中晚期大量出现，呈现广为流播之势。

三、与汉镜七言诗铭辞相关的几个问题

关于汉代镜铭中的七言诗，有几个问题值得注意：

1. 有些镜铭的词句，今天看来似乎是不押韵的，但在古代多数却是前后成韵的，这是由于在长期演变过程中，部分字的形、音、义变化和用字习惯的变化等原因造成的。如铭辞韵脚“阳”“明”“光”，其中的“明”在今天看来与其他几个字是不成韵的，但古代的“明”与“阳”谐声，同属《六书音韵表二·古十七部谐声表》中的“第十部”，所以三字在当时

是押韵的。

2. 有些镜铭看起来似乎不是规范的七言句，这是由于铸镜工匠为适应构图空间大小的特殊要求而减字、加字、截句造成的。最初造镜设计的铭辞，应该是完整的、规范的，与某一类固定镜图空间配置是契合的。后来的商贾或铸镜工匠，为了满足不同消费者的需求，将原本固定体例与字数的铭辞配置到扩大或缩减了的镜图中，为了适应镜图空间形构的需要而不得不对铭辞字数进行增删处理，造成了原本应完整的镜铭残缺不全甚至无法通读。此类残缺的不规范铭辞，不能作为判断七言诗体是否规范的理由。

3. 古代七言诗的起源与成型，有一个漫长渐进的演变过程，是否确如"桼言之纪从镜始"所言仅肇始于汉镜铭文中，也是值得讨论的。李立《七言镜歌：七言诗形成的重要环节》一文中就认为两汉七言诗存在着多种形式，镜铭"七言镜歌"有别于民间"七言歌谣"与文人的"七言诗"，仅是构成七言诗形成、发展和演变轨迹上的一个重要环节。追溯此类七言韵句的兴起，有着更为古老的渊源，如镜铭"七言镜歌"在内容上体现出祈福的特点和祝语的性质，其渊源或可追溯至商周时期神祇祭祷仪式中的祝语或嘏辞。上述两个方面在后世的发展演变中都出现了"七言"形式，只是前者至汉镜铭文始见"七言镜歌"，而后者则在战国时期的散体短语中出现了七言体形式。在七言诗起源问题的研究中，一方面需要注意汉镜铭文在七言诗形成、发展、演变轨迹中所处的重要地位，另一方面还需要看到战国时期"七言体短语"的存在，从而将七言诗形成的时间上溯至更早的历史阶段。

由上述论证可知，恰恰是七言镜铭在古代七言诗形成、演变过程中的"原始形态"与"过渡性质"，决定了它在文学史上的重要研究价值。

第六节 "铜华"铸镜宜文章

——从镜铭管窥汉镜造作工艺成就

一、镜铭例释

阜阳汉镜中，有一类"湅（练）冶铜华"铭文镜，有学者简称作"铜华"铭镜或"铜华镜"。此类镜铭文，意在宣传铸镜所用的材料——金属铜冶炼水平高、质地精良，用这种铜铸造出来的镜子十分适宜雕铸精美的图案与铭文。阜阳发现的几例“湅（练）冶铜华”铭文镜，镜铭录文如下：

1. 湅冶铜华清而明，以之为镜宜文章，延年益寿去不羊（祥），与天毋（无）极而日光。长乐未央。

2. 湅冶铜华清而明，以之为镜宜文章，延年益寿去不羊（祥），与天毋（无）极如日光。千秋万岁乐未央。

3. 湅冶铜华清而明，以之为镜宜文章，延年益寿去不羊（祥），与天毋（无）极。

上述“湅（练）冶铜华”铭文镜的流行年代，约略在西汉中期前后，“铜华”意即铜料之精华，是指铸造铜镜的青铜合金比例科学合理、质量极佳、最合适铸造精美绝伦的铜镜。“文章”本意指错杂的色彩或花纹，这里作在镜背刻铸花纹图案解，类似的用法见《墨子·非乐上》：“是故子墨子之所以非乐者……非以刻镂华文章之色以为不美也。”又《后汉书·张衡传》：“文章焕以灿烂兮，美纷纭以从风。”宋梅尧臣《赋孔雀送魏生》：“一身灿烂文章多。”“文”通作“纹”，作花纹、图案、刻画图案解。“章”是指纹理、花纹、图案。《淮南子·俶真训》：“百围之木，斩而为牺尊。镂之以剞屈，杂之以青黄，华藻镈鲜，龙蛇虎豹，曲成文章。”注曰：“龙蛇虎豹者，刻尊彝为蟠龙伏虎之状，故曰曲成文章。”镜铭中的“文章”是铜镜的铭文与图案的简称，意指镜背图案雕工华美精致。此类镜铭，还多与“延年益寿”“长乐未央”“富贵番昌”之类的吉祥语配组使用。上述“湅（练）冶铜华”镜铭内容，反映的是与汉代铜镜造作工艺、使用功能相关的重要问题，这些铭辞流播地域甚广，目前在全国的许多地方均见出土，以下再列举一组试作说明。另外，新莽前后流行的“汉（新）有善铜出丹阳……”镜铭、东汉晚期流行的“吾作明竟，幽湅（练）三商……”类镜铭及“彼（被）玄锡之流泽”“湅（练）冶银锡去其宰（渣）”等词句，也属于宣传铜镜金属成分、铸造工艺技术、社会实用功能方面的内容，相关铭辞也一并择要列出进行比较：

1. 清涢铜华以为镜，昭（照）察衣服观容貌，丝组杂沓以为信。清光兮宜家人。

2. 清□铜华以为镜，丝组为□以为信，清光明。服者富贵番昌。乐未央。千秋万世，长毋相忘。时来何伤。

3. 湅冶铜华清而明，以之为镜宜文章，延年益寿辟不羊（祥），与天无亟如日光，千秋万岁乐未央。

4. 湅冶铜华得其清，以之为镜昭（照）身刑（形），五色尽具正赤青，与君无亟毕（必）长生，如日月光兮。

5. 青铜冶华以为镜，昭（照）察衣服观容貌，清光乎宜家人。

6. 湅冶同华清而明，以之为镜宜文章，长年益寿去不羊，与天毋亟。

7. 清冶铜华以为镜，丝组为经以信，清光明乎，服者富贵番昌，除不羊（祥），长相思，毋相忘。

8. 湅冶铅华清而明，以之为镜宜文章，延年益寿辟不羊（祥），长夫毋□，而日月光，千秋万岁。

9. 湅冶铅华清而明，以之为镜，因宜文章，延年益寿，而去不羊（祥），与天无极，而日月之光乐央未。

10. 湅冶铜华清而明，以之为镜因置（宜）文章，延年益寿去不羊（祥），皇天母灵如日光，千秋万岁乐未央，善氏平。

11. 汉（新）有善（名、佳）铜出丹阳，和（卒、杂）以银锡清且明……

12. 汉（新）有善铜出丹阳，取之为镜清且明……

13. 汉（新）有善铜出丹阳，湅冶银锡清而明，巧工刻之成文章……

14. 吾作明竟，幽湅（练）三商，周（雕）刻无亟（祉），配像万疆……

15. 尚方作竟（镜），幽湅（练）三商……

16. 造作明竟（镜），幽湅（练）三商……

17. 吾作明竟（镜），幽湅（练）宫商……

18. ……彼（被）玄锡之流泽……

19. ……湅（练）冶银锡去其宰（渣）……

20. ……湅（练）冶铜锡去其宰（渣）……

“汉（新）有善铜出丹阳”类、“吾作明竟，幽湅（练）三商”类镜铭，后文有专节讨论，此处不再赘述，以下重点讨论“湅冶铜华”类铭辞。

上述镜铭，记载的是汉代铜镜铸造与使用功能方面的内容，主要宣扬铜镜铸造过程中通过冶炼获得优质金属成分。而由于材质精良、制作工艺精湛，制作出的铜镜就具备了优质实用功能。镜铭中的“湅冶铜华”“湅冶铅华”“青铜冶华”是说铜镜材料成分是铜合金通过反复冶炼配制后得到的。“清而明”“得其清”“五色尽具正赤青”是夸耀铜镜质地精良、外观精美、照面饰容的效果好。“宜文章”“宜家人”“察衣服”“观容貌”“昭身刑（形）”是形容铜镜不仅精美，而且具有许多日常生活中必需的实用功能。“服者富贵番昌”“延年益寿”“君无亟毕长生”则是对购买、使用铜镜者的祝福与恭维，是汉代镜铭中常用的吉祥语。

二、汉镜造作工艺与实用功能

我国古代铜镜的铸造与使用历史悠久，古人在长期的铜镜制作过程中不断积累经验、提高工艺水平，为后世留下了数量众多的经典之作。不同的历史时期，铜镜金属成分配置比例、造作技术手段与工序、工艺技术水平等有不同的变化。汉代铜镜造作是古代铸镜史上的一个发展繁荣的高峰期，此期铸镜工艺精细复杂，每道程序的要求都十分严格，与本节镜铭相关的汉镜造作工艺流程[14]，介绍如下。

汉镜铸制工艺流程，包含以下几个环节：

1. 制模

用泥制出待铸铜镜的光素面范与纹饰背范，两者合成固定形成范腔。制范要经过“配料”“练泥”“陈腐”“制范”几道工序方能成型。配料除严格使用符合条件的土质外，还要添加沤烂的短植物茎叶作重要辅料，以使陶范内保持有足够的植物硅酸体。这样制出的泥范不仅质地细腻，还可确保耐高温、高强度和具有良好的透气性等。

2. 选料

汉代铜镜的金属成分主要有铜、锡、铅，这些铸镜原料的选配要符合一定的比例，以下是孔祥星《中国古代铜镜》中列举部分汉镜合金成分的检测数据[15]：

表 3－1　部分汉镜合金成分的检测数据一览表

铜镜名称	合金成分所占比例			
	铜（%）	锡（%）	铅（%）	锌（%）
蟠螭纹镜（龙纹镜）	70.28	26.91	0.54	0.41
连弧纹铭文镜（昭明镜）	70.00	23.36	6.60	未测
神兽镜	66.74	23.06	8.71	0.34
博局蟠螭纹镜	69.03	25.33	3.79	
草叶纹镜	67.13	23.49	5.69	
重圈昭明镜（重圈清白镜）	68.22	23.38	4.92	
昭明连弧纹镜（内行花纹明光镜）	67.22	24.88	4.75	
昭明连弧纹镜（内行花纹清白镜）	68.88	23.55	4.97	

（续表）

铜镜名称	合金成分所占比例			
	铜（%）	锡（%）	铅（%）	锌（%）
四乳四虺镜	68.99	23.34	5.07	
四神博局镜	66.70	24.22	5.18	
博局禽鸟镜	68.60	24.70	4.64	
云雷连弧纹镜	68.24	23.75	4.62	
长宜子孙连弧纹镜	66.72	23.64	6.86	
长宜子孙连弧纹镜	69.21	23.01	6.44	
四乳禽兽镜	68.87	24.47	4.88	
神兽镜（半圆方枚神兽镜）	67.31	23.52	6.16	
神兽镜（环状乳画纹带神兽镜）	68.08	23.20	6.13	

从上表所列的检测数据可知，汉镜的合金比例是比较稳定的。总体而言，合金成分中铜占66%～70%，其中67%～69%最为普遍。锡占23%～24%者最多，铅占4%～6%最普遍，此外还要加入少量的锌。这个合金比例，应是汉代工匠吸收、借鉴前人经验，在长期铜镜铸造的实验过程中反复摸索总结出来的数据，具有较强的合理性、科学性。现代科学研究表明，锡在较高温度下能够溶解在铜液中，浇铸后若冷却得很快，锡、铜就不能分次序凝固而会一起凝固下来，合金就比较硬。若锡的含量超过17%，合金就会特别硬。青铜镜中加入一定比例的铅，是利用铅具有比重高而冷却慢、铅溶液环流状态良好的特性，使热溶液平均流注，形成均整的镜面。同时铅还具有冷却后不收缩的属性，有助于提高铸出纹饰、铭文的准确性。在铜镜中加入少量的锌，是因为锌在溶液中可以减少气泡，防止在浇铸时产生大缩孔等弊病。

关于古镜造作的合金比例，《考工记·攻金》载："金有六齐（剂），六分其金而锡居一，谓之钟鼎之齐；五分其金而锡居一，谓之斧斤之齐。四分其金而锡居一，谓之戈戟之齐。三分其金而锡居一，谓之大刃之齐。五分其金而锡居二，谓之削杀矢之齐。金锡半，谓之鉴燧之齐。"从这个记载看，先秦时期人们总结认为铜、锡各半的配比剂量最适合铸镜，而上表统计揭示的汉镜合金比例数据却是铜占66%～70%、锡占23%～24%、锌占4% ~6%，显然汉代铸镜确定的合金成分比例与先秦“六齐”中的“金锡半”有较大的差距，此亦表明铜镜金属成分的比例、造作工艺在不同时代是有明显变化的。

3. 熔铸

将按照上述比例配成的金属原料放入熔炉内，在高温下反复熔炼，除去杂质，形成一种高温青铜合金溶液。

4. 铸造成坯

将合金溶液从浇注口灌入预制的范腔中，冷却后即为粗糙的镜坯。浇注金属溶液前，陶范要先预热，浇注时温度不宜过高。浇注口与冒气口，一般设置在顶部。

5. 热处理

高锡青铜既硬又脆，为改善铜镜的加工和使用性能，要对它进行一些淬火和回火处理。淬火后其塑性好，材料强度、塑性都有了明显提高，硬度却下降了。回火温较低时，硬度又回升，回火温度提高后，硬度又下降。这主要是指强度。古镜淬火、回火的技术效果大约有三个方面：（1）强度和塑性提高了，从而改善了它的切削加工性能，回火温度稍高时亦同此理；（2）因强度、塑性的提高，便减少了铜镜损坏的机会，延长了使用年限；（3）回火后，颜色皆近于青灰，而“青近白”故宜于镜。今见一般战国、汉唐镜断口皆洁白如银，当与此有关。可见铜镜淬火后既保存了锡态及锡青铜原有的一些优点，又改善了加工性能，延长了使用年限，是一项相当合理、科学的工艺。

6. 机械加工刮磨

铜镜从铸型脱出时表面是比较粗糙的。若是操作不适当，还会产生表面气孔及镜体变形。机械加工的主要任务是校形，填补表面气孔和砂眼等，并用切削、刮削、研磨等方式使镜面致平、致光。

7. 开镜与磨镜

最早记载铜镜开镜技术的文献见于《淮南子·修务训》：“明镜之始下型，朦然未见形容，及其粉以玄锡，摩以白旃，鬓眉微毫可得而察。”此文中所说的“型”即铸造，“粉”即涂抹，“旃”通“毡”，“玄锡”即是锡汞齐（剂），“粉以玄锡，摩以白旃”即是镜面附了锡汞齐后，再用白旃打光，镜面就光亮照人。这道操作工艺的原理类同于鎏金工艺，后世叫作“开镜”，其中使用到的“玄锡”（锡汞剂）被俗称作“镜药”。

汉镜表面镀层的锡极易氧化，使用者用手抚摸，水气接触，一段时间以后镀层会因腐蚀而变黑，于是镜面的照人功能失去，这时便需要重新

“磨镜”开光使其恢复照面功能。重新开光的工序，首先要清理镜面，然后再涂以锡汞剂，打磨后镜面即可光亮照人。顺便提及的是，在古代玻璃镜未出现之前，“磨镜”“开光”是一种世代承袭的专门职业，磨镜工匠带着镜药、工具游走四方招揽生意，凭依传统手艺赚钱养家糊口，此类人在汉代以后文献中被称作“负局先生”。

熟悉上述汉镜造作工艺流程，了解汉镜合金成分的精细比例构成及其蕴含的科学原理，有助于理解“湅冶铜（铅）华清而明”“湅冶铜华得其清”“以之为镜宜文章”“五色尽具正赤青”“彼（被）玄锡之流泽”“湅（练）冶银锡去其宰（渣）”“吾作明竟幽湅三（宫）商”之类镜铭所要表述的精准内涵，有助于全面理解汉代经营铜镜的商贾、铸镜工官与工匠为什么要用上述语言宣扬、夸耀铜镜工艺品的优点。

三、与汉镜造作工艺相关的几个问题

阜阳汉镜中，常见一类表层漆黑洁净、光亮可鉴、罕见锈蚀痕迹的精美标本，铜镜表层的这种漆黑色俗称作“黑漆古”。汉镜传世或深埋地下两千多年，历经侵蚀却仍能保持器表漆黑光亮如新，不能不说是古代科技史上的奇迹。由于“黑漆古”色泽沉稳，耐腐蚀能力强，多年来一直受到考古界、科技界的关注。古镜表层黑漆古现象，并非为阜阳汉镜所独有，其他地区的战国、汉代铜镜中也有此类标本，只不过在阜阳地区出土镜中更为凸显而已。

关于汉镜表层黑漆古的成因，自宋代以来就有学者进行研究，但直到近世仍无定论。目前主要有“埋藏条件”说、“‘铜齐’‘锡齐’多寡”说、“铜质清杂”说等多种说法。近年何堂坤先生通过全面采样对铜镜合金成分、金相组织、表面成分、表面耐蚀能力、表面和基体晶体结构等进行研究，认为汉镜表层“黑漆古”的形成，是镀锡表层自然腐蚀的结果，而不是铸镜者有意制成的。镀锡（开光）工艺和自然腐蚀，是影响“黑漆古”形成的两个基本原因。

为了对黑漆古铜镜的表面成分进行定量科学检测，何堂坤分别选取长沙出土的战国龙纹镜（编号 C8）、长沙出土的西汉四乳龙纹镜（C3）、鄂城出土的西汉卷叶纹镜（E1）、鄂城出土的东汉变异兽首镜（E10）、鄂城出土的三国半圆方枚环状乳神兽镜（E59）、鄂城出土的六朝四叶八凤镜（E57）共 6 枚样品进行电镜扫描，电子束分别从镜子表面和断口两个方向取样，轰击深度 3 ~ 4 微米。样品成分分析获得的数据如下表[16]：

表3－2　电镜扫描铜镜样品表层成分数据一览表

<table>
<tr><th>样品号</th><th>电子束取样处</th><th>铜</th><th>锡</th><th>铅</th><th>铁</th><th>硅</th><th>铝</th><th>磷</th><th>银</th></tr>
<tr><td rowspan="3">C8</td><td>1. 正表面</td><td>9.554</td><td>64.285</td><td>20.532</td><td rowspan="3">1.299
4.171</td><td>4.336</td><td rowspan="3">2.553</td><td rowspan="3"></td><td rowspan="3"></td></tr>
<tr><td>2. 背表面</td><td>5.477</td><td>73.870</td><td>10.989</td><td>2.937</td></tr>
<tr><td>3. 断口，正面半腐蚀带</td><td>61.978</td><td>32.757</td><td>3.745</td><td>1.517</td></tr>
<tr><td rowspan="3">C3</td><td>1. 正表面</td><td>18.012</td><td>65.656</td><td>1.803</td><td>5.883</td><td>3.347</td><td>4.400</td><td rowspan="3">0.896
0.598</td><td rowspan="3"></td></tr>
<tr><td>2. 背表面</td><td>10.186</td><td>59.604</td><td>3.653</td><td>7.117</td><td>4.247</td><td>4.591</td></tr>
<tr><td>3. 断口，正面半腐蚀带</td><td>59.948</td><td>23.388</td><td>1.528</td><td>0.114</td><td>0.321</td><td>4.698</td></tr>
<tr><td rowspan="3">E1</td><td>1. 背表面</td><td>5.683</td><td>75.579</td><td>2.706</td><td rowspan="3">8.127</td><td>5.462</td><td rowspan="3">2.44</td><td rowspan="3"></td><td rowspan="3"></td></tr>
<tr><td>2. 断口，背腐蚀层外侧</td><td>40.627</td><td>54.329</td><td>1.585</td><td>3.458</td></tr>
<tr><td>3. 断口，背腐蚀层内侧</td><td>64.745</td><td>33.534</td><td>0.676</td><td>1.044</td></tr>
<tr><td rowspan="12">E10</td><td>1. 正表面</td><td>41.385</td><td>49.760</td><td>4.919</td><td></td><td>2.961</td><td rowspan="12">3.592
3.566</td><td></td><td rowspan="12"></td></tr>
<tr><td>2. 断口，面腐蚀层外侧</td><td>39.030</td><td>50.240</td><td>4.861</td><td>0.973</td><td>3.418</td><td></td></tr>
<tr><td>3. 断口，距面外沿10微米</td><td>45.963</td><td>44.927</td><td>4.350</td><td>1.718</td><td>2.853</td><td></td></tr>
<tr><td>4. 由3往里10微米</td><td>49.231</td><td>42.457</td><td>4.535</td><td>1.168</td><td>2.753</td><td></td></tr>
<tr><td>5. 由4往里10微米</td><td>52.420</td><td>40.696</td><td>4.183</td><td>0.554</td><td>2.376</td><td>0.73</td></tr>
<tr><td>6. 由5往里10微米</td><td>55.452</td><td>38.770</td><td>3.343</td><td>0.360</td><td>2.078</td><td>0.536</td></tr>
<tr><td>7. 由6往里20微米</td><td>62.401</td><td>34.474</td><td>1.564</td><td>0.355</td><td>1.238</td><td>0.377</td></tr>
<tr><td>8. 由7往里20微米</td><td>62.597</td><td>34.152</td><td>1.184</td><td>0，338</td><td>1.436</td><td>1.861</td></tr>
<tr><td>9. 由8往里20微米</td><td>64.514</td><td>33.160</td><td>1.076</td><td>0，269</td><td>1.248</td><td>2.745</td></tr>
<tr><td>10. 由9往里50微米</td><td>64.377</td><td>31.860</td><td>2.537</td><td>4.238</td><td>1.244</td><td></td></tr>
<tr><td>11. 背表面</td><td>7.374</td><td>70.362</td><td>7.653</td><td>4.446</td><td>4.906</td><td></td></tr>
<tr><td>12. 背表面</td><td>5.026</td><td>72.057</td><td>6.588</td><td></td><td>4.570</td><td></td></tr>
<tr><td>E57</td><td>1. 正表面</td><td>8.355</td><td>63.347</td><td>12.046</td><td>0.416</td><td>11.397</td><td>1.838</td><td>1.174</td><td>1.452</td></tr>
<tr><td rowspan="2">E59</td><td>1. 正表面</td><td>18.152</td><td>61.380</td><td>13.935</td><td>0.759</td><td>5.464</td><td></td><td rowspan="2">0.307</td><td rowspan="2"></td></tr>
<tr><td>2. 背表面</td><td>8.839</td><td>72.541</td><td>6.810</td><td>6.121</td><td>4.758</td><td>0.928</td></tr>
<tr><td colspan="2">6枚样品9个表层分析点平均成分</td><td>13.335</td><td>56.255</td><td>9.018</td><td>3.748</td><td>5.042</td><td>未计</td><td>未计</td><td>未计</td></tr>
<tr><td colspan="2">6枚样品表层成分最大值</td><td>41.385</td><td>72.057</td><td>20.523</td><td>8.127</td><td>11.397</td><td>4.40</td><td>2.745</td><td>1.452</td></tr>
<tr><td colspan="2">6枚样品表层成分最小值</td><td>5.477</td><td>49.760</td><td>1.803</td><td>0.416</td><td>7.937</td><td>0</td><td>0</td><td>0</td></tr>
<tr><td colspan="2">样品C3、E59背表平均成分</td><td>9.513</td><td>71.073</td><td>5.232</td><td>6.619</td><td>4.503</td><td>2.760</td><td>未计</td><td>未计</td></tr>
</table>

从以上检测数据中，可得出以下结论：

汉镜表层成分复杂，除去铜、锡、铅外，6件样品表面都含有铁、硅，有的还含有铝、磷、银；电子束从表层轰击的9个分析点，发现镜表层含锡量平均为66.255%，含铜量平均只有13.335%。与汉镜镜体合金成分的比例比较，镜表面的含锡量显然是偏高的。此类黑漆古汉镜，还呈现出由外向里表层含铜量逐渐升高、含锡量逐渐降低的趋势；6件样品表面成分并非整齐划一，从元素种类到百分比的含量均有明显差别；整个腐蚀层内都含有硅，但数量不多，表面平均含硅量只有5.042%，最高的也只有11.397%。

何堂坤认为上述样品表层偏高的含锡量，实际是“开镜”时镀上去的，而与镜体本身含锡量的多少关系不大。“黑漆古”的漆黑颜色，则是在汉镜长期自然腐蚀过程中形成的。

1. 汉镜表层镀锡问题

我国古代铜镜表面镀锡技术的形成，至迟始于西汉时期。前文所引《淮南子·修务训》言及的“玄锡”即是锡汞齐（剂），“粉以玄锡，摩以白旃”是指镜面涂粉了“锡汞齐（剂）”后，再用白毡打磨就可光亮照人。文献中所说的实际上是镜面镀锡工序，后世叫作“磨镜（开镜）”。具体镀锡的原理与方法，与鎏金技术基本雷同。

2. 汉镜表层自然腐蚀的问题

汉镜开光后，正面是光亮的，背面为镀锡的本色。在实际使用中因与大气、人体等接触，镜表镀层会受到不同程度的腐蚀，正、背面都可能变色。埋入地下的汉镜，也会因腐蚀而形成现在所见的各种颜色，这种腐蚀，主要是指对镀锡表层的腐蚀，因为它覆盖在镜体表面上。镜体本身因受到镀锡层的隔离保护，在镀锡层未被蚀透之前一般是不会锈蚀的。汉镜的表面不论是“黑漆古”“绿漆古”“铅背”还是“水银青”，都应是镀锡表层自然腐蚀的结果，而不是有意制成的。镀锡工艺和自然腐蚀，是影响汉镜“黑漆古”形成的两个基本原因。

汉镜表面呈现出各种不同的颜色，主要取决于镀层腐蚀产物的结构形态及其数量比例。如黑色化合物（如二氧化硅）起主导作用时，表面就是黑色。绿色化合物（如碱式硅酸锡）起主导作用时，表面就是绿色等。这些化合物的存在形式与数量，都会影响到镜子表面的颜色。而加工与腐蚀条件的某些差异，则可以影响到镀层腐蚀产物的形成。所以，同一墓坑内出土的不同汉镜、同一汉镜的不同部位，都会出现色泽上的差异。

“黑漆古”镜表面上的锡主要来自镀料，铜主要来自镜体内，铅可能与镀料和镜体都有一定的关系，铁、硅、铝、磷等则与外镀操作和土壤污染有关。镀料中的汞大都挥发。此外“黑漆古”镜面上的光泽，除去物质结构形态的影响外，还应与打磨较好有关。

第七节　“尚方作竟（镜）真大好”

——汉代“尚方”铭镜的发展演变

阜阳汉镜中，自铭为“尚方镜”的标本很多。这些“尚方”类镜铭，早期主要出现在禽兽博局纹镜图式中，其中以四神禽兽博局纹镜中最为常见，中晚期则见于神兽镜、画像镜构图中。其他地区的“尚方”铭镜，在已报道的材料中也很常见，尤其西汉晚期至东汉中期，“尚方”铭镜是最主要的流行铭文镜种之一。从传世器与出土实物观察，这些尚方镜虽自铭为“尚方”官署所铸造，但并非都是制作精整、纹饰华美之作，粗制滥造的标本也占了相当大的比例，可见其中有一部分标本不会是出自为皇室造器的“尚方”御制作坊。那些质地较差、铸工粗糙、图案模糊、铭文残缺过甚的标本，应该是出自民间铸镜作坊的镜匠之手。

一、常见的两汉尚方镜铭辞

阜阳地区出土的尚方铭镜标本很多，大致可以分作“尚方作竟（镜）真大好（巧）”“尚方作镜佳且好”“尚方作竟（镜）大毋伤”“尚方作竟（镜）大毋伤”几类，常见的铭辞列举如下：

1. 尚方作竟（镜）真大好，上有山（仙）人不知老，渴饮玉泉兮。

2. 尚方作竟（镜）真大好，上有山（仙）人不知老，渴饮玉泉饥食枣，寿如金石兮。

3. 尚方作镜佳且好，子孙备具长相保，上有山（仙）人不知老。

4. 尚方作镜佳且好，令君大富宜孙子，上有东王父西王母，与天相保兮。

5. 尚方作竟（镜）自有道，明而日月世少有，刻治今（禽）守（兽）悉皆在，而日。子丑寅卯辰巳午未申酉戌亥。

6. 尚方作竟（镜）大毋伤，巧工刻之成文章，左龙右虎辟不羊（祥），朱雀玄武顺阴阳，子孙备具居中央。

其他地区所见的汉镜“尚方”铭词句，也十分丰富，除与阜阳镜类同的几类铭辞外，还有“尚方作竟（镜）佳哉纷”“尚方作竟（镜）善无伤”“尚方作竟（镜）世少有”“尚方名工，杜氏所造”“尚方作竟（镜）自有纪（有纪罔）”“尚方作竟（镜），明如日月”等类型。尚方镜的图案与铭文内容，从西汉末年到东汉中期随着时代的变迁前后也有不同的变化，以下从冈村秀典《汉镜分期研究·镜铭集释》中再录出20余例铭辞试作比较：

1. 尚方作竟（镜）佳哉纷（?），巧工刻陋（镂）成雕文，请备说之告诸君。上大山见神人……佳哉纷（?）传子孙。

2. 尚方御竟（镜）大毋伤，巧工刻之成文章，左龙右虎辟不羊（祥），朱鸟玄武调阴阳，子孙备具居中央，长保二亲乐富昌，寿敝（比）金石如侯王，青盖为志何巨央。

3. 尚方作竟（镜）真大好，上有山（仙）人不知老，渴饮玉泉饥食枣，浮游天下敖（遨）四海，徘徊名山采芝草，寿如今（金）石之天保，大利八千万兮。

4. 尚方作竟（镜）真大巧，上有仙人不知老，左龙右虎辟除道，朱鸟玄武衔芝草，子孙备具长相保，寿如金石。

5. 尚方作竟（镜）大毋伤，巧又刻之成文章，八禽九守（兽）更为倡。寿如大山乐未央。浮游天下敖（遨）四方兮。

6. 尚方作竟（镜）大毋伤，商周连出建四方，白虎辟耶（邪）居中央，子孙顺息富贵昌，寿如金石。

7. 尚方作竟（镜）善无伤，六子九孙在中央，左龙右虎辟不羊（祥），巧工刻之成文章。

8. 尚方作竟（镜）大毋伤，巧工刻之成文章。左龙右虎辟不详（祥），朱鸟玄武调阴阳。子孙备具居中央，长保二亲乐富昌，寿敝（比）金石如侯王，青盖为志何巨央。

9. 尚方作竟（镜）世少有，仓龙在左白虎居右，为吏高升贾万倍，胡虏殄灭去万里，辟去不羊（祥）利孙子，长保二亲乐无已，□娚万人兮。

10. 尚方作竟（镜）佳且好，子孙备具长相思。上有神仙采芝草，令人富贵不知老。

11. 尚方作竟（镜）佳且好，左交（蛟）龙右白虎。前有朱鸟后玄武，令人富贵宜孙子。山（仙）人王乔赤松子，千秋万世不知老。

12. 尚方作竟（镜）佳且好，白虎辟耶（邪）居中道，家室富昌宜孙子，以为身保。

13. 尚方作竟（镜）大真工，嫁入门时殊大良，夫妻相重，甚于威央。五男三女，富贵昌清。

14. 尚方名工，杜氏所造。湅冶铜锡，佳而且好。辟邪天禄，奇守（兽）并有。万里□间，□□□有。服此镜者，富贵长寿。男为□侯，女□□□。

15. 尚方名工，杜氏所造。湅冶铜锡，佳而绝好。刻画奇守（兽），百虫悉有。传之后世，以别好丑。服此镜者，壮不知老。寿如金石，富如京都市。男当封侯女王妇，广宗世，宜子孙，大吉利兮。

16. 尚方作竟（镜）佳且好，良时吉日顺天道。便姑公利父母，长保二亲利孙子。

17. 尚方作竟（镜）佳且好，左有王父坐行道，右有王母，白虎芝草方（放）其后，令人富贵不老，子孙满室世。

18. 尚方作竟（镜）佳且好，左有交（蛟）龙右白虎，存（前）有朱鸟后玄武，令人富贵不知老。

19. 尚方作竟（镜）佳且好，明儿日月世少有，刻治今（禽）守（兽）悉皆在，长保二亲宜孙子，富至三公利古（贾）市，传告后世乐未已。

20. 尚方作竟（镜）自有纪，辟去不羊宜古市。上有东王父西王母，令君阳燧多孙子兮。

21. 尚方作竟（镜）有纪冈，左龙右虎辟非羊，君子买者宜侯王，夫妻相宜，子孙满堂。寿如金石，延寿未央。多贺国家人民息，羌胡尽□四夷服，天下大息兮。

22. 尚方作竟（镜）大毋伤，巧工刻之成文章。交（蛟）龙白虎居中，长保二亲乐未央兮。如侯王，杜氏所作成毋伤，承受往古师尚方，富主兮。

23. 元和三年，天下太平。风雨时节，百□□□，□□□□，□□□□。尚方造竟（镜），在于民间。有此竟（镜），延寿未央兮。

以上镜铭反映的内容，大致可归纳以下几类：（1）夸耀、宣扬“尚方”造镜质地精良、华美别致、不易破碎、世间少有；（2）反映神仙信仰、神仙生活、升仙不死说的内容；（3）恭维、祝福、溢美之词，服镜者可以“长寿、富贵、宜官秩、利父母、宜子孙、辟除不祥”之类的吉祥语；（4）某些民间作坊铸镜与尚方署作坊铸镜之间的关系。

尚方镜本系中央“尚方”官署造作的专供皇室御用之物，属于禁止民间铸造与使用的珍稀品，所以当时在民间应是极难见到的。然西汉晚期以来，“尚方”铭镜却在社会上大量出现，在民间广为流播，一般认为，这种现象的出现与西汉晚期以来中央政府开放铜禁政策、放任民间铸镜活动及铜镜生产与流通商品化程度的不断加深等因素有关。

二、两汉“尚方”工官机构

认识两汉“尚方”铭镜的性质与流播背景，首先要对汉代“尚方”工官机构的设置与性质、职能等问题有所了解。传世文献对汉代“尚方”工官机构的职官设置、器物造作等记载语焉不详，近几十年来一批青铜器、简牍、骨签等有铭器物的相继出土，为研究上述问题提供了可靠材料，人们才开始对“尚方作器”的具体内容有了更为深入的认识。

尚方，汉代镜铭中亦写作“上方”“常方”，是汉代专门为皇室制作御用器物的工官机构，属中央政府机构的“少府”管辖。少府作为工官机构名称，始于战国，秦汉相因，掌山海地泽收入和皇室造器，是管理皇家财政（即文献中所谓的“私奉养”）的重要私府。汉代“少府”属九卿之一，其属官系统的设置在九卿官僚系统中最为复杂，《汉书·百官公卿表》：“少府，秦官，掌山海池泽之税，以给供养，有六丞。属官有尚书、符节、太医、太官、汤官、导官、乐府、若卢、考工室、左弋、居室、甘泉居室、左右司空、东织、西织、东园匠十六官令丞，又胞人、都水、均官三长丞，又上林中十池监，又中书谒者、黄门、钩盾、尚方、御府、永巷、内者、宦者八官令丞。诸仆射、署长、中黄门皆属焉。”颜师古“尚方”下注曰：“尚方主作禁物器”，又《后汉书·百官志》：“尚方令一人，六百石。”本注曰：“掌上手工作御刀剑诸好器物。”从这些记载可知：（1）汉代的“尚方”署归属少府，设有专门负责手工业作坊生产的工官系统，其生产的皇室御用秘器，禁止民间私铸；（2）“尚方”造器，与少府下面的“御府”“考工（考工室）”“东园匠”等工官机构造作的诸器物不同，前者造出的器物均系含有镶嵌、镂雕等复杂精细、巧夺天工工艺技术的贵重珍宝，即所谓的“诸好”器物；（3）两汉的“尚方”工官机构主作禁物器。既然是皇室禁器，自然是他人不能染指、民间不能造作与使用的，即便是贵族阶层亦莫例外，否则便是“图谋不轨”“僭越”，轻则坐罪受罚，重则祸连家族，所以当时的民间很难见到此类“尚方器”。

传世器与出土文物中所见的汉代尚方器很多，如元狩元年中尚方造建昭宫鼎（《汉金文录》卷1）、太初二年中尚方造骀荡官壶（《汉金文录》卷2）、始建国四年中尚方造铜钟（《簠斋吉金录》卷5）、建始二年中尚方鐎斗（《陶斋吉金录》卷6）、永光二年中尚方造雁足灯（《阮氏积古斋钟鼎款识》卷9）、光和四年左尚方银锭（《小校经阁金文》卷13）、元康元年右尚方弩机（《金石索·金索》卷2）等，这些鼎、壶、钟、灯、鐎斗、银锭、兵器等自铭“尚方”所造者，多为器形规整、铸工精细、保存较好的华美之作。

西汉初年，“尚方”只有一个机构，至迟到武帝时期，这一机构开始分设为左、中、右三个尚方。研究者根据出土尚方器铭文的考证，多认为武帝时期的“左尚方”“右尚方”从官吏设置到工场作坊都还不完备，原来的尚方官僚机构及所属作坊基本上都由“中尚方”所继承。直到宣帝以后，左、右两个尚方工官机构才趋于完善。从出土有“尚方”铭器物的种类与数量看，整个汉代的尚方工官系统仍以“中尚方”占主导地位，因为自铭为“中尚方”的尚方器占了绝大多数。

“尚方”工官机构的组成体系大致是：每个尚方署下面，根据器物造作需要设置有多个作坊，称作“作府”。作府是最基本的手工业生产单位，具体负责器物造作。作府内的官吏与工匠，都有明确而严格的分工。“尚方”署人员的设置，主要有[17]：

（1）令、丞：是尚方署的主管者，主要有“尚方令”“左丞”“右丞”，丞是尚方令的属官，类似于副职。

（2）啬夫、佐：令、丞以下，设置有“啬夫”“佐”属官，专门负责“作府”的生产、技术方面的工作，因此也称作“作府啬夫”“佐”，其中“佐”是“啬夫”的副职。

（3）护：“护”位居“啬夫”“佐”之后，地位、秩级更为卑微。“护”在两汉不同时期也一度称作“护工”“护工掾”“监工掾”，承担对整个工官阶层（含地位、秩级最高的尚方令、丞）进行监察的职能，主要负责对“作府”工匠、工程进行监督，“护”具有监护、监视、监督的意思。为了有效发挥“护”（护工掾、监工掾）的监督作用，此类监察官吏一般不从“尚方”署中产生，而是由少府直接从其他工官机构中派遣而来。

（4）工、冗工：尚方工官机构的每个“作府”内，都有一支人数不等、分工细致、技艺精湛的专业工匠队伍，其中有擅长某类专门技术者称作“工”，如“画工”“雕工”“造工”“铜工”等。这些熟练技工均身怀绝技，造作器物严谨规整、精益求精，代表了当时汉政府器物造作最高的工艺水平，堪称名副其实的“帝国工匠”。作府内还有一类工匠称作“冗工”，“冗”有多余，闲散的含义，《说文》：“散也。从宀儿（人），人在屋下，无田事也。”因此，“冗工”就是无技艺专长、无固定职务的冗散工匠，有点类似于现在的零杂工，其地位低于技艺高超的工匠。

上述工官系统属员中，“令”“丞”管理行政，“啬夫”“佐”管理生产，“工”“冗工”承担具体器物造作，“护”负责监督。地方政府、诸侯王国与侯国工官机构的设置、性质与人员配备，与尚方工官体系类同，只是规模略小。出土材料中地方工官机构的“护”称作“护工卒史”，也是负责造器监督、位卑而权重的小吏。

汉代尚方造器，流行铭刻造作者、监督者、管理者名称的做法，这是沿袭战国造器“物勒工名、以考其诚”的传统规则所致，只是青铜容器、兵器上刻铭较多，铜镜铭文中罕见罢了。

三、汉代“尚方”铭镜辨证

汉代“尚方”工官机构既然主造皇室御用器，铜镜作为铜器中与日常生活密切相关的精美工艺品，自然也属于尚方造器的范畴，因而铜镜铭文中有“尚方御镜”“尚方作竟（镜）”“尚方造镜”说并非虚言。问题的纠结在于：由于西汉晚期以来尚方镜铭辞的泛滥，无论是真正的中央尚方署造镜，还是地方工官机构造镜，抑或是民间作坊私铸镜，均毫无节制地随意滥铸“尚方造镜”铭辞而自称为尚方镜，导致后人看到的这个庞杂“尚方镜群”泥沙俱下、鱼龙混杂，难以分辨出其中哪些是真正的尚方工官机构造镜、哪些是地方工官机构造镜、哪些是民间私铸作坊的仿制品。

两汉时期尤其在新莽、东汉之际，随着铜器造作市场的开放和铸镜工艺技术的不断进步，地方工官机构、民间私铸作坊中能够铸造出质量上乘、精美别致铜镜者不乏其人，因此，即便是在汉代社会生活环境中，对于多数购买、使用铜镜者而言，恐怕亦难以分辨出此类“精品镜”究竟是不是真正的中央尚方工官机构造镜。因此，后世研究者若要完全准确地对传世器、出土物中的“尚方铭镜群”进行清清楚楚的辨析界定，将其中真正属于中央尚方工官机构的造镜剥离出来，恐怕永远不会有一个令人信服的满意结果。

关于传世器、出土物中汉代尚方镜的甄别与判定，文献与实物铭辞中并没有给出一个明确具体的标准，但以下几个有助于判定汉代“尚方”工官机构造镜情况的线索，可作尝试性讨论：

1. 汉代尚方工官机构造作铜器，直接服务于皇室，拥有一支分工具体明晰、管理监督严格的高水平官吏队伍，汇聚了一批同时代最高水准的精湛专业技术工匠，每一类器物的造型与结构设计、生产工艺流程、技术要求、监督管理等均严谨精细、一丝不苟，有一个精确明晰的可操作标准。尚方署铜镜造作，自然也不会例外，其原材料配比与冶炼融合、镜模大小尺寸的精确控制、镜背图案的选材设计、铜镜成型后的表面打磨处理技术等，应有一套技术要求极高的严谨标准。就镜背图案（包含铭辞内容与排列形式）的内容组合与空间大小形构而言，最初应该有一个经过专业工匠精心设计并经管理与监督工官严格勘验把关后所确认的“标准版模”，浇注尚方镜所使用的母范，亦是根据这个“标准图样”设计制作。尚方署所设计、确定的这个用于铸镜的镜图“标准版模”，应该不会出现图像模糊、配图随意、句子残缺、用字缺省、减笔、反书等“低级错误”现象。

2. 汉代尚方署中的铜镜设计、铸造、勘验、监督、保管等工作，有一批分工明确、管理严格的官吏与专业工匠具体负责。根据铜器生产流程及铭辞透露的信息，这个尚方镜造作队伍大体上应有“令”“丞”“作府啬夫”“佐”“护（工掾）”“工”“冗工”等构成。这些官吏与技术工匠，从生产、管理、监督三个方面确保了尚方镜生产流程的严谨有序运转与每一个环节、每一个细节质量的精益求精。只是限于铜镜构图空间的狭小与特殊性，汉镜没有像其他青铜器那样按照“物勒工名，以考其诚”的规制，刻铸含有工匠名、监督与管理官吏名的铭辞，导致后人无从依据镜铭确切了解此类信息。

3. 汉代中央尚方署铜镜造作及“尚方”铭镜在社会上大量出现的动因，主要与两汉之际统治者经济政策的调整、铜器生产经营方式的变化有关。这种调整、变化对尚方镜及“尚方”铭镜生产与经营的影响，可以分成几个时段作动态考察：

（1）西汉早期

西汉刘氏政权，建立在长期战乱后满目疮痍、百废待兴的基础之上。汉初人口流散现象严重，土地大量荒芜，社会财富贫乏。为恢复和发展生产，统治者实行薄赋轻徭、与民休息的国策，这一时期货币、盐铁基本上放任民间经营。铜器造作与经营业的发展，政府也几乎不加管制，中央尚方署、地方工官机构、诸侯王国与列侯设置的工官机构、民间私铸作坊等，均可以生产、经营铜镜。就目前发现的这一时期铜镜的形制、种类、数量、图案与铭辞的题材设计看，呈现的却是形制与镜种较为规整统一、镜图设计规范严谨、内容题材单纯而缺少变化的特征，似乎全国范围内的铸镜作坊都在使用内涵、形式高度统一的“标准图样”。这种状况的出现，既与当时中央与地方官营工官机构强力示范引领的影响有关，也可能与西汉早期民间手工业基础薄弱、发展缓慢，社会上没有形成一批财力雄厚、生产技术先进的规模私营铸镜作坊有关。当时数量不多的民营小规模作坊铸镜，大概只能复制、仿制一些社会上既有镜种的形制、图样，还没有能力进行较大幅度地质量提升与技术创新，所仿制的铜镜产品，自然也谈不上华美精致。这一时期社会上流行的主要镜种，其形制与图样的设计创作应主要出自中央尚方工官机构、地方郡县工官机构或有雄厚经济实力的诸侯王国、列侯封国铸镜作坊之手。从当时全国范围内流行的铜镜图样高度统一、严谨规范而缺少变化的现象看，这些铜镜图式的设计制作，最初可能本于一个统一的权威“标准图样”

模板，这个能够指导全国各地不同性质铸镜作坊铜镜造作的“标准图”模板，当时只能是出自中央尚方工官机构的铸镜“作府”。如果是这样的话，目前我们所能见到的西汉早期铜镜中的异常精美者，很大一部分也应该为尚方署作坊所造作。

（2）西汉中晚期

西汉中晚期，统治者调整经济政策，铜器的生产与经营方式随之发生变化。汉初几十年推行较为宽松的休养生息国策，使帝国政府逐渐摆脱了物质匮乏、经济萧条的局面，社会财富得到了极大积累，出现了称著史册的“文景之治”。从汉武帝时，为加强中央集权，打击私营富商大贾阶层，也为了解决“外攘四夷”战争造成的国家财政开支的巨大困难，中央政府开始实行盐铁、铸币业垄断经营，并设置工官机构具体负责管理。由于中央、地方政府的严格控制铜器造作与经营，这一时期诸侯王、列侯、富商大贾、中小型手工业者等民间势力，基本退出了铜镜的生产与经营领域，出现了全国铸镜业、经营业“大一统”的局面。这段时期社会上生产、经营的铜镜，均出自中央、地方工官机构，由于国家力量的强势参与，铜镜铸造的质量与水平有了很大提高。

这一时期，尚方署“作府”在为皇室生产、专供铜镜的同时，利用其设计、生产技术、监管上的优势，对地方政府工官机构的影响也在逐渐增强。尚方工官机构铸造的铜镜，虽然不能在社会上流通，但这些御用镜并非与帝王宫室以外的世俗社会完全隔离，通过皇帝的赏赐、皇亲贵戚之间的交流等特殊途径，肯定会有一定数量的样本流传至地方社会生活领域中的。这些走出深宫、世俗民间难得一见的御用之物华贵而精美，自然会被同时代人视若珍宝而争相求购。鉴于世俗社会对尚方镜的喜好、崇拜与追求，为迎合这种社会心态，实现生产、经营利益的最大化，地方工官机构便纷纷仿制这些御用器出售，否则在当时的帝国范围内，便不会出现铜镜形制、种类、图案高度雷同的“大一统”局面。或缘于此期没有出现有关尚方铭造镜的铭辞，后世收藏家、学者难于了解这些“尚方镜”复仿制品与真正的尚方镜之间的关系，它们虽然在铸造质量与精美程度上与真正的尚方镜还有差距，但形制、图案与后者还是基本一致的。

（3）西汉末至新莽时期

这一时段，主要是特指王莽任职安汉公及其新朝执政时期。

约从西汉晚期元、成二帝开始，虽然政府对关乎国计民生的铸币、盐铁等仍实行官营政策，但控制程度已经较前朝有所松动，出现了官营、私营“双轨”并存的局面。从《后汉书》中《任延列传》《杜诗列传》《朱晖列传》等文献及目前所见铜器铭文看，这一时期已经出现了官僚贵族、地方诸侯、富商大贾参与铜器铸造的现象。

就尚方铭镜的造作与流播而言，目前所见年代最早的尚方铭镜出土于江苏睢宁，铭辞：“汉有善铜出丹阳，湅冶已银锡清而明。尚方御竟大毋伤，巧工刻之成文章。左龙右虎辟不祥，朱鸟玄武顺阴阳。子孙备具居中央，长保二亲乐富昌。”显然，此类镜首句“汉有善铜出丹阳”与新莽时期流行的“新有善铜出丹阳”明显不同。不过，大量的尚方铭镜还是出现在新莽时期，上文所引证的尚方镜铭辞，多数系新莽之际的产物。张宏林《从绍兴传世的尚方御竟试探新朝山阴的尚方铸镜作坊》一文，将新莽时期的尚方镜铭辞分作“尚方御竟”“尚方作竟”“尚方佳竟”三类，并认为“尚方御竟（镜）”类铭文镜是中央尚方工官机构造作的标准器，本书认为还有值得讨论的地方。假如“尚方御竟”类铭文镜果真是中央尚方署造镜，此类铜镜既然专供皇室所用而被蒙上神秘色彩，在当时自然不会允许在民间大量出售，而社会上流行的此类镜又从何而来？因此所谓尚方工官机构造作的“尚方御竟”类铭文镜是用于销售的商品之说，恐怕还要再仔细斟酌。其实，纵观新莽时期铭文镜群，一个最显著的特征是尚方铭镜、纪年铭镜、纪氏铭镜的出现与广为流播，这一现象本身就是当时铜镜商品化程度不断加深的实证。

西汉武帝以来实行的铜器生产、经营的政府专控政策，到了西汉晚期已有所松动，作为官僚贵族、富商大贾私铸铜器或作为商品出售的私铸器已经开始出现，如元始六年青铜灯铭：“元始六年造，国高工枚，重三斤。宜官。”绥和铜：“绥和元年八月，公孙家造，工李本。”王莽新朝实行工商业“六筦”经济管理政策，其中似未对铜器造作、经营作出明确限制。当时的铜镜业虽仍有政府官营作坊生产、销售，但铜镜的私铸与经营，政府除了收税外，似乎已经不再作过多的限制，否则便不会有大量纪年镜、“纪氏”镜作为商品在社会上出现。这一时期，为迎合社会公众对尚方镜高贵、精致、华美品质的崇尚与追求心理，私营作坊工匠大量模仿尚方铭镜作为商品出售而趋之若鹜，此系铸镜商趋利本性使然，由此导致了社会上大量尚方铭镜的出现与流行。

（4）东汉时期

东汉和帝以前，中央政府大致沿袭前朝盐铁专营制度，但控制已经远不如前朝严格，虽以官营为主，有时也有私营的情况出现。和帝以后，政府“罢盐铁之禁，纵民煮铸，入税现官如故事”（《后汉书·和帝纪》），盐铁、铸币、铜器生产与售卖等，完全放任民间经营，政府不加管束。直到东汉末年，刘氏王朝日益衰弱，政府再也没有能力实行全国盐铁专营制度了。民间资本与技术的广泛参与，促进了铜器商品的竞争性生产与经营。私营作坊为了打开市场销路以从中最大限度地获利，便千方百计地宣传自己的产品以扩大影响，导致这一时期宣传铜器质地精良之类的铭文大量出现。

在前朝中央与地方政府官营制度“一统天下”的局面下，因为不允许私营铸镜作坊生产与售卖铜镜，民间也就几乎没有私营铸镜工匠的生存空间，所以身怀绝技的铸镜工匠只有集聚在中央尚方署、地方政府工官机构和诸侯王、列侯府库作坊中才能施展才能。随着东汉经济政策的调整，铜镜生产与销售领域逐渐向民间开放。在经济利益的驱动下，中央尚方署“作府”里的铸镜工匠，纷纷从尚方署官营作坊中分离出来自立门户，开始凭借一技之长成立个人作坊。这些昔日的“尚方镜”造作镜师，掌握精湛而娴熟的制作技艺，设计、制作出来的铜镜质量上乘、精美异常，自然深受购买者、使用者青睐，因此很快成为社会上的热销商品。这些“国家级”铸镜大师开设的作坊，亦因此凭借独特的生产技术优势很快在同行中脱颖而出，逐渐发展成一批东汉民间社会家喻户晓的私营铸镜作坊。为标识产品质量和信誉、树立和宣传自己的品牌，这些铸镜作坊在铜镜图案中往往直接刻铸尚方铭、纪年铭、纪氏铭之类的铭文。当然，这一时期也有不少私营作坊为博取经济利益、促进销售而仿冒“尚方造镜”的例证，以致尚方铭镜在民间泛滥成灾、真伪难辨。

东汉和帝以后，政府放任民间经营铜镜业，上述由尚方署“作府”镜师起家的私营铸镜作坊，有了更为广阔的发展空间，其中的一部分作坊迅速发展壮大，在规模、资金、技术及创新能力等方面独具优势，其造作的铜镜精品，应该不比前朝中央尚方署生产的尚方镜逊色。此期的作坊铸镜，反而不再盲日随俗跟风，自称产品为“尚方镜”，而是流行刻铸镜师姓氏作为广告宣传语传之社会。如“蔡氏”镜、“王氏”镜、“张氏”镜、“龙氏”镜、“田氏”镜、“陈氏”镜、“石氏”镜、“杜氏”镜等。纪氏镜的大量出现，标志着铜镜造作、经营商品化程度的不断加深。

4. 按照铜镜的铸造来源与使用对象不同，目前所见的两汉“尚方”铭镜大体可分作以下几类。

（1）中央尚方署造作的“尚方”铭镜

此类尚方镜，在汉政府实行盐铁、铜器专营时期属于专供皇室使用的“御用品”，对于民间社会大众而言基本上属于见不到的“秘器”“禁器”，擅自生产、经营、冒用则有“僭越”之嫌，要坐罪受罚。因此，考古发掘所见的两汉（尤其是西汉时期、新莽时期、东汉早期）帝王墓、皇后墓、王子墓、公主墓等皇室家族成员墓葬中随葬的铜镜，无论铜镜图案中有无“尚方”铭文，均可以认为属于中央尚方署造镜。刘姓诸侯王、刘姓列侯及其与帝王有直接姻亲的贵族墓中，随葬的铜镜精品有部分也可能属于中央尚方署造镜。此外，高等级中央政府官员墓葬中随葬的部分铜镜，也有可能属于中央尚方署造镜（大体属于帝王赏赐的特例）。

（2）地方政府工官机构造作的“尚方”铭镜仿品

在两汉推行铜器专营政策之际，地方政府工官机构中的铸镜工匠，参考中央尚方署造作铜镜的形制、尺寸、铭文等特征，设计、制作了大量的尚方镜仿制品，这些铜镜属于面向社会流通的商品，无论有无“尚方”镜铭，均不属于皇室专用的尚方镜之列。

（3）私营作坊造作的“尚方”铭镜仿品

此类铜镜，主要出现、流播于汉政府开放铜器造作、经营市场之后，均属于销售商品的范畴，所以不应划归为中央尚方署造镜。前已述及，东汉之际汉政府开放铜镜造作、经营市场，为私营造镜作坊的发展、繁荣提供了条件。这一时期有不少尚方署镜师离开尚方“作府”而自立门户，这些镜师在自己私营作坊里所生产的铜镜产品，尽管是面向民间大众销售，由于他们掌握了最为精湛的生产技术，造作的铜镜质量与精美程度应该不会比真正的尚方署造镜逊色多少，甚至不少镜种就是原来尚方署造镜的“复制”。此类镜虽然不直接出于中央尚方工官机构，但有铭辞称作“尚方造竟（镜）真大好（巧）”，可谓实至名归。

（4）私营作坊造作的假冒“尚方”铭镜产品

两汉铜镜中，还有一类造作质量粗劣的尚方铭镜，在社会上流播极广，显然此类器与精美华贵的尚方署造镜不相干。此类“尚方镜”流行的社会背景，大体是东汉中晚期铜镜生产领域完全开放之后，众多的生产技术低劣的中小铸镜作坊，假冒真正“尚方镜”名称而造作、出售的镜类，其目的是博取虚名以打开市场销路获取经济利益。

5. 目前所能见到的尚方镜铭辞中，有些例镜可以明显看出其铸造来源，据此可以判断此类镜是尚方署造镜还是后世私营作坊仿造镜，试举几例说明。

（1）尚方作竟（镜）自有道，明而日月世少有，刻治今（禽）守（兽）悉皆在，而日。子丑寅卯辰巳午未申酉戌亥。

上例铭文中，首句“尚方作竟自有道”是说中央尚方署造镜有其特定的技法、规则、标准，与其他铸镜作坊（地方政府工官机构作坊、诸侯王府库作坊、列侯府库作坊或富商大贾私营作坊等）造镜明显有别。第三句“刻治今（禽）守（兽）悉皆在”是说当初（过去）尚方署作府设计、刻治的神禽异兽图案，都还在这枚铜镜的镜图中。显然，镜铭有追述往昔尚方署造镜辉煌历史的含义，由此表明这枚铜镜并非为中央尚方署所造，而是后世私营作坊的仿制品，或缘于仿制技术高超，便借尚方镜之名自诩为“世间少有”的精美佳作。

（2）尚方名工，杜氏所造。涷冶铜锡，佳而绝好。刻画奇守（兽），百虫悉有。传之后世，以别好丑。服此镜者，壮不知老。寿如金石，富如京都市。男当封侯女王妇，广宗世，宜子孙，大吉利兮。

本例镜铭“尚方名工，杜氏所造”，十分明确地说明东汉民间家喻户晓的杜氏铸镜作坊工匠，原来就是中央尚方署“作府”里的著名镜师。显然，这枚铜镜也不是尚方署造作的“尚方镜”，而是尚方署镜师自立门户、开设私营作坊后所造作的产品。由于杜氏铸镜技艺高超，所造出的产品质量上乘、图文华美，并不比真正的尚方镜差。

（3）尚方作竟（镜）大毋伤，巧工刻之成文章。交（蛟）龙白虎居中，长保二亲乐未央兮。如侯王。杜氏作竟成毋伤，承受往古师尚方。富主兮。

镜铭“尚方作竟大毋伤”是说尚方造镜质量绝佳，又大又不易破碎。“杜氏作竟成毋伤，承受往古师尚方”是说杜氏过去曾在中央尚方署造镜作坊里学习，掌握了尚方镜造作的奇巧精妙技术，所以能够铸造出又大又不易破碎的华美铜镜。铭辞内容是对杜氏镜工造镜技术渊源的追述，依此肯定、宣传杜氏造作尚方镜的真实性、正统性。

近年，有些研究者通过对尚方镜铭辞的排比，总结出“尚方御镜”之类的铭辞出现最早，流行年代在新莽时期，东汉以来“尚方御镜”类镜铭逐渐演变成“尚方作竟”“尚方造竟”“尚方佳竟”之类的铭辞[18]。若此说不误，考虑到西汉末至新莽时期政府实行铜器生产、销售专营政策的背景，则那些四神博局纹设计规范、铭文完整的“尚方御镜”铭铜镜，出自尚方署造作府则是很可信的。

第八节 上大山，见神人

——汉镜铭文中的神仙信仰与升仙不死说

阜阳汉镜中，“上大山，见神人”之类的铭辞十分流行（彩图2），此类镜铭常见于西汉晚期至新莽之际的禽兽博局纹镜中，多三字成句，前后成韵，属于典型的“三字文”“三言句”格式。铭辞内容，以描述神仙生活场景为主，另有祝福用镜者健康长寿、富贵享乐、宜官秩、宜子孙之类的吉祥语。

一、常见的几类镜铭

阜阳汉镜中的“上大山，见神人”类铭辞，择要列举如下：

1. 上大山，见神人。食玉英，饮澧泉。驾蜚（飞）龙，乘浮云。宜官秩，保子孙。与天寿，与地载。

2. 上大山，见神人。食玉英，饮澧泉。□□□，□□□。长万岁，宜子孙。

3. 上大山，见神人。食玉英，泉。驾蜚（飞）龙，乘浮云。宜官秩，保子孙。得天道，物自然。富贵昌，乐未央。宜孙子。

4. 上大山，见神人。食玉英，饮澧泉。参驾蜚（飞）龙乘浮云。长万年，宜子孙。日富贵，无忧患。

5. 上大山，见山（仙）人。食玉英，饮澧泉。驾交（蛟）龙，乘浮云。

此类“上大山，见神人”铭辞，在其他地区汉镜中也十分常见，有的句首则为“上泰山，见神人”“上华山，见神人”类型，与阜阳镜铭稍异，但表现的内容题材基本雷同。为便于比较，择要列举如下：

1. 上大山，见神人。食玉央，饮澧泉。驾蜚（飞）龙，乘浮云。宜官秩，保子孙。与天寿，与地载。

2. 上大山，见神人。食玉央，饮澧泉。驾蜚（飞）龙，乘浮云。长万岁，宜子孙。

3. 上大山，见神人。食玉央，饮禮泉。驾非（飞）龙，乘孚云。

4. 上大山，见神人。食玉英，泉。驾蜚（飞）龙，乘浮云。宜官秩，保子孙。得天道，物自然。富贵昌，乐未央。宜孙子。

5. 上大山，见神人。食玉英，饮澧泉。参驾蜚（飞）龙乘浮云。长万年，宜子孙。日富贵，无忧患。

6. 上大山，见山（仙）人。食玉英，饮澧泉。驾交（蛟）龙，乘浮云。

7. 上大山，见神人。食玉英，饮澧金（全，通作“泉”）。宜官秩，葆子孙。长乐未央，富贵昌。予天无极。驾飞龙，乘浮云。

8. 上此大山见神人，久宜官秩葆子孙。君食玉央（英）饮礼（澧）泉，参驾蜚（飞）龙乘浮云。

9. ……上大山，见神人。□驾交（蛟）龙乘浮云，□□前□大风（凤）□去名山。□昆仑，过玉关。入金门，上玉堂。□□□佳□□传子孙。(《续编》尚方镜四)

10. 上华山，凤凰集，见神鲜（仙）。保长久，寿万年。周复始，保子孙。福禄永，日以正。食玉英，饮澧泉。驾青龙，乘浮云。白虎引。

11. 上华山，凤凰集，见神鲜（仙）。保长命，寿万年……食玉英，饮澧泉。驾青龙，乘浮云，白虎引。

12. 上华山，见神人。宜官秩，葆子孙。食玉英，饮礼泉。驾非（飞）龙，乘浮云。

上述镜铭，反映了两汉时期社会上流行的神仙信仰与升仙不死说内容，是后人了解、研究汉代神仙思想的第一手材料。

二、镜铭神仙思想解读

汉镜图像、铭文中表现神仙思想的题材很多，这些与神仙信仰与升仙不死说相关的内容，随着铜镜流行年代的演变前后有不同的表现形式，如长寿成仙、服食升仙、乘骑升仙、羽化升仙、大山仙人世界、西王母仙界、西王母与东王公“对偶”出现的仙界等，均先后在铜镜图像与铭文中有所涉及。本节介绍的“上大山，见神人”类镜铭，则属于其中流行年代较早的一类，以下选择几组词句试作解读。

1. 上大（泰）山，见神（仙）人

早在汉代以前，人们就认为“神仙”的居所位于高高在上的天国。如果能够找到某种途径升入这个“天国”，世俗生命就可以无限延长。然而人们居住的大地与“天国”之间毕竟遥不可及，如何才能找到联系、沟通两者的媒介实现进入天国仙境的愿望呢？由于神秘莫测的大山高耸天际、直插云霄，人们便自然联想到它离“天国”距离最近，或认为它就是神仙往返天地间的“阶梯”“通道”，进而认为大山就是仙人理想的居住、活动场所。有关先秦时期人们对“大山”中神仙生活场景的描述，早期文献中多有记载，《列子·汤问》说渤海之东的“大壑”中有五座神山：“一曰岱舆，二曰员峤，三曰方壶（方丈），四曰瀛洲，五曰蓬莱。其山高下周旋三万里……其上台观皆金玉，其上禽兽皆纯缟，珠玕之树皆丛生，华实皆有滋味，食之不老不死。所居之人皆仙圣之种，一日一夕飞相往来者，不可数焉。”后来岱舆、员峤两座山沉入大海，便只剩下了方丈、瀛洲、蓬莱三座神山。先秦时期的大规模求仙活动，目的地就是乘船入东海寻访三神山仙人，寻觅不死之药，《史记·封禅书》：“自威、宣、燕昭使人入海求蓬莱、方丈、瀛洲，此三神山者，其传在渤海中……诸仙人及不死之药皆在焉。其物禽兽尽白，而黄金银为宫阙。”秦始皇多次遣使者入海求仙，也是在烟波浩渺中寻觅蓬莱、方丈、瀛洲三神山所在。

两汉神仙说也认为仙人居住在山上，《说文》解释“仙”的含义为：“仚（仙的古体），人在山上貌，从人山。”“仙”又作“僊”，《说文》：“僊，长生僊去，从人僊。”“僊，升高也。”《释名·释长幼》：“老而不死曰仙。仙，迁也，迁入山也。故其制字，人旁作山也。”可见汉代神仙的“仙”字本意，实际就是人住在山上的象形、会意表达。汉代人寻访、拜见仙人的活动，也多选择到高大广崇的“名山”中进行，如汉武帝为实现升仙不死的愿望，曾拜公孙卿为郎，命他去嵩山等候神仙，并亲自上嵩山缑氏城迎接仙人，后又效仿前朝帝王“令言海中神仙者数千人求蓬莱神人”。在帝王将相的倡导与亲行下，从武帝时开始出现了神仙信仰与升仙不死活动的热潮，并迅速向世俗化、民间化、大众化方向发展。汉代文学作品中，生动地描述了当时人们想象中的山上神仙生活世界及世俗之人升仙场景。《汉乐府诗·董逃行》：“吾欲上谒从高山，山头危险大难。遥望五岳端，黄金为阙，班璘。但见芝草，叶落纷纷……小复前行玉堂，未心怀流还。传教出门来：‘门外人何求?’所言：‘欲从圣道求一得命延。’教敕凡吏受言，采取神药若木端，白兔长跪捣药虾蟆丸。奉上陛下一玉柈，服此药可得神仙。”又乐府诗《陇西行》：“卒得神仙道，上与天相扶。过谒王父母，乃在太山隅。”铜镜铭文中流行“上大山，见神人”词句，表明在当时升仙不死说炽盛的社会背景下，人们普遍相信若想见到神仙，最为正确的途径就是要“上大山”，因为山上是神人居住与活动的场所。此类“大山神仙”观，在稍后的文学作品也有充分体现，曹操《秋胡行》：“愿登泰华山，神人共远游，经历昆仑山……”《远游篇》：“昆仑本吾宅，中州非吾家。将归谒东父，一举超流沙。”曹植《仙人篇》：“仙人揽六著，对博泰山隅。”《飞龙篇》：“晨游泰山，云雾窈窕。忽逢二童，颜色鲜好。乘彼白鹿，手翳芝草。我知真人，长跪问道。西登玉堂，金楼复道。授我仙药，神皇所造。”

此外，两汉铜镜中还有“上华山，见神人”“上华山，凤凰集，见神鲜（仙）”“上泰山，见神人”及“上有仙人不知老，徘徊名山采芝草”之类的铭辞，所表达的神话内涵与“上大山，见神人”大体雷同。汉代神仙说不仅认为仙人居住、活动在高山密林中，而且特别喜欢选择那些风景秀美的著名大山定居、集会，如泰山、华山、嵩山、昆仑山、蓬莱山等都是神仙经常聚集的场所，所以镜铭中有上“泰山”“华山”“名山”见神仙的说法。《汉乐府诗·长歌行》:“仙人骑白鹿,发短耳何长。导我上泰华,揽芝获赤幢。来到主人门,奉药一玉箱。主人服此药,身体日康强。发白复还黑,延年寿命长。”诗句中的“泰华”即指泰山与华山。

汉镜中的西王母图像系统出现以后,昆仑山则成为镜图神仙生活场景中仙人特定聚居地,尤其是成了主神西王母特定的居住场所,本节后文有专述。

2. 食玉英,饮澧(醴)泉

“服食”是汉代升仙活动中常见的一类修炼成仙术,早在汉代以前,神仙家就认为世界上存在着可以使人生命不死的“仙药”,随着两汉神仙思想与升仙不死说的发展演变,此类“不死药”的名称与具体服食之法,在方术之士的鼓吹、操弄下变得越来越具体,“食玉”则是其中最受吹捧的延年不老术之一。中国古代“食玉”之风渊源甚古,出土材料表明,至迟在商代贵族阶层中就流行“食玉”。最早的“食玉”记载,见于《周礼·天官·玉府》:“王斋,则共食玉。”郑玄注:“玉是阳精之纯者,食之以御水气。郑司农云:王斋当食玉屑。”《周礼·天官·太宰》:“玉府掌共王之服玉、佩玉、珠玉、食玉、含玉。”又《山海经·西山经》:“丹水出焉,西流注于稷泽,其中多白玉。是有玉膏,其源沸沸扬扬,黄帝是食是飨……天地鬼神,是食是飨。君子服之,以御不祥。”

早期的“食玉”活动,可能与长寿不死、得道升仙说无直接关联,只是后来随着神仙思想的兴起、隆盛,玉被归入“仙药”之列后,“食玉”才与成仙不死联系在一起。汉代人服玉,是因为他们相信玉具有使人成仙不死的奇异功效,《抱朴子内篇·仙药》引《玉经》:“服金者寿如金,服玉者寿如玉。”这是说修道成仙者如果经常服用金、玉,生命就会像金石一样永存不朽。《汉武故事》载汉武帝曾“于未央宫以铜作承露盘,仙人掌擎玉杯,以取云表之露,拟和玉屑,服以求仙”。《乐府诗集·长歌行》:“来到主人门,奉药一玉箱。主人服此药,身体日康强。发白复变黑,延年寿命长。”《列仙传》云“赤松子者,神农时雨师也,服水玉,教神农入火不烧”。在汉代文献中,玉也是神仙世界里的仙人食用物,汉镜铭文中流行“食玉英,饮醴泉”“渴饮玉泉饥食枣”之类的辞句,便是描述神仙日常饮食的场景。

镜铭中的“玉英”意指玉之精英、精华,洪兴祖补注引《援神契》:“玉英,玉有英华之色。”与“玉泉”“玉浆”“玉液”基本相似,“玉英”大抵是指用上等美玉捣碎成玉屑后,掺合晨露等浸泡制成的一类饮料。汉代以前的文献中,也常见“玉英”一词,《楚辞·九章·涉江》:“登昆仑兮食玉英，与天地兮同寿，与日月兮同光。”《离骚》：“折琼枝以为羞兮，精琼靡以为粻。”王逸注：“言我将行，乃折取琼枝，以为脯腊，精凿玉屑，以为储粮，饮食香洁，冀以延年也。”《尸子》卷下：“清水有黄金，龙渊有玉英。”又《史记·孝文本纪》：“欲出周鼎，当有玉英见。”稍后郭璞《江赋》：“金精玉英瑱其里，瑶珠怪石琗其表。”因为是美玉之精华，有食之延寿不死的神性，所以成为汉代神仙说中的仙人日常食用物，如桓谭《仙赋》云：“吸玉液，食华芝。漱玉浆，饮金醪。”

镜铭中描述的另一类仙人饮用“醴泉”，原本指甘泉，据传说有延年益寿之功效。《广韵》：“醴泉，美泉也。状如醴酒，可养老。”《尔雅·释天》：“甘雨时降，万物以嘉，谓之醴泉。”《瑞应图》云：“醴泉，水之精也，味甘如醴，流之所及，草木皆茂，饮之令人多寿。《东观记》云：光武中元元年，醴泉出京师，人饮之者，痼疾皆除。”早期文献中关于醴泉的记载很多，《庄子·秋水》：“南方有鸟，其名鹓雏……非梧桐不止，非炼石不食，非醴泉不饮。”《礼记·礼运》：“故天降膏露，地出醴泉。”《尚书·中侯》：“醴泉出山。”《汉乐府·铙歌·上陵》：“醴泉之水，光泽何蔚蔚。”“醴”字从酉、从豊，本意是指用稻、麦、粟、黍等谷物酿制的甜酒，引申为美酒。《说文》：“醴，酒一宿孰也。”《玉篇》：“醴，甜酒也。”《释名》：“醴，礼也。酿之一宿而成，醴有酒味而已也。”《前汉·楚元王传》记载元王每置酒，常为穆生设醴。师古注曰：“醴，甘酒也。少多米，一宿而熟。”汉镜铭文中“食玉英，饮醴泉”之类的描述神仙生活的词句，在魏晋文献中也有出现，如曹操《陌上桑》：“食芝英，饮醴泉，柱杖桂枝佩秋兰。”《抱朴子·对俗》：“餐朝霞之沆瀣，吸玄黄之醇精，饮则玉醴金浆，食则翠芝朱英。”

3. 驾蜚（交、青）龙，乘浮云

汉镜铭文中的“驾蜚（飞）龙，乘浮云”“浮游天下敖四海”词句，描述的是神仙生活世界里的“仙人出游”场景。古代神仙说中构思出来的仙人出行方式，最早出现于《庄子·逍遥游》：“藐姑射之山有神人居焉……不食五谷，吸风饮露，乘云气，御飞龙，而游乎四海之外。”可见先秦时期，人们便认为神人出游是“乘云气，御飞龙”。龙原本就是古人幻想出来的神物，具有升天入地无所不能的神性，修道之人升天成仙、神仙世界里的仙人出游，多借助于飞龙作为乘骑。《山海经·海内北经》：“冰夷人面，乘两龙。”《大戴礼记·五帝德》：“颛顼……乘龙而至四海。”《庄子·大宗师》所记载的“黄帝升天”的传说，到了汉代也被神仙方士演绎成“乘龙升仙”的故事，《史记·封禅书》载黄帝

“采首山铜，铸鼎于荆山下。鼎即成，有龙垂胡须下迎黄帝。黄帝上骑，群臣后宫从上龙七十余人，龙乃去”。汉武帝好神仙事，命人作在《郊祀歌》祭祀天地诸神，《郊祀歌·日出》：“吾知所乐，独乐六龙。”表明武帝亦痴迷于乘龙升仙的幻想。有关神仙世界里仙人乘龙出游的场景，汉乐府诗中也有描述，《汉乐府·铙歌·上陵》：“灵芝为车，龙为马，览遨游，四海外。”又《郊祀歌·练时日》：“九重开，灵之游……驾飞龙，羽旄纷。”《张公神碑歌》：“乘鶃轺兮驾蜚龙，骖白鹿兮从仙僮，游北岳兮与天通。”

汉代神仙说中描述仙人乘云气出行的场景，不仅见于铜镜构图中，汉代文献及出土的其他汉画材料里也有大量的出现。《论衡·无形篇》刻画仙人之形为“体生毛，臂变为翼，行于云”，可见仙人飞升多需要借助云气为媒介。此外，仙人“吸风饮露”“餐朝霞”“食沆瀣”等，亦多与采食云气有关，应劭《汉书音义》注引《列仙传》曰：“《列仙传》陵阳子言春（食）朝霞，朝霞者，日始欲出赤黄气也。夏食沆瀣，沆瀣，北方夜半气也。并天地玄黄之气为六气。”稍后《神仙传·彭祖》对仙人的特征与习性作了总结：“仙人者，或竦身入云，无翅而飞。或驾龙乘云，上造天梯。或化为鸟兽，游浮青云。或潜行江海，翱翔名山。或食元气，或茹芝草。或出入人间，则不可识。”汉镜构图中大量使用云气纹，亦有以云纹代表天空、隐喻仙界的含义。

4. 上昆仑，过玉关。入金门，上玉堂

汉镜铭文中“上昆仑，过玉关。上玉堂，入金门”之类的词句，描述的是汉代修仙者幻想登昆仑进入仙界的活动场景。

昆仑神话和蓬莱神话，是中国古代神话体系中分别发源于西北地区和东部沿海地区的两大核心系统[19]。有关昆仑神话的最早记载，见于《山海经·西山经》：“西南四百里，曰昆仑之丘，是实惟地下之都，神陆吾司之，其状虎身而九尾，人面而虎爪；是神也，司天之九部及帝之囿时……”这个神话的原始版本，记载了昆仑神境中的飞禽走兽、奇花异草，但还没有出现“神人”的活动痕迹。《山海经·海内西经》：“昆仑之虚，方八百里，高万仞。上有木禾，长五寻，大五围。而有九井，以玉为槛。面有九门，门有开明兽守之，百神之所在。在八隅之岩，赤水之际，非仁羿莫能上冈之岩。”这个记载中虽没有明确出现神人，但已经有了“九井”“玉槛”“九门”之类的人文景观。两汉之际神仙思想与升仙不死说炽盛，传统的昆仑神话在汉代神仙说的影响改造下经历了复杂演变。《淮南子·地形训》：“（禹）掘昆仑虚以下地，中有增城九重……昆仑之丘，或上倍之，是谓凉风之山，登之而不死。或上倍之，是谓悬圃，登之乃灵，能使风雨。或上倍之，乃维上天，登之乃神，是谓太帝之居。”这个神话记载中的昆仑神境气象雄伟、雍容肃穆，不仅有了神人，而且三层九重、上与天通，建构层次分明而井然有序，宛然就是登天之“天梯”，显然已经具备了“登之不死”“登之乃神”的仙界特征，而且最高神“太帝（天帝）”就居住于此。[20]

约从西汉武帝时开始，随着社会上升仙活动之风的兴盛与蔓延，传统的昆仑神话情节内容逐渐衍变异化，成为多种神话交流融合的产物[21]，昆仑神境的构成则被进一步“仙化”。《汉书·礼乐志》记载武帝伐大宛，得到大宛马（天马）后所作《郊祀歌·天马》云：“太一况，天马下……天马来，从西极。涉流沙，九夷服……天马来，开远门。竦予身，逝昆仑。天马徕，龙之媒。游阊阖，观玉台。”颜注引文颖曰：“言武帝好仙，常庶天马来，当乘之往发昆仑也。”又引应劭云：“阊阖，天门。玉台，上帝之所居。”可见天马为昆仑之上的太一神（天帝）所赐，来自西极的天马能够承载武帝上昆仑、进天门、观玉台，进而实现了登昆仑升天成仙的愿望。此时的昆仑仙境构成，已经出现了“阊阖”“天门”“玉台”等仙界景观。《淮南子·原道训》：“昔者冯夷、大丙之御也……扶摇抮抱羊角而上，经纪山川，蹈腾昆仑。排阊阖，沦天门。”其中的“阊阖”为始升天之门，位于“昆仑之丘，实惟地下之都”（《西次三经》）。“天门”为紫微宫门。武帝元朔三年，张骞出使西域回来，报告西域情况时说：“安息长老传闻条支有若水、西王母，未尝见也。”武帝对西王母神话产生兴趣，此后西王母神话开始与昆仑神话融合，昆仑山也几乎成为西王母神仙系统的特定分布场所。《史记·大宛列传》：“昆仑其高二千五百余里，日月相避隐为光明也。其上有醴泉、瑶池。”醴泉系仙人特定的饮食之物，瑶池即传说中的周穆王会西王母之所，也是主神西王母在昆仑仙境的聚居地。

东汉时期，昆仑山在世俗之人登天成仙活动中的重要地位愈发凸显，王充《论衡·道虚》：“天之门在西北，升天之人，宜从昆仑上。淮南之国，在地东南，如审升天，宜举家先从昆仑，乃得其阶。”天门的形构，《神异经·西北荒经》：“西北荒有二金阙，高百丈，金阙银盘，圆五十丈。二阙相去百丈，上有明月珠，径三丈，光照千里。中有金阶，西北入两阙中，名曰天门。”此时的昆仑仙界，金阙、金阶、玉台、玉堂、宝珠辉煌炫目，主神西王母、侍神等级森严，俨然就是人间帝王宫殿的翻版与再现，此系昆仑神境在向着世俗化、民间化、大众化方向不断“仙化”的结果。汉镜铭文中出现“上昆仑，过玉关”“入金门，上玉堂”之类的词句，描述的便是这一时期昆仑仙境的场景。上述昆仑仙境，在后来托名东方朔所作的《十洲记》中，被进一步具体化：“昆仑，号曰昆崚……山高平地三万六千里，上有三角，方广万里，形似偃盆，下狭上广，故名曰昆仑。其一角正北，干辰之辉，名曰阆风巅；其一角正西，名曰玄圃堂；其一角正东，名曰昆仑宫；其一角有积金，为天墉城，面方千里。城上安金台五所、玉楼十二所。其北户山、承渊山，又有墉城。金台、玉楼，相鲜如流，精之阙光，碧玉之堂，琼华之室，紫翠丹房，锦云烛日，朱霞九光，西王母之所治也，真官仙灵之所宗。”

除以上几类描述神仙思想的词句外，本节镜铭中还有“白虎引兮直上天”“凤凰集，见神鲜（仙）”“凤鸟下，见神仙”之类的内容。白虎是传说中仙人乘骑出游、往来天地之间的交通工具，《楚辞·哀时命》：“使枭羊先导兮，白虎为之前后。”贾谊《惜誓》：“苍龙蚴虬于左参兮，白虎骋而为右騑。”凤鸟则是西王母仙界的神鸟，常居于天门之巅，还是仙人乘骑和得道之人升天的向导，常伴仙人左右。镜铭出现此类内容，也是同时代社会生活中流行的神仙思想的反映。

第九节　汉有善铜出丹阳

——汉代的丹阳铜与丹阳镜

阜阳汉镜中，流行一类“汉（新）有善（名）铜出丹阳”铭镜（彩图4、7），收藏家和研究者一般简称作“丹阳镜”或“丹阳善铜镜”。此类镜以禽兽博局纹镜、简化博局纹镜最为常见，其制作与流播年代，主要在西汉晚期至东汉早中期。阜阳出土的汉“丹阳镜”，多数形制规整、铸工精良、图文华美，堪称汉镜群中的经典之作。“丹阳善铜镜”铭文，对研究汉代丹阳铜的采掘、冶炼、铸造尤其是铸镜工艺具有重要的研究价值，也是研究两汉经济史、社会生活史的第一手材料。

一、镜铭举要

目前所见阜阳出土的汉“善铜出丹阳”铭镜，共有5枚，均收藏于阜阳博物馆，现将5枚丹阳镜铭辞列举如下：

1. 汉有名镜出丹阳，杂银锡清而明，左（蛟）交龙。

2. 汉有善镜出丹阳，取之为镜清而明。

3. 亲（新）有善铜出丹阳，以之为竟（镜）。

4. 亲（新）有善铜出丹阳，取以锡。

5. 新有善铜出丹阳，和以银锡。

上述镜铭，大致可以分为“汉有善（名）铜出丹阳”“新有善铜出丹阳”两类，内容主要是宣扬此类镜质地精良、铜材产地来自著名的丹阳郡等，类似于现在的售卖商品广告语。与上述阜阳镜铭文类似的例镜，在我国其他地区汉镜中也很流行，为便于比较，以下从《汉镜分期研究·镜铭集释》中列举一组：

1. 汉有善铜出丹阳，取之为镜清而明。左龙右虎备四旁，朱爵（雀）玄武顺阴阳。八子。

2. 汉有善铜出丹阳，和以银锡清且明。左龙右虎主四旁，朱爵（雀）玄武顺阴阳。八子九孙治中央。

3. 汉有善铜出丹阳，卒以银锡清而明。刻治六博中兼方，左龙右虎泆四彭（旁），朱爵玄武顺阴阳。八子九孙治中英（央），常葆父母利兄弟。应师四时合五行，法象天地日月光。昭明神镜相侯王，众身美好如玉英。千秋万世，长乐未央兮。

4. 汉有善铜出丹阳，左龙右虎辟不祥，昭爵（雀）玄武利阴阳，八子十二孙治中央。法相天地，如日月之光。千秋万岁，长乐未央兮。

5. 汉有佳铜出丹扬（阳），□刚作镜真毋伤。涑冶镇（铜）锡清且明，昭（照）于宫室日月光。左龙右虎主四方，八子十二孙治中央。

6. 汉有名铜出丹羊（阳），杂以银锡清而明。朱爵（雀）玄武顺阴阳，八子九孙治中央。东上泰山见神人，食而玉央（英）饮澧泉，常宜官秩保子孙。

7. 汉有善铜出丹阳，涑冶银锡清而明。巧工刻之成文章，左龙右虎辟不羊（祥），朱鸟玄武顺阴阳。子孙服具居中央。长保二亲乐富昌，寿如金石之侯王。

8. 新有善铜出丹阳，涑冶银锡清而明。尚方御竟（镜）大毋伤，巧工刻之成文章。左龙右虎辟不羊（祥），朱鸟玄武顺阴阳。子孙备具居中央，长保二亲乐富昌，寿敝（比）金石如侯王兮。

9. 新有嘉铜出丹阳，和以银锡清且明，左龙右虎主四彭（旁），朱雀玄武顺阴阳。

10. 新有嘉铜出丹阳，用以为竟（镜）青（清）且明。

从铭文反映的神仙思想、阴阳五行思想等内容看，以上列举的10例铭辞，多数流行于西汉晚期至新莽之际。阜阳地区所见的“丹阳”铭镜，铭文内容简单、词句残缺不全，有的甚至前后文意不能通读，此类“丹阳”

铭镜，一般出现较晚，流行年代多在东汉早中期。

二、汉郡丹阳出善铜

汉镜铭文中为什么会大量出现“汉有善铜出丹阳”之类的词句？为什么汉代丹阳铜被称作“善铜”“嘉铜”“名铜”？要了解汉代“丹阳”铭铜镜铭文的内涵及其出现、流播的社会背景，还要从汉代丹阳郡铜矿分布、采掘、冶炼及丹阳铜铸器的历史说起。

西汉元封二年，武帝改鄣郡为丹阳郡，郡治迁往宛陵（今宣城），辖17县，分别是宛陵、陵阳、泾、芜湖、黟、歙、宣城、丹阳、春谷、石城、于潜、江乘、秣陵、故鄣、句容、姑孰、溧阳，这个面积广大的辖区，包括了今安徽、江苏长江以南、茅山以西以及浙江的天目山区[22]。

汉代的丹阳郡，以拥有丰富的铜矿资源、先进的冶炼技术而称著于史，时人称丹阳铜为“善铜”“嘉铜”“名铜”“赤金”。《史记·平准书》：“金有三等，黄金为上，白金为中，赤金为下。”《集解》引《汉书音义》云：“赤金，丹阳铜也。”《汉书·食货志》：“古者金有三，赤金为下。注：丹阳铜也。”《盐铁论·通有》赞“陵阳之金”云：“荆、扬南有桂林之饶，内有江、湖之利，左陵阳之金，右蜀、汉之材。”后世文献《括地志》：“铜山，今宣州及润州句容县有，并属章也。”《元和郡县志》：“当涂县本汉丹阳县地……赤金山是在县北一十里，出好铜，与金类。《淮南子》《食货志》所谓丹阳铜也。”又引《舆地志》：“宛陵县铜山者，汉采铜所冶也。”《太平寰宇记》：“铜陵县自汉以来皆烹铜铁。”

然而汉代丹阳郡幅员辽阔，“丹阳铜”究竟产在丹阳郡的什么地方，长期以来争议颇多。多年来的考古调查与研究表明，“丹阳铜”在汉代丹阳郡范围内的产地并非仅限于某一个点，而是广泛分布于该郡的诸多地方。这些铜矿采冶场所，数量惊人，连点成片，共同构成一个庞大的铜料采集、冶炼区域。据杨立新《皖南古代铜矿的发现及其研究价值》一文介绍，仅皖南地区就初步发现了西周至唐宋时期的铜矿采冶遗址近百处。秦颖、魏国锋、罗武干等《长江中下游古铜矿及冶炼产物输出方向判别标志初步研究》一文研究认为“长江中下游地区古铜矿采冶遗址已不是多少个点，而是形成了一个个以铜矿区为中心分布区，向外逐渐稀疏的矿冶遗址群，形成了一个绵延数百公里的长江中下游地区古矿采冶遗址带”。“古矿采冶遗址带大致可分为湖北大冶—阳新、江西九江—瑞昌、安徽铜陵—南岭三个密集分布区。几个密集分布区之间、外围及宁芜、宁镇、庐枞等地，围绕单个矿床或矿点还散布者许多遗址”。“这一区域调查，估计的古炼渣在300万吨以上，炼粗铜在20～30万吨以上”。[23]

从零星的文献记载分析，汉代丹阳郡的产铜量也十分惊人。以铸币使用铜材为例，《史记·吴王濞传》记：“吴有豫章郡（武帝时改名丹阳郡）铜山，濞则招致天下亡命者益铸钱……以故无赋，国用富饶。”《汉书·食货志》：“吴以诸侯即山铸钱，富埒天子。”吴王刘濞大规模即山铸钱，需要数量庞大的铜材作原料供应，表明本郡铜矿资源十分丰富、开采量巨大。另据《汉书·食货志》记载，汉武帝用五铢钱作为全国统一的货币后，从武帝“元狩五年三官（水衡都尉所属的钟官、辩铜、均输）初铸五铢钱，至平帝元始中，成钱二百八十亿万余云”。如此计算，平均每年约铸造2.4亿枚货币，没有足够量的铜材供应，显然是无法完成如此数目庞大的铸币量的[24]。这些铸币铜材，除部分为销毁旧币二次利用者外，其余主要来自长江中下游的荆楚、吴越故地——汉丹阳郡。

《汉书·地理志》载：“丹阳郡，有铜官。”这是汉政府在全国范围内设置的唯一“铜官”，足见汉最高统治阶层对丹阳铜开采、冶炼、铜料管理与运输等工作的高度重视。张卫东、裘士京《论两汉时期皖南铜与皖南经济》一文研究认为，汉政府在丹阳郡设置铜官的重要职能之一是“为了保证把皖南地区的优质铜材源源不断地运往京师，以满足国家铸造铜币的需要”[25]。货币的铸造与发行，是汉代社会政治生活、经济生活领域里的大事。中央政府铸造五铢钱，自然要选择铜质精良的“善铜”“嘉铜”“名铜”作为原材料。汉政府选择丹阳铜铸币，一方面说明丹阳郡铜矿资源丰富、开采与冶炼技术成熟，另一方面也表明丹阳铜质地优良，古往今来享有美誉，凡此表明，“丹阳铜”的开采、冶炼与使用在西汉具有十分重要的战略地位，而“汉有善铜出丹阳”之说，在同时代社会生活领域里，应该是家喻户晓、人尽皆知的事实。

三、丹阳铜与丹阳镜

从早期文献记载看，汉代的丹阳铜主要用于造币，铸造铜器似乎不是其主要用途。汉代“丹阳”铭铜镜的不断发现，则使后人知道了丹阳铜在当时也常用于制作铜器，其中造作铜镜所用的铜料尤多。关于对汉代丹阳镜的认识，以下几个问题要特别予以关注：

一是汉代丹阳郡素以盛产优质铜料而闻名天下，丹阳铜在同时代以“善铜”“嘉铜”“名铜”著称，所以用此类铜材铸造的铜镜，铸工精整，质地精良，图文精美，照面清晰，不易破碎，深受社会大众喜爱。

二是从镜铭内容看，西汉晚期至东汉早中期，自铭为“丹阳镜”的铜镜很多。这些“丹阳”铭镜是否全部为丹阳铜所造尚需分类说明。西汉晚期至新莽时期，汉政府实行铜器专卖政策，铜镜的生产与售卖主要有地方工官机构负责管理，这一时期的“丹阳”铭镜，可能多数为丹阳铜所铸造。东汉之际，政府开放铜镜生产、销售市场，私营铸镜作坊发展迅速，铜镜作为投放市场的普通商品广为流播。私营铸镜作坊为了迎合社会公众崇尚“丹阳”铜，以使用精美丹阳镜为时尚的心态，促进铜镜商品在社会上的大量销售，在铭辞中大量使用了“汉有善（名）铜出丹阳”之类的词句，这一时期社会上流行的丹阳镜，“仿造”者居多，可能有一部分并非为真正的精美丹阳铜所造。

三是两汉铸造铜镜所使用的合金原料，由铜、铅、锡等成分按照一定比例构成，这个“最佳”合金成分，是历代铸镜工匠长期实践中不断摸索、总结出来的结果。因此，即便当时的铸镜作坊使用了丹阳铜造镜，高水平的专业镜师也不会用铜原料直接熔化、浇注、翻模生产成品镜，而是需要经过一个重新熔炼、按照一定比例在丹阳铜原料中添加铅、锡、银等成分的再加工过程，这样才符合铜镜铸造的实际需要。由此看来，两汉社会上流行的丹阳镜质量的优劣，并非完全取决于丹阳铜料的好坏，而是与铸镜作坊二次加工、铸造的工艺技术水平高低息息相关。只是因为当时的丹阳郡是全国著名的产铜地，丹阳铜美名在外，世人多迷信、推崇丹阳铜的精美度，所以爱屋及乌，便认为所有丹阳铜造出的铜镜都是精品佳作。而诸多的私营铸镜作坊，为了产品易于销售获取利润，便利用了社会公众的上述盲目推崇丹阳铜的心态，投其所好在镜图中大量使用了宣传丹阳铜镜质量精美的铭文。目前所能见到的汉代丹阳镜出土器有不少质量粗劣者，很难把它们与精美丹阳铜联系起来。

四是阜阳历史上曾是著名的大型铜料集散地，先秦时期，境内的繁阳是南铜北运的大型中转站，东南长江中下游地区所生产的铜料，大多要通过繁阳转运到中原腹地，因而这里发展成商族、周族、春秋中原诸侯与淮夷势力等反复争夺的军事重镇，对此，殷墟卜辞、西周金文及春秋晋姜鼎、曾伯□簠、战国“繁阳之金”剑等铭文内容中都有涉及。由于古代作为“吉金”的铜料属于贵重金属，在社会政治、经济生活中被赋予了极为重要的战略意义，因此原王室势力与东南淮域族群反复争夺繁阳重镇，很大程度上是在争夺江南铜料的南北转运的控制权。上述“江南铜”的分布地域与汉代丹阳郡基本重合，这个地域所产的铜料实际就是汉代“丹阳铜”的前身。缘于上述背景，在两汉大一统的地理时空内，运输丹阳铜至今阜阳境内的通道依然存在，也只有从南方丹阳郡购置、运输铜料至今阜阳境所在的淮北地区，才是当时铸镜作坊最为节省费用的选择。假如阜阳境内当时存在一批铸镜作坊，假如阜阳目前出土的上述“丹阳”铭铜镜确系产于本地或周邻一带，那么这些质地精良、铸工精细、图文华美、历经数千年仍保存完好、光可鉴人的经典之作，推定为汉丹阳铜所铸造的典型镜应该是大致可信的。

第十节　井田平贫广其志

——新莽“井田”铭镜铭文反映的重要史实

1978年3月，阜阳程集区（今颍州区程集镇）刘棚乡万庄大队刘庄村农民在七渔河西侧田间取土时发现一座小型砖石墓，随即私自将墓葬破坏，随葬器物被哄抢。文物部门获知情况后赴现场调查，从农民手中收缴一枚新莽时期“井田”铭禽兽博局纹镜（彩图5），因镜铭文涉及王莽“王田制”改革这一重大历史事件，又是目前所见新莽镜出土材料中的唯一例镜，价值弥足珍贵。这枚新莽铭文镜的发现，对解决长期以来学术界关于王莽“王田制”改革是否真正实施过等若干争议问题提供了难得的实证材料，镜铭的内容、流播背景及与之相关的新莽“王田制”改革等问题，值得深入探讨。

一、形制、纹饰与铭文释读

镜作圆形，圆钮及钮座，座外环带状九乳丁纹间有“长宜子孙”四字。主纹区博局纹与四乳丁将纹饰分作四区，四区内依次配置青龙对羽人、朱雀对长尾兽、白虎对蟾蜍、独角羊对大耳兽组图。主纹区外置铭文圈带，铭文：“刘氏去，王氏持，天下安宁。乐可喜，井田平，贫广其志。”铭文圈带外依次置短斜线纹，锯齿纹，流云纹圈带，宽平缘。直径15.1厘米，缘厚0.4厘米。

上述博局镜铭辞，属流行于新莽时期的典型政治谣谚，“刘氏去，王氏持”是指西汉末年刘汉政权为王莽新朝所取代的重大变革事件，“井田平，贫广其志”反映的是王莽代汉后为解决严重的社会土地兼并问题而实施“王田制”改革，实行土地平均分配给贫民，广大农民欢欣鼓舞的史实。这一改革是采取西周时期“井田之法”的形式平均土地，分土地给广大无地或少地的贫民耕作，这种土地制度改革主要没收地主阶层的土地归国有，使无地农民无偿获得了土地，自然会受到贫民阶层的拥护。汉代谣谚的出现与流播是我国古代文化史上的一种独特景观，这种现象对当时社会生活产生的重大影响为后世所罕见[26]。汉初除暴秦“禁言”之弊形成的宽松政治环境、统治者以“举谣言”“观采风谣”考课官吏和检讨自己为政之好恶得失的做法及天人感应说、谶纬神学的发展等原因，为谣谚参政议政、褒贬吏治、反映民众疾苦、素描社会百态等创造了条件。由于谣谚传播快、影响大、易为统治者所观纳，谣谚的制造与传播者又不必为“过言之失”承担责任，社会上不同阶层、不同身份背景的人便热衷于使用谣谚来表达自己的情感与主张，其中内容与时政紧密关联、具有鲜明政治舆论导向者，便是“政治谣谚”，或称着“政治民谣”。

据汉代文献记载，两汉之交是“政治谣谚”的一个多发期，究其原因应与这一时期社会动荡混乱、政权角逐更易、多种矛盾交织的现实生活状况有关。西汉晚期以降，统治者骄奢淫逸，外戚弄臣专权，土地兼并现象严重，自然灾害频发，导致社会危机四伏，刘氏政权人心尽失，无可挽回地步入历史尽头。这一时期人们普遍缺乏安全感，有识之士强烈渴望社会发生变革，于是制造、传播各种谣谚成了公众宣泄政治倾向、抨击奸邪权贵、寻求精神慰藉的有力手段。政治谣谚的导向性威力，不仅令邪狂权贵忧悸失色，连皇帝本人也有所畏惧[27]，窥视皇权已久、好大喜功的外戚王莽自然深谙其微妙功效与“无形”作用，便玩起了驾驭谣谚操控民意、为自己歌功颂德的手段，《汉书·王莽传》记载，元始四年，大司徒陈崇等人受王莽派遣巡行天下观览风俗，竟一次性收集到歌颂王莽功德的民谣三万言之繁。王莽能够代汉以成帝业，自然缘于汉末社会动荡混乱、刘氏皇权腐朽将亡等因素，而就权谋诈术的运作手段而言，王氏幕僚儒士集团成功布控谣谚所起的舆论导向作用亦功不可没。目前所见的新莽镜材料中，为王莽新朝歌功颂德、粉饰太平的“政治谣谚”类铭辞十分流行[28]，阜阳出土的“井田”铭博局镜仅系其中一例。

二、从文献记载看新莽“王田制”改革

《汉书·王莽传》中完整记述了王莽运作权谋代汉立新的经过，新朝建立之初即着手推行“王田制”改革，并非王莽一时心血来潮，而是由当时全国剧烈的土地兼并现象导致的政局严重动荡不安的社会现实所决定的，有其历史必然性。王公贵戚、官僚贵族、豪强富贾大肆兼并土地及由此引发的社会贫富不均矛盾，自西汉初年即已开始出现，武帝时期这种现象虽有所遏止，并未从根本上解决问题。据汉代文献记载，西汉晚期以来

的社会土地兼并现象已达到十分疯狂的地步，不仅王公贵族、官僚大贾通过“强贱买”“侵夺人田”“兼并农人”“贳贷”“占垦”“劫假”等手段贪得无厌地吞田占地，连皇帝本人也“置私田于民间”参与其中[29]。汉末土地兼并的狂潮，严重激化了社会矛盾，直接导致了封建小农经济的纷纷破产，形成了数以百万计的失地农民被迫为奴或辗转流亡的悲惨景象，挣扎于死亡线上的大规模流民形成了社会严重动荡不安的局面。新朝初立，剧烈的土地兼并与流民问题依然存在，由此引发的尖锐阶级矛盾时刻威胁着新生政权的生存与巩固，因而王莽称帝后迫切推行“王田制”改革，可谓找准了社会动荡不安的病根，开出了一剂根治社会土地兼并痼疾的良方。

其实，王莽早在未建立新朝之前的平帝元始三年夏就曾以大司马的身份做过实行“王田制”改革的试点，后因遭“反虏逆贼”干扰而止[30]。新朝始建国元年四月，王莽正式颁布“王田诏”推行土地制度改革，《汉书·王莽传》记王莽曰：“古者，设庐井八家，一夫一妇田百亩，什一而税，则国给民富而颂声作，此唐、虞之道，三代所遵行也。秦为无道，厚赋税以自供奉，罢民力以极欲，坏圣制，废井田，是以兼并起，贪鄙生，强者规田以千数，弱者曾无立锥之居……汉氏减轻田租，三十而税一，常有更赋，罢癃咸出，而豪民侵凌，分田劫假，厥名三十税一，实什税五也。父子夫妇终年耕芸，所得不足以自存……今更名天下田曰‘王田’，奴婢曰‘私属’，皆不得买卖。其男口不盈八，而田过一井者，分余田予九族邻里乡党。故无田，今当受田者，如制度。敢有非井田圣制，无法惑众者，投诸四裔，以御魑魅，如皇始祖考虞帝故事。”从这段话看王莽的“王田制”之法，实际是机械套用了先秦时期实行的“井田制”土地制度模式。这个“王田令”的推行，至少包含了以下几项措施：(1) 全国土地一律收归国有，再按照人口户数对土地进行重新分配。(2) 对地主、农民的占田数量进行规范，地主不足八口之家占田以一井（九百亩）为限，农民一夫一妇授田百亩。地主占田超出一井的土地，由政府无偿收回分给无地、少地的农民。(3) 严禁土地买卖。

先秦时期“井田制”土地分配制度的实施与存在，是以国家占有大量的足够支配的土地资源为前提条件的。两汉之交社会土地所有制结构，较先秦时期已经发生了巨大变化，私有制已成为社会主要的土地占有形式。以儒生成分占主导地位的王莽集团怀着极大的信心与热情推行“王田制”，忽略了汉代社会土地所有制状况与先秦时期的巨大差异，既对新朝土地制度改革带来的巨大困难估计不足，又缺少应对改革中出现各种复杂情况的强有力的残酷灵活措施，最终失败在所难免。新朝“王田制”改革，是以最激进的方式触动、剥夺了地主阶级的利益，国家没收地主的土地分给无地农民，首先遭到的是整个官僚贵族、豪民巨贾阶层的强烈抵制与反抗，《汉书·食货志》记载王田令发布后“犯令，法至死，制度又不定，吏缘为奸，天下嗷嗷然，陷刑者重”，可见新朝政府为确保“王田制”改革的顺利实施，最初是以坚决的态度采取了强有力的镇压手段的，但法不责众，实际执行过程中出现了“抵罪者不以胜数”的混乱局面。延至始建国四年，中郎区博谏莽曰：“井田虽圣王法，其废久矣。周道既衰，而民不从。秦知顺民之心，可以获大利也，故灭庐井而废阡陌，遂王诸夏，迄今海内未厌其弊。今欲违民心，追复千载绝迹，虽尧舜复起，而无百年之渐，弗能行也。天下初定，万民新附，诚未可施行。”王莽迫于压力，被迫宣布“诸名食王田，皆得卖之，勿拘以法”，取消了禁止土地买卖之法，王田制改革遂告失败。

从始建国元年四月新朝颁布“王田令”到四年被迫取消“严禁土地买卖”的改革措施，王莽推行的旨在从根本上解决社会土地兼并痼疾的改革前后不到四年时间即草草收场，这次土地制度改革的失败，对当时其他政治、经济、文化领域内的系列改革，乃至对新朝新生政权产生了灾难性的影响，此后有恃无恐的土地兼并现象造成的社会动荡混乱危机更加无法收拾，可以说这次土地制度改革是直接导致王莽新朝政权崩溃的重要原因之一。“王田制”改革失败的原因，除前述的国家缺少可供分配的土地资源储备、对改革本身遇到的巨大阻力和各种复杂情况缺乏充分估计、缺少针对性的应对手段外，还与王莽集团制定的具体土地改革措施违背社会发展的客观经济规律紧密相关，如在封建土地私有制已根深蒂固的社会条件下推行“严禁土地买卖”禁令，硬性限制土地资源的“合理流动”，必然会激化社会各阶层的矛盾。有研究者考察历史上诸如刘邦“授田制”、曹魏“屯田制”、北魏及隋唐“均田制”之类的土地分配制度改革的成功例证，无不是在大规模战乱之后大量无主土地荒芜闲置，国家完全掌控土地资源的社会背景下实施的[31]，而新莽政权是建立在封建官僚地主阶层支持的基础上，通过“和平演变”方式取得的，政权平稳过渡更易的过程中并没有损及地主阶级的根本利益，这种政治背景下，新朝采取强硬没收封建地主阶级土地资源的方法去建立自己向往中的完美“太平之制”，则无异于“与虎谋皮”“虎口拔牙”，遭致以刘氏贵族为代表的地主阶级激烈反抗，进而失去自己的阶级统治基础是必然的，所以王莽的土地制度改革运动，从诸多因素看并不具备顺利推行的客观条件，一开始就注定了一代政客

“有心革弊，无力回天”的悲剧结局。

“王田制”是王莽新朝系列改制的核心内容，如何正确看待王莽新朝的这次“王田制”土地改革运动？有人评价王莽是在“愚蠢复古”，有人认为王莽是“倒行逆施”，有人认为王莽“政令多出，朝令夕改”，所谓的土地制度改革仅是一场儿戏，甚至有观点认为王莽将土地收归国有，是想把天下土地变成自己的私产等等，其实，上述观点多是受了《汉书》中班固“王莽篡汉”封建儒生正统思想的影响所致，宏观考察两汉之交的社会状况，不难发现论者对王莽改制评价的偏颇之处，正如著名历史学家翦伯赞先生所言：“假如我们离开‘袒刘’的立场，则王莽仍不失为中国历史上最具有胆识的一位政治家……当王莽窃取天下后，眼看他所接收的天下已经陷于崩溃决裂的现象，而且他知道，这种现象是从社会经济最深刻的地方爆发出来，即由土地兼并而引致之农民流亡所致。他知道，为了要抢救土地所有者的政权，已经不是减租、免税、抗灾、恤贫等小恩小惠所能奏效；他认为要将当时矛盾百出的社会经济制度加以改良，也许是有效的，于是而有王莽的改制。”[32] 王莽的“王田制”改革，有其自身无法克服阶级局限性，但其正面的积极意义，还是应该肯定的。根治两汉之交封建地主土地兼并的恶疾，改革、改良的道路是行不通的，非用最为激进的革命手段解决不可。

三、镜铭反映的新莽“王田制”改革

缘于史载陋略存疑，又缺少直接的可靠物证材料，关于王莽新朝推行“王田制”改革的具体情况，过去一直是困扰史学界的一个聚讼悬案，多年争论的焦点在于：当时的“王田制”改革措施在全国范围内究竟有没有实际推行过？其中有三种观点最为流行。

一种观点认为《汉书·王莽传》所记的内容，只表明当时曾短暂地强制推行过“严禁土地买卖”这一项法令，前后不足四年即告废止。至于“王田令”中规定的对封建地主多占土地的具体处理、对数以百万计流民依法实行授田的实施情况，《汉书》未提及，亦无其他汉代文献材料直接证明当时实施过这些措施，因此王莽的“王田制”改革只是制定、颁布法令做做表面文章，实际执行中并没有具体实施法令规定的若干内容，这个结论亦可从《汉书·食货志》所记王田制改革“制度又不定”的描述中得以证实。[33]

第二种观点认为当时“王田制”改革的部分制度在全国实际推行过，虽然《汉书》未确记，但有出土文物“成纪间（闲）田宰”印、传世文物“庐江亭间（闲）田宰”印、流沙汉简“闲田”铭简等实物材料可证。“王田”未区分，则不会有“间田”之说，所以当时“王田制”中的改革法令至少应部分实行过[34]。《汉书·食货志》云王田令发布后“犯令，法至死，制度又不定，吏缘为奸，天下嗷嗷然，陷刑者重”及上引中郎区博对王莽的劝谏文，都是记述当时新朝“王田令”实际执行过程中出现的种种后果，可作为此项土地制度改革法令实行过的间接证据。

第三种观点认为王莽新朝不仅颁布了“王田令”改革措施昭告天下，实际在全国也全面推行过这项土地制度改革，只是实施过程中因阻力过大局面一度失控，于始建国四年曾短暂废除过“王田令”，之后又恢复了各项改革措施并坚持到新朝灭亡。此说的文献依据是《王莽传》记载地皇二年（公元21年）卜者王况所言“新室即位以来，民田奴婢不得买卖”，表明“王田制”改革并非到始建国四年即告消亡，又《王莽传》记天凤元年（公元14年）“诸侯国置闲田，为黜陟增减云”，天凤元年既有“闲（间）田”存在，则证明“王田制”此时仍在沿用。另地皇二年公孙禄批评王莽改制“明学男张邯、地理侯孙阳造井田，使民弃土业”，地皇三年王莽打算派使者分行天下“除井田、奴婢……之禁”，但使者“待见未发”，表明王田令应一直执行到新朝末年。[35]

上述王莽新朝“王田制”改革具体实施情况的种种结论，多建立在对文献材料的辗转稽求、类比间证上，缘于汉代文献记载的陋略模糊，后世论者理解有歧义亦属自然。关于出土“间（闲）田”铭汉印、汉简文物的史证价值，亦因过去研究者对“间（闲）田”二字的释读意见不一，多年来未能获得史学界的充分肯定，如有论者认为《礼记·王制》所记“名山大泽不以封，其余以为附庸闲田”中的“闲田”，实指“未封之地”，王莽附会《王制》把诸侯封地以外的郡县辖地称为“闲田”，应与“王田”的分配无涉[36]。阜阳刘庄新莽墓出土的博局镜“井田平，贫广其志”铭辞，文意清晰无误地表明王莽新朝当时确实推行过“王田（井田）制”土地制度改革，并在民间产生了广泛影响，进而亦证明陈直先生早年关于“间（闲）田”“王田”之间关系的推论，是完全合乎史实的。

阜阳刘庄出土的上述“井田”铭新莽镜，与目前见于著录的众多硕大精美“尚方”御制镜或其他官作坊铸镜比较，不仅器形较小[37]，铸制亦算不上精整，铜镜所属的墓葬为流行于两汉之际的典型小砖室墓，可见墓主身份地位不高，大体可划归“平民”之列，凡此均表明此镜为新莽时期民间作坊所铸的可能性很大。歌颂“井田平贫广其志”的铭辞既能在民间铸镜中出现，表明此类符合广大平民阶层利益需求的政治歌谣在当时的民间应是十分流行的，然细审镜铭，虽属易于诵读的口语化政治民谣，遣词造句却十分精雅考究，因故此类谣谚出自广大民众自发创造的可能性似乎不大。当时的情况很可能是，此类为“王田制”改革欢呼粉饰的称颂之辞出自王莽集团文人之手并有意识地广布天下，又确为民众所衷心喜爱，以致终成流播风谣，此亦符合王莽本人好大喜功、擅长作“太平之制”表面文章的行事风格。即便是“井田颂”民谣果真原创于民间、为贫民阶层发自肺腑拥戴称颂王莽新政之辞，亦应是经过了新朝幕僚、儒士的二次加工、润饰之后方为镜铭所用的。反之，假如当时新朝政府没有在全国实际推行过“井田制”各项法令，便不会有此类“井田颂”民谣的广为流播（王莽利益集团自编自演的虚浮自夸谣谚很多，罕有真正在民间广为流播者），亦不会有此类谣谚镜铭出现于民铸铜镜中的事实。

以“井田”铭博局镜为据确认新莽时期有实际推行“王田制”改革之实，便可对《汉书》中关于“王田令”的陋略记述词句予以重新认识。（1）既然新朝以坚决的态度严厉颁行“王田诏”中规定的各项改革法令，为什么《汉书》中的仅记载有国家禁止土地买卖法令的史实，而不提及政府没收地主多占土地和为无地流民授田法令的执行情况呢？这是因为“王田令”的实施，首要的任务是将地主阶级的多占土地无偿收为国有，而封建地主在钻尽“王田令”制度疏缺不严的漏洞（如与吏缘勾结分户析产，钻“男口不盈八占田限额一井”的空子，将巨额田产化整为零“合法”占有等）之后，为了最大限度地规避风险减少损失，便不惜以身试法违禁做买卖土地的交易，由此导致“王田令”颁行之初地主违禁买卖土地和国家严厉打击土地买卖行为成为最为突出的矛盾焦点，形成“天下嗷嗷然，陷刑者重”“抵罪者不以胜数”混乱失控局面。班固记载这个突出焦点而忽略其他法令执行情况，并不意味着没收地主多余土地，授田给无地农民的改革措施没有实施。从另一个角度看，“王田诏”颁行之初，大量的土地违法交易案件陡然增加并最终出现局面失控的情况不是偶然的，它恰恰证明了这一反常现象系因国家严厉执行没收地主多余土地、授田给无地农民的改革政策而引发的。如果新朝政权不在全国严厉实施国家没收地主多余土地的改革措施，哪来的那么多土地违禁交易案突然出现？（2）两汉之交王莽“王田制”这一激进的土地改革运动，前后存续时间不足四年，宛若历史长河里的一颗炫目流星，在经过了照亮夜空的短暂辉煌之后旋即消逝，或因于这种快速出现又快速废止的猝然变化，让史家班固权衡之后认为不值得详书，故而《汉书·王莽传》中笔墨记之甚略。（3）有论者根据《王莽传》记载地皇二年王况所言“新室即位以来，民田奴婢不得买卖”，地皇二年公孙禄批评王莽改制“明学男张邯、地理侯孙阳造井田，使民弃土业”，地皇三年王莽打算派使者分行天下“除井田、奴婢……之禁”，认为王莽“王田令”在始建国四年之后仍在继续执行并一直延续到新朝末年。实则上述王况、公孙禄等言论，均是后人对之前发生过的事件追溯，并非说当时新朝“王田制”仍在实施。至于有些地方诸侯豪强有继续延续实施“井田制”土地制度的现象，作为极少数个案可能是存在的，但作为王莽新朝政权推行的全国性“王田制”土地改革运动，在始建国四年下诏废止后肯定不会再死灰复燃，原因前已述及。

世间万物运转，多循福祸相依、生死轮回、利弊共生之道，两汉之交政治谣谚的微妙舆论导向作用，既然能为王莽掌握皇权、执政天下所用，当然亦能为其政敌所用。具有讽刺意味的是，热衷于利用政治谣谚操控社会舆论、影响和引导民心相背的王莽，恰恰也吃尽了政敌刘氏集团不断网罗、传播的险恶谣谚非难、中伤的苦头，最终在农民起义和刘氏贵族势力的双重打击下身死国灭。

四、结语

上文对阜阳出土新莽“井田”铭博局镜的认识，小结如下：

1. 阜阳“井田”铭博局镜，出土于新莽时期墓主身份地位不高的小型普通砖室墓中，该镜直径较小、铸工算不上精致，与同时代流行的硕大精美官作坊铸镜明显不同，推定应系民间治镜作坊所铸。

2. 为王莽代汉立新歌功颂德、颂扬王莽“王田制”改革的政治歌谣出现于阜阳博局镜铭辞中，该镜又系民间铸镜，表明此类谣谚当时已在民间广为流播，并深受广大贫民欢迎。

3. 阜阳出土新莽博局镜“井田”铭歌谣虽文意明达通俗，但用词精雅、音韵考究，原创应非出自民间。此类颂扬新朝新政之辞很可能为王莽幕僚儒士所创并有意识传播，后因的确迎合、表达了民众的期待心声而成风谣，“井田颂”流播既广影响亦深，最终为铜镜铸铭所吸纳。

4. 阜阳“井田”铭博局镜年代可靠、出土地点清晰、镜铭文意至确无误，是目前发现的与王莽“王田制”改革这一重大历史事件直接相关的唯一一件实物材料，其“证史”“校史”“补史”的价值弥足珍贵。该镜铭辞内容与《汉书》所记相互校勘，可确证王莽“王田制”改革当时在全国范围的确推行了，对于解决多年来学术界关于新朝“王田制”改革若干问题的争议具有重要意义。

图 3－1　阜阳出土新莽“井田”铭铜镜拓片

图 3－2　阜阳新莽“井田”铭铜镜铭文

第十一节 新兴辟雍建明堂

——新莽“新兴辟雍”镜铭反映的重要史实

1976年5月20日，阜阳县王店公社九里沟大队前郭庄新莽墓出土一枚珍贵的“新兴辟雍”铭新莽镜（彩图6），器物出土时断残为六块，经粘接已基本复原。这枚铜镜铭文记录了王莽建立新朝政权前后发生的一系列重大历史事件，具有十分重要的“证史”价值，值得深入研究。

一、形制、纹饰与铭文

镜作圆形，圆钮，圆钮座。座外双线方框，方框与钮座之间配置九环乳圈带纹，方框内侧四角配置“长宜子孙”四字，纹饰、铭文区的间隙内填衬有简约的云气纹。主纹区以钮座方框四角外侧为界，均分为四区，每区对称配置两乳钉纹，四区纹饰分别为持举仙草（果）的羽人配青龙、白虎配独角兽、朱雀配鸟首兽身神、玄武与蟾蜍，主纹间隙处填衬仙草（果）、云气纹等。主纹区外置一周铭文圈带，铭辞：“新兴辟雍建明堂，然（单）于举土列侯王，将军令尹民户行，诸生万舍在北方，子孙复具治中央。”铭文区外置短斜线纹圈带。宽平厚缘，镜缘饰有三角锯齿纹圈带、云气纹圈带。直径18.7厘米，缘厚0.45厘米。

阜阳新莽时期的“新兴辟雍”铭镜，与前文介绍的“井田”铭镜性质类似，均属于为王莽新朝歌功颂德的政治歌谣镜。王莽新朝的兴衰演变，年代极短，这一时代一个重要的特点，就是以王莽为首的统治阶层十分重视政治舆论的社会宣传、引领作用。铜镜是日常生活中广为流传的照面饰容工具，铸镜设计、配置铭文时，将当朝推行的政治、经济、文化国策及发生的重大历史事件以言简意赅、易于诵读的歌谣形式尽纳其中，自然成为新莽政权重加利用的宣传手段之一。目前见于著录的新莽“新兴辟雍”铭出土镜已有30余枚，这些铜镜的出土地点具有广泛的代表性，表明此类镜出土于今阜阳境内并非个案。不同地区出土的新莽“新兴辟雍”镜，铭文虽有变化，但基本内容是雷同的，显然，这些镜铭的“原版”内容应是经当时官方精心设计出来的，绝不会出自民间文人或私营铜镜作坊的工匠之手。

为便于比较，现将常见的几类新莽“新兴辟雍”镜铭文列举如下[38]：

1. 新兴辟雍建明堂，然（单）于举土列侯王，将军令尹民户行，

□□□□□□□，诸生万舍在北方，郊祀星宿并共皇，左龙右虎主四彭（旁），子孙复具治中央。

2. 新兴辟雍建明堂，然（单）于举土列侯王，将军令尹民户行，诸生万舍在北方，郊祀星宿并共皇，子孙复具治中央。

3. 新兴辟雍建明堂，然（单）于举土列侯王，将军令尹民户行，诸生万舍在北方，郊祀星宿并共皇。

4. 新兴辟雍建明堂，然（单）于举土列侯王，将军令尹民户行，郊祀星宿并共皇。

5. 新兴辟雍建明堂，然（单）于举土列侯王，将军令尹民户行，诸生万舍在北方。

6. 新兴辟雍建明堂，然（单）于举土列侯王，将军令尹民户行，诸生万舍在北方，乐未央。

7. 新兴辟雍建明堂，虏胡殄灭见青黄，然（单）于举土列侯王，将军令尹民户行，诸生万舍在北方，郊祀星宿并共皇，子孙复具居中央。

8. 新兴辟雍建明堂，然（单）于举土列侯王，将军令尹民户行，诸生万舍在北方，子孙复具治中央。左龙右虎主四彭（旁），家常大富宜君王，大富昌，宜君王，乐未央。

9. 新兴辟雍建明堂，单于举土列侯王，将军大尹民户行，八子九孙治中央，常服此镜寿命长。

10. 新兴辟雍建明堂，单于举土列侯王，黄金为席，璧玉□床，千秋万岁，乐巨央孙。桼言之纪从镜始，青龙在左白东虎，长□亲，官孙子。

比较上述镜铭，可以发现除了新莽镜中常见的几类祝福语、吉祥语外，“新兴辟雍建明堂”“然（单）于举土列侯王”“将军令尹民户行”“诸生万舍在北方”四句，是其中出现频率最高、内容最为稳定、最具新莽镜铭特色的铭辞。此外，“郊祀星宿并共皇”“虏胡殄灭见青黄”词句，也为新莽镜铭文所独有。“新兴辟雍”铭镜中的这些固定格式、标准格式的词句，记录的是王莽执政期间所发生的兴建辟雍明堂、增建太学宿舍、扩大太学招生规模、处理与北方匈奴的关系等系列重大历史事件。

二、铭文解读

1. 新兴辟雍建明堂

西汉末年，社会动荡，民不聊生，刘汉王朝危机四伏。独揽朝中大权的“安汉公”王莽，洞悉天下大势，开始为自己篡夺皇位作精心准备。汉平帝元始四年，辅政多年的王莽由大司马、安汉公加号宰衡，接着奏议重建明堂、辟雍等礼制建筑，以试图“复古”先秦国家礼制。《汉书·平帝纪》载元始四年“安汉公奏立明堂、辟雍。尊孝宣庙为中宗，孝元庙为高宗，天子世世献祭”。平帝下诏同意后便命羲和官刘歆等四人“使治明堂、辟雍，令汉与文王灵台、周公作洛同符”。《汉书·王莽传上》亦记：“是岁，莽奏起明堂、辟雍、灵台，为学者筑舍万区，作市、常满仓……立《乐经》，益博士员，经各五人。”“以八月载生魄庚子奉使，朝用书临赋营筑，越若笠辛丑，诸生、庶民大和会，十万重并集，平作二旬，大功毕成。”可见王莽集十万之众，仅用了二十多天就建成了明堂、辟雍礼制建筑。

古代国之大事，在祀与戎。汉末明堂、辟雍的新建，是当时国家祭祀生活中的重要事件，自然深受贵族阶层和天下知识分子欢迎，成为王莽博取世人拥戴的经典之作，阜阳镜铭中“新兴辟雍建明堂”句的内容，记录的就是这一重大历史事件。

明堂、辟雍，是自先秦时期就有的国家礼制建筑。周代兴作的礼制建筑制度，到汉武帝时在人们的记忆中已经很模糊了，关于早期明堂、辟雍的建筑形制与内部结构，自汉代以来就聚讼不息、莫衷一是。据近代学者研究，大致说来“明堂”是古代帝王举行祭祀天地诸神及祖先的典礼、召见王公大臣、举行颁布政令典礼、举行学习礼乐典礼、占云望气的重要场所。“辟雍”则是指“明堂”外面环绕着的圆形水沟，环水为雍，圆形像辟，象征王道教化圆满不绝。据《汉书·郊祀志》记载，元封二年秋汉武帝“欲治明堂奉高旁，未晓其制度，济南人公王带上黄帝时明堂图……于是上令奉高作明堂汶上，如带图”。这便是汉代明堂建筑的最初版本，平帝四年王莽所奏立兴建的“明堂”建筑，实则就是这种“黄帝明堂图”版本的重建。汉代明堂的形制与内部结构，《汉书·郊祀志》记载：“明堂中有一殿，四面无壁，以茅盖，通水，水圜宫垣。为复道，上有楼，从西南入，名曰昆仑，天子从之入，以拜祀上帝焉。”此后《礼制·明堂阴阳录》：“明堂之制，周旋一水，水行左旋以象天，内有太室象紫宫，南出明堂象太微，西出总章象五潢，北出玄堂象营室，东出青阳象天市。”显然，这个说法已经将“明堂”的形制进一步礼制化了。

关于“辟雍”，早期文献中仅模糊说“圆如璧，雍以水”（《太平御览》引《礼记·王制》），并未明确记载它的详细形制。《大德礼记·盛德》说“明堂外水曰辟雍”，西汉学者多认为明堂、辟雍是合二为一的一座礼制建筑，东汉末经学家卢植认为：“明堂即太庙也，天子太庙上可以望气，故谓之灵台。中可以叙昭穆，故谓之太庙。圆之以水似璧，故谓之辟雍。古法皆同一处，近世殊异，分为三耳。”（《毛诗·灵台》）这里很明确地指出西汉时期的明堂、辟雍、灵台，是同一座建筑内部形构的不同部分，只是到了东汉才一分为三。蔡邕亦认为明堂、辟雍与太学、太室、太庙是异名而同事，是对一组皇家礼制建筑的不同称呼。又《水经注·谷水》记建武三十二年光武帝所建明堂辟雍的形制为：“（明堂）上圆下方，九室重隅十二堂，蔡邕《月令章句》同之，故引水于其下，为辟雍也。”

王莽所建“明堂”“辟雍”的位置，据《关中记》等文献记载和考古发掘获取的资料，可证：“在距离长安城南城墙约1公里许，位于安门南大道东侧……西汉元始元年间修建的明堂、辟雍、太学，正分布在这一带。”（《西汉礼制建筑遗址》）王世仁在《汉长安城南郊礼制建筑（大土门遗址）原状的推测》一文中，根据遗址形状、体量、内部结构特征与文献互勘，认为“作为辟雍、明堂、灵台、太庙、太学的一个综合体，这座建筑的基本形制大致是这样的：环水和圆台象辟雍，下为太学，中为明堂，上为灵台和太庙。一些象征性的形状和数字也基本上和建筑符合起来”[39]。这个结论，大体是正确的，不过将西汉“太学”与明堂、辟雍、灵台、太庙完全合纳于同一座礼制建筑中似有不妥（后详）。

2. 诸生万舍在北方

阜阳镜铭中所指的“诸生万舍在北方”，反映的是王莽建太学、在辟雍名堂的北侧为太学生新修宏大宿舍区的史实。

西汉的“太学”与辟雍、明堂、灵台（合成“三雍”），均属帝王宣示天命有所受、修礼乐、兴教化的礼制性建筑，古今论者多认为它们是多位一体、名异而实同的一处复合建筑群。太学与辟雍关系最为密切，周代的“辟雍”系太学的专名，《礼记·王制》：“天子命之教，然后为学，小学在公宫南之左，大学在郊，天子曰辟雍，诸侯曰泮宫。”这里不仅是贵族子弟学习的场所，也是贵族成员集体聚会、行礼、宴饮、练武、奏乐之处。王莽意图“复古”先周制度与礼俗，常得意于以周公自喻，这一时期新兴的太学，大体上也可以认为是与辟雍、明堂三位一体的综合性整体建筑群。但王莽兴建的“太学”规模很大，在空间体量与布局上与辟雍、明堂尚不能完全等同起来。从文献记载看，此期太学招收学生数量已经超过一万人，增建的宿舍号称“万舍”，数量极其庞大，与之相适应的管理机构用房、教育场所、食宿等生活馆舍等规模体量，远非辟雍、明堂的建筑空间所能承载，它们之间的内涵、性质、宗教与文化功能关联及建筑空间结构的差异，尚须细审。

关于此期的太学建筑格局，《太平御览》引《黄图》曰：“《礼》，小学在公宫之南，太学在城南，就阳位也，去城七里。王莽为宰衡，起灵台，作长门宫。南去堤三百步，起国学于郭内之西南，为博士之宫寺，门北出。王于其中央为射宫，门西出，殿堂南向为墙，选士肄射于此中。此之外为博士舍三十区周环之。此之东为常满仓，之北为会市，但列槐树数百行为隧，无墙屋。诸生朔望会此市，各持其郡所出货物及经书、传记、笙磬乐相与买卖，邕邕揖让，或论议槐下。其东为太学宫寺，门南出，置令丞吏，诘奸宄，理辞讼。五博士领弟子员三百六十，《六经》三十博士，弟子万八百人，主事、高弟、侍讲各二十四人。学士司舍，行无远近皆随檐，雨不涂足，暑不暴首。”又《三辅黄图》：“汉太学在长安西北七里……王莽作宰衡时，建弟子舍万区，起市郭上林苑中，《三辅旧事》云：‘汉太学中有市、有狱’。”周向峰《王莽时代的太学》一文据上引文献认为：“太学地处本为供皇家狩猎之所的上林苑……其总名曰‘长门宫’，外有城郭环绕”。“考古发现的礼制建筑遗址，只是王莽太学中主要偏重于举行政治、宗教、文化礼仪的明堂辟雍，而承担日常教学功能及相关辅助功能的各个设施如‘博士宫寺’‘太学宫寺’‘常满仓’‘会市’等，均未进入发掘的范围”。“坐落于这片建筑群落中心的明堂辟雍（射宫）通过各种礼仪活动象征着太学以教育考试选拔候补文官之方式所表现出的‘选贤与能’精神，从而成为整个建筑群落的标志性部分”。“从象征意义上说，考古发现的这座礼制建筑可以说是‘太学’，即‘辟雍’，然而就太学更本质的教育功能而言，《太平御览》卷534引《黄图》所描绘的状况，才可能是王莽太学的全景”。[40]这一太学建筑群落，主要由辟雍、明堂（射宫）、博士舍、博士宫寺、常满仓、太学生宿舍、会市、太学宫寺等构成，其中辟雍明堂位居核心，太学生宿舍区（即镜铭中所说的“诸生万舍”）在辟雍明堂的北侧，与“会市”相邻。

“市”是为太学生提供学习、生活用品等交易方便而设置的定期开放集市，也是供太学生研讨经义、议论时事的自由活动场所。“常盈仓”位于辟雍明堂的东侧，主要功能是“为诸生储，以供好学”，即为学习优异的太学生提供伙食补助，元帝元始中为避惠帝名讳而改“常满仓”，王莽立新朝后复称“常盈仓”[41]。另外，从镜铭“将军令尹民户行”句看，当时太学的外围还建有大量的文武官僚、豪门显贵、庶民百姓的房舍，这些房舍排列整齐、密集有序，与太学建筑群等共同形成了汉末长安城南一处气势恢宏的繁华热闹景观。

3. 然于举土列侯王

镜铭“然于举土列侯王”句，反映的是王莽摄政期间汉政权与北方匈奴关系的一段史实。

“单于”是我国古代北方匈奴对天子的称谓，《史记·匈奴列传》：“单于者，广大之貌，言其象天单于然。”《玄晏春秋》：“此胡所谓天子。”镜铭中的“然于”即“单于”，然、单均为寒韵阳平字，可通假。王莽于天凤二年曾改称“单于”为“善于”，然史书中却找不到直接用“然于”代替“单于”的例证，上述镜铭，或系汉末民间俗字的写法。“然于举土列侯王”的含义，是指匈奴王单于甘愿臣服于汉政权，秉持匈奴国的疆土受封大汉皇帝赐予的王侯爵位。

镜铭提及的这一史实，见于《汉书·王莽传上》：“（元始二年）莽念中国已平，唯四夷未有异，乃遣使者赍黄金、币帛，重赂匈奴单于，使上书言：‘闻中国讥二名，故名囊知牙斯今更名知，慕从圣制’。”《资治通鉴》卷35《汉纪》记载元始二年“单于从之，上书言：幸得备潘臣，窃乐太平圣制，臣故名‘囊知牙斯，今谨更名曰知’。莽大悦，白太后，遣使答谕，厚赏赐焉”。王莽重赂通使匈奴，造成匈奴单于臣服的假象，目的是媚事太后，炫耀自己功德，镜铭“然于举土列侯王”，指的就是这一次囊知牙斯上书自称“潘（藩）臣”的事件。

儒生出身的王莽原是元帝皇后王政君之侄儿，初以外戚关系入仕，经多年经营，于平帝时把持了朝政大权。王莽为标榜、粉饰自己以实现代汉立新的意图，采取对周围少数民族重金收买的方式换得“四夷”的假意拥戴与支持，据《汉书·平帝纪》及《匈奴传》记载，元始元年，王莽“风益州令塞外蛮夷献白稚”，又“越裳氏重泽献白稚一、黑稚二，诏使三公以荐宗庙”，由此标识自己“功德致周成白稚之瑞”。元始二年又“因使使者以风单于，宜上书慕化，为一名，汉必加厚赏，单于从之”。于是便发生了上文所述的单于上书称臣事件。元始五年，王莽派中郎将平宪等“多持金币诱塞外羌，使献地，愿内服”。同年，平宪等诱“羌酋良愿等降，人口可万二千人，愿为内臣，献鲜水海，允谷盐池，平地美草皆予汉民，自居险阻处为藩蔽”。这个“四夷皆服”的局面，并未维持多久。王莽真正做了皇帝，又开始强制推行贬损、侮辱、打击周边少数民族政权的政策，如改四夷诸王称号为“侯”，改单于“匈奴单于玺”为“新匈奴单于章”，分裂匈奴以夷治夷、武力征伐、诛杀异己等，最终导致了与边境诸多少数民族关系的恶化[42]。《汉书·食货志》：“（居摄元年）王莽因汉承平之业，匈奴称藩……莽乃遣使易单于印，贬钩町王为侯。二方始怨，侵犯边境。”这种极端的民族政策，引起发了连年不断的边境战争，尤其是汉与匈奴民族维持多年的和平友好关系，遂告终结。对此，《汉书·匈奴传》中有一段中肯的评价："初，北边自宣帝以来，数世不见烟火之警，人民炽盛，牛马布野。及莽扰乱匈奴，与之构难，边民死亡系获，又二十部兵久屯而不去，吏士罢弊，数年之间，北边虚空，野有暴骨矣。"

除阜阳镜上述铭辞外，其他新莽镜铭文中反映王莽政权与匈奴民族关系的内容也不少，如"王氏作竟（镜）四夷服，多贺国家人民息，胡虏殄灭天下复""张氏作竟（镜）四夷服，多贺君家受大福""羌胡尽灭四夷服，天下大息兮"等。

第十二节　"寿敝（比）松乔"不知老

——汉镜铭文中的"松乔"神话

1973 年 12 月，阜阳兴修茨淮新河工程利辛段工地一座汉墓中，出土一枚罕见的东汉"蔡氏"铭画像镜。因镜铭涉及王子乔、赤松子两位仙人的内容，对研究汉镜神仙思想的兴衰流变、皖北地区汉魏宗教史等具有重要的参考价值，本节就相关问题予以专题讨论。

一、阜阳镜"松乔"铭文释读

阜阳出土的上述"蔡氏"铭画像镜，镜背主纹区外侧配置有一周铭文圈带，铭文："蔡氏作竟（镜）真大巧，上有山（仙）人不知老，渴饮玉泉饥食枣，浮游天下敖（遨）四海，寿如涌喬。"铭文前几句描述的是神仙生活场景，文字清晰无误，内涵浅显易懂。文末四字较模糊，尤其最后"涌喬"两字，文意亦须详考。

"涌喬"两字的前一个"涌"字，本作"诵"，右边的偏旁，为"讠"旁的简书。东汉镜铭中，仙人赤松子的"松"常被写作"诵""甬"，有时亦作"容"，"诵""松"韵部相同、声母相近，可通假。文末一字"喬"，为"喬"字的简书，"喬"是镜铭中仙人王子僑（蹻）之"僑（蹻）"字的习惯写法。"涌喬"二字即"松乔"，系仙人赤松（诵）子、王子乔（喬）的专称。两汉时期，关于"松乔"的神话传说十分流行，两者作为汉代神仙体系中的重要代表人物，屡屡为汉代诗文歌赋、经传史籍、碑刻题记所提及。汉魏文献中，"松乔"也常作为赤松子、王子乔两位仙人的专名出现，如《文选・两都赋》："庶松乔之群类，时游从乎斯庭。"《汉书・王吉传》："心有尧舜之志，体有乔松之寿。"曹丕《芙蓉池作》："非有松乔谁能汉神仙。"

古文献材料中“松乔”神话虽不乏记载，两者的图像却十分罕见，这是因为古代简帛、纸质等画像图本的流传，较之于文献典籍更容易亡轶。可贵的是，汉镜构图中既保留了部分“松乔”图像，亦铸刻有“松乔”榜题与铭文，为我们探究两汉时期王子乔、赤松子的形象及其神话题材的流播形态提供了重要参考材料。阜阳出土的这枚画像镜，仅仅是“松乔”神仙题材镜中的一类。

二、汉镜“松乔”铭文举要

除上述阜阳“松乔”铭文镜外，汉镜中涉及“松乔”神话内容的铭辞十分丰富，以下从李新城《东汉铜镜铭文整理与研究》一文整理的材料中辑录一组铭辞试作例证：

1. 袁氏作竟（镜）真大巧，上有东王公西王母，仙人子僑（侨）赤诵子，白虎熏黸（炉）左（在）左……

2. 袁氏作竟（镜）兮真，上有东王公西王母，山人子侨侍在右，辟邪喜怒母央咎，长保二亲生久。

3. 袁氏作竟（镜）真大巧，东王父西王母，青龙在左白虎居右，山人子乔赤诵子，千秋万岁不知老……

4. 刘氏作竟（镜）真大巧，王僑（侨）赤诵□叶草，仓龙在左白虎居右，千秋万世生久。

5. 盍氏作竟（镜）真大好，上有东王公西王母，仙人子高（乔）赤□子……

6. 张氏作竟（镜）真巧，仙人王乔赤松子，师（狮）子辟邪世少有，渴饮玉泉饥食枣，生如金石天相保兮。

7. 至氏作竟（镜）真大巧，上有山（仙）人子乔赤诵子，右右（有）辟邪左有青龙，喜怒无央咎，千秋万岁青长久。

8. 李氏作竟（镜）自有纪，青龙白虎居左右，神鱼仙人赤松子……

9. □至三公中常侍，上有东王父西王母，三（仙）人子乔大田子平。

10. 泰言之纪孝为右，古有便父又利母，鲜（仙）人王侨赤诵子，乘云日露越江河，徘洄（徊）名山。

11. 吾作明竟（镜），幽涑（炼）三商……上有东王父西王母，山（仙）人子乔赤松子，服者大吉，生如金石……

除大量的铭文外，汉镜构图中还配置有仙人王子乔、赤松子“乘骑仙游”“逍遥对弈”“持药捣药”之类图像，这些图像生动直观，对理解镜铭中“松乔”文化内涵有互证作用。

三、早期文献中的“松乔”神话

“松乔”一词，早在先秦文献中就有出现，《战国策·秦策》又记于“乔松之寿”的记载中。“松乔”合称作代表性仙人，其原始内涵是与个体生命“修道长寿”关联在一起的。西汉早期，“松乔”仍是通过行气养生术修炼而成的不死仙人。陆贾《新语》：“谈之以乔松之寿而行不易。”《史记·留侯世家》记张良“留侯性多病，即道（导）引不食谷。杜门不出岁余……愿弃人间事，欲从赤松子游耳。乃学辟谷、道引轻身。”马王堆汉墓出土文献《十问》养生术中，还记载有王子巧（乔）向彭祖询问行气养生之道的内容。可见此期养生长寿之术是“松乔”神话的主要内涵。此期道家“行气”“导引”养生术在社会上十分流行，人们相信通过自身的养生修炼可以长寿升仙，而炼制、服食“不死药”的升天成仙术，还没有被公众认可。

西汉中期以来，传统神话中的“松乔”虽仍是擅长行气导引养生术的仙人，但其神性内涵已经较前发生变化。《淮南子·齐俗》：“今夫王乔、赤诵子，吹呕呼吸，吐故内（纳）新，遗形去智，抱素反真，以游玄眇，上通云天。”《淮南子·泰族》：“王乔、赤松去尘埃之间，离群慝之纷，吸阴阳之和，食天地之精，呼而出故，吸而入新，踩虚轻举，乘云游雾，可谓养性矣。”西汉晚期，“松乔”是乘云轻举、自由遨游太清、生命不死的典型仙人代表，庄忌《哀时命》：“与赤松而结友兮，比王乔而为偶。”《九叹·远游》：“譬若王侨之乘云兮，载赤霄而凌太清。”《楚辞·远游》：“闻赤松之清尘兮，愿承风乎遗则。”“轩辕不可攀援兮，吾将从王乔而娱戏……见王子而宿之兮，审壹气之和德。”《文选·西都赋》：“庶松乔之群类，时游从乎斯庭”。

东汉中期以后，文献中的“松乔”神话情节、内涵有显著变化。《列仙传·赤松子》：“赤松子者，神农时雨师也。服水玉以教神农，能入火自烧。往往至昆仑山上，常止西王母石室中，随风雨上下。炎帝少女追之，亦得仙，俱去。至高辛时，复为雨师。今之雨师本是焉。”《列仙传·王子乔》：“王子乔者，周灵王太子晋也。好吹笙作凤凰鸣。游伊洛间，道士浮丘公接上嵩高山。三十余年后，求之于山上，见柏良曰：‘告我家，七月七日待我于缑氏山巅。’至时，果乘鹤驻山头，望之不可到。举手谢时人，数日而去。”可见此期的王子乔、赤松子已经不再是虚无缥缈、世人遥不可及的行气养生仙人，而是与现实世俗生活世界密切相关、有血有肉的得道成仙者，王子乔与周灵王太子晋、赤松子与神农雨师联系在一起，两者均系人间凡夫俗子得道仙化，可令现实世界潜心修仙者学习效法的典型代表人物。高诱注《淮南子·齐俗》则说得更为具体鲜活："王乔，蜀武阳人也，为柏人令，得道为仙。赤诵子，上谷人也，病疠入山，导引轻举，假上也。"《太平御览》收录东汉蔡邕《王乔录》中，还记载东汉晚期确有王乔墓："汉永和元年十二月，腊夜，王乔墓上有哭声。王伯闻，但往视之。天降大雪，见有大鸟之迹，并祭祀处。采薪者秃见尹，人冠衣而曰：我王乔也，汝莫取吾墓树。忽不见。"《水经注·反水》不仅记载梁国蒙县北有王子乔墓葬与庙宇，还录有墓碑碑文："王子乔者，盖上世之真人……初建此城，则有斯丘。传承先民，曰王氏之墓……时令泰山万熹，稽故老之言，感精瑞之应，乃造灵庙……延熹八年秋八月，皇帝遣使者奉牺牲致礼……相国东莱王璋，字伯仪，以为神圣所兴，必有铭表。乃与长史边乾，遂树之玄石，纪颂遗烈。"

东汉中晚期，"松乔"神话内涵几乎是与"仙果（草）""仙药"密不可分的，两者不仅是服药不死的得道仙人，还掌握着"不死之药"，经常乘骑白鹿出入人间，赐予世俗之人"不死药"以使其成仙。汉乐府诗《王子乔》："王子乔，参驾白鹿云中遨。"《长歌行》："仙人骑白鹿，发短耳何长！道我上泰华，揽芝获赤幢。来到主人门，奉药一玉箱。主人服此药，身体日康强。发白复更黑，延年寿命长。"《善哉行》："经历名山，芝草翻翻。仙人王乔，奉药一丸。"

与西王母神话系统的渐趋融合，是东汉中晚期以来"松乔"神话嬗变的另一显著特征，《列仙传》说赤松子"往往至昆仑山上，常止西王母石室中，随风雨上下"，汉镜图式中"松乔"，有大量的成为西王母、东王父两侧的持药侍者。这种演变，或缘于西王母与"松乔"原本各自具有掌握"不死之药"的神性，在同时代神仙说"世俗化""民间化"风潮的推动下，两者渐趋嬗变而混融一体，进而"松乔"走进西王母、东王公仙界。亦缘于西王母、东王公是东汉时期神仙说中公认的地位最高的主神，融入西王母仙界的"松乔"便不得不屈尊扮演了侍者的角色。

四、结语

阜阳"松乔"铭汉镜中虽未出现王子乔、赤松子图像，但镜图中表现的是西王母神像系统和"世俗化"了的升仙活动场景。显然，"寿敝松乔"铭文、西王母神仙系统图像杂融于一幅镜图中，就是两类神话融合的结果。东汉晚期，汉镜中的"松乔"大多数仅作为一类"仙人""长寿"符号的铭辞出现，人物图像则十分罕见。这种变化，是两汉社会神仙信仰与升仙说兴衰演变的生动反映，是汉代神仙说“世俗化”“民间化”的影响改造所致。这个变化，从同时代文献材料的记载中也可以验证。

注释：

[1][2] 王子今：《秦汉人的富贵追求》，《浙江社会科学》，2008年第三期，第92–97页。

[3] 以下铭文转引自王子今：《秦汉社会的“宜子孙”意识》，《秦汉研究》2007年第一辑，第18–27页。

[4] 王纲怀：《西汉昭明镜铭文考释与研讨》，《汉镜文化研究(上)》，第182–185页，北京大学出版社，2014年版。

[5] 陈英梅：《两汉镜铭用字研究（上)》，第40–42页，台湾成功大学2005年硕士论文。

[6] 窦葳：《两汉镜铭与社会研究》，第34–39页，上海师范大学2013年硕士论文。

[7] 汪春泓：《从铜镜铭文蠡测汉代诗学》，第20–34页，《文学遗产》2004年第三期。

[8] 石川三佐男：《“蟠螭纹精白镜”的铭文和〈楚辞〉》，第194–200页，《中国楚辞学》第十四辑。

[9] 李零：《读梁鉴藏镜四篇——说汉镜铭文中的女性赋体诗》，《中国文化研究》2012年第一期（第三十五辑)，第30–34页。

[10] 石川三佐男：《“蟠螭纹精白镜”的铭文和〈楚辞〉》，第195–197页，《中国楚辞学》第十四辑。

[11] 陈亮：《凤翔汉墓铜镜镌刻两千年前爱情故事》，《宝鸡日报》2011年8月30日。

[12] 李立：《七言镜歌：七言诗形成的重要环节》，《中国社会科学报》2014年7月25日，B01版。

[13] 近年此类研究文章颇多，如富世平：《汉代铜镜铭文中的七言诗雏论——兼谈七言诗的起源等问题》，《新国学》2005年第五卷，第29–40页；胡淑芳：《汉代铜镜铭文中的七言诗》，《湖北大学学报》2005年第四期，第481–484页；李立：《汉代七言体铜镜铭文文体学意义初探》，《学术交流》2002年第五期，第123–127页；秦立：《先秦两汉七言诗研究》，首都师范大学2005年硕士论文。

[14] 关于汉镜铸制工艺技术研究，请参阅何堂坤：《中国古代铜镜的技术研究》，紫禁城出版社，1999年版。

［15］孔祥星、刘一曼：《中国古代铜镜》，第 115 页，文物出版社，1984 年版。

［16］何堂坤：《几面表层漆黑的古铜镜之分析研究》，《考古学报》1987 年第一期，第 119–130 页。

［17］荣文库：《汉代中央铜器生产工官机构考释》，《辽宁大学学报》1985 年第五期，第 83–85 页；吴荣曾：《西汉骨签中所见的工官》，《考古》2000 年第九期，第 60–68 页；高杰：《从汉长安城未央宫骨签看河南工官的设置》，《华夏考古》2013 年第四期，第 78–134 页。

［18］张宏林：《从绍兴传世的尚方御镜试探新朝山阴的尚方铸镜作坊》，《东方博物》2009 年第一期（第十三辑），第 70–77 页。

［19］［20］［21］参见李炳海先生的系列研究文章：《蓬莱、昆仑神话同源于东夷考》，《东岳论丛》1991 年第一期，第 47–51 页；《昆仑地望与东夷文化区的西限》，《东岳论丛》1992 年第二期，第 100–104 页；《三层九重、上与天通的昆仑——至尊天神确立期昆仑高度的提升》，《山西师范大学学报》2004 年第三期，第 50–54 页；《以蓬莱之仙境，化昆仑之神乡——中国古代两大神话系统的早期融合》，《东岳论丛》2004 年第四期，第 139–143 页。

［22］魏嵩山：《西汉丹阳铜产地新考》，《安徽大学学报》1979 年第三期，第 85–87 页。

［23］秦颖、魏国锋、罗武干等：《长江中下游古铜矿及冶炼产物输出方向判别标志初步研究》，《江汉考古》2006 年第一期，第 65–69 页。

［24］［25］张卫东、裘士京：《论两汉时期皖南铜与皖南经济》，《安徽史学》2006 年第四期，第 20–24 页。

［26］马新：《时政谣谚与两汉民众参与意识》，《齐鲁学刊》2001 年第六期，第 82–88 页。

［27］吕宗力：《汉代的流言与讹言》，《历史研究》2003 年第二期，第 14–31 页。

［28］王纲怀：《止水集——王纲怀铜镜研究论集》，第 73、77–78、84–86 页，上海古籍出版社，2010 年版。

［29］《汉书 · 五行志》，第 1368 页，中华书局，1962 年版。

［30］《汉书 · 王莽传》，第 4110 页，中华书局，1962 年版。

［31］陈忠锋：《王莽思想政治研究》，第 161 页，华东师范大学 2008 年博士论文。

［32］翦伯赞：《秦汉史》，第 336 页，北京大学出版社，1983 年版。

[33] 王彦辉:《汉代豪民研究》,第 138 页,东北师范大学出版社,2001 年版。

[34] 陈直:《汉书新证》,第 201 页,天津人民出版社,1959 年版。

[35] 陈苏镇:《汉代政治与〈春秋〉学》,第 391 页,中国广播电视出版社,2001 年版。

[36] 王彦辉:《汉代豪民研究》,第 244–246 页,东北师范大学出版社,2001 年版。

[37] 新莽镜直径的大小,参见王纲怀:《止水集——王纲怀铜镜研究论集》,第 58–59、68–69、73、77–78、84–86 页,上海古籍出版社,2010 年版。

[38] 以下铭文摘引自王纲怀:《止水集——王纲怀铜镜研究论集》第 73 页表三"新兴铭莽式镜一览表",上海古籍出版社,2010 年版。

[39] 王世仁:《汉长安城南郊礼制建筑(大土门遗址)原状的推测》,《考古》1963 年第九期,第 505 页。

[40][41] 周向峰:《王莽时代的太学》,第 14–16 页,复旦大学 2007 年硕士论文。

[42] 关于王莽执政前后采取的民族政策,参阅李大龙:《试论王莽的民族政策》,《民族研究》1992 年第一期,第 63–70 页;特日格乐:《简牍所见王莽对匈奴采取的政策》,《中央民族大学学报》2006 年第六期,第 66–70 页;崔明德:《王莽民族关系思想初探》,《东岳论丛》2007 年第三期,第 84–88 页。

第四编 综合研究

本编在前文镜图、铭文释证的基础上，综合探讨与阜阳汉镜有关的几个重要问题。一是将镜图像神仙思想的形成演变置放于更为宏阔的动态时空中考察，结合对同时代文献材料、其他画像资料的比较，对镜铭中长期以来有争议的物象名称与内涵作分析论证。二是从研究整个淮河流域汉镜图像、铭文特征着手，通过分析比较更为全面、准确地认识阜阳汉镜的特点及其承载的重要文化价值。某种汉镜文化的形成与演变，不可能在一个单纯封闭的社会生活环境中完成，它在不同历史时期要受社会政治生态、经济发展与变革、文化与宗教思想的变迁、艺术风尚的兴起与流播等因素的制约，尤其受到先秦传统文化、汉初黄老之学、阴阳五行理论、天人感应说、谶纬方术、民间原始道教等诸多因素的浸淫影响，因而分析汉镜图像、铭文内涵时，要考虑多种因素的交互作用。

第一章　汉镜神仙思想的演变特征

西汉时期，不断丰富发展的神仙思想学说和各种光怪陆离的神话故事，以其强大的生命力对社会生活领域、人们的精神世界产生了广泛而深刻的影响，李泽厚《美的历程》一书对这种神话影响作了生动描述：“在汉代艺术和人们的观念中弥漫的，恰恰是从远古流传下来的种种神话和故事，它们几乎成了当时不可缺少的主题或题材，而且具有极大的吸引力。伏羲女娲的蛇身人首，西王母、东王公的传说和形象，双臂化为两翼的不死仙人王子乔，以及各种奇珍怪兽、赤兔金乌、狮虎猛龙、大象巨龟、猪头鱼尾……各个有其深层的寓意和神秘的象征。”作为两汉现实世界重要物质、文化生活载体之一的铜镜，其铭文、图像中也保留了大量的与神仙思想学说相关的内容题材。大体而言，汉镜图式中的神仙思想，从西汉早期至终东汉一代具有阶段性发展特征，其内容与表现形式，呈现出由简单到丰富、由隐约模糊到具体清晰、由“神”“人”隔离到两者融合互动、由上层贵族迷信到“世俗化”“民间化”“大众化”广泛流播的演变规律，以下分时段概述。

第一节　西汉早、中期

一、西汉早期

西汉前期的铜镜，多沿袭战国晚期镜镜图繁缛严谨、地纹细腻、主纹突出的特征，在目前见于著录的铜镜标本中，尚未发现铸有神仙形象的图式。属于神仙思想范畴的神禽异兽物象，除前文提及的“蟾蜍”“猿(猴)”个案外，其余例证罕见。

此期铜镜铭文虽流行企盼、祝愿生命健康长寿的词句，但多与关注现实生活的“富贵”“宜酒食”内容题材相关，直接表达神仙不死思想的铭辞不多（目前仅在《汉镜文化研究》一书中提到一枚“西王母”铭的例镜，因为是传世器，此镜的年代推断尚存疑问），表明神仙思想在西汉早中期铜镜铭文中不是主流内容题材，亦表明汉镜中神仙思想内容的配组，

"文字"的出现似早于"图像"。

二、西汉中期

西汉中期，以四乳禽兽纹镜为典型器的镜图中，开始出现与神仙世界密切相关的羽人、神兽、仙禽等物象组图，如羽人、四神、凤鸟、雀、熊、鹿、羊、灵芝、三株果等，其中羽人持举灵芝、羽人持举三株果饲神兽的图式，羽人导引、羽人嬉戏神禽异兽的图式，青龙、白虎等禽兽服食灵芝、仙草的图式等较为流行。这些图式承载的均为当时神仙说中较为流行的升仙不死思想，如"羽人持仙果""羽人饲神兽"及"神兽吞食灵芝、仙果"图式，是"服食成仙"思想的反映。"羽人导引、嬉戏神兽"图式，是"导引成仙"思想的反映。

西汉中期神仙说盛行，武帝本人尤其狂热迷信神仙思想与升仙术，派人"入海求蓬莱安期生之属"以寻觅"不死之药"。赵少君、少翁、栾大、公孙卿等一批神仙方士，纷纷向武帝献不死之方。在众多方士的蛊惑下，武帝深信能够通过服食"不死药"实现生命永生的愿望，并"事化丹沙诸药齐为黄金"。"服食"是当时最为流行也是最快捷、最易于修仙者操作的一种成仙方技，早期流传下来的服食药饵成仙术，至汉代因"使人入海求诸仙人及不死药"的目标屡屡无法实现而被废弃，代之而流行的是服食看得见、摸得着的"丹药""仙丹"及在名山大川中可以找得到的实物。据统计，东汉《列仙传》一书中记载神仙71人，仅通过服食方式成仙者就达31人，其中服食的药物总计不少于48种，如仙人赤将子舆"不食五谷，而啖百草花"，偓佺"好食松实"，方回"练食云母"，师门"食桃李葩"，彭祖"常食桂芝"，赤须子"好食松实、天门冬、石脂"，陵阳子明"采五石脂，沸水而服之"等。镜图中所谓的"羽人饲龙""羽人饲虎""羽人饲鹿""羽人饲凤"等图式，实系表示龙、虎、鹿、凤等动物服食仙人所赐予的"不死之药"而成仙的主题内涵。

"行气导引"是西汉早期流行的另一种修道术，是指通过肢体运动、呼吸纳吐的锻炼达到延年益寿进而实现生命不死愿望的一种成仙途径。《庄子·刻意》："吹响呼吸，吐故纳新，熊经鸟申，为寿而已。此道引之士，养形之人，彭祖寿考者之所好也。"王逸注《楚辞·九歌》，则从另一个角度穿凿附会修炼者"导引成仙"的原因："奉迎导引……形体连蜷，神则欢喜，必留而止"，镜图中流行的所谓"羽人戏龙（虎、鹿、羊……）"图式，或即表示这些禽兽在仙人示范下"导引"入仙的场景。此期镜图中描绘的神仙世界，场景较为简约，主神西王母图像系统和其他仙人参与活动的情节等内容尚未出现。

这一时期的铜镜铭文，以表现现实生活题材为主题，如反映男女相思情感、家庭分离之苦、渴盼富贵享乐、祈求健康长寿等，直接反映神仙生活内容题材的镜铭已经出现并呈流播趋势。

第二节　西汉晚期至东汉早期

西汉晚期至东汉早期，以四乳禽兽镜、博局禽兽镜、多乳禽兽镜为典型器的铜镜组图中，表现神仙思想的内容题材大量出现，主要呈现以下几个特征。

一是镜图中羽人、仙禽、神兽、仙界植物、器物的种类与数量大量增加，物象组合形式与内容情节复杂化，同时现实生活题材的内容也大量融入神仙世界，呈现出神仙思想“民间化”“世俗化”“大众化”发展的趋势。

以仙禽神兽类图像为例，除了西汉中期镜图中常见的“四神”、凤鸟、鹿、羊、熊、蟾蜍、独角兽等继续流行外，还出现了雏雀、鸡、鹤、龟、兔、鱼、马、辟邪、天禄、麒麟、飞廉、角王、巨虚等图式。组合物象中，除了早期流行的“羽人饲神兽（仙禽）”“羽人戏神兽（仙禽）”“神兽服食灵芝、仙草”等图式外，还大量增加了“羽人乘骑（神兽、仙禽）”“羽人驾驭禽兽出行”“仙人献物（芝草、三足果、丹丸等）”“仙人拜谒”“仙人持便面”“仙人跪求丹药”“仙人宴饮”“仙人对语”“仙人弈棋”“仙人歌舞”“仙人乐舞百戏（操琴、吹奏、盘舞、击鼓、弄丸、倒立、叠案等）”“鸟食鱼”等内容，镜图中配置的鼎、釜、尊、壶、盘、杯、案几、博局等器具，也是西汉中期以前镜图中所不见的。

镜图神仙世界物象推陈出新、繁缛生动的变化，是这一时期神仙信仰与神仙说炽盛的产物。早期的神仙说与成仙术的实践与传播，一般限于在帝王将相之流的上层贵族阶层范畴内，“神仙”则被认为多居于人迹罕至的世外名山，世俗平民阶层难以与之接触。到了西汉晚期，经众多方士对神仙说内容与升仙方式的不断加工改造，不但“仙人”与世俗之人之间的“隔阂”渐趋消除，而且上自王公贵族下至凡夫俗子，不同身份的人不分贫富贵贱似乎皆可修炼学仙而成为仙人。《列仙传》和稍后《神仙传》所记载的修道成仙者，身份十分庞杂，其中不乏平民成仙的成功例子。这一时期修道成仙的方式，除“服食”“导引”外，“乘骑”也成为常见的世人直接入仙手段，如《神仙传》记载的乘骑升仙者，就有“琴高乘鲤于砀”“周晋跨素禽于缑氏”“轩辕控飞龙于鼎湖”“萧史乘凤而轻举”“英氏乘鱼以登遐”等。另外“乘骑”也是仙人出游及出入天地间的一种常见方式，汉代文献中记载仙人乘骑（鹿、龙、虎、凤、天马等）的例证不胜枚举，镜图中出现“仙人乘骑”图式，是当时神仙说内容的形象化图解。

这一时期镜图中，有大量的羽人双手前伸捧持“药丸”、羽人侧身跪求“药丸”的图式，此类场景再现的是当时社会上流行的炼制、服食丹药的情节场景。神仙说中“炼丹术”也是修仙者成仙的“可行”途径之一，《抱朴子・金丹》论述服食丹药的功效为“虽呼吸导引，及服草木之药，可得延年，不免于死也。服神丹令人寿无穷已，与天地相毕，乘云驾龙，上下太清”。《列仙传》记载赤斧“能作水澒，炼丹，与消石服之”，主柱“饵砂，三年得神沙飞雪服之”，《神仙传》记载茅盈“学道于华山，丹成，乘赤龙而升天”，张道陵“得黄帝九鼎丹经，依法修炼，三年丹成”，这些仙人，皆系通过炼制、服食丹药成仙的成功例证。汉镜图式中有羽人捧持药丸者，所持药丸即属神仙说中的“丹药”之类。

西汉晚期以来神仙信仰与升仙术“世俗化”“民间化”的发展，导致了神仙世界里“人”“仙”之间的互动与融合，大量的人间世俗活动情节场景渐趋出现于仙人生活中，上述镜图中“仙人宴饮”“仙人对语”“仙人弈棋”“仙人歌舞”“仙人乐舞百戏”等场景的设置，便是这一神仙思想演变背景下的产物。

二是西王母图像系统融入镜图，成为神仙世界物象中的重要组成部分。

西汉中期镜图中的承载神仙思想的物象，以神禽异兽为主流，仙人（羽人）形象不仅简约单一，出现的频率亦不高。汉镜图式中大量仙人形象的出现，大致开始于西汉晚期，其中的重要原因，与西王母图像系统融入镜图以及西王母成为汉镜仙人世界里的“主宰神”有关。西汉晚期至东汉早期画像世界里，西王母图像系统中至少包含了西王母、玉女侍者、白虎、玉兔捣药、蟾蜍、九尾狐、三足乌、凤鸟等物象，李凇《论汉代艺术中的西王母图像》一书将其分为“核心图像”“必要图像”“辅助图像”三类[1]。这一时期，汉镜图式中九尾狐与三足乌、玉兔捣药与蟾蜍出现十分频繁，主神西王母图像则出现不多。

现知年代最早的汉代神画西王母图像，见于西汉中期偏后的洛阳卜千秋墓壁画中。南阳、郑州等地，也发现了西汉后期画像砖上的西王母像。

新莽时期王母像，见于洛阳辛村壁画墓及始建国二年铜镜、扬州出土的铜镜图像上。这一时期西王母图像的一般特征为：侧面跽坐云端，多着宽袍，头戴胜，无肩翼。就镜图分区与物象空间配组的特征看，西汉晚期至新莽时期的西王母两侧，尚未出现形体较小的仙人侍者，一般仅配置玉兔捣药、九尾狐与三足乌与之相伴，且图像所占的空间大小比例与其他图像区神禽异兽基本等同，还没有从形构上突出主神“高大”“尊显”的地位，从而表现出此期镜图中西王母图像的“原始性”特点。尽管如此，此期主神西王母图像在镜图中的出现，在汉镜神仙思想演变历程中仍具有划时代的意义。此前汉镜图式中出现的“仙人”形象，均系隐约泛指，即便如“上大山（华山），见神人……”之类镜铭中说得言之凿凿、清晰无误，许多情况下亦无法确知镜铭中究竟指的是传说中的哪位“仙人”，更无法确认仙界主神的身份，这种近于虚无缥缈的模糊“仙人观”，至西王母图像融入镜图时发生了根本性变化，进而汉镜中“神仙世界”的概念清晰具体起来。这种变化，是西汉晚期、新莽时期社会上狂热信仰、崇拜西王母的特定环境影响使然。

到了东汉早期，镜图中西王母图像有了新变化，其身姿虽跽坐，但多作正面拱手、头部戴胜状。西王母的两侧，大量增加了侍者及玉兔、九尾狐、青鸟、三足乌、龙虎等祥瑞神兽禽鸟。此类构图中，西王母的“对偶神”东王公仍未出现，因而仍可称镜图中的主神西王母为“独尊模式”。东汉早期出现的画像镜图式中，西王母及其配组物象无论是形构还是空间大小关系，都较禽兽纹镜图式发生了新变化，突出表现在早期神仙形象的进一步“世俗化”，西王母的发式服饰、头部五官、四肢躯体的形构，与现实生活中的女性几乎无异，两侧的侍者亦与世俗之人的特征雷同，这种变化，成为西王母由“神人”向“女仙”彻底演变的标志。

西汉晚期至东汉早期铜镜图式中，除“上大山，见神人”型的镜铭仍在使用外，还出现了大量的“尚方”“王氏”“蔡氏”“袁氏”等纪氏铭文，宣传铜镜质量、期盼高官厚禄、祝福家族子孙蕃昌之类的铭文广为流播。与神仙思想直接相关的镜铭，如“上有仙人不知老”“寿敝（如）金石西王母”等十分丰富。这一时期流行的多乳禽兽镜镜图中，还有部分图像旁铸有“王母”“侍者”“子乔马”“赤踊马”“辟邪”“铜柱”之类的榜题，以直接标注图像的物名，具有铭文、图像互勘的作用。此类标注“榜题”的形式，在同时期画像石、画像砖、壁画中也很流行。

第三节　东汉中、晚期

东汉中、晚期，铜镜中的神仙思想几乎占据了主导与统治地位。镜图内容与物象配组形式，较前发生了显著变化。此期流行的画像镜、神兽镜镜图中，西王母及另一位主神东王公（父），几乎成了无处不在的内容题材。主要变化特征，表现在以下几个方面。

一是东汉早期以前镜图中流行的西王母图像系统组图模式，此期渐趋被肢解、离散，其中西王母形象被有意识地保留在主纹区，并作了重点强化处理，以进一步凸显其“主神”地位。而白虎（不是“四神”体系中的白虎）、玉兔捣药、蟾蜍、九尾狐、三足乌等，多被从主纹区内剔除，或被配置到镜缘画纹带中作了拉长、压扁、曲扭等变形处理，进而弱化或消隐了这些物象构成传统西王母图像系统的神话学意义。

二是四乳四分区组图成为主要构图模式。此期出现了主神西王母的对偶神“东王公”图式，两者一般隔钮对称配位（少量作邻区配图），在镜图中被置于大小对等、地位相同的位置。有些主神图像旁，还铸有“西王母”“王母”“东王父”“东王公”之类的榜题。西王母、东王公图像区以外的两区图像，多配置神禽异兽、仙人乘骑出游、车马出行、宴饮享乐、六博弈棋、操琴奏乐、乐舞百戏等图式，以表现神仙世界仙人逍遥快乐的生活场景。

三是镜图中形体高大的西王母、东王父主神两侧，一般配置有形体较小的仙人侍者。西王母、东王公均着宽袍大袖，多胖圆脸，有侧身或正面、站立或跽坐或起舞等多种形态，尽显雍容华贵的世间贵族模样。侍者有侧身跽坐、跪拜、持便面站立、起舞、表演乐舞百戏等多种形态。早期那种端坐云端、构图简约的西王母图像和尖首长发、体被羽翼的羽人侍者形象，此时已渐趋从镜图中消逝。

四是随着时间的推移，西王母、东王父的仙人形态渐趋衍变异化，但总的发展趋势是：西王母、东王公形构从无翼变成多饰肩翼，从站立、舞蹈、跽坐平地到坐于云柱悬圃、龙虎座上。愈至东汉晚期，西王母纹样愈呈几何图案状变化，其喻示神性特征与内涵的羽翼、云柱悬圃、龙虎座等多抽象形变而近于“符号化”。尤其羽翼的复杂变化，呈现出浓重的艺术装饰效果。

五是东汉晚期以来，铜镜配图深受当时原始道教所构建“神仙谱系”

思想的影响，逐渐演变成一个上下分层排列、左右尊卑有序的“诸神体系”。镜图中的西王母、东王父，不仅形构更加简约，而且在这个“神仙谱系”中已不再是唯一的主神，即西王母、东王公已经被拉下“主神独尊，一统天下”的神坛，跻身于群神之列而不再凸显。西王母、东王公传统主神地位的式微，是东汉晚期道教神仙思想发展演变的结果。

东汉中晚期镜图内容与组合形式的上述变化，亦是这一时期神仙信仰与升仙说演变的物化映证。以西王母、东王公和众多侍者配置大量的复杂羽翼为例，“羽翼”在人物图式中被着重夸张放大而凸显，在后世人看来十分神秘而怪异，这种变化实则与当时“羽化”成仙术流行的社会背景相关。传统的“服食”“导引”“乘骑”成仙术，固然对修道求仙者有很强的吸引力，但均没有“羽化”成仙之途更为直接、方便、快捷，因而也更具有诱惑力更容易为世人所接受。《论衡·道虚》:“好道学仙，中生羽毛，终以飞升……为道学仙之人能先生数寸之毛羽，从地自奋，升楼台之阶，乃可谓升天”，“好道之人……故谓之能生毛羽，毛羽具备，升仙能也”，这里把东汉世俗之人学道入仙的“羽化”过程描绘得极为生动自然，几乎到了“人”“仙”身份转换已经毫无障碍的程度了。《史记·孝武本纪》记武帝封栾大为天道将军时“于是天子刻玉印……使使衣羽衣，夜立白茅上，五利将军亦衣羽衣，立白茅上受印，以示弗臣也”。《汉书·王莽传》亦载王莽曾身穿羽衣乘羽车让侍者拉着、呼喊行进，以幻想体生羽翼早日升天成仙。汉代仙道文献记载的世俗之人成仙者，体生羽翼飞升的例证不胜枚举，此期镜图中人物组图夸张放大“羽翼”的功能，可视为“羽化”神仙思想的强烈影响渗透所致。

东汉中、晚期铜镜铭文中，也充斥着浓郁的神仙思想内容，这些镜铭内容的前后演变轨迹，与图像变化大体是一致的。这种变化，主要是东汉中晚期道教对先秦以来神仙思想、仙人群体进行大规模整合改造的结果，是当时道家“造神运动”的勃兴、影响所致，在此不作赘述。

第四节 汉镜神仙思想演变的时代动因

汉镜图式与铭文中神仙思想的上述演变，有着特定的社会背景与时代动因。

汉初六七十年间，天下正处于秦汉连年战争破坏后的恢复期，汉初社会经济凋敝、土地荒芜、人口死亡流散严重的现状，迫使刘汉政权不得不把重心放在安置流民、恢复和发展社会生产、解决国家财政困难和民众温饱问题上。以实现生命不死、贪图享受、精神自由为终极目的的神仙思想与升仙术，此时没有适宜生存、发展的社会土壤。史载，西汉前期高祖至景帝几位帝王，除文帝受方士蛊惑在短暂的一段时间内迷信过服食升仙术外，其他帝王没有迷信和倡导神仙说者。在饥寒交迫中艰难生存的普通平民，更是不会将思想和精力放在虚无缥缈的神仙迷信和升仙术上。这一时期神仙说和成仙术在社会上没有构成影响，文献典籍和实物遗存中，亦难以看到神仙思想流播的痕迹，汉镜图式、铭文中几乎见不到神仙思想的内容，殆因其故。

经文、景两代四十年的财富积累，至武帝时出现了政治清平、经济繁荣、社会富足的盛世局面，强大的汉帝国声威远播，社会上贪图享乐之风亦随之而起，人们享受现实生活带来的美好富足，便自然企盼、幻想这种美满生活能够无限延续下去，但个体生命的存在都是有限的，如何才能生命永驻？于是先秦之际就已存在的神仙不死说和各种升仙术便“死灰复燃”，应运而生。汉武帝本人是一个神仙不死说的狂热信仰者和神仙不死术的迷恋者，从《汉书·孝武本纪》中记载的大量史实便可印证。此期王公贵族中另一位神仙不死说的狂热信徒是淮南王刘安，刘安一生致力于各种升仙术的研究与实践，为后世留下著述颇丰。这一时期神仙不死说和成仙术的盛兴，还主要限于上层贵族阶层，并没有在民间流播开来。以升仙术中的炼丹、服食丹药活动为例，炼制丹药需要金玉、丹砂等珍贵矿物原料，需要消耗极高的人力物力成本，一般贫民阶层很难承受炼丹活动要付出的代价，这种令普通人“望而生畏”的事情尽管有诱惑力，自然在民间不会有充分发展的空间。这一时期神仙说中的“仙人”，远离尘世隐于名山大川，非诸如有道帝王将相之显贵者所不能见。“仙道”与平民之间的距离甚为遥远，而消耗人力、物力、财力的兴师动众求仙活动又非世俗凡夫之力所能为，此系神仙说在民间没有流播开来的原因。

武帝以后的历代帝王，仍迷信神仙说，热衷于升仙不死之术，同时一些神仙方士为了宣传神仙思想学说，扩大影响以适应社会之需，便对传统的神仙说内容进行加工改造，逐渐扩大了“仙人”活动的时空范围，拓展了“仙人”的神性功能，使“仙”与“人”、“仙境”与“世俗世界”之间的距离、隔阂渐趋缩小，为汉代神仙说“世俗化”“民间化”“大众化”的进一步发展作了铺垫。西汉晚期，尤其是自元、成二帝以来，皇权衰落、弄臣专权形成的政治危机加剧，社会土地高度集中导致大量无地贫民饥寒交迫居无所依，加上自然环境变化带来的各种灾异横行，造就了流民队伍规模的不断扩大和平民的大量死亡，进而使社会动荡不安的局面愈演愈烈，人们在恐惧、无助、绝望中，等待着灾难与死亡的降临。在信仰危机和巨大灾难面前，以信仰西王母为主神、能为众生提供精神庇护的民间道教此时则迅速滋生蔓延。民间道教将早期神仙说与当时社会上流行的谶纬方术、阴阳五行思想、黄老之学的内容按现实生活之需加以整合改造，形成了一种贴近民间、贴近大众、人仙可以互动的神仙说和升仙术。以主神西王母的形象与神性功能改变为例，西汉中期以前的西王母神，是一位居于昆仑仙界，掌管“不死之药”，能使人升天成仙生命不死的主仙，除周穆王、汉武帝之类的帝王外，世俗凡间俗子一般无缘与西王母相见。但到了西汉晚期，西王母不仅掌管“不死之药”，能够使人成仙不死，还被赋予了消灾弭祸、辟邪除祟、庇护众生、赐福世人、保佑平安等复杂的神性功能，其活动空间也不再仅限于昆仑山，而是可以随时出入天上、人间、地下阴间的法力无边“万能神”。西王母的仙人生活内容也较早期有所变化，可以和众仙一起吹笙操琴、歌舞吟唱、投壶弈棋、服食宴饮、杂耍表演等，甚至和东王公宛若一对恩爱夫妻，共同出入、情形不离，这种具有浓重人间烟火情调的仙人生活场景在镜图中得以“复制”和“再现”，大量现实世界场景融入了镜图中的神仙生活世界，亦表明这一时期神仙思想在民间流播之广、影响之深，已经成为人们日常物质、精神生活里的一个重要组成部分。

东汉晚期以来，随着“太平道”“五斗米道”等民间道教的进一步发展流播，道家开始根据本教的信仰与生存发展需要，既整合、改造传统的神仙形象，又不断创造出具有本教特点的仙人，进而按照若干个等级、位次分级排列，构筑一个尊卑长幼秩序井然的“神仙队伍”。这种社会文化背景下，西王母、东王父在传统神话中“唯我独尊”的主神地位被动摇，有关西王母传统神话积淀的理论学说体系分崩离析，一个宗教信仰“多神世界”的局面渐趋成型，群神分掌天下、西王母作为众神之一的“事实”开始为世人接受。镜图中同时容纳不同身份背景的“神人”，进而构成一个或若干个尊卑有序的诸神体系，便有了可能。

注释：

[1] 李凇：《论汉代艺术中的西王母图像》，第 248-270 页，湖南教育出版社，2000 年版。

第二章　汉镜神仙物象的认证

观察、研究汉镜中的神仙思想，首先要解决的是对镜图中各类物象身份的认证问题。汉镜图像系统名物杂驳、内涵宏富，缘于历经时空尘封、后世论者对前代神话知识的“遗忘”与“误解”等原因，准确、完整、系统地认证汉镜神话物象、试图“复原”汉镜物象神话情节，确非易事。同时，汉镜神话物象系统的形成、发展、演变，不可能在一个游离于同时代社会环境之外的独立封闭“纯神话”空间环境中完成，它在两汉不同的历史时期，又受到了来自先秦传统神话思想、道家黄老思想、阴阳五行理论、天人感应说、谶纬方术、民间道教等文化因素的浸淫影响，因而，观察镜图神话题材的物象，需要全面审视不同历史阶段这些神话物象赖以“生存”的文化背景，斟酌确定究竟该使用哪一种抑或哪几种思想学说去合理解释它。而就汉镜物象的构成及其配组配位形式而言，也是复杂多变的，既有大量的承载神仙思想内涵的规律性“图谱”可以确认，也有因镜图的解构、简化、省隐、变形、变异、误置等而导致的诸多物象名称与内涵难以释读。有鉴于此，在汉镜物象认证与注解中，需要对几个要注意的问题做出讨论。

第一节　“四神”配位与认读

关于汉镜神仙世界里的“四神”图像系统，近世论者研究既繁、成果亦多，限于篇幅，本书不再专列论述，而仅对镜图中“四神”物象在不同环境里承载的文化内涵略作解析。

西汉晚期以来流行的四乳禽兽镜、多种禽兽镜中，严格按照镜图空间四方方位配置的四神“标准图式”，每种物象都承载有特定的方位内涵，即青龙配于东方，白虎配于西方，朱雀配位南方，玄武配位北方，“四神”的神性与四方空间方位属性是严格对应的。约从东汉中期以后，“四神”标准配位规制不再被严格遵循，物象缺失、配组配位随意的镜例增多，“四神”镇守四方、祛恶除凶辟不祥的神性渐趋式微，其作为祥瑞使用的色彩被凸显强化。还有些镜例的“四神”仅出现于镜缘画纹带中，或只是作为配位随意的祥瑞物象出现在画纹带缘中，如“四神”与鹿、鱼、九尾狐、三足乌、凤鸟、蟾蜍等祥瑞同区配组，又不遵循配位规制，显然只具有浓郁的祥瑞色彩而无空间方位意义。此类“四神”标准图式的解构与物象祥瑞功能的不断被强化，是同时代天人感应说与谶纬神学不断发展变化、进而对汉镜物象神话学内涵产生影响作用的结果。再如有些镜例（《图典》图 314、图 315）图式中的白虎形象，伏首拱背静卧于地，呈温和驯良的文静之态，白虎前方配置一羽人，躯体前倾，正用手抚摸着低垂的虎头，此类白虎与标准“四神”物象中那种昂首前趋、四肢弓张、孔武凶悍的白虎形态明显有别，而与汉画中作为祥瑞的白虎相比表现出较多的共性。另外，山东武梁祠屋顶白虎画像形态，与《图典》图 314、《图典》图 315 收录镜器中的白虎基本雷同，其画像榜题：“白虎，王者不暴虐则至，仁不害人。”显然，此类白虎是作为寓示王者仁政的祥瑞而出现的，与四神“标准图式”中白虎所承载的神性内涵完全不同。“四神”形态及配组配位的上述演变特征，是解读不同时期此类镜神禽异兽内涵时应关注的问题。

第二节　“四神”与“五灵”

稍晚于“四神（四灵）”而出现的所谓“五灵”纹物象，在禽兽镜神话图式中也很流行，这是西汉晚期至东汉早期盛行的阴阳五行思想在镜图中的反映。在阴阳五行理论的主导下，镜图“四神”四分区配位，此时已无法满足五行空间配位的要求，所以又在“四神”物象朱雀与白虎间的西南方位配置麒麟，构成了符合五行思想的标准“五灵”图式。

“四神”与“五灵”的物象配组配位有重叠，但两者分属于不同的理论范畴体系，表达的内涵有区别。“四灵”本系天象，是将天象二十八宿按四方方位分成四区，分别以四种动物命名为东宫苍龙（青龙）、西宫白虎、南宫朱雀、北宫玄武，其围护、拱卫的中心是北斗紫微宫，只是汉代天人感应说的广为流播，泛化了“四神”的神性内涵与功能，使之成为天上人间、神鬼世界无处不在、无所不能的避凶驱邪四方守护神。“五灵”物象则是阴阳五行说作用下的产物，东方属木配青龙，西方属金配白虎，南方属火配朱雀，北方属水配玄武，中央属土本应配麒麟，因镜钮占位不能置图，麒麟被移于西南位，这种物象配置与天文星象无关。两套彼此有联系但分属于不同理论学说的物象，借助空间方位体系配位于同一幅博局镜图式中，彼此独立存在，相互无矛盾之处。

第三节　神仙思想对镜图配组配位的影响

汉镜图式中大量出现反映神仙思想内容的物象，是同时代神仙信仰和升仙永生说作为社会主流意识形态广为流播、影响所致。约略从西汉中期开始，神仙思想对镜图物象配组想位开始起着重要的影响制约作用。不少镜图形式与内涵的变化，实则是同时代神仙思想的演变造成的。熟悉汉代神仙思想内容及流播兴衰状况，是正确解读镜图中此类物象的关键，试举例说明如下：

蟾蜍、龟、鹿、鹤、熊、人面鸟（千岁鸟）、独角兽等长寿灵禽异兽频繁出现于镜图中，是汉人崇尚延年益寿、渴望长寿成仙思想的物化映证，承载了汉人对生命不死仙境的无限向往与热切追求。

羽人饲龙（凤、虎等）、凤鸟食琅玕、玉兔捣药、蟾蜍持药、翼兽捧琼浆之类图式多表达与“服食”升仙有关的内容；羽人骑鹿（羊、麒麟、凤等）、羽人乘龟（玄武）之类图式多表达与“乘骑”升仙有关的内容；羽人屈伸俯仰、形体连蜷的图式多表达与“导引”有关的内容；羽人、人面鸟、翼兽之类的图式多表达与“羽化”升仙有关的内容。将上述繁杂物象按“服食”“乘骑”“导引”“羽化”四类汉代常见的升仙术内容分类注释，其神性内涵多可迎刃而解。

先秦社会流传下来的种种神话传说，至两汉时期经历了近乎脱胎换骨式的“仙化”改造，并在汉代画像材料中以丰富生动的情节、简约粗犷的视觉图像表现出来，如镜图中常见的“鸟人”、“人面鸟”、“羽人”、神禽形、禽兽形、翼兽形飞廉、“鱼化龙”、“蛇化鱼”、“大螺化龙”、“鱼车图”等物象。还有些物象组图，从表观形构上看似与神仙思想、升仙不死说无关，实则可归入升仙题材的范畴来解释，如前述“车马过桥”“车马临山峦”“射虎”“杀牛”“斗兽”“河伯导行乘鱼者”“玄武导行乘鱼者”“白虎导行人物”等，多是早期神话由“神”向“仙”演变过程中几个关键情节的图解，这些典型物象“情节”，生动地表述了个体生命转化与再生，进而实现永恒的象征意义，寄寓了汉人渴望通过“升仙”“仙化”之途实现生命无限延长的愿望。

第四节　镜铭校勘图像的作用

与文字的流传比较，图像神话学内涵在传承过程中更容易被观者遗忘、曲解。汉代镜图中一些被简化、变形处理的物象“符号”，其承载的特定而具体的神话内涵在当时可能是家喻户晓的，不存在被“曲解”与“误释”的问题。缘于对前代神话知识背景渐行渐远的“隔阂”与“忘却”，后世学者渐趋无法正确认识镜图神话物象的面貌，而迫于需要又不得不使用当代社会流行或记忆储备的知识背景对其做出“解读”，由此造成诸多的误释与困惑。上述“读图”背景下，重视“镜铭”指示“图意”的作用，可在一定程度上校正后世学者解读汉镜的“误释”现象，进而通过铭文释放的原始信息“还原”镜图物象的神话内涵，填补解读图像的某些阙疑，试举例说明：

一是关于汉镜图像中仙人“王子乔”“赤松（诵）子”形象的认证。从目前所统计的镜铭数量看，汉镜中直接提及“王子乔、赤松子”和将“西王母、东王父，王子乔、赤松子”并列的铭文不在少数，表明当时两位仙人形象在镜图中十分流行。与镜铭同配的图像区中，西王母、东王公形象因有众多的“标准图像”和榜题比勘，可以确认，但图像区中另外的“仙人”形象是否可以确认为就是“王子乔，赤松（诵）子”？考虑到“上有东王父西王母，仙人子乔赤松（诵）子”“东王父西王母，仙人子乔赤松子，辟邪居右……”“仙人子乔赤松（诵）子，白虎熏炉在左……”“王乔赤诵□叶草，苍龙在左白虎居右”“王乔马，赤诵马”等镜铭内容多具有明显的指示、注释镜图人物身份的作用，将其中的部分人物指认为王子乔、赤诵子，应该是没有问题的。

二是镜图中流行一类被论者称之为“羲和捧日”“常仪捧月”的图式，其形构多见两神人（亦见有用两神兽代替神人的镜例）对称配组配位，双臂向上托举“日”（日中有金乌）、“月”（月中有蟾蜍）。此类解释的依据，大体是附会先秦神话“羲和浴日”（《山海经·大荒南经》）、“常仪浴月”（《山海经·大荒西经》）的情节而出，从本文列举的部分汉镜图式与铭文看，这个说法是有问题的。《古今》图 127、图 130 两件标本画纹带缘中，均有所谓的“羲和捧日”“常仪捧月”图式，但细审其中托举日轮、月轮的神人，躯体上半身皆作人形，下半身典型的尖尾状，与汉代流行的人首蛇身型伏羲、女娲图式酷似，而两枚镜铭文“边则泰一，乘云驾龙，选从群神，五帝三皇”“边则太一，还缓而行……参驾神龙，选从群仁（神），上古三皇”句，亦确指镜图中跟随主神“泰（太）一”出行的侍神身份是“上古三皇”“五帝三皇”。文献中关于上古“三皇”的说法很不一致，但将“伏羲”“女娲”列入其中，几乎没有争议，却始终没有“羲和”“常仪”归入“三皇”之列的说法，由此可认证上述镜图中的所谓“羲和捧日”“常仪捧月”物象组图，实则是“伏羲捧日”“女娲捧月”

图式。汉代阴阳五行说认为世界万事万物生存皆遵循阴阳和谐平衡的法则，神仙世界亦莫例外，伏羲男性、女娲女性，两者系夫妻“对偶神”，“伏羲捧日”（日中多金乌）、“女娲捧月”（月中多蟾蜍）对称构成“日月神”组图，符合阴阳平衡的规则。而先秦传说中的羲和、常仪分别为帝俊、帝喾之妻，两者身份皆系女性，将上述镜图解释成“羲和捧日”“常仪捧月”，实有违于当时铜镜配图遵循的阴阳和谐平衡规制。

三是东汉晚期建安纪年铭“五段式”重列神兽镜图式中，过去流行的说法认为最上部（第一段）位于中间的主神认证为“南极老人”，将最下部（第五段）中间的主神认证为“北极大帝”，另有论者认为镜图规则有序排列的诸神系统，是东汉晚期道教编订的“神仙谱系”。上述解释中的“南极老人”“北极大帝”及道教所谓的“五段式”诸神谱系等，在东汉晚期道教文化中实际是不存在的，此类谬误是近代学者利用晚出道家理论资源解释早期镜图物象内涵所致。东汉道教的“五斗米道”“太平道”及稍后“金丹派”中，并没有出现这个“诸神谱系”，《太平经》《老子想尔注》等早期道家经典中主张的“神仙谱系”，亦与上述镜图中罗列的诸神谱系相去甚远。从此类镜铭文涉及的“五帝天皇”“伯牙弹琴”“黄帝除凶”词句看，将镜图诸神视为东汉郊祀中的“祭神系统”无疑是正确的，只不过镜图中被有意识增加了“伯牙弹琴”的内容而已。

四是镜铭中诸如“白虎辟邪居中道”“上有辟邪白虎□间道”“辟邪配天禄”“白凤鼓琴”“伯牙鼓琴子其（期）吟”“麒麟、天禄”“白虎芝草方（放）其后”等内容，可用以标注、指示镜图物象身份，这些铭文对认证镜图物象身份特征具有重要的资证、参考作用，在此不作赘述。

以上几例表明，爬梳传统文献资料解释镜图文化内涵，因辗转钩沉求证，自然存在着很多“猜测”“不确定”因素，甚至有时会得出悖谬的结论，而镜铭与图式的互勘结论，显然比文献材料可靠得多。

第五节　汉镜构图的风格特征

汉镜构图因受特殊形制、空间大小及铸镜工艺技术所限，无法像其他汉画那样充分利用较大的规整空间，完整、系统地营造前后连贯的、主题内容丰富生动的画面，无法较为精确细腻地表达、展示画像的繁缛细节，只能精选一些有典型代表意义的物象集中配位于镜图中，以象征性地“图解”主题内涵，由此形成了汉镜特有的“图集化”“简约化”“符号化”

的构图风格，这一风格特征是认证汉镜物象时应加以关注的。这种风格特征，突出体现在以下几个方面：

其一，物象形态简约，强调、凸显主要特征而不事细节刻画。如镜图中羽人、独角兽、“四灵”、九尾狐、三足乌等，仅重点突出“羽翼”“独角”“龙首”“凤尾”“九尾”“三足”等典型特征，其他形态特征则含糊隐省。

其二，在各类分区配组物象之间，一般仅有文化内涵上的某种关联，而不具有“情节”发展上的连续性、统一性（亦有少量的例外，如前述的“车马升仙故事”“灵魂升仙故事”组图等）。甚至各区物象间、同区物象间彼此独立成图，较为宽泛、松散地表达主题内容，较之于其他汉画形式则明显地呈现“版式化”“图案化”“符号化”特征。如遵循阴阳五行规制“隔钮配位”的青龙与白虎、朱雀与玄武、日轮与月轮、虺蛇与怪熊等图式，“同区配位”的九尾狐与三足乌、朱雀与凤鸟、玄武与蟾蜍、龟与蛇、天禄与辟邪等图式，“邻区配位”的羽人戏（饲）龙（凤、虎）、两禽对语、两兽对语等图式，均具有上述配图特征。

其三，物象表达神话内涵清晰，而名称及形态则有模糊性、不确定性，如“三株果”是镜图中较为常见的一种物象，但多不确指是“灵芝”“琅玕”“三株树”中的哪一种，而是仅作为“长生果”“不死药”的泛称承载食之成仙的内涵。“鸟啄鱼”“雏雀”图式中亦多不确指是哪种鸟、鱼、雀，而是一类物象的泛称。再如“朱雀”与“麒麟”物象，若不是配置于特定的“四神”“五灵”架构的空间方位体系中，则很难将“朱雀”与“凤鸟”“麒麟”“独角羊”区分开来，因为两者外观形构完全雷同。

强调艺术装饰效果，是汉镜设计构图的另一个特色。以东汉十分流行的镜缘画纹带组图为例，在这个狭长的圆形带空间内，铸镜工匠设计了大量的神禽异兽、奇花异草、神仙人物及云气纹、蝙蝠纹、变体几何纹等，可谓洋洋大观、琳琅满目。为了在狭促而特殊的空间内尽可能多地容纳上述具有特定文化含义的物象，镜图设计者便不得不对这些神禽异兽、奇花异草、神仙人物等做压扁、拉长、简化、扭曲、弯折、移位甚至肢解离散等艺术处理，以符合空间设计上的合理性，体现装饰艺术美感。这在同时代人们看来可能是易于理解的，汉代人看这些画纹带缘不会造成误释，却给后世观者正确认读这些物象的名称、内涵造成了不少困难。再如镜图铭文圈带、铭文榜题的配置，也是为了服从于构图需要、服从于艺术装饰效果需要而灵活简化省略，具有很大的随意性。这种过分强调铭文的装饰效果、忽视文意完整性的构图习惯，造成了后世学者释读镜铭的困难，甚至部分铭辞完全无法释认、通读，只能凭个人储备的知识经验揣测。

第六节　镜图解读存在的问题

缘于文献、镜铭、图像信息的模糊、阙疑等诸多原因，并不是所有的汉镜物象名称及内涵，目前都能够得以解读。本节对难以认证的几类镜图物象，试罗列如下：

一是镜图物象出现频度不高，其形构既不属于现实生活中的“写实型”或“相似型”，又缺少铭文信息勘验者。

二是镜图物象出现频度较高，其形构与现实生活中的物象无可比性，又缺少铭文信息勘验者。

三是镜图物象出现频度高，形构具有现实生活中多种物象的某些特征，但与其中任何一种物象均不相同，属于典型的物象“复合体”“杂融体”，又缺少铭文信息者。

四是镜图中出现的物象，现实生活中没有“原型”，与铭文中所述的物象不存在形构与内涵上的关联，两者缺少相互对应可比较关系者。

五是镜图物象形构过于简化、变异、模糊，已看不出物象“原型”显著特征者。

六是镜图物象出现频度高，虽缺少铭文勘证，但与文献中经常出现的某类物象有诸多相似性，但又无确切证据表明两者就是同一种物象者。

七是汉代的同一种物象，被不同铸镜工匠根据个人积累的知识经验、情趣爱好或某种特殊的社会需求等原因，制作成不同形构者。如汉代镜师创作先秦神话传说中的神禽异兽物象，由于缺少统一的“固定图谱”参照，可能会出现不同镜师根据自己的理解制作出千差万别的物象形态，而这些物象表达的神话学内涵则是完全相同的，由此导致后人无法“理解”，甚至无法“发现”这种差别。

八是承载某些特定神话内容题材的物象，因后人不熟悉神话背景知识，又缺少镜铭内容提示而不能解读者。

显然，上述八种情况存在物象解读的困难，有汉代铜镜制作图式复杂多变的原因，更多的还是后世论者因年代久远、对前代社会知识背景“忘却”的原因。如镜图中屡见一种善奔的短尾独角狐形兽，尽管我们今天无法结合文献材料，认证其名称、内涵，但这种灵兽作为汉代一种十分稳定的“物象模式”，在较广泛的地域内大量出现并长期流行，应是表明汉代铸镜工匠根据当时流行的灵兽“图谱”而制作出来。显然，在西汉末至东汉，这种灵兽应是为人们十分熟悉、喜爱或崇拜的物象，它在当时应该是有确切“专名”的，而不会像现在这样仅以“神禽”“瑞兽”称之。再如汉代文献中经常出现的“角王”“巨虚”神兽，在铜镜铭文中也被提及，但镜图中要明确认指哪些神兽是“角王”“巨虚”则十分不易，因为此类传说中的神兽，在汉代可能本来就没有统一明确的“固定图谱”，更难以在汉代兽类实物中找到“原形”。

上述问题，有望在今后汉画考古的不断发现、深入研究中逐一解决。

第三章　汉镜神仙图像例释

缘于金属质地、铸制技法与构图空间的特殊性，汉镜图像无法像画像石、画像砖、墓葬壁画、帛画等其他汉画材料那样充分利用大空间、大块面铺陈画面来展现画像内容的完整连贯情节及丰富生动的细节，只能在狭促而形制特殊的镜背精选少量的、具有典型代表性的图像集中展示情节场景，这种简约省隐、缺少连贯情节、近于“标签化”“符号化”的镜图与同时代汉画材料的图式风格特征比较有很大的不同，亦给后人读图释义造成不少困难，加之惑于年代久远对汉镜图像流播知识背景的渐趋忘却等原因，导致后世学者对部分镜图名称与内涵的误读误释。本章讨论阜阳汉镜中几类与神仙思想相关的人物图像，这些神仙图像，或因学者对其神话内涵理解的不同而存在争议，或因史缺无据迄今未能确指其名，或名称与内涵被学者张冠李戴式的误指后以讹传讹影响甚久等，相关问题的考证与辨释很有必要。

第一节　“松乔”图像

“松乔”是古代文献中对仙人“王子乔、赤松子”的习惯专称，两汉时期，关于“松乔”的神话传说十分流行，两者作为汉代神仙体系中的重要代表人物，屡屡为汉代文献所提及。早期文献中有关“松乔”的记述甚丰，但图像材料却十分罕见，可贵的是汉镜构图中既保留有部分“松乔”图像，亦铸刻有“松乔”榜题与铭文，只是此类画像形态过于简约模糊而与镜图中习见的“羽人”图式无异，多年来很少为学者关注和认知。

一、分类与图像特征

Ⅰ.“仙人乘骑”型

a.“仙人骑鹿”式

典型器见于《镜耀云洲》收录的新莽“秦中”铭八乳禽兽博局纹镜[1]（线图1·2）。镜作圆形，柿蒂纹钮座间置“大泉宜利”铭文。主纹区配置八乳神人禽兽博局纹，神人禽兽纹分别为青龙、白虎、玄武、凤鸟、羽人骑鹿、羽人持举仙果、蟾蜍、飞禽、雏雀。主纹区外置铭文圈带："秦中作镜居咸阳，当法天地日月光，上有仙人与凤凰，吮珠持璧食玉英，崔文王乔骑鹿行，昭此镜者家富昌。"铭辞内容可证镜图内的骑鹿"仙人"就是王子乔或崔文子。

b. "仙人骑羊"式

典型例镜见于《莹质神工　光耀阳羡——宜兴民间收藏铜镜精品集》收录的东汉"袁氏"铭六乳神人禽兽镜[2]（线图1·3）。镜作圆形，主纹区六组图像分别为：西王母与侍者跽坐对语，东王父与侍者弹琴，骑马出行人物，鸟琢兔，仙人持仙草背鱼，仙人骑羊出行。主纹区外置铭文圈带："袁氏作竟（镜）自有纪，上有圣人不老，东王父西王母，山（仙）人子，赤松子。"从铭辞内容观察，镜图中的骑羊长发仙人应是王子乔，持仙草背鱼仙人为赤松子。

c. "仙人骑马"式

典型器见于《古镜今照》收录的东汉"龙氏"铭四乳神人禽兽画像镜[3]（线图1·4）。镜作圆形，主纹四区图像分别为：西王母与两侍者，东王公与两侍者，两仙人乘骑出行，仙人骑兽出行与仙人歌舞娱乐。主纹区外置铭文圈带："龙氏作竟（镜）世少有，尚（上）有东王父西王母，仙人子乔赤松子，三足乌，伏辟邪，骐骥騄耳天所使，服此镜宜孙子。"铭辞可证镜图中的两位乘骑仙人是王子乔、赤松子。

d. "仙人骑辟邪"式

例镜见于上文图一·3，从镜铭看乘骑辟邪者应为王子乔或赤松子（线图1·5）。

Ⅱ. "仙人对弈"型

典型器见于《浙江出土铜镜》收录的东汉七乳禽兽纹镜[4]（线图1·1）。镜作圆形，主纹区七组图像分别为：两仙人对弈，有榜题的"王乔马""赤诵（松）马"，链环索绳拴着的虎形兽，链环索拴在"铜柱"上的怪熊，有"辟邪"榜题回首衔尾神兽。镜缘画纹带中分别配置青龙、白虎、玄武、凤鸟、九尾狐、三足乌、羽人、长角鹿等。据"王乔马""赤松马"榜题，可知两对弈仙人是王子乔与赤松子。

Ⅲ. "仙人捣药"型

典型器见于《澄质朝神——上海泓盛2012春拍铜镜图录》收录的东汉"袁氏"铭四乳神人神兽画像镜[5]（线图1·6）。镜作圆形，主纹区四组图像分别为：两相对跽坐、持杵捣药的仙人，青龙，白虎，辟邪。主纹区外置铭文圈带："袁氏作竟（镜）真大巧，青龙在左白居右，山（仙）

人子乔赤松子，辟邪喜怒无央咎，千秋万岁主长久。”镜铭可证两相对跽坐、持杵捣药的长耳尖首羽人，就是王子乔、赤松子。东汉“袁氏”铭画像镜中，上述两仙人持杵捣药图式十分流行，如《稻房藏镜》收录的东汉“袁氏”铭画像镜[6]（线图1·6）、《妙极神工——江苏宝成2011秋拍铜镜图录》收录的东汉“袁氏”铭画像镜标本[7]（线图1·7）等。

Ⅳ．“仙人持药”型

典型器见于《清华铭文镜》收录的东汉“袁氏”铭四乳神人神兽画像镜[8]（线图1·8）。镜作圆形，主纹区四组图像分别配置西王母与两侍神、东王公与两侍神、青龙、辟邪。主纹区外置铭文圈带：“袁氏作竟（镜）真大巧，上有东王公西王母，青龙在左辟邪居右，仙人子乔赤松子，千秋万年不知老，位至三公贾万倍，辟去不祥利孙子。”从镜铭看，西王母、东王公两侧的站立持仙果羽人，就是王子乔、赤松子。此外国家博物馆、安徽阜阳市博物馆、湖北荆门市博物馆藏有此类镜，《莹质神工　光耀阳羡——宜兴民间收藏铜镜精品集》亦收录有本式镜[9]（线图1·9）。

Ⅴ．“仙人采药”型

典型器见于《金索》卷六《镜鉴》收录的东汉“盍氏”铭四乳神人神兽画像镜[10]（线图1·10）。镜作圆形，主纹区四组图像分别配置西王母与两侍神、东王公与两侍神、两相对跽坐仙人采摘神树果、辟邪。主纹区外有铭文圈带：“袁氏作竟（镜）兮真大好，上有东王父西王母，仙人子乔赤松子，辟邪居右，长保二亲兮利孙子，吉。”镜图中配置一株长满圆球状仙果的光芒四射的硕大神树，据铭辞知神树旁采摘仙果的仙人应系王子乔、赤松子。

Ⅵ．“仙人侍奉”型

典型器见于前文《金石索·金索》卷六《镜鉴》收录的东汉“盍氏”铭四乳神人神兽画像镜（线图1·11），本类“松乔”图像与Ⅳ型的“仙人持药”图式基本雷同，区别在于“松乔”手中不持“丹丸”“仙果”等，而是手持执板之类的条状物。

Ⅶ．“仙人神鱼”型

典型器见于《莹质神工　光耀阳羡——宜兴民间收藏铜镜精品集》收录的东汉“袁氏”铭六乳禽兽镜[11]（线图1·3），镜图中“松乔”组图配置于相邻两区：前方图像中骑羊出行的仙人为王子乔，后方图像中配置一位体被羽翼的仙人，肩背弧柄穿系的双鱼，手持仙草（仙果），此仙人应系赤松子，有同类画像镜中流行“神鱼仙人赤松子”铭辞可证。

除以上几类典型的“松乔”图式外，汉镜中涉及“松乔”神话内容的铭辞还有很多，列举如下[12]：

1. 袁氏作竟（镜）真大巧，上有东王公西王母，仙人子僑（乔）赤诵（松）子[13]，白虎熏盧（炉）左（在）左，为吏高升贾万，千秋万岁生长……

2. 袁氏作竟（镜）真大巧，东王公西王母，青龙在左白虎居右，山（仙）人子喬（乔）赤容（松）子，千秋万倍。

3. 袁氏作竟（镜）兮真，上有东王公西王母，山（仙）人子侨（乔）侍在右，辟邪喜怒母央咎，长保二亲生久。

4. 袁氏作竟（镜）真大巧，东王父西王母，青龙在左白虎居右，山（仙）人子乔赤诵（松）子，千秋万岁不知老……

5. 刘氏作竟（镜）真大巧，王僑（乔）赤诵（松）□叶草，仓龙在左白虎居右，千秋万世生久。

6. 盍氏作竟（镜）真大好，上有东王公西王母，仙人子高（乔）赤□子，长保二亲兮利孙子兮吉。

7. 张氏作竟（镜）真巧，仙人王乔赤松子，师（狮）子辟邪世少有，渴饮玉泉饥食枣，生如金石天相保兮。

8. 张氏作，君宜官，凤凰鸟，黄羊，王子乔，白虎。

9. 至氏作竟（镜）真大巧，上有山（仙）人子乔赤诵（松）子，右右（有）辟邪左有青龙，喜怒无央咎，千秋万岁青长久。

10. 李氏作竟（镜）自有纪，青龙白虎居左右，神鱼仙人赤松子……

11. 吴氏作明竟（镜）自有纪，青龙白虎居左右，神鱼仙人赤松子……

12. 上方作竟（镜）自有纪，良时日家大富，九子九孙各有喜，位至三公中常侍，上有西王母东王公，山（仙）人子乔赤由（松）子□。

13. 上方作竟（镜）自有意，良时日众大赏，七子九孙各有喜，□子兮仲常□，上有西王母东王公，山□子高（乔）赤用（松）子兮。

14. 尚方作竟（镜）自有真，良时日吉大赏，十子九孙各有喜，□至三公中常侍，上有东王父西王母，三人子乔大田子平。

15. 桼言纪富始，江河入四海，寿如王乔赤松子，好……

16. 桼言之纪孝为右，古有便父又利母，鲜（仙）人王侨（乔）赤诵（松）子，乘云日露越江河，徘洄（徊）名山。

17. 吾作明竟（镜），幽湅三商……上有东王父西王母，山（仙）人子乔赤松子，服者大吉，生如金石……

18. 盖方作竟（镜）自有己（纪），余（除）去不羊（祥）宜番市，青龙白虎居左右，与天相保无穷之，东有王父西有王母，仙人子乔赤松子，天王日月为祖始，位至三公宜□□，受命久长，主如山石，富贵宜侯王……

据上述例镜铭辞，可确认镜图中的部分“松乔”图式，在此不作赘述。

二、“松乔”图像的演变轨迹

汉镜“松乔”图像的出现与演变特征，可大致分两个阶段比较。

第一阶段：西汉晚期至东汉早期。主要见于神人禽兽纹镜中，此期镜图中的“松乔”图式以乘骑出游为主要形态，其中以“仙人骑鹿”图式最为常见，前文Ⅰa式铭文镜可视为典型器。与Ⅰa式镜“仙人骑鹿”图式形构雷同的例镜，在新莽前后十分流行，过去因镜铭文中未见指示“王子乔”“赤松子”身份的词句，学者无法确指此类仙人图像就是王子乔、赤松子，Ⅰa式铭文镜图式可给我们启示：此类“仙人骑鹿”标准图式在禽兽镜中广为出现，在两汉之际或就是特指“松乔图像”。仙人王乔以“骑鹿出行”的形象出现，在东汉文献材料中屡见，王逸将《九怀·昭世》词句中的“神人”直接解释成“松乔”[14]，亦可对上述推定资以间证。

本期汉镜中出现的“松乔”图式，大致呈现几个特征：(1) 禽兽博局纹镜中，多配组一仙人乘骑出游的图式，成对出现仙人乘骑者极罕见。此类单独出现的仙人，据镜铭看多为“王乔乘骑”图式，另一仙人赤松子的形象，在镜图中似乎没有流行起来；(2) 本期镜图中，西王母、玉兔捣药、白虎、蟾蜍、九尾狐、三足乌、羽人、凤鸟等组合的“西王母图像系统”已经出现并开始流行，但它们与“松乔”图像各自独立存在，两者没有主次或从属关系，即本期的“松乔”并未进入、融合到西王母图像系统中，两者的情节内容及其图像组合还没有呈现出“混融”的衍变趋势；(3) 本期“松乔”图像的神话内涵，多与道家行气、导引的长生不老修炼之术有关，另有部分表现仙人逍遥享乐生活的场景。与制作、采摘、服食“不死药”相关的内容场景，在镜图中还未出现。

第二阶段：东汉中、晚期。此期约略以东王父（公）图式进入镜图系统为上限，汉镜“松乔”图像的配组特征，较前发生了重要变化，主要体现以下几个特征：

(1) 王子乔、赤松子以成对出现为主要组图模式，图像形态生动多变，除“仙人乘骑”型（Ⅰa型）图式继续流行外，还大量出现了“仙人对弈”（Ⅱ型）、“仙人捣药”（Ⅲ型）、“仙人持药”（Ⅳ型）、“仙人采药”

（Ⅴ型）、“仙人侍奉”（Ⅵ型）、“仙人神鱼”（Ⅶ型）等组图。“仙人乘骑”类型的图式，又有“仙人骑鹿”（Ⅰa 式）、“仙人骑羊”（Ⅰb 式）、“仙人骑马”（Ⅰc 式）、“仙人乘神兽”（Ⅰd 式）等多种形态。

（2）汉镜中大量出现标注“松乔”词句的铭文，许多镜图中的“松乔”空间组合形象，可以根据镜铭所述得以指认，如“青龙在左白虎居右，山（仙）人子喬（乔）赤容（松）子”“王僑（乔）赤诵（松）□叶草，仓龙在左白虎居右”“仙人王乔赤松子，师（狮）子辟邪世少有”“凤凰鸟，黄羊，王子乔，白虎”“东有王父西有王母，仙人子乔赤松子”等。

（3）本期镜图中，“松乔”与另一类西王母（东王公）图像系统融为一体。论者一般认为汉画中的东王公图像出现在东汉中期以后，大约不早于公元 2 世纪[14]，显然“松乔”神话融入东王公图像世界的年代应该更晚。此期“松乔”作为主神西王母、东王父两侧的侍神频现于镜图中。“松乔”图式组合关系的变化，在本期镜铭中也有明晰的反映，如“上有东王公西王母，仙人子僑（乔）赤诵（松）子，白虎熏盧在左”“上有东王公西王母，山（仙）人子侨侍在右”“东王父西王母，青龙在左白虎居右，山人子乔赤诵（松）子”“青龙白虎居左右，神鱼仙人赤松子”等。

（4）镜图中大量的“松乔”图式与“捣药”“采药”“持药”相关联，其中以“松乔”相对跽坐、持杵捣药图式最为流行。作为西王母、东王父左右侍者出现的“松乔”图像，两者也是以朝向主神跪拜、手中持举或索要药丸（仙果、仙草等）为常见动作，这一情节场景表述的神话内涵，实则是当时社会上流行的“服食升仙说”的核心内容。

以上比较，可见在西汉晚期至东汉早期，“松乔”以乘骑出游为主要图像形态，其神话内涵自成一系，尚未与西王母图像系统发生融合。约略自东汉中期以后，汉镜“松乔”神话从图式到内涵均发生重要变化，不仅构图出现了“乘骑”“对弈”“捣药”“持药”等多种复杂形态，其情节、内涵也与西王母神话系统混融一体，成为伴随西王母、东王公左右的侍神。汉镜“松乔”图像的上述演变，是两汉社会神仙信仰与升仙说广为流播、不断嬗变的反映，是汉代神仙说“世俗化”“民间化”的强势影响改造所致，这个变化从同时代文献材料的记载中可得以验证。而学者长期忽略汉镜中“松乔”图像的存在或对其存疑不论的原因，或与此期镜图“松乔”图式的形态缺少自身鲜明的个性特征，难以与镜图中流行的众多尖首长发、体被羽翼的“羽人”形态区别开来有关。

第二节　伏羲、女娲图像

东汉神兽镜画纹带缘中，常见两类被藏家和研究者称为“羲和捧日、常羲捧月”的图像，两者经常出现在镜缘“太一出行图”系列群神中，一般夹主纹区对称分布，组图形构大体雷同。此类组图谓之“羲和捧日、常羲捧月”系后世论者附会先秦文献的误释，它们的正确名称，应是汉代画像材料中常见的“伏羲捧日”“女娲捧月”。同时缘于汉镜图像形态的特殊性，镜图中还有不少伏羲、女娲神像未被藏家与研究者所关注、认知，并由此导致了部分镜图名称与内涵的误读误释。

一、分类与图像特征

汉镜画纹带缘中的神人捧举圆球体图像，大体可分作以下四类：

Ⅰ类　神人侧面，双臂前伸，一手从上面按扶、一手在下面托举圆球体，多作躯体前倾、昂首引颈的飘飞状或匍匐前行状。头部、躯体上部呈人形，下躯体至尾部末端逐渐尖细，酷似蛇体状。神人的上部躯体还多见长而后飘的羽翼，有的还有尖长耳。典型例镜见于《炼形神冶莹质良工——上海博物馆藏铜镜精品》收录的东汉“长宜子孙”铭龙虎纹镜[15]（线图2·1、2）、《故宫藏镜》收录的东汉半圆方枚神人神兽镜[16]（线图2·3、4）、《古镜今照》收录的东汉“雒家作竟（镜）”铭同向式神人神兽镜[17]（线图2·5）、《镜涵春秋》收录的东汉“吾作明竟（镜）”铭半圆方枚花卉神兽镜、东汉“吾作明竟（镜）”铭环绕式神兽镜[18]（线图2·6）。

Ⅱ类　神人多侧面，作双手捧举圆球、躯体前倾的飘飞状，形构与Ⅰ类镜基本类同。两者的区别主要表现在Ⅱ类镜神人躯体羽翼作了夸张变形处理，呈现出拉长、弯折、分岔、卷曲、回环纠结、末端膨大等多种形态，表现出较强的“几何图案化”装饰效果。典型例镜见于《鄂州铜镜》收录的东汉“吾作明竟”铭半圆方枚环状乳神人神兽镜[19]（线图2·7、线图2·8）、《洛镜铜华——洛阳铜镜发现与研究》收录的东汉半圆方枚同向式神人神兽镜[20]（线图2·9、10）、《汉广陵国铜镜》收录的东汉半圆方枚对置式神人神兽镜[21]（线图2·11、线图2·12）、《楚风汉韵——长沙市博物馆藏镜》收录的东汉半圆方枚对置式神人神兽镜[22]（线图2·13、线图2·14）、《镜涵春秋》收录的东汉“吾作明竟”铭半圆方枚对置式神人神兽镜[23]（线图2·15）、《妙极神工》收录东汉半圆方枚对置式神人神兽镜[24]（线图2·16）。

Ⅲ类　神人侧面，作双手捧举圆球、躯体前倾的飘飞状，形构与Ⅰ类镜、Ⅱ类镜类似，区别在于本类镜神人的尾部分岔、羽翼更加变形异化，具有浓重的图案装饰效果。尾部分岔的形态，常见尾躯干部分出细束外卷、末端分支外卷、末端膨大外展、集线束式末端分散外延等多种。体被的羽翼，多数翻卷纠结、膨大延展、夸张变形，被处理成生动多变的几何图形装饰图案，有的羽翼还与相邻的花卉纹、云气纹、禽兽纹、几何图形纹等相互连贯纠结。本类镜典型器见于《炼形神冶　莹质良工——上海博物馆藏铜镜精品》收录的东汉“吾作明竟（镜）”铭半圆方枚重列神人神兽镜[25]（线图2·17、18）、《莹质神工　光耀阳羡——宜兴民间收藏铜镜精品集》收录的东汉“吾作明竟（镜）”铭半圆方枚对置式神人神兽镜[26]（线图2·19、线图2·20）、《古镜今照》收录的东汉“吾作明竟（镜）”铭半圆方枚同向式神人神兽镜[27]（线图2·21）。

Ⅳ类　神人侧面或正面，作躯体前倾的飘飞状，常见双手托举圆球体、一手前伸推举圆球体两种形态。与前几类镜图不同的是，本类镜神人下躯体至末端除少量保留了“蛇身”“蛇尾”的特征外，多数省隐、虚化或做了变形处理，构成几何云纹、分岔弧线纹、草叶纹、花枝纹等多种图式，呈现出较强的图案装饰效果。典型例镜见于《六安出土铜镜》收录的东汉“九子作竟（镜）”铭半圆方枚对置式神人神兽镜[28]（线图2·22）、《泓盛2011春拍铜镜图录》收录的东汉半圆方枚对置式神人神兽镜[29]（线图2·23、线图2·24）、《中原藏镜聚英》收录的东汉“吾作明竟（镜）”铭半圆方枚对置式花卉神兽镜[30]（线图2·25、线图2·26）、《洛镜铜华——洛阳铜镜发现与研究》收录的东汉半圆方枚对置式神人神兽镜[31]（线图2·27）、《镜涵春秋》收录的东汉“吾作明竟（镜）”铭半圆方枚对置式神人神兽镜[32]（线图2·28、线图2·29）等。

上述四类捧举圆球体飘飞的神人，大致经历了从简约单一的“人首蛇身”图式向着躯体形态逐渐复杂化、装饰化、图案化方向演变的历程，其中Ⅰ类、Ⅱ类属于典型的“人首蛇身”图式，Ⅲ类、Ⅳ类属于变形异化的“人首蛇身”图式。画纹带缘中的此类神人组图多成对出现，其中以夹主纹区对称配置的构图模式最为习见，两者的头部与躯体形态、发式服饰大体雷同，只有在少量的神人正面图像中，才有明显的区分[33]（线图2·30、线图2·31）。此类镜图中，也偶见两类神人托举圆球体不对称配图的例证[34]（线图2·25、线图2·26）。

二、图像误释与成因

上述神人捧举圆球体图式，目前所见铜镜著录中多释作“羲和捧日（御日）”“常羲捧月”（参阅《炼形神冶　莹质良工——上海博物馆藏铜镜精品》图 54、《镜涵春秋》图 109、《古镜今照》图 117、《莹质神工　光耀阳羡——宜兴民间收藏铜镜精品集》图 163、《中原藏镜聚英》第 226 页图 130 等）。显然，学者定名的依据是将镜图画面与上古流传下来的羲和、常羲神话内涵联系起来，认为两类图式描绘的是神女羲和、常羲日月神话情节场景。

上古羲和的神话，最早的记载见于《山海经》中，《大荒南经》：“东海之外，甘水之间，有羲和之国。有女子名曰羲和，方浴日于甘渊。羲和者，帝俊之妻，生十日。”此羲和系俊之妻，传说天空中有十日，均为其所生。又郭璞注云：“羲和盖天地始生，主日月者也，故《归藏・启筮》曰：‘空桑之苍苍，八极之既张，乃有夫羲和，是主日月，职出入，以为晦明。’”是说羲和为主日月之神。上古神话中的生日之羲和，后又传为日御，《楚辞・离骚》：“吾令羲和弭节兮”，洪兴祖补注：“日乘车，驾以六龙，羲和御之。”《初学记》卷一引《淮南子》：“日出旸谷，浴于咸池，拂于扶桑，是谓晨明……爰止羲和，爰息六螭，是谓悬车。”常羲（尚仪）的神话，见于《山海经・大荒西经》：“有女子方浴月，帝俊妻常羲，生月十有二，此始浴之。”此记常羲亦为帝俊之妻，传说中的天上十二月轮，均为常羲所生。《世本・帝系篇》则记有常羲为帝喾之妻的另一种说法：“帝喾卜其四妃之子，皆有天下……下妃娵訾氏之女，曰常仪，是生帝挚。”

先秦文献记载的上古神话中，羲和是日神之母、常羲是月神之母，两者在神话世界里与天上日轮、月轮的关系最为密切，汉镜画纹带缘中出现的两类神人捧圆球体飘飞图式，则很容易使人联想到上述渊源古老、流传甚广的羲和、常羲神话。同时，此类镜图中又配置有龙车出行、神人御车场景，联系羲和为“日御”之说，将此类图像命名为“羲和捧日”“常羲捧月”，似乎既有早期文献记载的“史影”线索，又与镜图画像的形态特征十分契合，因故此说一出，便被不少收藏家和研究者所接受并一度十分流行，只是缘于目前所见镜图中，未见直接表明羲和、常羲身份内涵的铭辞、榜题，论者自然亦无法考实擎举日轮、月轮飘飞的两位神人就是羲和、常羲本人。

然而细审上述镜图特征，谓之“羲和捧日、常羲捧月”是经不住推敲的。以“羲和御日”说为例，《楚辞·离骚》云“吾令羲和弭节兮”，《淮南子》云“爰止羲和，爰息六螭，是谓悬车”及洪兴祖注云“日乘车，驾以六龙，羲和御之”，均指乘六龙拉车的主神是日神，羲和只是驾驭龙车者，是日神的车夫，月母常羲则与日神出行没有任何关联。而汉镜画纹带缘中的两类神人捧举圆球体组图，分别配置在出行龙车的前后方，龙车上的主神显然不是文献中所说的“日神”，驱赶群龙驾驭云车者即便是羲和，亦与捧托圆球体飘飞是神人没有关系。就整幅画纹带缘中“群神出行”图像的组合观察，将出现在龙车前后的两组捧举圆球体神人，定性为乘龙车主神的“侍从神”“导从神”“护卫神”，似更为恰当，因它们在龙车出行队列里承载的“前导”“后卫”功能十分清楚。此类诸神出行队列的图式中，亦找不到表明上古神话“羲和生日”“常羲生月”情节场景存在的直接证据，镜图所着力凸显、众神共同拱卫的“核心主神”不是擎举日月者，而是踞坐在龙车中部的那位体被羽翼、长须飘飘的神人老者。

两汉是一个神话嬗变异化的大变革时代，先秦之际流传下来的诸多神话传说，其原生态神性面貌在这一时期呈现出一种近乎脱胎换骨式的演变异化。忽视上述神话传说年代衍变上的巨大差异，用记述上古神话内容的《山海经》之类的先秦文献来比附、解释东汉铜镜图像中描绘的神仙人物名称与情节场景，结论往往是靠不住的。另在目前能够见到的画纹带缘对称配置的两组捧托圆球体神人图式中，明显可见其中一位头戴三山冠者为男性、另一位头部饰有高髻者为女性的镜图例证[35]（线图2·30、线图2·31），此亦与上述文献所记神话中的羲和、常羲系帝俊（帝喾）之妻、两者皆系女神的身份是矛盾的，因而它们的身份不会是羲和、常羲。既然此类图式谓之“羲和捧日”“常羲捧月”有误，则当时应另有其名。

三、图像正名

解决上述神人托举圆球体图像的名称与神话内涵认证问题，在镜图中还是有线索可以追稽、辨定的，以《古镜今照》图127收录的东汉“雒家作竟（镜）”铭同向式神兽镜为例[36]，说明如下。

“雒家作竟”铭神兽镜图式主要由主纹区、铭文圈带、画纹带缘组成，主纹区同向配置伯牙弹琴、西王母、东王公等神人神兽。主纹区外置铭文圈带，铭辞：“雒家作竟，好洁少双。更造众倚，悉囧万疆。元气之像，正在中央。圣贤神仙，燕处云明。天禽来降，威伏四方。边则太一，还缓而行，乘云悦乎？参驾神龙，选从群仁（神），上古三皇。摭乎除道，蚩尤辟邪，白精并存，何耶敢当？……士宦公卿，子孙蕃昌。”主纹区外的画纹带缘配置群神出行图，以群龙拉云车行进为核心，由众多的神人、神禽、神兽构成一组气势恢宏的群神出行队列，其中主神乘坐三龙驾车，车中配有四位神人，主神居中，其前方为一驱龙驾车的御者、后方有两位持节而立的侍者。从三龙驾云车的前方起，依次配置有同向出行的神人擎举圆球体、神人骑凤、神人驾鹤、神人乘龟、神人乘鸟首兽、神人乘虎、神人、狮形神兽等图式。

上述神兽镜铭文内容是对镜图物象组合的具体注释，据“边则太一，还缓而行，乘云悦乎？参驾神龙，选从群仁（神），上古三皇。摭乎除道，蚩尤辟邪，白精并存，何耶敢当?”词句的描述，可对画纹带缘图像中涉及的部分神人神兽名称、内涵解读如下：(1) 群神出行队列表现的是汉代神话中的“太一出行”场景，踞坐在云车中央的主神是太一神；(2) 太一神乘坐的“云车”，因拉车的神兽是“神龙”，又称为“龙车”；(3) 太一出行队列里，“上古三皇”是跟随太一神出行的侍从神；(4) 太一神乘坐的三龙云车前方，还有蚩尤、辟邪在前为其开道；(5) 这个队列聚集了众多凶悍威猛的神人，因而没有什么东西敢于阻挡它们出行。

以上镜铭清晰交代了“上古三皇”“蚩尤”“辟邪”的名称与神性功能，画纹带缘中经常对称配置的两类擎举圆球体飘飞神人是其中的哪类侍神？结合汉代文献和其他画像材料，可作进一步判断。蚩尤是传说中的战神，多以凶兽形象出现，辟邪是神兽，两者与镜图中的擎举圆球体神人不相干。“上古三皇”具体名称与内涵的认定则向有争议，汉代有“燧人、伏羲、神农”“伏羲、神农、祝融”“伏羲、神农、女娲”“伏羲、神农、共工”等多种说法[37]，其中流播最广并为学界所认可的，是《淮南子》《春秋运斗枢》等文献所确认的“伏羲、女娲、神农”说。有学者研究，伏羲及稍后列入古圣贤帝王“三皇五帝”体系的女娲，在东汉祀典中基本上都排在“上古三皇”之首，尤其是伏羲的身份地位是最为稳定而没有异议的[38]。山东武梁祠画像石刻绘的“三皇五帝”图谱中，伏羲、女娲即与黄帝、尧、舜等并列于同一格画像中，可见当时两者的确是作为“上古三皇”中的圣贤帝王被尊奉、推崇的。《淮南子·原道训》：“泰（太）古二皇，得到之柄，立于中央……其德化天地而和阴阳，节四时而调五行”，此“泰古二皇”亦确指“三皇”中的伏羲、女娲。

东汉神话中伏羲、女娲的形象以“人首蛇身”为主要特征，王延寿《鲁灵光殿赋》：“伏羲鳞身，女娲蛇躯。”《楚辞·天问》：“女娲有体，孰制匠之?”王逸注：“传言女娲人首蛇身，一日七十化。”稍后曹植《女娲画赞》："或云二皇，人首蛇形。"《帝王世系》："太昊庖牺（伏羲）氏……蛇身人首"，"女娲亦风姓……蛇身人面"。在目前发现的山东梁山后银山东汉壁画墓、四川简阳鬼头山东汉画像石棺崖墓、山东嘉祥武梁祠画像石刻等大量的汉代画像材料中，不仅有此类人首蛇身神人画像，部分神人旁还刻有"伏希（羲）""女娃（娲）""伏羲仓精（颉），初造王业"之类的榜题。由此观察上述神兽镜画纹带缘中擎举圆球体的两位神人：既具有"人首蛇身"的典型形态，又有"选从群神，上古三皇"的镜铭标识，还有同时代画像材料中的类同形构造像与榜题旁证，因故确认其身份为伏羲、女娲，可以无疑。

与上述东汉镜铭文类似的词句，还见于以下例镜镜铭中：

1. 《古镜今照》图 130 收录俞金林私藏神兽镜，铭辞："吾作明镜，幽涑三商，雕刻无极，配像万疆，伯牙举乐，众神见容，天禽四首，衔持维纲。边则太一，乘云驾龙，选从群神，五帝三皇，福禄侍从，富贵安宁，子孙蕃昌，增年益寿，其师命长。"

2. 《小校经阁金文》卷 15 收录神兽镜，铭辞："吾作明竟（镜），幽涑三商，周（雕）刻无极，配像万疆，白凤鼓瑟，众神□容，天禽四首（兽），衔持纲……太一，□□□□□□群，五帝三皇，□□□凶，富贵安乐，子孙蕃昌……"

3. 《岩窟藏镜》第二集卷上收录神兽镜，铭辞："吾作明竟（镜），幽涑三商，周（雕）刻无极，祉配万□，伯牙举□，□神见容，天禽（兽）四首，□□□□。边则太一，福禄是从，赏景宗周，子孙蕃昌……"

4. 冈村秀典《汉镜分期研究》之汉镜七期・733 收录镜[39]，铭辞："吾作明镜，幽涑三商，雕刻无祉，配像万疆，伯牙举乐，众神见□，天禽四首，衔持维纲，得（边）则太一，乘云驾龙，导从群神，五帝三皇，诛讨鬼凶，常服者富贵，师命长。"

5. 冈村秀典《汉镜分期研究》之汉镜七期・734 收录镜[40]，铭辞："吾作明镜，幽涑三商，雕刻无祉，配像万□，伯牙举乐，□神见容，天禽四首，系持维纲，得（边）则太一，福禄是从，富贵安宁，子孙番昌，增年益寿，其师命长。"

东汉晚期神兽镜画纹带缘中的"太一出行图"，是一类群神组合特征显著而稳定的图像模式，图中的太一神及侍神配组虽有局部变化，但三龙或六龙拉云车、云车上的太一与侍从神、云车前后的擎举圆球体侍神、乘骑神禽异兽的神人等大体上是遵循固定规制配置的，表明这些在同一类镜图中经常反复出现的神人、神兽，在当时流行的神话传说中应是有固定专名并广为世人知晓的。上文列举的几例镜铭“边则太一，乘云驾龙，选（导）从群神，五帝三皇”“边则太一，参驾神龙，选从群神，上古三皇”等，均系对“太一出行”群神队列物象组图的注释，其中亦间接注解了镜图“上古三皇”中有伏羲、女娲的存在。

四、主纹区伏羲、女娲图像

东汉神兽镜、画像镜中的伏羲、女娲图像，不仅大量出现在上述画纹带缘中，镜图主纹区也常见配置，只是缘于此类神人以狭小、简约、模糊、省隐、夸张、变形、异化等特殊形态在镜图中呈现，导致对此类图像的认识与理解，远没有像画像石、画像砖、壁画、漆画、帛画等其他汉画材料中那样为世人所关注和熟知。这种认知上的忽视与模糊，极易造成学者对此类神人图像身份与内涵的误判误释。以下列举汉镜主纹区常见的几类伏羲、女娲图像：

Ⅰ类　东汉伏羲女娲神人神兽镜，河南王趁意私藏[41]（线图2·32）。圆形、圆钮及钮座，主纹区配置左右揽抱伏羲、女娲的一硕大虎形神兽。伏羲头戴冠，人面五官清晰，躯体弯曲蛇形，体表有鳞片，尾部卷曲。女娲头戴胜，人面五官较模糊，躯体呈弯曲蛇形，部分隐于钮下，尾端尖细上卷。

本式镜图中配置在中心位置、身份地位高于伏羲女娲的虎形神兽，学者谓之“白虎”系误释。在1957年洛阳烧沟西汉晚期壁画墓M61发掘的壁画中，刻画有一尊硕大神兽，面似虎，两臂上分别绘有“伏羲捧日”“女娲捧月”图像。研究者确认这个身份地位凌驾于伏羲、女娲之上的“虎首形巨兽”就是西汉晚期的“太一神”[42]。1991年洛阳偃师清理的一座新莽时期墓葬壁画中，也绘有一个外形似虎的狞厉头像，其右侧绘有“女娲捧月”，左侧绘有“伏羲捧日”，两者皆作人首蛇身形。这个虎首形神兽，也是汉代的“太一神”图像[43]。本类铜镜组图中的巨形神兽图像，因年代演变和构图方式的不同而与烧沟西汉壁画墓、唐河针织厂新莽壁画墓中的同类图式有差异，但明显保留了统御伏羲、女娲的“虎形兽”特征，它的名称亦应是东汉神话中至高无上的太一神。“太一”的形象、内涵及其在祀神系统中的地位与影响等，在两汉前后有不同的变化。除前文述及的“人形神”“虎形神”外，镜图中还见另一类“人面虎身”型的太一神图像（线图2·33），在此不作赘述。

Ⅱ类　东汉“吾作明竟（镜）”铭半圆方枚对置式神兽镜，三镜堂私藏[44]（线图2·34、35）。圆形，圆钮及钮座，主纹区对置式配组四区神人神兽，分别为西王母对东王公、伏羲对女娲。伏羲人兽蛇身形，头戴三山冠，面部浑圆饱满，五官刻画清晰，躯体上部生有硕大双翼，下体肥硕伸出两足，尾端弯曲尖细。女娲与伏羲形体、姿势近于雷同，区别在于头戴华冠、脸部较修长，显示出女神特有的风格。此类体被硕大羽翼的伏羲、女娲图像，在东汉对置式神人神兽镜中十分流行。东汉中晚期，位居“上古三皇”之列的伏羲、女娲，经历了一个由“人格化”的古圣贤帝王到“仙化”人物、由无羽翼的人首蛇身到肩生硕大羽翼人首蛇身形象的转变过程。随着时间的后移，此类伏羲、女娲的“羽化”特征被不断夸张放大，以致其庞大的羽翅几乎成了下躯体的全部，而其原始形构——“蛇躯”“蛇尾”部分则多隐而不显，有的尖细卷曲“蛇尾”逐渐退化、缩小，有的则完全看不到“蛇尾”的形态而成为所谓的“人首鸟身”型结构。伏羲、女娲这种形构特征的演变与成形，与东汉中期以来大规模“造神运动”的强势影响息息相关，“羽化”正是这种仙人角色转换的显著标志。

Ⅲ类　东汉重列式神人神兽镜，江苏宜兴徐俊杰私藏[45]（线图2・36)。圆形，扁圆钮，圆钮座，主纹区神人神兽图像自上而下分为五段，第四段至第五段之间的左侧界栏上，缠绕有人首蛇身形伏羲图像。伏羲头戴三山冠，面部五官模糊，上躯体着宽袍，双臂前伸，手扶界垂直栏框，下躯体蛇形盘曲，缠绕固定在水平界栏框上。伏羲躯体上方为一硕大神兽、下方配置爬行玄武。

Ⅳ类　东汉“九子作竟（镜）”铭三段式神兽镜，陕西省博物馆藏[46]（线图2・37、线图2・38)，图像主纹区中段夹钮对称配置西王母与东王公，东王公、西王母的外侧，分别配置人首蛇身形的伏羲与女娲。伏羲站立状，头戴三山冠，脸部肥硕浑圆，五官轮廓模糊，体生羽翼，胸前抱日轮，蛇形躯体饰有细鳞片，尾部尖细卷曲。女娲形态与伏羲类同，区别在于前者头部有圆形发髻、不带冠。从整幅镜图看，西王母与东王公、伏羲与女娲对称组合布局，严格遵循了阴阳平衡的配图规制。

Ⅴ类　东汉“吾作明竟（镜）”铭五段重列神人神兽镜，嘉德2011年春拍铜镜拍品[47]（线图2・39)。圆形，圆钮，主纹区神人神像自上而下分为五段，在第三、四、五段左侧近缘部，配置有一伏羲人首蛇身像。伏羲头部饰有发髻，面部五官模糊，嘴部有胡须，上躯体有硕大羽翼，羽翅轮廓线清晰可辨，下躯体至尾部体表饰有细鳞片，尾端尖细卷曲。此类生翼伏羲的图式，因羽翼被极度夸张放大作了变形处理，躯体的“蛇形”特征又隐而不显，过去曾被论者释作“人首鸟身”的东方句芒神。若细审此类神人的尾部，末端尖细卷曲的特征虽小而简约，“蛇尾”的形构仍清晰可见。上述镜图神人的变形处理，是为了夸张凸显伏羲的“仙化”特征，此系东汉晚期神人神像镜人物组图习用的风格。

东汉“五段式”重列神兽镜画像中，还流行一类特殊的“人首蛇身，双人合体”型神人图式，即躯体上部为两位神人的头、颈，颈部以下两者合体为一，躯体背部生有硕大羽翅，尾部为卷曲尖细的“蛇尾”形[48]（线图2·40）。此类特殊的“人首蛇身”合体神人，是否均系东汉中期以来画像材料中常见的伏羲、女娲合体交尾的图像则不能完全确定，因为部分双人合体神人图像中，两位神人颌下均生有长长的胡须，谓之伏羲、女娲显系不妥。考虑到与其相邻配置的多为黄帝图像，此三神人配组，是否就是东汉晚期流行的“上古三皇”图式中的一类，有待进一步探证。

第三节　伯牙群神图像

东汉晚期神兽镜中流行配置“伯牙弹琴，众神听琴”图式，此类镜中伯牙群神图像名称与神话内涵的确认争议颇多，如有人认为它再现的是东汉晚期“道教神仙谱系”图谱，有人认为它描绘的是东汉官方祭祀中的“祀神系统”内容，有人认为它勾勒的是东汉末年民间“诸神信仰”背景下的杂融图谱等，以下试作讨论。

一、分类与图像特征

以《古镜今照》收录的东汉“五帝天皇”铭重列神人神兽镜为典型器[49]，镜图“系列群神”介绍如下：

该镜镜图由内侧主纹区和外部铭文圈带组成。主纹区神人神兽图像自上而下分为五段，每段图像的底部，有神兽口衔弯折状“巨”纹支架，既承托神人禽兽又用作图像区之间的界栏：最上端第一段，配置一位正面端坐在神禽座上的有羽翼神人，神禽座的左侧下方，配置一展翅飞升的神鸟，右侧下方配置一体被羽翼、昂首侧身跪拜的神人。第二段以镜钮上方的一组凸弦纹为界栏，左右两侧各配置两位神人。界栏左侧中间的神人，正面踞坐，体被硕大后卷的双翼，双臂前伸，面部上扬，胸前置放一长板状琴，正双手抚琴作鼓琴状，头部则向右倾斜，一幅神情专注、陶醉于美妙琴乐的样子。操琴神人的左侧下方，配置一位侧身踞坐、拢袖胸前的有翼神人，作神态安详的听琴状。界栏右侧中间的神人，正面踞坐，体被宽大后卷的羽翼，双手拢袖胸前，面部上扬左倾，作专心听琴状。听琴神人外侧下方，配置一位侧身跽坐的神人，双目低垂，双手承托一件竹节状圆筒器。第三段图像以镜钮为界隔左右各配置两位神人，近钮处的两位神人正面踞坐，双手拢袖胸前，体被宽大后卷羽翼，形构基本雷同。外侧下方的两神人略微侧身踞坐，形构基本雷同。第四段以镜钮下方中部的一组凸弦纹为界隔，左侧配置一神人正面拢袖踞坐，体被宽大羽翼，右侧神人侧身踞坐，头部右倾上扬，两位神人的外侧，分别配置有硕大神禽异兽，躯体长而延伸至第三、四段图像区内。第五段（最下侧一段）图像区中间，配置一位正面踞坐、双手拢袖胸前的硕大神人，体被宽大后卷的羽翼，双肩还有一组花瓣状装饰。主纹区外侧有铭文圈带，铭辞："吾作明竟（镜），冶湅（炼）宫商，周罗容貌，五帝天皇，伯牙弹琴，黄帝除凶，朱雀玄鸟，白虎青龙，君宜高官居侯王，子孙蕃昌吉祥。"

若将上述例镜配组的群神系列图像视作"标准图式"，则目前见于著录的此类神兽镜镜图可大体分作以下四类：

Ⅰ."繁式"群神图像型

镜图中的主要神人组成及空间架构，与上述镜基本雷同，两者的区别在于本式镜"五段式"构图中增加了衔"巨"纹神兽的种类和数量，第五段组图中，中间主神的两侧增加了玄武、神兽、伏羲等神人禽兽类图像。其他区段神人的神禽异兽座形态，亦有复杂化的改变。例镜见于《古镜今照》收录的东汉五段重列神人神兽镜[50]、《莹质神工 光耀阳羡——宜兴民间收藏铜镜精品集》收录的东汉五段重列神人神兽镜[51]等。此类图式出现的年代，应较"标准图式"镜类略晚。本式镜图像，还见于《上海博物馆藏铜镜精品》图66、《浙江出土铜镜》彩版48等。

Ⅱ."标准式"群神图像型

本式镜是重列神兽镜标本中最为常见的一类。除上文列举的《古镜今照》收录镜外，《炼形神冶 莹质良工——上海博物馆藏铜镜精品》收录的建安十年铭神人神兽镜[52]、《镜涵春秋》收录的东汉"吾作明竟"铭重列神兽镜[53]、《鄂州铜镜》收录的东汉"吾作明竟"铭重列神人神兽镜及建安纪年铭重列神人神兽镜[54]等均属此类镜典型器。此类镜图之间的细微变化，主要表现在第五段图像中间神人两侧配置神异禽兽的差异上，如《鄂州铜镜》图140、图141、图142收录的镜器等。

Ⅲ."简式"群神图像型

此类"五段式"神兽镜，是指与前文"标准式"例镜比较，图像区神人禽兽组合内容省略、简化的镜类。此类镜图像中省略简化的，主要是每段图像区内的较为靠边缘的神人，如《鄂州铜镜》收录的东汉“吾作明竟”铭重列神人神兽镜[55]、《淮南市博物馆藏镜》收录的东汉三段式重列神人神兽镜等[56]。

Ⅳ.“异化式”群神图像型

在有些以半圆方枚圈带图像为外纹区的神兽镜图式中，主纹区也流行配置“五段式”神人神兽图案，但其中上下、左右的界栏“巨”纹省隐简化或趋于消逝。每段神人组合的空间架构，虽大体上遵循前述的“标准模式”，其个体神人的形态已经渐趋改变了前述镜图中神人生硬呆板、面带表情冷酷的形象，转而呈现出生动流畅、活泼多变的风格特征。神人的数量，神禽异兽的种类、数量、形态亦较前类镜有明显变化。例镜见于《炼形神冶　莹质良工——上海博物馆藏铜镜精品》收录的东汉“吾作明竟”铭重列神人神兽镜[57]、《古镜今照》收录的东汉“吾作明竟”铭半圆方枚神人神兽镜[58]等。

二、图像正名

上述群神系列图像的定名与神话内涵解读，是多年来汉镜图像研究中争议较多的问题之一。早年日本学者对上述神兽镜诸神图像的名称与内涵进行过阐释，林巳奈夫、樋口隆康认为镜图第一段与朱雀并列的中央神人为南极老人，第二段为伯牙弹琴，第三段两侧为西王母与东王公，第四段人首鸟身的怪物为司长寿的句芒及与其并列的黄帝，第五段是与玄武并列的标示北极星的天皇大帝，从第一段到第五段还有五帝神像，即代表在北极周围由青、赤、黄、白、黑五色标识的五帝座。近年有学者对林巳奈夫的上述解说提出不同看法，李淞认为：“五段式重列神兽镜第一段中间的神人，定名为‘南极老人’或‘南极真人’是可疑的，因为在汉代主要崇拜神像系统中没有他的名号。从《史记·天官书》《汉书》卷26至唐初撰写的《晋书》中‘南极真人’都不是一颗十分主要的星宿，北宋时才将它作为寿星在南郊祭祀。把‘南极真人’作为寿星崇拜起自盛唐，大约在唐代才被道教称作‘南极真人’，宋代道教文献中可见他与赤帝合为一体……林巳奈夫的解释建立在唐宋文献的基础上，不是汉代的语境。汉代重要祭祀的对象是天皇大帝、地祇和五帝。”[59]进而李淞给出自己的图像解释，即按照汉代官方南郊祭天神、北郊祭地祇的皇家祭祀仪礼规制，镜图第一段正中间的那个重要神人应为“天皇”，第五段中间那个重要神人应系“地祇”，其余“五帝”按照空间方位排列在第二段至第四段相应的位置上。白牙弹琴与子期听琴排列在第二段中间、东王公与西王母配列在第三段镜钮的左右两侧。

从上述神兽镜“四祭像元，六合设张”“上应星宿，下辟不祥”“五帝天皇”等铭文及图式陈列的神像结构内容看，镜图群神的空间布局特征，反映的确有东汉晚期以来官方祭祀活动的内容，其中“天皇”“五帝”图像的空间配置规制，遵循的应是同时代统治者郊祀诸神所排列的秩序。《后汉书·祭祀志》记载了建武二年洛阳南郊“郊天之坛”的形制、天地神方位、五帝方位：“（郊兆）圆坛八陛，中又为重坛，天地位其上……其外坛上为五帝位。青帝位在甲寅之地，赤帝位在丙巳之地，黄帝位在丁未之地，白帝位在庚申之地，黑帝位在壬亥之地……凡千五百一十四神。”从众神的分布看，天地主神居中，五帝按照阴阳五行说的颜色和空间架构居其外围排列，五帝座之外再排列日月星辰、山川、风雨雷电、四时、五祀及各种杂神，由此构成了一个由1514位神祇组成的等级森严、复杂有序的“诸神谱系”，后又在洛阳北郊建了分祀地祇系统诸神的“北郊地坛”。这一制度为此后东汉历代国家祭祀所继承。

然而仅用东汉祀神系统的配位规制来解释上述镜图神人的构成，并不能完全解决问题，至少镜图中排列在“核心位置”或“显要位置”上的“伯牙弹琴、子期听琴”“西王母、东王公”图像用官方“祀神系统”理论是解释不通的。实际上，从此类神兽镜中将“天皇五帝”“西王母、东王公”“伯牙、子期”神话及游离于祀神系统之外的“伏羲神话”“黄帝神话”等同时代流行神话题材融入同一幅镜图的特征看，这个所谓的“神人系列”本身就是一个多神并举的“杂融神仙体系”，设想仅用一种神话传说去完整地解释它显然行不通的。东汉中期以来，汉政府实行较为宽松开放的盐铁经济政策，允许铸镜官营作坊与私营作坊并存，当时的民间私营铸镜作坊兴旺发达，纪作坊名镜、纪氏镜、纪年镜、其他地方特色的铭文镜大量出现，表明铜镜的生产与经营业不断朝着“世俗化”“民间化”“大众化”方向发展。为迎合世俗神话生态环境及民众心理时尚的需求，此期铜镜构图内容题材的选择也必然呈现出“世俗化”“民间化”色彩，那种由官方设定的严格遵循某种主流思想规范的铜镜组图模式“一统天下”的局面，显然是不存在的。而东汉晚期以来原本就是一个多神信仰与崇拜的混乱时代，三皇五帝神话、西王母东王公神话、官方排定的天皇地祇祀神系统、伯牙子期神话、原始道教宣扬的神话信仰、民间各类杂神巫术等众多的神仙说，在当时的社会生活中既混生并存又不断融合改造、嬗变异化，因故汉末此类神兽镜中才会出现上述“杂融式”多元群神图像。这个图像系统的创定，虽然可以看出在很大程度上遵循了汉代官方祀神系统规制的要求，但其中铸镜工匠根据世俗流行的不同神仙信仰和自己认知经验、兴趣爱好而灵活创新、随意增减镜图内容的现象也是存在的，至于这个“杂融图像体系”中融入了同时代哪些流行的神话学内容题材，目前还未完全弄清楚，如天皇、伯牙、子期、东王公、西王母、三皇、五帝之外，还有一些神人的身份无法一一辨别。又如五帝中位于第四段图像区的“黄帝”，在有些镜图中黄帝的形象与其他“四帝”明显不同，有的黄帝旁边还配置有一位持手板跪拜者，此均属容易辨识的黄帝图式，但有的第四段图像中配置两位形态基本雷同又无其他附属标识的神人，究竟哪个是黄帝的形象则难以确指。伯牙的一侧还常见一位持竹节状圆筒器的神人，此神人的名称及承载的神性内涵是什么？神人所持圆筒形器代表什么含义？此神器是否就是有些论者推定的“灯”？另镜图中“五帝”之外，还常配置一些“附属”神人，它们的名称和神性目前也因缺少可靠的证据认指而付诸阙疑等等，诸如此类的问题还有不少。

还有一个要澄清的问题：缘于上述镜图中伯牙、子期的神仙化及“伯牙弹琴、众神见容”场景带有明显的道家神仙思想特征，这个“神像杂融系统”的性质，会不会如有些研究者推定的那样，属于早期道教设定、崇奉的“诸神谱系”呢？从目前所见的汉末、三国之际道教典籍的记载看，答案显然是否定的。在南朝陶弘景《真灵位业图》中排定的神仙谱系出现之前，不同派别的道教所信奉的诸神排位较为混乱。东汉五斗米道早期信奉的最高神为“太上老君”，涉及的一百二十余位神人的源出、身份十分庞杂，目前似乎没有证据表明当时已经排定有一个完整的尊卑谱系。太平道信奉的最高神为“中黄太一”，称作“皇天”“天君”或“天公”，《太平经》又把神仙分为“神人、真人、仙人、道人、圣人、贤人”六等，经卷四十二《九天消先王灾法》将天君以下的神、仙、人分为九等：“其无形委气之神人，职在理元气；大神人职在理天；真人职在理地；仙人职在理四时；大道人职在理五行；圣人职在理阴阳；贤人职在理文书，皆受语。”可见上述“五段式”神兽镜中的神仙系列图式，与汉末以前的原始道教所信奉的“诸神谱系”的区别是明显的。从另一个角度看，上述带有明显“世俗化”“大众化”特征的镜图“杂融神像系统”的流行，时间应不会晚于早期道教的兴盛之际，而汉末乃至魏晋六朝道教创造、排定神仙谱系时，借鉴、吸纳了此类镜图群神系列的某些内容，则是完全可能的。

三、伯牙传说的流变及其神仙化

早期的伯牙传说故事，与“东王公、西王母”“天皇五帝”“黄帝神话”及东汉官方祀神体系等本不相干，直到西汉中期以前，伯牙善琴的故事还没有明显的“神仙化”痕迹。西汉中晚期以来，伯牙传说逐渐出现了“仙化”情节，至东汉之际开始进入诸神系统的“主神”行列，其“陈乐招神”的重要功能被刻意凸显出来。东汉中晚期神兽镜图像中，“伯牙弹琴”与诸多神人禽兽等杂糅在一起并被置放于诸神空间排列的显要位置，反映了当时社会生活领域伯牙故事神仙化的流播状况，与之相伴的“子期听琴”图像，也一并融入诸神画面。

目前所能见到的关于“伯牙弹琴、子期听琴”故事的最原始版本，见于《吕氏春秋·孝行览·本味》：“伯牙鼓琴，钟子期听之。方鼓琴，而志在太山，钟子期曰：‘善哉乎鼓琴，巍巍乎若太山。’少选之间，而志在流水，钟子期又曰：‘善哉乎鼓琴，汤汤乎若流水。’钟子期死，伯牙破琴绝弦，终身不复鼓琴，以为世无足复为鼓琴者。”《吕氏春秋》系战国吕不韦及其门客搜集古史旧闻汇编而成，表明早在其前，这个故事已经广为流传。

稍后《列子·汤问》载：“伯牙善鼓琴，钟子期善听。伯牙鼓琴，志在登太山，钟子期曰：‘善哉，巍巍兮若泰山。’志在流水，钟子期曰：‘善哉，汤汤兮若江河。’伯牙所念，钟子期必得之。伯牙游于泰山之阴，卒逢暴雨，止于岩下，心悲，乃援琴而鼓之，初为霖之操，更造崩山之音，曲每奏，钟子期辄穷其趣，伯牙乃舍琴而叹曰：‘善哉，善哉，子之听夫志，想象犹如吾心也，吾于何逃声哉？’”这个记载与《吕氏春秋》的内容比较，情节有所损益，但“高山流水遇知音”的基本情节没有变。

西汉《韩诗外传》《说苑》及东汉《风俗通义》也记载有这个故事，与《吕氏春秋》《列子》的内容大体相似，表明它们多援引《吕氏春秋》而来。西汉文献中，伯牙、子期的传说故事还被当作典故广为引用，《淮南子·修务训》：“是故钟子期死而伯牙绝弦破琴，知世莫赏也。”《史记·报任安书》：“盖钟子期死，伯牙终身不复鼓琴。”此亦表明这个传说故事在西汉时期流传之广。此外，关于伯牙的高超琴艺还见于早期文献《荀子·劝学》“伯牙鼓琴而六马仰秣”、《淮南子·说山训》“伯牙鼓琴，而驷马仰秣”的记载。

从上述文献记载中，尚看不出伯牙弹琴故事“神仙化”的痕迹，伯牙、子期的形象，也始终没有脱离“高士善琴”“高士听琴”的母本原型。到东汉之际的文献中，情况发生了根本变化，蔡邕《琴操·水仙操》："水仙操者，伯牙之所作也。伯牙学琴于成连先生，三年不成，至于精神寂寞，情之专一，尚未能成也。成连云：'吾师方子春今在东海中，能移人情。'乃与伯牙俱往。至蓬莱山，留宿伯牙曰：'子居习之，吾将迎师。'刺舡而去，旬日不返。伯牙延望无人，但闻海水汩没崩澌之声……怆然而叹曰：'先生将移我情。'乃援琴而歌……曲终，成连回，刺舡迎之而还。伯牙遂为天下妙矣。"《太平御览·乐部·琴》《乐府解题·水仙操》等也记载伯牙学琴的故事，情节内容与《琴操·水仙操》相同。蓬莱山系秦汉之际神仙说中的海上著名"三神山"之一，伯牙学琴于蓬莱仙山，并且称老师为仙，说明汉代的伯牙已经被神仙化了（王中旭：《敦煌佛爷庙湾墓伯牙弹琴画像之渊源与含义》，《故宫博物院院刊》2008 年第 1 期）。

东汉时期伯牙形象的"仙化"，在铜镜铭文中表现得尤为突出：

1. 吾作明竟（镜），幽湅三商，周（雕）刻万疆，四气象元，六合设张，白（伯）牙乐众从息，大吉羊……

2. 吾作明竟（镜），幽湅宫商，周（雕）刻容象，五帝天皇，白（伯）牙单琴，黄帝除凶，朱鸟玄武，青龙白虎……

3. 吾作明竟（镜），幽湅三商，周（雕）克（刻）容象，五帝天皇，（白）牙单琴，黄帝除凶，朱鸟玄武，青龙白虎……

4. 建安元年五月二十四日，示氏作竟（镜），幽柬（湅、炼）宫商，周罗容象，五帝天皇，白（伯）牙单琴，黄帝吉羊（祥）……

5. 吾作明竟（镜），幽湅三商，周（雕）刻无极，配像万疆，白（伯）牙作乐，众神见容，天兽并存……

6. 吾作明竟（镜），幽湅三商，周刻无极，配像万疆，白牙陈乐，众神见容，天兽并存，神禄是从……

"伯牙弹琴""伯牙陈乐"的神仙化场景不仅频现于上述铜镜图像与铭文中，在东汉中晚期及魏晋之际的画像砖、画像石、墓葬壁画中也有大量表现。这一时期图像材料中的伯牙，既不是远离红尘、隐遁山林的高士，也不再是普通的仙人，而是被置放于画面的"核心"位置与三皇五帝并列，变成了能够招神、娱神的"主神"。伯牙神仙化程度的加深与其主神地位的不断被凸显，与东汉时期社会生活领域轰轰烈烈造仙运动的影响有关，同时研究者也认为音乐在其中起了重要作用。秦汉神仙说认为神人好音乐，传说中的三皇五帝均与器乐有关，如神农氏削铜为琴以通神明、伏羲作琴、舜弹五弦之琴而治天下等。汉代的各种"祀神""招神""娱神"

活动，鼓琴陈乐表演是必不可少的内容。而作为陈乐高手的伯牙，既然能奏出“驷马仰秣”“鱏鱼出听”之类的连禽兽、鱼虫都谓之倾心动容的神奇琴声，就必然能引来众神聚会、招致众多神禽异兽来附，因而镜图中将“伯牙陈乐”置放于众神布局的“中心”位置，是起着重要的“招神”“娱神”作用的，此系镜铭“伯牙陈乐，众神见容”的真正含义所在。至于《古镜今照》收录东汉“雒家作竟”铭同向式神人神兽镜[60]、《炼形神冶 莹质良工——上海博物馆藏铜镜精品》收录的东汉“吾作明竟”铭神人神兽镜[61]中出现神兽聆听伯牙弹琴的画面，则承载的是与“驷马仰秣”“鱏鱼出听”同样的内涵。在东汉特定的政治气候与社会环境中出现的轰轰烈烈的大规模造神运动，将前代传说中的圣贤人物、先朝的帝王将相、民间流传的隐逸高士等大量纳入“仙界人物”行列，伯牙则是当时“高士神仙化”的一个典型例证。

第四节 人物车马出行图像

汉禽兽镜、画像镜中有大量的人物车马出行图，这些图式形制复杂，车中人物数量与形态、马的数量、车的种类有多种类型，分类整理后绘制线图附后。

汉镜人物车马出行图承载的文化内涵亦较为复杂，对其内涵的阐释是多年来汉镜研究中一个争议较多的问题，其中有两种观点十分流行：一种认为镜图中的车马出行场景是东汉现实社会生活中车骑制度的反映，车马的数量、规格与乘车者身份地位的高低是一致的，并认为这种图式场景与西王母神仙世界场景情节分属于两个完全不同的世界，两者从构图分区到主题内涵各自独立、互不关联，甚至有研究者还根据《后汉书·舆服志》所记的车骑出行规制，将镜图中“六马驾辎车”图与“天子驾六”的皇家车骑出行制度联系起来，推定此类神人车马出行图描述的是穆天子西向巡行拜见西王母的故事[62]；另一种观点认为此类镜组图表现的均为天国仙界场景，“车骑出行”实则是仙界里的“仙人乘骑出游”情节。有的研究者还根据东汉车骑制度规制，认为此类豪华辎车一般为贵族妇女乘坐，出现在镜图中反映了对西王母由天下独尊地位转向“母君”的身份[63]。

为探究汉镜“车马出行图”的文化内涵及其与“西王母、东王父”图式之间的关系，笔者曾检索目前散见于各类著录中的61枚东汉神人车马画像镜镜标本，按照“车马出行图”在镜图四区内配置的数量差异，将其分成“一区车马出行图”“两区车骑出行图”两大类，并以镜图中车马“行进方向”为主要线索进行考察，认为此类镜构图中的“车马出行”“西王母（东王公）”虽各自独立成区、表观形构上互不关联，但它们在情节内容上多数是前后连贯的，表达的是一组前承后续的“车骑人物升仙”情节场景[64]。只有少量汉镜中的人物车马出行图，表现的是神仙出行或现实生活中的人物活动场景。相关讨论，留在本编第三章第三节详述，此处从略。

限于汉镜狭促而特殊的构图空间，镜图不可能像画像砖、画像石、帛画等其他汉画材料那样充分利用大空间铺陈画面来表现前后情节连贯、场面宏大复杂的“车马升仙图”场景，只能在有限空间内选取少量的、典型有代表性的场景作简化配图，来象征性地表达车骑升仙过程，正是这种对“升仙图”情节的简化省略、对典型情节的高度概括而使此类图式渐趋“版式化”“符号化”，导致了后世人们因对日渐远逝的东汉宗教文化背景的“遗忘”而逐渐不识其原始本义，无法看出图像之间情节内容上的相互关联，进而运用后世的知识经验去解释前代的图像功能而渐生误读、歧义。东汉时期，此类广为流播的“符号化”图式承载的神话学内涵应是家喻户晓、人尽皆知的，不应存在上述对图像意义误读的问题。

东汉人物画像镜“车马出行图”与“西王母图”主题物象之间，还配置有大量的“山峦”[65]、“跪迎羽人”[66]、“恭迎车马者”[67]、“容器（药尊）”[68]、“仙果枝”[69]、“拱桥”[70]等形体较小的辅助物象，过去研究者多认为此类物象仅具有“填衬”“补图”作用而很少关注其承载的文化内涵，通过本文对“车马出行图”与“西王母图”之间情节关系的考察，亦有必要对上述填衬物象重要的神话功能予以重新认识：这些辅助物象在上述镜图中并非随意所为，它们作为表达“车马升仙故事”情节演进场景的重要组成部分，均是经过铸镜者精心设计配置的，是标示升仙者由“现实生活世界”进入“西王母仙界”的特殊符号，即“山峦”表示西王母世界的昆仑山，“羽人”与“跪迎者”等表示迎接升仙者进入西王母世界的仙界使者，“容器（药尊）”与“仙果枝（灵芝、琅玕、三仙果）”关联仙界“不死之药”，“折角形桥”与“拱桥”表示现实生活世界与神仙世界的“临界点”等[71]，有了这些辅助物象，车马升仙故事的前承后续情节便得以连贯起来，只是限于镜图狭促的空间，铸镜者不得不将它们做了“压缩”“简省”“矮化”处理而已。

图4-1　汉镜“松乔”图像

1. “仙人对弈”型（《浙江出土铜镜》图版20）；2. “仙人骑鹿”式（《镜耀云洲》图39）；3. “仙人骑羊”式（《莹质神工　光耀阳羡——宜兴民间收藏铜镜精品集》图114）；4. “仙人骑马”式（《古镜今照——中国铜镜研究会民间藏镜精粹》图149）；5. “仙人骑辟邪”式（《古镜今照》图149）；6. “仙人捣药”型（《莹质良工　稻房藏镜——嘉德2010秋拍铜镜图录》图6853、《澄质朝神——上海泓盛2012春拍铜镜图录》图916）；7. “仙人捣药”型（《妙极神工——江苏宝成2011秋拍铜镜图录》图417）；8. “仙人持药”型（《清华铭文镜》图68）；9. “仙人持药”型（《莹质神工　光耀阳羡——宜兴民间收藏精品集》图131）；10. “仙人采药”型（《金索》卷六《镜鉴》）；11. “仙人侍奉”型（《金索》卷六《镜鉴》）

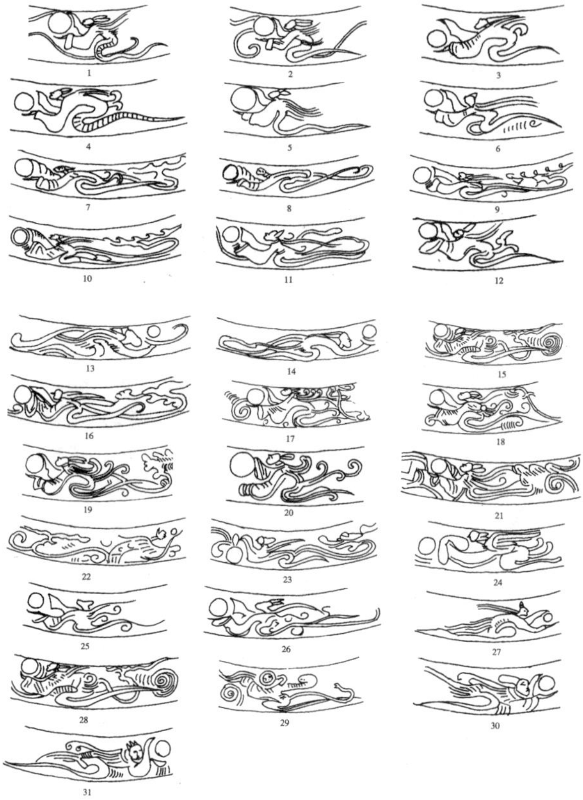

图4－2　汉镜伏羲、女娲图像

1、2.《炼形神冶　莹质良工——上海博物馆藏铜镜精品》图47；3、4.《故宫藏镜》图34；5.《古镜今照——中国铜镜研究会成员藏镜精粹》图127；6.《镜涵春秋——青峰泉、三镜堂藏中国古代铜镜》图114；7、8.《鄂州铜镜》图117；9、10.《洛镜铜华——洛阳铜镜发现与研究》图144；11、12.《汉广陵国铜镜》图146；13、14.《楚风汉韵——长沙市博物馆藏镜》图113；15.《镜涵春秋——青峰泉、三镜堂藏中国古代铜镜》图110；16.《妙极神工——江苏聚德2012春拍铜镜图录》图219；17、18.《炼形神冶　莹质良工——上海博物馆藏铜镜精品》图60；19、20.《炼形神冶　光耀阳羡——宜兴民间收藏铜镜精品集》图136；21.《古镜今照——中国铜镜研究会成员藏镜精粹》图127；22.《六安出土铜镜》图105；23、24.《泓盛2011春拍铜镜图录》图2122；25.26《中原藏镜聚英》图130；27.《洛镜铜华——洛阳铜镜发现与研究》图142；28、29.《洛镜铜华——洛阳铜镜发现与研究》图142、《镜涵春秋——青峰泉、三镜堂藏中国古代铜镜》图110；30、31.《莹质天工——北京祥云2011秋拍铜镜图录》图1039

图 4－3 汉镜伏羲、女娲图像（续）

32.《古镜今照——中国铜镜研究会成员藏镜精粹》图 140；33.《古镜今照——中国铜镜研究会成员藏镜精粹》图 139；34.《镜涵春秋——青峰泉、三镜堂藏中国古代铜镜》图 111；35.《镜涵春秋——青峰泉、三镜堂藏中国古代铜镜》图 111；36.《硬质神工 光耀阳羡——宜兴民间藏镜精品集》图 137；37、38.《千秋金鉴——陕西历史博物馆藏铜镜集成》图 272；39.《嘉德 2011 春拍铜镜图录》图 1047)；40.《泓盛 2012 春拍铜镜图录》图 909

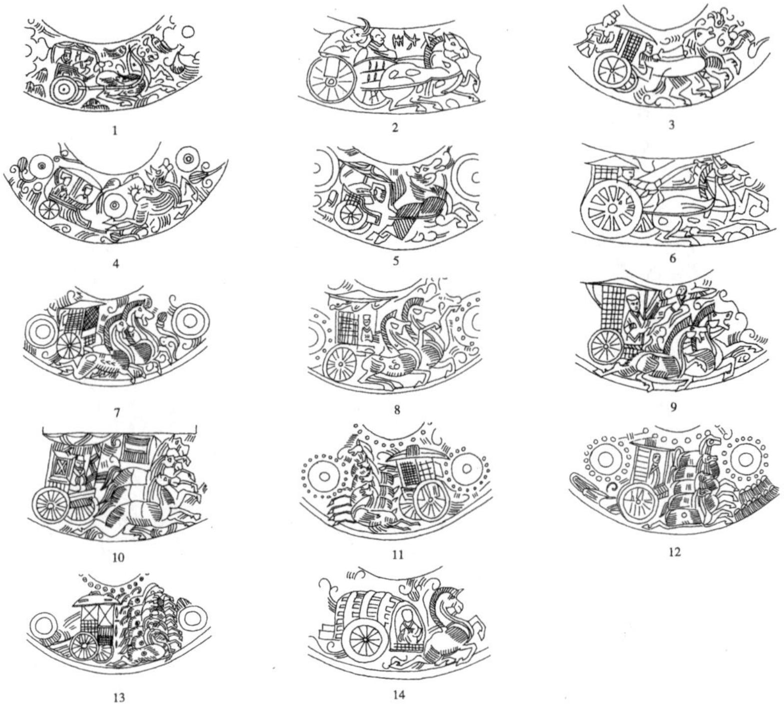

图 4－4　汉镜人物车马出行图

1. 一马轺车图式（《莹质神工　光耀阳羡——宜兴民间收藏铜镜精品集》图 128）；2. 一马轺车图式（《莹质神工　光耀阳羡——宜兴民间收藏铜镜精品集》图 120）；3. 一马辎车图式（《莹质神工　光耀阳羡——宜兴民间收藏铜镜精品集》图 133）；4. 一马轺车图式（《六安出土铜镜》图 122）；5. 一马轺车图式（《洛阳出土铜镜》图 57）；6. 一马辎车图式（《镜涵春秋——青峰泉、三镜堂藏中国古代铜镜》图 90）；7. 两马辎车图式（《中原藏镜聚英》图 21）；8. 两马辎车图式（《镜涵春秋——青峰泉、三镜堂藏中国古代铜镜》图 101）；9. 两马辎车图式（《镜涵春秋——青峰泉、三镜堂藏中国古代铜镜》图 104-1）；10. 三马辎车图式（《镜涵春秋——青峰泉、三镜堂藏中国古代铜镜》图 102）；11. 四马辎车图式（《浙江出土铜镜》图 22）；12. 五马辎车图式（《丹阳铜镜青瓷博物馆·千镜堂》图 209）；13. 六马辎车图式（《三槐堂藏镜》图 102）；14. 一马辇车图式（《镜涵春秋——青峰泉、三镜堂藏中国古代铜镜》图 104-2）

注释：

［1］上海云洲古玩城：《镜耀云洲》，图 39，上海富中印务有限公司，2009 版。

［2］宜兴市文物管理委员会办公室：《硬质神工　光耀阳羡——宜兴民间藏镜精品集》，图 114，文物出版社，2013 年版。

[3] 浙江省博物馆：《古镜今照——中国铜镜研究会成员藏镜精粹》，图 149，文物出版社，2012 版。

[4] 王世伦、王牧：《浙江出土铜镜》，图版 20，文物出版社，2006 版。.

[5] 上海泓盛拍卖公司：《澄质朝神——上海泓盛 2012 春拍铜镜图录》，图 916，2012 年版。

[6] 中国嘉德拍卖公司：《稻房藏镜——中国嘉德 2010 秋拍铜镜图录》，图 6853，2010 年版。

[7] 江苏聚德拍卖公司：《妙极神工——江苏聚德 2012 春拍铜镜图录》图 417，2012 年版。

[8] 王纲怀：《清华铭文镜》，图 68，清华大学出版社，2011 年版。

[9] 宜兴市文物管理委员会办公室：《硬质神工　光耀阳美——宜兴民间藏镜精品集》，图 131，文物出版社，2013 年版。

[10] [清]冯云鹏、冯云鹓：《金石索》之《金索》卷六《镜鉴》，图 397，道光四年崇川邃古斋刊印，1824 年版。

[11] 宜兴市文物管理委员会办公室：《硬质神工　光耀阳美——宜兴民间藏镜精品集》，图 114，文物出版社，2013 年版。

[12] 李新城：《东汉铜镜铭文整理与研究》，第 89-93 页，华东师范大学 2006 年博士学位论文。

[13] 汉镜铭文中两位仙人的名称，有“子乔”“子喬”“子僑”“赤松子”“赤诵子”“赤甬子”“赤容子”等多种不同的写法，均是指后世文献中的“王子乔”“赤松子”两人。

[14] [日]大形徹：《松乔考——关于赤松子和王子乔的传说》，《复旦大学学报》，1996 年第四期，第 99 页。

[15] 上海博物馆：《炼形神冶　莹质良工——上海博物馆藏铜镜精品》，图 47，上海书画出版社，2005 年版。

[16] 郭玉海：《故宫藏镜》，图 34，紫禁城出版社，1996 年版。

[17] [60] 浙江省博物馆：《古镜今照——中国铜镜研究会成员藏镜精粹》，图 127，文物出版社，2012 年版。

[18] 深圳市文物管理办公室、深圳市博物馆等：《镜涵春秋——青峰泉、三镜堂藏中国古代铜镜》，图 105、图 114，文物出版社，2012 年版。

[19] 鄂州市博物馆：《鄂州铜镜》，图 117，中国文学出版社，2002 年版。

[20] 霍宏伟、史家珍：《洛镜铜华——洛阳铜镜发现与研究》，图

144，科学出版社，2013 年版。

［21］徐忠文、周长源：《汉广陵国铜镜》，图 146，文物出版社，2013 年版。

［22］长沙市博物馆：《楚风汉韵——长沙市博物馆藏镜》，图 113，文物出版社，2010 年版。

［23］［32］深圳市文物管理办公室、深圳市博物馆等：《镜涵春秋——青峰泉、三镜堂藏中国古代铜镜》，图 110，文物出版社，2012 年版。

［24］江苏聚德拍卖公司：《妙极神工——江苏聚德 2012 春拍铜镜图录》，图 219，2012 年版。

［25］上海博物馆：《炼形神冶　莹质良工——上海博物馆藏铜镜精品》，图 60，上海书画出版社，2005 年版。

［26］宜兴市文物管理委员会办公室：《硬质神工　光耀阳羡——宜兴民间藏镜精品集》，图 136，文物出版社，2013 年版。

［27］浙江省博物馆：《古镜今照——中国铜镜研究会成员藏镜精粹》，图 114，文物出版社，2012 年版。

［28］安徽省文物考古研究所、六安市文物局：《六安出土铜镜》，图 105，文物出版社，2012 年版。

［29］上海泓盛拍卖公司：《泓盛 2011 春拍铜镜图录》，图 2122，2011 年版。

［30］王趁意：《中原藏镜聚英》，图 130，中州古籍出版社，2011 年版。

［31］霍宏伟、史家珍：《洛镜铜华——洛阳铜镜发现与研究》，图 142，科学出版社，2013 年版。

［33］［35］北京祥云轩国际拍卖公司：《莹质天工——祥云轩 2011 秋拍铜镜图录》图 1039，2011 年版。

［34］北京保利拍卖公司：《保利 2012 春拍铜镜图录》，图 LOTA53，2012 年版。

［36］浙江省博物馆：《古镜今照——中国铜镜研究会成员藏镜精粹》，图 127，文物出版社，2012 年版。

［37］过文英：《论汉墓绘画中的伏羲女娲神话》，第 22-23 页，浙江大学 2007 年博士论文。

［38］刘文锁：《伏羲女娲图考》，《艺术史研究（第八辑）》，第 150 页，中山大学出版社，2006 年版。

［39］［40］冈村秀典：《汉镜分期研究》，《汉镜文化研究》，第 82 页，

北京大学出版社，2014 年版。

［41］浙江省博物馆：《古镜今照——中国铜镜研究会成员藏镜精粹》，图 140，文物出版社，2012 年版。

［42］潘中华：《汉画“太一”像——对象征图像的一次具体考察》，第 23 页，东南大学 2005 年硕士论文。

［43］潘中华：《汉画“太一”像——对象征图像的一次具体考察》，第 25–26 页，东南大学 2005 年硕士论文。

［44］深圳市文物管理办公室、深圳市博物馆等：《镜涵春秋——青峰泉、三镜堂藏中国古代铜镜》，图 111，文物出版社，2012 年版。

［45］［51］宜兴市文物管理委员会办公室：《硬质神工　光耀阳羡——宜兴民间藏镜精品集》，图 137，文物出版社，2013 年版。

［46］陕西历史博物馆：《千秋金鉴——陕西历史博物馆藏铜镜集成》，第 272 页“图上”，三秦出版社，2012 年版。

［47］中国嘉德拍卖公司：《嘉德 2011 春拍铜镜图录》，图 1047，2011 年版。

［48］上海泓盛拍卖公司：《泓盛 2012 春拍铜镜图录》，图 909，2012 年版。

［49］浙江省博物馆：《古镜今照——中国铜镜研究会成员藏镜精粹》，图 125，文物出版社，2012 年版。

［50］浙江省博物馆：《古镜今照——中国铜镜研究会成员藏镜精粹》，图 126，文物出版社，2012 年版。

［52］上海博物馆：《炼形神冶　莹质良工——上海博物馆藏铜镜精品》，图 56，上海书画出版社，2005 年版。

［53］深圳市文物管理办公室、深圳市博物馆等：《镜涵春秋——青峰泉、三镜堂藏中国古代铜镜》，图 118，文物出版社，2012 年版。

［54］鄂州市博物馆：《鄂州铜镜》，图 132、图 140、图 141，中国文学出版社，2002 年版。

［55］鄂州市博物馆：《鄂州铜镜》，图 137，中国文学出版社，2002 年版。

［56］沈汗青：《淮南市博物馆藏镜》，图 174，文物出版社，2011 年版。

［57］［61］上海博物馆：《炼形神冶　莹质良工——上海博物馆藏铜镜精品》，图 61，上海书画出版社，2005 年版。

［58］浙江省博物馆：《古镜今照——中国铜镜研究会成员藏镜精粹》，

图 116，文物出版社，2012 年版。

［59］李凇：《汉代铜镜所见有关道教和神话的图像》，《湖北美术学院学报》，2011 年第四期，第 8-9 页。

［62］王世伦、王牧：《浙江出土铜镜》，第 228 页图版 22，文物出版社，2006 年版；王纲怀：《三槐堂藏镜》第 147 页图 103，文物出版社，2004 年版。

［63］李凇：《论汉代艺术中的西王母图像》，第 236 页，湖南教育出版社，2000 年版。

［64］杨玉彬：《阜阳出土东汉“升仙图”画像镜考释——兼论东汉神人车马画像镜神话学内涵等问题》，《中国汉画学会第十三届年会论文集》，第 256 页，中州古籍出版社，2011 年版。

［65］王世伦、王牧：《浙江出土铜镜》，第 216 页彩版 13，文物出版社，2006 年版；陈凤久：《丹阳铜镜青瓷博物馆——千镜堂》，第 121 页图 201，文物出版社，2007 年版。

［66］王世伦、王牧：《浙江出土铜镜》，第 216 页彩版 12，文物出版社，2006 年版；陈凤久：《丹阳铜镜青瓷博物馆——千镜堂》，第 129 页图 203，文物出版社，2007 年版。

［67］陕西历史博物馆：《千秋金鉴——陕西历史博物馆藏铜镜集成》，第 245 页图，三秦出版社，2012 年版。

［68］郭玉海：《故宫藏镜》，第 50 页图 50，紫禁城出版社，1996 年版；王世伦、王牧：《浙江出土铜镜》，彩版 15、图版 23、图版 24，文物出版社，2006 年版。

［69］安徽省文物考古研究所、六安市文物局：《六安出土铜镜》，图 86、图 122，文物出版社，2012 年版。

［70］陈凤久：《丹阳铜镜青瓷博物馆——千镜堂》，第 128 页图 211，文物出版社，2007 年版。

［71］杨玉彬：《阜阳出土东汉“升仙图”画像镜考释——兼论东汉神人车马画像镜神话学内涵等问题》，《中国汉画学会第十三届年会论文集》，第 257-258 页，中州古籍出版社，2011 年版。

第四章 阜阳出土东汉“升仙图”画像镜研究

1973 年 12 月，阜阳地区实施冬修水利工程中组织民工开挖茨淮新河，在茨淮新河利辛段工地发现一座东汉砖室墓，文物工作者清理该墓时出土一枚罕见的神人车马画像镜（彩图 8），这枚画像镜组图及其承载的文化内涵，对于正确揭示东汉同类画像镜图式中“车马出行”等若干图像的意义、解决长期以来东汉神人车马画像镜物像解读中的诸多争议问题有着重要的启示作用，同时也为研究我国北方地区东汉画像镜的制作与流行特征提供了新的证据材料，相关问题值得深入探讨。

第一节 形制、纹饰与铭文

镜作圆形，半球钮，连珠纹圈带钮座，座外主纹区四乳四分区组图，每区配置一组画像图式。主纹区外置一周铭文圈带，铭文：“蔡氏作镜真大巧，上有仙人不知老，渴饮玉泉饥食枣，浮游天下遨四海，寿敝涌（诵）乔（乔）。”铭文圈带外依次置短斜线纹圈带、三角锯齿纹圈带、变体云气纹圈带，素三角缘。直径 17.9 厘米。主纹区四组图式物象，依次叙述如下。

1. 第一幅（“车马出行”图式）

主题纹饰为两马拉一辆轺车向前疾驰，轺车有平顶伞盖，盖缘一周平行线状垂饰。车内乘坐一人，头戴平帻冠，躯体前倾执鞭赶马。两马躯体硕壮，四肢矫健，两耳、鬃毛上竖，并排低首引颈前奔。车马前方，有一昂首引颈、四肢弓张、体态硕壮的前行白虎为车马“导行”，白虎背生双翼，长尾粗壮分叉。在轺车前后方的空隙处，各填衬有一件圆腹、喇叭状高圈足有盖提梁容器。东汉画像镜图式中常见车马出行物像组图，除本镜图中的两马拉轺车的组图外，还有流行一马、三马、四马、五马、六马拉轺车或辎车的图式，如浙江绍兴一带出土的画像镜，多见五马、六马拉缁车组图，场面很是壮观。

2. 第二幅（“恭迎队列”图式）

主题纹饰配置形状大小不一、神态各异的五人队列，每个人物刻画得均十分生动传神。位于队列最后的一体形硕大者，面向队列前方，侧身跽坐莲花座上，头部高髻，双手交伏于胸前，着宽袖长袍，长裾拖于身后，神态端庄安详，显然是出迎队列中的主人。主人的前方配置一形体较小的侍者，朝向主人执便面站立，似在作陈述状。高大主人的身后还配置一只长尾兔，兔附于圆乳丁上方作驻足低首状，其下方配置一件圆腹、喇叭状高圈足有盖提梁容器。队列的前端配置两人，均戴平帻冠、着袍服，双手执举笏板，低首弓背对着车马出行方向站立作恭迎状。恭迎者队伍中间空隙内，配置一正面站立的形体较小的人，头部有倒“八”字形双环高髻，两臂交叉抱附于胸前，亦低首闭目作站立恭迎状，这个形体矮小、饰“八”字形双环高髻者，应为一女童。

3. 第三幅（“乐舞场景”图式）

由一主人二侍者构成乐舞演奏图组图，中间主人形体较大，上体直立，正面跽坐在宽大的莲花座上，头带山字冠，着宽袍大袖，上衣交领右衽，两袖拢于胸前，作观听乐舞状，神态安详。两侍者则形体较小，右侧侍者向着主人低首站立作长袖舞，背部呈90度夸张性弓屈，宽大长袖随手臂摆动翩然飘飞。左侧侍者弓背低首站立，手执乐器作吹奏状，形态与舞者基本雷同。作长袖舞的侍者身后，还配置一件圆腹、喇叭状高圈足有盖提梁容器作填衬物像。

4. 第四幅（“楼阙拜谒”图式）

由阙门、楼阁和人物三类物像构成。阙门为柱状双阙结构，四阿顶盖，顶上部有“十”字形发光体饰物。门阙中间配置一站立守门人把守，以控制阙门外面的人进入阙内。门阙前方的地上有一人双手前伸伏地，向着门阙楼阁方向匍匐虔诚跪拜。门阙后面为楼阁建筑群，重重楼阁内前后并列跽坐两个体形较大的主人，两人形态基本雷同，均着宽袍大袖，双手拢袖于胸前，冠饰、发式、五官轮廓简约模糊。主人和守门人之间，还有一形体较小者正朝着门阙方向行进，似为往返于主人和守门者之间传达信息的信使。

第二节　镜图物象考释

阜阳汉墓出土的这枚神人车马画像镜在同类镜中十分罕见，镜图物象描绘的是东汉社会流行的神仙信仰与升仙说中的“乘骑升仙”内容，就其表述的情节内容看，称之为“车马升仙图”画像镜则更为恰当。

一、镜图情节内容前后连贯，描绘一个完整的车马出行升仙故事

在目前见于著录的东汉画像镜传世器与出土材料中，神人车马画像镜是一个大镜群。此类镜常见的“四乳四分区”构图模式，虽然讲究物象从形式到内容“夹钮配位”“邻区配位”的对称性，但就四幅图像表达的情节内容看多为独立成图，互不连贯，缺少情节内容上承前启后的发展演进关系，属于一种近乎松散搭配、拼凑组合、片段式的配图方式，即因拘泥于铜镜制图材料的特殊性和构图狭促空间的限制无法充分铺陈展示画面，为表达某一主题内容而不得不选取几幅具有典型代表性、象征性的彼此不具有前后情节演进关联的物象组合成图。阜阳出土的这枚东汉车马画像镜图式则较为特殊，结构上虽然也是四乳四分区组图，四幅图表达的却是一个有前后演进承续关系、彼此连贯呼应的完整故事情节，连续、紧凑而浑然一体，生动形象地再现了东汉社会流传甚广的神仙信仰与升仙不死说内容情境，在同类画像镜中甚是少见。

如第一幅“车马出行图”与第二幅“恭迎队列图”之间因圆乳钉纹的界隔单独成区，但两区间的乳钉位置配置一硕大白虎，又将两组图自然而紧密地联系在一起：白虎既是行走在车马出行队列前面的“导从”，引领车马向着既定的目的地方向行进，又行至第二组“恭迎队列”的前方昂首塌腰后踞作驻足状，在恭迎队列居于前位的第一人融合在一幅图式中，“虎”与“人”作相遇时的亲密交流状、彼此生动自然地进入一种相逢互动的故事情境中。这样两幅看似形式上彼此分离的画像，实际就成为具有生动演进情节内容的不可分割的一个整体。

第二幅“恭迎队列图”与第三幅“乐舞场景图”之间虽有圆乳钉纹界隔，但圆乳钉上方配置一只长尾兔，下方配置一件圆腹、喇叭状高圈足有盖提梁容器，兔的长尾下垂后上卷与“恭迎队列图”中的主神连为一体，圆腹有盖提梁尊虽和长尾兔组图，位置却落在“乐舞场景图”中长袖舞表演者的后方。这样由“长尾兔与提梁容器”组成的填衬物象便将两幅主图连接在一起，没有同类画像镜四分区图式的彼此分离感。图中的“兔、提梁容器”具有隐喻内涵，在本式镜和许多汉画题材中承载有与生命不死相关的特定神话学意义（后详）。

还有第四幅“楼阙拜谒图”与第一幅“车马出行图”之间也不是互不关联的[1]，两幅图之间的界隔圆乳钉纹上方配置雏雀，下方配置一组圆

腹、喇叭状高圈足有盖提梁容器，汉代画像材料中习见“雀”与“爵（官爵）”谐音互用，以“雀”喻指官爵、官位，“雏雀”位居高处或勃然飞升，则表示爵位高或步步高升。本式镜图中的“雏雀”填衬于车马出行图中，显是喻指乘车出行者具有高爵，身份地位较高。有盖提梁容器反复出现于镜图中亦不是随意填衬所为，此类容器实则是仙界盛放药物的“药尊”（后详），两种物像同时配组于上述两组图式中间，可能标示车马出行行进的目的和门阙楼阁承载的某种功能意义。从故事表述的情节内容及其发展演进的前后逻辑关系可以推定，门阙前匍匐在地的虔诚跪拜者，与第一幅车马出行图中的乘车升仙者应该就是同一人。

二、镜图物象内涵的考释

如果我们将上述镜图第二幅“恭迎队列”图式中位于队列最后位置上的高大跽坐主人、第三幅“乐舞场景”图式中居于中间位置的高大跽坐主人、第四幅“楼阙拜谒”图式中并列跽坐在重重楼阁内的高大主人放在一起作特征差异比较，尽管它们在图式中安排的位置有异，这个多次出现的人物形象所呈现的共性还是极其明显的：（1）在镜图人物中形体最高大，并居于构图空间的最主要位置，有的左、右对称配置形体较小的侍奉者或表演者。无论是安排在图中的什么位置，均作为最重要的中心人物出现，图中人物活动场景及其他场景的安排，均围绕着这个中心人物展开。（2）侧身跽坐，着宽袍大袖，交领右衽，头部束发高髻，双手拢袖于胸前，长裾拖于身后。（3）这个形体高大的中心人物，常与侍者、有翼白虎、兔、乐舞百戏、门阙楼阁、圆腹容器等物象伴出。

具备上述特征的人物形象不仅仅在本式画像镜图式中反复出现，在其他东汉画像镜图式及西汉中晚期以来画像砖、画像石、帛画、漆器等汉画材料中也大量、反复出现，这类具有上述典型特征的人物形象，其实就是汉代流播甚广的神话传说中的主神西王母“标准图式”[2]。在许多铜镜及其他汉画材料中，还常见物象旁有“西王母”“西母”“王母”榜题来标注图像人物的身份。作为西王母身下的莲花座坐垫，在东汉画像题材中也被赋予了天国仙境神物的功能意义。本式镜“恭迎队列”图式，主神背后配置的长尾兔和圆腹提梁容器虽是填衬物象，对于判别图中西王母主神身份却有着特别的意义，值得提及。由于两汉之际汉画材料中西王母题材图式出现频度极高，古今论者对汉画西王母及其配组物象特征研究颇多，李淞将西王母图像系统中的物象按重要性、所在的位置和出现频率高低划分为“核心图像”“必要图像”“辅助图像与区域图像”三大类，考察西汉中后期以来汉画中西王母图像系统各类物象出现消长盈缩的演变规律，认为“玉兔”或“捣药玉兔”始终是西王母最为必要的陪伴者和身份象征，故将玉兔划归到西王母核心图像中，作为判别西王母身份的“符号”标志[3]。由此，本式镜图式中的主神虽没有出现榜题，依据图像系统组图特征仍可以确认她的身份就是神仙世界里的主宰者西工母。镜图“门阙楼阁图”中那个与西王母并列出现、大小一致、形态基本雷同的神人，则应为汉画中常与西王母对称伴出的对偶神东王公。

确认了上述镜图中西王母的身份，便可知本式镜“恭迎队列”图式中的与西王母组成队列的众人，应均为西王母神仙世界里的人物（众仙）[4]，本幅图表现的场景，则应属西王母所在的西方神仙世界。由此，这个由西王母世界众仙构成的恭迎队列所前往迎接的车马人物，就可确认是意欲乘车骑升天、即将进入西王母仙界的现实生活世界中的得道成仙者，进而可以判定本镜图中车马队列向前行进的最终目的地，就是位于西方的西王母仙界——一个汉代人无限向往、热切渴盼进入的能够实现生命不死愿望的地方。显然，导引车马队列行进的白虎，体生双翼，长尾分叉上卷，其神秘怪异的形象也不会是现实生活世界中的老虎，而应是神仙世界里的具有沟通天地人神奇异功能的动物神。白虎在汉代“四神”标示的天象空间方位架构中，具有代表西方方位的符号意义，与居于西方神话世界里的主神西王母关系密切[5]。更早时期的西王母神话就与虎的外在形象、虎的神性内涵不可分离，在战国、两汉时期西王母神话的复杂演变过程中，虎则始终是西王母仙界图式中的一类重要象征物象。在汉代盛行的升仙不死说中，白虎经常作为“乘骑”或“导从”往返于天地、人神之间，帮助现实生活中的人升天成仙，贾谊《惜誓》：“苍龙蚴虬于左参兮，白虎骋而为右騑。”《焦氏易林》：“使枭杨先导兮，白虎为止前后。”本式镜中作为车马队列前方导从的白虎，可以看作是西王母仙界派出的导引凡间乘骑升仙之人的使者。汉代升仙说中，现实生活世界和天上仙界毕竟是两个性质完全不同的、极难相互逾越的隔绝世界，依靠白虎作为媒介，能够将汉代的“现实世界”与“神仙世界”沟通、联系起来，从而就可以使广为流播的乘骑升仙故事变得更加自然可信、更易于自圆其说。

然而，汉代人在现实生活中毕竟是无法真正看到世人能够升仙不死现象存在的，所谓的世人“得道成仙”，本系传统巫术、道家方士为迎合世人企盼生命不死心理需求而作的蛊惑虚妄之说。神仙家所宣传的升仙之道，无论是死者灵魂升天成仙，还是活着的人以服食、导引、乘骑、羽化等方式进入仙境，都是十分困难的，否则世俗之人岂不人人都可轻易成为不死仙人？所以汉代神仙说便在“人”“仙”所属的两个世界设定了一个严格的疆界，确定一个标志性的出入口——“天门”，作为高道大德者是否真正进入神仙世界的门槛。在神仙说关于升仙活动的所有操作过程中，跨越“天门”分界线是升仙者完成升仙活动中的关键所在。“天门”即天之门户，《楚辞·九歌·大司命》：“广开兮天门。”《河图括地志》：“……西北为天门。”汉代人想象中的天门，源自于现实生活世界中宫阙建筑的基本形构，而仅在宫阙上添加奇异罕见物像以示区别，《淮南子·天文》：“天阿（门）者，群神之阙也。”《神异经·西北荒经》：“西北荒中有二金阙，高百丈……二阙相去百丈，上有明月珠，径三丈，光照千里。中有金阶，西北入两阙中，名曰天门。”汉代画像图式中，这个天门形象亦用“门阙”（单阙或双阙）来表示的，或用门阙楼阁组图标示天门和西王母仙界场景。《说文》：“阙，门观也，从门。”“观”本为用于眺望的楼阁建筑，两个“观”之间有门则称作阙。秦汉时期的神仙家认为仙人喜居观、楼，“观”为神仙的出入之处。《列子·归墟》说渤海之东有五神山“其上台观多金玉……所居之人皆仙圣之种，一日一夕飞相往来者不可数焉”。《史记》记载公孙卿言汉武帝曰：“今陛下可为观，如缑氏城，置甫枣，神人宜可致。且仙人好楼居。”于是“观”和“阙”渐趋成为人们向往的仙境象征建筑。目前所见的汉代画像砖、画像石、壁画、漆画、帛画、镜图、铜牌饰、摇钱树等汉画材料中，大量的天门形构都是门阙的形象，有的还直接刻有“天门”榜题。与门阙配组的物象，则多是西王母神话系统中的众仙、神禽异兽、奇花异草、仙山楼阁、制作与盛放不死药的器物以及即将步入仙界的成仙者等。

依此，我们来解释阜阳画像镜图式中的第四幅“楼阁门阙图”：重重楼阁之内并排跽坐的两尊高大神人，可以确认是西方神仙世界里的主宰神西王母、东王公。有了西王母、东王公作为形象标志，可确认本幅图式描绘的是仙界场景。群楼前方配置的双阙，则无疑就是西王母神仙世界的入口——天门。天门外的伏地虔诚跪拜者，是来自现实生活世界的祈求升仙者——即第一幅“车马出行图”中的乘车升仙者，表明在白虎的导引下此时成仙者已经来到天门前，即将完成成仙过程中的最关键一步——入天门拜谒西王母，而一旦跨入天门，就表示成仙者身份发生了由“人”到“仙”的彻底变化。在本式图设定的活动情境中，升仙者还在天门外跪伏，等待西王母最后决定是否同意接见本人。天门中间站立一位面向跪拜着的神人，是把守天门的天界门吏，四川简阳鬼头山画像材料中，直接标注这个把守门阙者的职位为“大司”[6]，具体负责守门和执行西王母关于是否对意欲进入仙界的拜谒者放行的决定。往返于大司和主神西王母之间的仙人，则是具体负责向西王母报告天门外跪求者祈求拜谒的情况，并对把守天门的大司传达西王母旨意的信使。天门顶部配置的两个十字形放射状硕大星状物，表明天门上部有巨大的发光体，这个发光体应是《神异经·西北荒经》中所记载的“明月珠”，有了它，天门才显得更加光芒四射、金碧辉煌、奇异神秘，充盈着诱惑汉代修道求仙者的无穷魅力。

第三幅由一主神、两侍者配组的乐舞表演图式，表达的也是神仙世界里仙人的生活场景，居于中央位置的高大踞坐主神，为汉代画像中主神西王母图像的“标准模式”。此类“一主二侍”组图在同类画像镜或其他汉代画像材料中十分流行，表演乐舞百戏的左右侍者，许多画像图式中还有“玉女”榜题或以羽人充任。不仅如此，有些画像镜甚至还直接配组有主神西王母（东王公）起舞表演的图式[7]。汉代乐舞百戏艺术繁荣发达，上至皇亲国戚、官僚贵族，下至豪强富贾、市井布衣无不以享受乐舞表演为生活时尚，祭祀祖先、重大庆典等活动中乐舞表演几乎成为必不可少的节目[8]。汉代神仙说认为表演、观赏、享受乐舞百戏活动也是西王母神仙世界里仙人的主要生活方式。神仙既然喜歌舞享乐，人们便习惯于以乐舞百戏娱神、招引仙人出现，祭祀必“歌乐鼓舞以乐诸神”“琴瑟不铿，钟鼓不鸣，则无以见圣人”，傅毅《舞赋》：“（乐舞）娱神遗老，永年之术。优哉游哉，聊以永日。”张衡《年赋》：“且夫九德之歌，九韶之舞……以祀则神祇来格。”《盐铁论》：“今富者祈名岳，望山川，锥牛击鼓，戏倡舞象。”《汉书·五行志》记载哀帝建平四年夏“京师郡国民聚会里巷阡陌，设祭张博具，歌舞祀西王母”的事件。《穆天子传》说穆天子西游拜见并宴请西王母，西王母曾自已吟诗云“吹笙鼓簧，中心翱翔”，以表白仙人的快乐生活。本式镜组图既然是展示车马出行升仙过程，其中自然应交代、展示一下仙人生活场景，以表达故事情节意义上的完整性。

阜阳出土的这枚东汉画像镜图式中，多处填衬有圆腹、喇叭状高圈足的有盖提梁容器，此类容器在西王母神仙世界里出现，也具有特定的神话学意义。主神西王母至高无上的权利主要表现为掌管“不死仙药”，能够使世人的因服药仙化实现生命无限延长与再生的愿望，以此才能为天下渴望生命不死的众生所敬畏敬仰，并热切渴望有朝一日能够拜谒西王母获得这种不死之药。汉画在上述社会文化背景下构建西王母神话的图像系统，自然要突出、彰显西王母“制作、保管、使用不死仙药”这个最主要的神职功能。这种不死药在仙界是怎样生产出来的？由哪类仙人神兽来具体负责生产？它用什么器物来盛放？图像系统中自然应有所表现。本式镜中配置的圆腹、喇叭状高圈足有盖提梁容器，应该是盛放西王母仙界“不死之药”的药尊，即便是不和其他神禽异兽物象发生有机配组而“单独”填入神画世界里，此类容器也应理解为与表达延年益寿、生命不死主题意义相关的一种仙药象征“符号”出现的，而不能视为仅有装饰、补白构图空间的作用。药尊也是汉画西王母图像系统中的习见物象，在画像中常见圆筒状、浅盘状、长方形、上大下小的盆状、两端宽中间收窄的束腰哑铃形或上窄下宽的梯形状等多种形状，有的与持杵玉兔、蟾蜍组合在一起构成更为生动直观的“玉兔捣药”图，有的由仙人、神兽高高举起更形象生动的方式凸显其承载“仙药”的功能，这些容器物象的形构不同、表现形态有异，承载的神话学意义却是一致的。

另外，从本式镜的铭文看，“上有仙人不知老，渴饮玉泉饥食枣，浮游天下遨四海”等也更为直白地表达了镜图中的人物身份是仙人或其活动与仙人有关[9]，“文”“图”互勘，对解读镜图物象的神话学意义有指证作用。

三、镜图物象产生与流行的社会背景

上述镜图中大量出现神仙题材的物象组图，与当时社会上广泛流行的神仙信仰与升仙不死说有关，是神仙思想在铜镜构图题材中直接作用的结果。

汉代神仙信仰与升仙不死说极盛，汉代人渴望生活富足、生命不死、子孙繁昌，幻想能够通过某种方法实现个体生命的无限延长与再生，先秦时期即已存在的神仙说，此时经过迎合社会世俗功利心态的官方与民间力量的反复改造，逐渐演变形成了一个以掌管不死之药、能够护佑万物生灵、法力无边的西王母主神为核心的神仙世界，并在更广阔的社会空间、更久远的时间范围内流播开来，成为汉代社会信仰中的一种主流意识[10]，这种神仙思想深深浸融到汉代社会的各个层面，对东汉文化及其稍后的六朝文化的形成发展产生了深刻影响。汉代人渴望进入仙人世界实现生命能够无限延长与再生的愿望，而神仙世界里的主神西王母掌管不死之药具有确定世人是否能够成仙的决定权，汉代人便认为能否拜会西王母求得不死之药，是是否能够成为神仙的关键，汉代社会崇拜西王母之风由此而炽盛，以致汉末为求得西王母消灾庇护曾引发全国性的“传行诏筹，祠西王母”流民运动。这种基于升仙不死幻想而渴望拜见西王母的风潮，在汉代社会生活的诸多领域打下了深刻的印记，这就是上述画像镜镜图乃至其他汉画材料中大量出现西王母图式的原因。

第三节　东汉神人车马画像镜图式的神话学内涵

阜阳出土的这枚东汉神人车马画像镜物象组图，虽在目前见于著录的同类画像镜材料中仅此一例，却对我们重新正确认识此类画像镜图式中“车马出行图”的神话学内涵，解决长期以来关于此类镜图像意义考释的诸多纷争问题有着重要的启示作用。

一、神人车马画像镜组图特征及其图像内涵的传统认识

汉代画像镜始兴于东汉早期，主要流行于东汉中晚期，至东汉末始渐趋衰微。在常见的几类东汉画像镜中，神人车马画像镜是传世器与出土材料中数量最多、内涵最丰富、组图特征最鲜明的一类。此类镜的物象组图，尽管以绍兴为中心的南方地区流行的所谓“会稽画像镜”与北方地区流行的“中原画像镜”风格特色有差异，它们的共性还是十分突出的。

1. 两者多四乳四分区组图，构图讲究物象“两侧对称”“方位对举”“阴阳平衡”。

2. 西王母、东王公对偶神在镜图中成对出现，两者一般夹钮对置两区，亦见西王母、东王父作两区相邻配图或同配一区者。有些图像还配置“西王母（王母、西母）”“东王公（东王父、王公、王父）”榜题。

3. 西王母、东王公形态大小一致甚至雷同：西王母多侧身跽坐，着交领右衽袍服，神态端庄安详，头部或束发高髻，或戴帼，有的体生双翼；东王公多侧身跽坐，着袍服，多戴“山”字形冠，或有须髯、体被双翼。

4. 西王母与东王公左右两侧常对称配置有玉女、羽人侍者，多为“一主二侍”“一主四侍”“一主六侍”构图模式。

5. “车马出行图”习见一区图式和两区夹钮对置图式两种，车马常见“多马驾辎车”“一马（两马）驾轺车”两类，以绍兴地区为中心的南方画像镜镜图流行“多马辎车”图式，中原地区东汉画像镜流行“一（二）马轺车”图式。车上均乘一人或两人作驱车疾驰状。

6. 镜图主题纹饰空白处，常填衬羽人、药镈、雏雀、山峦、芝草、兔等物象。

如果按物象出现的频度高低对上述画像镜镜图配组物象进行统计比较，“西王母”“东王公”组图、“车马出行”组图是其中必不可少的“核心物象”（或称之为“必备物象”），“乐舞百戏”组图及“神禽异兽”组

图是出现频率极高的“必要物象”。考察上述几类物象承载的文化内涵解释，“西王母、东王公”图像系统的组图特征明显，物象形态易于确认，神话学内涵最为明确，没有太大的争议。在部分镜图中，作为汉代阴阳五行思想指导下构造的西王母、东王公对偶神图像系统“标准模式”不事细节刻画甚至形构完全雷同无法区分，此类图式在北方中原地区出土画像镜中尤为多见[11]，而仅注重凸显两者神人身份的阴阳平衡关系、方位对举关系。此类图式即便没有榜题，我们也可整体确认它们就是被“概念化”“符号化”的西王母、东王公对偶神形象，而不必过度解释它们中间究竟哪个是西王母、哪个是东王公[12]。

汉画“车马出行图”的功能意义，研究者根据其所处的具体图像环境的区别有不同的解释[13]，目前似乎没有取得一致的看法，其中最流行的有两种观点。

一种观点认为镜图中的车马出行场景是东汉现实社会生活中车骑制度的反映，车马的数量、规格与乘车者身份地位的高低是一致的，图像表现的，是当时人们普遍追求向往的高官显贵、富贵享乐一类的主题，并认为这种图式表现的是“现实生活”场景，与西王母、东王父图式表现的“神仙世界”场景情节分属于两个完全不同的世界，两者从构图分区到主题内涵各自独立、互不关联。画像镜出现这种“拼凑式”机械组图的社会诱因，是制镜者为了迎合当时社会公众企盼生前显贵富有、渴望死后升天成仙的心理需求，便选取几类具有典型代表性的生动物象集中展现在镜图中来共同表达上述主题，这种组合可以有效满足世人渴望生前过着“行有车马，食有大仓”的显贵富足生活、死后能够进入西王母极乐仙界实现生命永生的虚幻愿望。甚至有些研究者还根据《后汉书·舆服志》所记的车骑出行规制，将镜图中“六马驾缁车”图式与“天子驾六”的皇家车骑出行制度联系起来，推定此类神人车马画像镜图式描述的是穆天子西向巡行拜见西王母的故事[14]。

另一种观点认为此类画像镜四幅镜图表现的均为天国仙界场景，车骑出行实则是仙界里的“仙人乘骑出游”情节，因汉代神仙说描述的所谓仙人生活场景，多数是根据现实生活世界里的场景设定、创造出来的。有的研究者甚至根据东汉车骑制度特征，认为此类豪华辎车一般为贵族妇女乘坐，五马、六马辎车出行实则是表现“西王母出游”的场景[15]。

认证镜图中“乐舞百戏图”的性质及其内涵，研究者也有不同的说法，有人认为图像表现的就是汉代“现实世界”中的乐舞宴饮享乐生活场景，有人则认为图像表现的是“神仙世界”里的仙人享乐生活方式，是汉代神仙说将现实生活世界的生活场景“模拟”“设定”“挪用”到神仙世界里去的结果。

二、神人车马画像镜“车马出行图”神话学内涵的再认识

受阜阳出土上述画像镜镜图承载的神话学意义启发，本文认为此类神人车马画像镜图像内涵，尤其是镜图中的“车马出行图”承载的内涵有必要重新检视，以给出一种更为合理的认证。为探究此类画像镜中“车骑出行图”承载的文化内涵及其与“西王母、东王父”图式之间的关系，我们收集整理出目前散见于各类著录的61枚东汉神人车马画像镜标本，并对其进行了分类统计分析[16]（附录）。按照镜中“车马出行图”在四区内配置的数量差异，将其分成“一区车马出行图”画像镜、“两区车骑出行图”画像镜两大类，并以镜图中车马出行的行进方向为主要线索进行考证。

1. 第一类：配置一区“车马出行图”画像镜材料的统计分析

上述61枚画像镜图式中，仅配置一区“车马出行图”的标本共32枚，列表比较如下：

表4－1　一区“车马出行图”画像镜中车马行进方向统计表

车马配组模式	西王母、东王公配组模式	“车马出行”行进方向			镜图填衬物象	铜镜数量	资料来源
		朝向西王母	朝向东王公	朝向其他图区			
一马轺车	二区，夹钮对置	●			云纹、雏雀、芝草、玉兔	8	《洛阳》图57，《六安》图86、121，《浙江》彩图18，《图像》P231，《古代铜镜》图133，阜阳博物馆藏镜。
	二区，夹钮配置		●		药镈、芝草、山峦	1	《古代铜镜》图135
	二区，邻区配置	●			芝草、鱼	2	《六安》图122，山东平度博物馆藏镜
	三区，邻区配置	●			雏雀、四灵	1	《图典》P436

（续表）

车马配组模式	西王母、东王公配组模式	“车马出行”行进方向			镜图填衬物象	铜镜数量	资料来源
		朝向西王母	朝向东王公	朝向其他图区			
一马轺车	三区，临区配置：二区西王母；一区西王母、东王父同区	●			药镈、长尾兔	1	阜阳博物馆藏镜
一马缁车	一区	●				1	《图典》P437
二马缁车	二区，夹钮对置	●			山峦、芝草、云纹	5	《中原》图21，《千镜堂》图212、214，《浙江》彩图17、19
	二区，夹钮对置		●		山峦	2	《全集》图83，《上博》图59
三马缁车	二区，夹钮对置	●			山峦	4	《绍兴古镜聚英》3枚，《古代铜镜》图134
四马缁车	二区，夹钮对置	●			山峦、药镈、羽人、芝草	3	《历博》图113，《千镜堂》213，《浙江》彩图16
	二区，夹钮对置		●		羽人、山峦	1	《千镜堂》图206
	三区，邻区对置	●			药镈、玉兔	2	《浙江》图23、34
五马缁车	二区，夹钮对置		●			1	《千镜堂》图209
合计（枚）		27	5	0		32	

从上表可以看出，在32枚画像镜配组的车马出行图中，有27枚车马行进方向是朝向西王母图式的，占标本数量的84.4%；朝向东王公方向行进的有5枚，占标本数量的15.6%；没有一例车马朝向西王母、东王公以外图像

区行进的标本。这个统计结果说明，在配置有一区“车马出行图”的东汉神人车马画像镜图式中，车马出行方向的确定并非由制镜者根据本人的好恶随意所为，而应该是在当时社会共同认可的某种强势思想观念的支配下遵循“朝向西王母方向行进”这个规则配置的，例外的情况十分少见。镜图中大量的车马出行为什么皆朝着西王母所在地的方向行进？这种车马行进表达了什么神话学意义？考虑当时神仙信仰之风甚盛及世人狂热渴望拜谒西王母获食“不死之药”以实现升仙永生愿望的社会背景，乘车者驾车马向着西王母神仙世界行进，合理的解释只能是为了完成“升天成仙”任务——进入西方西王母神仙世界，进而完成世俗生命的无限延长与再生的愿望，这是对迷信神仙世界、渴望生命永生的汉代人最具有诱惑力的场景。

上述镜图中数量上占绝对多数的向西王母仙境所在地行进的车马出行图式的统计结果，支持了这样一个观点：神人车马画像镜图式中的“车马出行图”与西王母图像系统之间尽管有明显的外在形构上的界隔（圆乳钉分区），两类图像尽管不像介绍的阜阳出土画像镜中同类图式之间那样有明显的细微、生动、直观、连续的内容情节发展演进关系，但它们之间在共同表现升仙主题这个神话学意义上的有机内在关联肯定是存在的，而且两类图像之间的这种密切关联性及其共同表达的升仙活动主题内涵，在汉代社会生活中应该是家喻户晓、人人皆知的。东汉中晚期，作为两类流播最广的具有典型特征的“标签”“符号”式图像，它们承载的车马出行升仙活动的神话学意义，在当时不会因图像部分结构或情节内容的简约、缺省而产生歧义或误读。

2. 第二类：配置两区“车马出行图”画像镜材料的统计分析

上述61枚画像镜材料中，还有29枚由两区“车马出行图”夹钮配组、两区“西王母、东王公图像”夹钮配组的例镜。我们将此类配组有两区车马出行图画像镜中的车马行讲方向、西王母东王公配组配位情况也列表比较如下：

表4-2　两区“车马出行图”画像镜车马行进方向统计表

车马组图配位模式	西王母、东王公组图配位模式	“车马出行”行进方向			镜图填衬物象	铜镜数量	资料来源
		朝向西王母	朝向东王公	朝向东王公、西王母			
二组一马轺车，夹钮配置二区	二区，夹钮对置			●	山峦	1	《古代铜镜》图129

（续表）

车马组图配位模式	西王母、东王公组图配位模式	“车马出行”行进方向			镜图填衬物象	铜镜数量	资料来源
		朝向西王母	朝向东王公	朝向东王公、西王母			
二组二马辎车，夹钮配置二区	二区，夹钮对置			●	药镈	2	《故宫》图50，杭州博物馆藏镜
二组三马辎车，夹钮配置二区	二区，夹钮对置			●	山峦	3	《浙江》图24，《千镜堂》图208，《古代铜镜》图127
一组三马辎车、一组一马驾辎车，夹钮配置二区	二区，夹钮对置			●	山峦、折角拱桥	1	《千镜堂》图211
二组四马辎车，夹钮配置二区	二区，夹钮对置			●	山峦、药镈、雏雀	10	《全集》图84、85，《故宫》图51，《上博》图58，《浙江》彩图13、15、图22，《千镜堂》图204、207，《洛阳》彩图4
一组四马辎车、一组二马驾辎车，夹钮配置二区	二区，夹钮对置			●	山峦	1	《千镜堂》图204
二组五马辎车，夹钮配置二区	二区，夹钮对置			●	山峦	4	《历博》图112，《千镜堂》图203、205，《旅顺》图63
一组五马辎车、一组六马驾辎车，夹钮配置二区	二区，夹钮对置			●	羽人跪迎、跪送	1	《浙江》彩图12

（续表）

车马组图配位模式	西王母、东王公组图配位模式	“车马出行”行进方向			镜图填衬物象	铜镜数量	资料来源
		朝向西王母	朝向东王公	朝向东王公、西王母			
二组六马辎车，夹钮配置二区	二区，夹钮对置			●	山峦雏雀	5	《浙江》彩图 14，《民间》图 169，《三槐堂》图 102，《全集》图 86，《尊古斋》P237
一组三马辎车、一组二马轺车，分层同配一区，反向行进	二区，夹钮对置			●	山峦	1	《千镜堂》图 201
合计（枚）				29		29	

从上表中，我们可以清晰地看到此类画像镜镜图车马出行物象配组配位皆为“一组车马朝向西王母出行、另一组车马朝向东王公出行”的固定模式，即使在个别两组车马上、下分层配置在同一图区的例镜中，也严格遵循这个规制[17]。此类镜组图方式较前一类画像镜相比，多了一区出马出行组图、一区东王公组图的内容，但表达的仍是车马升仙主题的神话内涵。

东汉中期以来，传统神仙说建构的仙人世界组成成分，在阴阳五行思想的强烈影响渗透下发生了巨变。为使得仙人世界诸神系统如同世俗空间里的万事万物一样遵循阴阳和谐平衡的自然法则，汉代人创设了主神西王母的“对偶神”东王公，将两者图像按照“阴”“阳”属性的不同对置于仙人世界里。作为西王母配偶神的东王公，其形态、大小甚至左右两侧的侍者均与西王母相似或雷同，两者图像配组配位严格遵循“夹钮对称”的规则以体现阴阳平衡的思想。在汉代人的认知与想象世界里，仙人东王公与西王母地位彼此对等，两者的神性与神话功能基本雷同，皆为神仙世界里具有统治地位的主神。从事修道升仙者拜见东王公和拜见西王母一样，同样可以进入仙境变成不死仙人。

对于汉代渴望乘骑升仙者来说，人们更为关注的是通过某种“程式化”过程最终实现“车马进入仙境”这个结果，至于在镜图表现形式上是通过“进入西王母仙境”还是通过“进入东王公神仙世界”实现升仙理想则没有实质性的区别，因为东王公、西王母都属于神仙世界里的主神，都可作为汉代象征神仙世界存在的典型“符号”出现。所以，在配置两区车马出行图的画像镜图式中，车马向着西王母图像系统行进或者向着东王公图像系统行进，表达的是同样的神话学主题意义——乘骑升仙内容。

在我们实际看到的汉镜画像个案材料中，东王公与西王母的配组配位有时并没有分两区对置，而是将两者“同配一区”“共处一室”，这样既严格遵循了“阴阳和谐”规制，又显得王公王母彼此亲密无间，世人可同时拜谒两者。这是因为东汉以来人们的神仙信仰中已将西王母、东王公放在一起崇奉，梁陶弘景《真诰·甄命授》中记有汉代儿歌：“著清裙，入天门；揖金母，拜木公。”魏武帝时期《陌上桑》：“济天汉，至昆仑，见西母，谒东君”，可见东汉时期及其稍后的人们认为西王母、东王公应是同居一处的，两者宛若一对彼此不分离的夫妻。在汉墓画像材料中，也常见此类王公、王母共置一处的图式[18]。

上述统计结果，可得出如下结论：在由两区车马出行图构成的神人车马画像镜中，车马分别向着西王母、东王公图区行进，表达的是较前一类神人车马画像镜更为清晰明了的升仙情节内容。车马出行无论是进入西王母仙境还是进入东王公仙境，都可以实现升天成仙愿望而获得生命的再生与永恒。只是因于此类镜组图配位较前一类画像镜图式更加机械单一而“版式化”、图像细节与情节内容更加简约缺省，导致后人认指两者之间的情节联系更加困难。

根据以上对两类车马出行图画像镜材料的分析，我们推定此类画像镜构图中的“车马出行图像区”“西王母（东王公）图像区”虽然各自独立成区，表观形构上似乎互不关联，实则它们之间是相互紧密联系的，在表现情节内容上它们承前启后，共同表达一组“升仙过程”场景。相对于阜阳出土的具有完整故事情节的“车马升仙图”画像镜而言，其他同类镜组图中的“升仙图”情节则是不完整的“简化型”“浓缩型”“概括型”图式。正是画像镜材料中这种对“升仙图”情节的简化省略、对典型情节的高度概括而使此类图式渐趋“版式化”“符号化”，才导致了后世人们因对日渐远逝的东汉宗教信仰、文化背景、社会生活环境的“遗忘”而逐渐不识其原始本义，无法看出图像之间的情节内容上的前承后续关联，进而运用后世的知识经验去解释前代的图像功能意义而渐生误读、歧义。

三、神人车马画像镜“填衬物象”对镜图“车马升仙”情节的印证

上述“简化型”画像镜图式中表达的车马升仙的情节，在物象配组中还有其他线索可循，只是这些“表达场景”被制镜者配置在形体较小的、不引人注意的“填衬物象”或“辅助物象”中[19]，多年来没有引发研究者过多的关注而已。此类看似如同制镜者因图案装饰需要补白而随意配置的填衬物象，自身的寓意往往较为隐含不显，因而容易被后世研究者所忽略或者不认可它们与主题图像之间的“情节发展”关联，进而丧失了有助于正确解读镜图主题物象内涵的珍贵信息，以下举几类镜图“填衬物象”予以说明。

1. 跪迎车马的羽人（仙人）侍者

1982年浙江绍兴上灶汉墓出土一枚神人车马画像镜[20]，主纹区配置四区图像为：夹钮对置一区西王母组图、一区东王公组图，夹钮对置一区五马辎车组图、一区六马辎车组图。西王母图像区内配置一侧身跽坐主神、左侧两向着主神并排侧身跽坐的侍神、右侧一向着主神执便面跽坐侍神。五马辎车图像区内配置一组五马驾辎车，向着西王母所在的方向疾驰，辎车上可见一站立乘车者。有意思的是，在上述相邻两图像区之间的隔离圆座乳钉纹下方，填衬有背向跽坐的两个羽人：一个羽人位于五马辎车图像区的车马前方，作跪迎车马状；一个羽人位于西王母图像区，向着主神作昂首跪地陈述状，似在向主神报告信息。如果将相邻的“车马出行图”“西王母组图”联系起来观察，则两幅图像显然是在描绘升仙者乘五马辎车向西王母仙境行进的场景。填衬在车马图像区车马前方、形体较小的跪迎羽人，应是来自西王母仙境迎接乘车升仙者的仙界侍者[21]。另一个填衬在西王母图像区，向主神跪地陈述的羽人，可能是在向西王母报告与乘车升仙者升仙活动的情况。本式镜东王公图像区，另一车马图像区的交接地区，也填衬有此类羽人，它们承载的神话功能大体相同。

江苏丹阳铜镜青瓷博物馆收藏的两枚东汉神人车马画像镜[22]，镜图中车马出行图像区、西王母（东王公）图像区之间的圆座乳钉纹上下方，也配置有跪迎车马出行的羽人，它们表达的迎接升仙者的神性功能同绍兴画像镜图式雷同。这些填衬跪迎车马羽人的存在，是对判定镜图车马出行升仙内涵论断的一个形象生动注释。

2. 恭迎车马的使者

除本文介绍的阜阳出土车马出行画像镜外，陕西历史博物馆收藏的一

枚神人车马画像镜图式中，也有简约型的恭迎车马者[23]。这枚例镜主纹区配置四区图像为：一区一马驾轺车图，夹钮对置一区西王母组图，一区东王公组图，一区长尾分叉、体被羽翼白虎图。本式镜“车马图”形态与常见同类画像镜图式中的车马出行图不同之处在于：一马轺车停驻不前，马前方配置一人，躯体前倾，双袖拢于胸前向着车马上的乘车者恭敬作揖作迎接状。西王母图像区与夹钮对称的东王公图像区人物组图比较，恰好少了主神背后一个侍神而显得两图人物配组不对称。制镜者的这种刻意安排，是在表达这样一种意义：车马图前方的恭迎者，是来自于西王母仙界，受主神西王母派遣前来迎接乘车升仙者的仙界使者。车马停止不前，表明乘车升仙者已经来到了西王母世界的前面，并且即将由西王母使者导引进入神仙世界。

3. 山峦图

在东汉神人车马画像镜图式中，车马出行图像区与西王母（东王父）图像区之间的隔离乳钉纹上下方，常见大量的“山峦图”填衬物象，如浙江诸暨杨梅桥董冬村出土镜、浙江奉化萧王庙后竺村出土镜、绍兴娄宫出土镜、浙江博物馆藏镜、国家博物馆藏镜、江苏丹阳铜镜青瓷博物馆藏镜、河南李伯健藏镜、三槐堂藏镜、河南孟津獐羊村出土镜等[24]。这些出现频度极高的“山峦图”，配置在车马出行图区的车马前方，似乎是车马向西王母仙界行进时必须要经过的一个地方。镜图中车马向着西王母行进的前方为什么要配置山峦障碍呢？这些极度简化呈“符号化”“标签化”的、几乎看不出是群山形构的“山峦图”有什么特殊的象征意义？

上述形体较小、被制镜者处理成填衬物象、位于“次要”位置的“山峦图”，实际代表的是东汉神仙说中西王母所居的仙界昆仑山。汉代神话传说中的西王母仙境位于西方昆仑山界，见于大量的文献记载和出土画像材料中，如《山海经》中多处记载西王母居于“昆仑之丘”“昆仑墟北”，《竹书纪年》记：“十七年，王西征昆仑，见西王母”，司马相如《大人赋》《汉书·地理志》《尚书帝验期》《河图玉版》亦记西王母居于西方昆仑山上、西王母之山就是昆仑山等，稍后的《陌上桑》：“济天汉，至昆仑，见西王母，谒东君。”镜图中这些填衬于“车马出行”与“西王母（东王公）”之间的山峦，是标示着乘车升仙者已经驾车来到了并即将进入西王母仙境所在地——昆仑山[25]，由此表明拜谒西王母（东王公）升天成仙场景的发生就在眼前。这些山峦图被配置在车马出行图像区内，显然是制镜者所刻意安排的，并非随意处置。

4. 折角形拱桥

江苏丹阳铜镜青瓷博物馆收藏一枚神人车马画像镜[26]，四组镜图为夹钮对置一区一马辎车、一区四马辎车、一区西王母组图、一区东王公组图，乘车者驾四马辎车正向着西王母图像区行进。车马图像区内，车马前方配置一处折角形拱桥，桥下方有船顺水流通过，船上坐着两人。制镜者在前行车马与西王母图像区之间配置一处折角形拱桥及桥下乘船者顺水过桥表示什么意义？

汉代画像中，“车马过桥”图像主要分布在山东、苏北、皖北地区，如山东微山县两城乡 M18 椁板画像、山东武梁祠前石室西壁画像、山东沂南墓门楣画像、安徽宿州褚北乡祠堂画像等，均可见到此类图式。这些“车马过桥”画面多数是和激烈的战争场面结合在一起的，表明车马完成“过桥”的过程并非易事[27]。与本式镜图类似的汉代画像，还出现于山东苍山县城前村东汉元嘉元年画像石墓出土的汉画中，画像石题记有“上卫桥，尉车马，前有功曹后主簿，亭长骑佐胡使弩，下有流水多鱼者，从儿刺舟渡诸母”，可知这种桥在汉代有“卫桥”作专名。墓葬画像中描绘死者灵魂地下阴间赴世界要经过卫桥，并且男主人从桥上过，女眷乘船从桥下过，过桥时还要有亭长骑马相送、胡儿使弩护卫。这种奇特的现象表明“卫桥”不是普通的桥，它应与人的生死或“阴”“阳”分界有关。《三辅黄图》称汉代人以渭水象征隔开牛郎织女的天汉，卫桥有天河般的隔绝意义。汉画榜题或题记的过桥途中，桥又多自称“卫（渭）侨”，它们的位置多在墓葬的门楣，或木棺的顶盖板内面，这表明墓葬画像中的渭侨确有如天汉般隔开生死的意义，所以过桥是从生到死的过程的象征[28]。

汉镜图式中，将“卫桥”安排在乘车升仙者车马出行至西王母仙界的交接地区，显然是标示“卫桥”的一边是现实生活世界，另一边是西王母所居的神仙世界。两个世界在这里形成极难跨越的隔绝“疆界”，车马越过卫桥，则意味着乘车升仙者已经进入西王母仙境，进而完成了升仙过程中最为实质性的一步。

5. 容器（药尊）

神人车马画像镜图式中，常见大量的圆筒状、浅盘状、长方形、上大下小的盆状、两端宽中间收窄的束腰哑铃形或上窄下宽的梯形状等形态的容器填衬物象，如故宫博物院藏镜、浙江绍兴娄宫出土镜、浙江德清溆山出土镜、绍兴文物局藏镜、陕西历史博物馆藏镜、浙江绍兴博物馆藏镜等[29]。这些容器承载的神话学意义，实则是表示神仙世界里盛放“不死之药”的药尊。药尊常见于其他汉画材料中，有的与持杵玉兔、蟾蜍组合在一起构成更为生动直观的“玉兔捣药”图，有的由仙人、神兽高高擎举以更形象生动的方式凸显其承载“仙药”的功能，这些容器物象的形构不同、表现形态有异，承载的神话学意义却是一致的。画像镜车马出行图像区、西王母（东王公）图像区填衬这些物象，是在以这些药尊作为提示或象征“符号”来表达与神仙思想相关的主题意义。

四、两汉画像创作背景下的“车马升仙”图式考察

考古材料表明，东汉神人车马画像镜构图题材、风格的形成与变迁，曾受到两汉以来画像石、画像砖、壁画等画像创作的强烈影响。值得关注的是，神人车马画像镜中的车马出行图式、西王母（东王公）图式，并非为汉镜所独有，在西汉中晚期以来的画像砖、画像石、漆器、帛画等墓葬画像材料中已大量出现并长时间流行。汉镜图式中的此类题材物象组图，或许是直接借鉴、吸收、承袭上述汉画母体的内容题材与构图风格特征后经多次“加工”“创新”而成形。为进一步印证本书关于神人车马画像镜图式承载的神话学内涵为“车马升仙”的结论，我们从西汉中晚期以来画像材料这个更为宏阔的背景下考察画像镜“车马出行图”的神话学内涵。

西汉中晚期以来的画像石墓、祠堂、壁画墓等汉画材料图式中，有大量的车马出行图像。据黄永飞统计，在目前已发现的264座相对完整的画像石墓中，就有75座刻有车马出行图像[30]。李立《汉墓神话研究》一书对《中国画像石全集》中所载录的以“车马出行”为内容的汉代画像石画像进行了分类统计分析[31]，我们将这个统计结果合并列表如下：

表4-3　汉画像石墓“车马出行”画像中车马行进方向统计表

地区	画像石数量（幅）	车马队列行进方向数量统计（幅）				车马“西向行进”图式所占的比例
		队列左（西）向行进	队列右（东）向行进	两侧队列向“中间”行进	上下分层，两侧队列向“中间”行进	
陕西、山西	62	56	2	2	2	90.3%
山东	119	102	17			85.7%
江苏、安徽、浙江	34	28	6			82.4%
河南	6	5	1			83.3%

（续表）

地区	画像石数量（幅）	车马队列行进方向数量统计（幅）				车马“西向行进”图式所占的比例
		队列左（西）向行进	队列右（东）向行进	两侧队列向“中间”行进	上下分层，两侧队列向“中间”行进	
四川	12	10	2			83.3%
合计	233	201	28	2	2	86.3%

上述统计结果表明，西汉中晚期以来的汉墓画像材料中，向着西王母方向行进（“左向行进”或“西向行进”）的“车马出行图”占有86.3%的绝对多数比例，同时在剩余的占13.7%比例的画像材料中，还有相当一部分是向着具有“天门”属性的门阙楼阁方向行进的例子。这个数据表明汉墓画像材料中车马出行图承载的神话学内涵，主要还是表达渴望墓主死后灵魂能够升天成仙、进入西王母仙界获得生命的再生与永恒的愿望。由此亦表明：两汉同一时期流行的各类画像图式，画像制作者的身份背景、兴趣爱好、思维方式及创作手段、技法、使用的作画材料等可能千差万别，但表达的内容题材及其题材承载的思想观念、宗教信仰、生活习俗应是一致或雷同的。这些画像材料，均系当时阴阳五行理论、神仙信仰与升仙不死说影响下的不同物质载体的具体表现形态。神人车马画像镜图式作为其中的一种物化形态，承载的神话学内涵自然要真实地反映这一特定的时代精神风貌，从而表现出与其他汉画内容题材的一致性。

五、神人车马画像镜“车马出行”图像误解的原因分析

论者对神人车马画像镜图式承载的神话学意义产生误判，原因是多方面的，其中既有时日历久对两汉特定社会背景下流行的思想观念、宗教习俗、艺术风尚的“模糊”“忘却”因素，也有后人运用自己掌握的知识经验无法“复原”两汉画像创作兴衰演变轨迹的原因，还有对铜镜图像系统的形构特征、图像内容题材的表达方式审视不够，以及对汉墓画像材料的功能意义过度解释造成的原因等[32]。

首先以两汉以来的汉墓画像石画像为例来回顾汉画中车马出行图像的演变历程。

西汉中晚期至新莽时期，汉画车马出行图由于作画技法不够成熟、墓葬画像石构图空间狭促等因素限制，出行的车马不成队列，均向着“门阙楼阁”行进。为了节约空间，“车马图”与“楼阁门阙图”分区配置，门

阙楼阁与车马之间有的配置恭迎神，使“车马行进”“迎宾者”“门阙楼阁”形成一组前后连贯承续的完整故事情节。这一动态演进情节内，车马向着具有“天门”性质、代表天国仙境的门阙楼阁行进，具有极为明确的方向性与目的性。东汉早中期，随着画像石墓画像构图空间的不断增大及创作题材的大量增加、创作技法的日趋成熟，“车马出行图”开始形成浩浩荡荡的庞大队列，车马队列中的导从骑吏数量不断增加，从而构成恢宏壮观的出行气势。这一时期画像石的构图主旨，似乎在着重彰显乘车者车马出行的显赫地位，而门阙楼阁建筑则趋向简约缺省，渐变成图像系统中的不重要因素。东汉中晚期以来画像石墓大量流行，虽然图像系统中不再出现门阙楼阁物象而仅剩车马出行图式，但图像的制作者、使用者均熟知车马出行图的最初含义，形式上的省略不会影响当时人们对图像意义的认知[33]。

而画像镜组图中，由于受镜背狭促的圆形空间、制镜金属材料质地、特殊的制图技法等因素限制，构图无法像汉墓画像石图像那样拥有较大空间铺陈气势恢宏的“车马出行队列”画面，无法安排多余的空间表现众多前后连贯承续、丰富细腻的升天成仙情节内容，便只有在围绕表现升天成仙主题内容的前提下，从传统绘画的物象情节中提取最具有典型代表性、最简约精炼的“核心物象”组图，由此亦不得不尽可能舍去一些“次要物象”。这种因受制于镜图狭小、特殊空间限制而逐渐取舍物象的改造过程，使得原本情节完整、细节生动、前后发展演进线索交代清晰的“车马升仙故事”组图，变得仅剩几幅缺少中间情节铺垫的“片段式”画像生硬地“拼接”在一起。虽然同时代人因熟知图像内涵而不会对其产生误读，却给后代人留下了不解谜团。例如镜图狭小的空间无法表现车马出行队列宏大壮观场面，无法表现前后若干组连贯车马行进又由导从骑吏配组的长长的队列，便只有在镜背的四分之一狭小图像区内，尽可能配置多马并排驾一车的图式，以突出彰显车马出行的阵容庞大和非同一般。如前文所述，虽然神人车马画像镜“车马升仙”图式因情节演进物象的简约缺省而显得几幅图像表观上互不关联，但同时代的制镜者、用镜者都熟知此类图像的初始含义，不存在产生误解其正确含义的问题。在历经政权变化、朝代更迭、时空涤荡的社会长期变迁之后，后世的人便渐趋忘却了两汉以来车马出行图在汉画中形成与演变的神话信仰环境与社会生存条件，进而开始模糊了车马队列原本的出行方向意义。同时又试图用“当代”存在的知识经验、思想观念、理论体系去“复原”车马出行的本始含义，由此导致了误解与歧义的产生。

第四节　与神人车马画像镜相关的几个问题

一、神人车马画像镜的命名与流行时代

神人车马画像镜，是目前根据画像镜图式中配组的西王母、东王公等神话人物、人物车马等物象特征，对此类镜采取的一种习惯命名法。鉴于这个命名并未能准确反映出镜图真实的文化内涵，如果本文“复原”此类镜镜图承载的神话学功能意义的结论无误，则将此类镜称作“车马升仙画像镜”或“车马出行升仙画像镜”应更为恰当。

由于画像镜缺少纪年铭文，又没有足够的发掘资料做类型学比较，此类画像镜出现与流行的具体年代，目前尚没有确切的考古学证据确认其年代的上下限。缘于神人车马画像镜图式中皆同时配置西王母与东王公画像，研究者一般是根据镜图中出现东王公图像的线索确认其流行年代的大致时段。文献记载中的东王公最早见于西汉末年，有研究者根据两汉文献中东王公的出现情况，推定文献中东王公的出现不会早于成帝时期。而汉代画像中的东王公图式出现则更晚，巫鸿先生排比相关图式认为东王公画像的出现不早于东汉中期以后，即它被创造出来的时间不会早于公元 2 世纪，在这之前只有西王母图像[34]，由此判断有西王母、东王公对置的车马出行画像镜出现的年代，应在东汉中期以后，目前发现的此类画像镜主要是东汉中晚期遗物。

二、神人车马画像镜图式的南北地区差异

从目前已发现的画像镜传世器与出土物数量看，神人车马画像镜主要流行于以浙江绍兴为中心的长江以南地区。北方中原地区画像镜则发现不多，但物像组图方式、构图风格特征与南方画像镜相比却存在着明显的差异。研究者一般称前一类画像镜为“会稽画像镜”或“绍兴画像镜”，后一类为“中原画像镜”。两者构图、铭文的主要区别，概述如下：

绍兴画像镜构图精致细腻，平面浅浮雕中多用清晰线条技法刻画物象轮廓与细部特征，车马形构细部特征、人物须眉五官及其服饰发式多表现得一丝不苟。组图场面磅礴大气、车马人物变幻生动，多用三至六马驾辎车构成华贵气派的出行场面。西王母、东王公两侧侍者、羽人、神禽异

兽、器物等配置较多；中原画像镜则构图简约疏朗，浅浮雕技法擅长用大块面处理物象轮廓，不事局部细节的精雕细琢，画面圆润饱满，尽显粗犷质朴的艺术美。车马人物组图多为一马或两马驾轺车，西王母（东王公）图像系统形构多为典型的“一主神二侍神”模式，不如绍兴画像镜同类图式中西王母（东王公）两侧侍者的类别、数量、姿势丰富。画像场面缺少绍兴画像镜图式的富丽华贵、恢宏磅礴的气势。

就目前发现的神人车马画像镜数量与流播地域范围而言，“会稽画像镜”不仅在南方地区数量众多，其流播地域范围在东汉中晚期也已经波及长江以北地区。而“中原画像镜”在长江以南地区极少被发现，1987 年浙江嵊州三国东吴墓中曾出土过一枚具有典型“中原画像镜”风格特征的例镜[35]，在南方画像镜流播区是个例外，原因待考。

两类镜流行的铭辞差别，绍兴画像镜多见“□□作镜四夷服，多贺国家（君家）人民息，胡虏殄灭天下复，风雨世界五谷熟，长保二亲得天力，传告后世乐无极”之类的镜铭，铭辞表达的主题内涵多与祝福国家安定、人民生活富足安康、父母健康长寿有关；中原画像镜多见“□□作镜佳且好，明而日月世少有，刻治禽兽悉皆在，令人富贵宜孙子”“□□作镜真大好，上有仙人不知老，渴饮玉泉饥食枣，浮游天下遨四海，寿如金石为国保”之类镜铭，内容多与神仙信仰相关，有些镜铭还直接描述镜图中的物象名称、特征及其神性功能[36]，如“左有王父坐行道”“右有王母，白虎、芝草方（放）其后”“上有仙人”等，这在南方画像镜中是不多见的。

比较南北两地的神人车马画像镜图式与镜铭特征，可以发现“中原画像镜”图式内容、镜铭等似乎更多地承袭了传统汉镜的风格特色，其承载的文化内涵散发着鲜明浓郁的神仙信仰崇拜气息，而“会稽画像镜”在承袭传统汉镜风格特色的基础上已经有了较大的创新变异，铭辞更多地反映的是与现实生活相关的内容。就具体产地和制镜中心而言，南方画像镜制镜中心在绍兴一带十分明确，有大量的确切的出土材料佐证，而北方中原地区画像镜由于发现数量少、出土地域多不集中，目前尚不具备充分的出土材料确定一个或多个制镜中心的存在，学者多以“中原画像镜”宽泛笼统指称，显然这个称呼严格地说是不确切、不科学的，今后随着新材料的不断发现尚有进一步分类讨论的余地[37]。

三、画像镜“车马出行图”与汉墓画像中同类图像功能、意义的异同

缘于汉墓画像砖、画像石、壁画等出土图像材料的确定性、可靠性及

相关文物环境信息的丰富程度，长期以来人们关注与研究较多的是汉墓画像“车马出行图”的神话内涵与丧葬功能，而对出土物信息多残缺不全、传世品真伪及流散过程难以确认、画像构图又相对单调简约的画像镜“车马出行图”承载的功能意义，则缺乏深入的观察研究。

同一种题材甚至相同图式的“车马出行图”配置于画像镜组图和汉幕画像中，由于图像所处的环境的不同而表达的功能意义往往区别较大。汉墓画像中的车马出行图，直接与丧葬活动相关联，且墓主及其身份地位多具有唯一确定性，造墓者与作画者服务于墓主丧葬的目的十分具体明确，但由于图像内涵丰富及其组图配位的复杂性，后世研究者因于时代隔离而对当时丧葬社会背景、思想文化背景的模糊与忘却等原因，目前研究者释读汉墓画像中车马出行图的神话意义与丧葬功能的意见并不一致，如有些观点认为“车马出行图”表现的是墓主生前最荣耀的经历场景，有些观点认为此类图式呈现的是墓主从地下阴间世界赴墓地祠堂途中或目的地的场景，有些人认为是表现墓主升天成仙途中的场景，还有些研究者认为墓室配置车马出行场景，是生者期盼墓主死后在另一个世界能够过着“行有车马，食有大仓”的显贵富足生活，是对死者的一种关照，这种关照是生者想象的、虚拟的，与死者生前的行为经历和社会地位关系不大。尽管研究者对上述图像的认识有歧义，但归结诸多观点，汉墓画像中车马出行图的功能意义，还是围绕着对墓主的“丧葬关怀”与“升天成仙”两个主题确定的。

而画像镜材料则不然，它作为现实生活世界里的一种流动性强、普及性广、批量生产的日用商品，在绝大部分场合下并不承担与丧葬活动相关的功能[38]，所以镜图中的车马出行画像承载的功能，应该只为关照生者而设定。既然画像镜生产者、售卖者在经济利益驱动下考虑的是如何最大量地销售产品，其铜镜构图选材、配组物象的配置自然要考虑表现世人所喜闻乐见的内容，镜图设定、呈现的场景宗教内涵，要最大限度地满足购镜者的某种心理需求。这类场景的形式与内涵，在同时代应该是广为流播的，其本身具有的功能意义在当时或者一个较长的历史时期应该是广为世人熟知的[39]。据此看东汉流行阴阳五行思想与升仙不死说背景下的画像镜“车马出行图”与“西王母（东王公）组图”之间的关系，则车马出行承载的升仙神话功能是很清楚的，进而可知解读图像功能意义，要审视图像所处的特定社会背景、文化环境特点，考虑制图者在哪种思想意识的指导下配组画像，通过本组图像制作者要表达什么。因为使用不同的理论资源解释同一种物象，往往会得出完全不同的结论。

注释：

［1］在目前已知位置关系的汉画材料中，车马出行大多是朝向门阙行进的，此类“车马临阙”图像含义的解释歧义颇多，见盛磊：《四川汉代画像题材类型问题研究》，《中国汉画研究》第一卷，第123–201页，广西师范大学出版社，2004年版。

［2］两汉画像材料中“西王母图式”的认定，目前研究者意见趋于一致，见顾森：《渴望生命的图式——汉代西王母图像研究之一》，《中国汉画学会第十届年会论文集》，第3–4页，湖北人民出版社，2006年版；盛磊：《四川汉代画像题材类型问题研究》（同上）；李淞：《论汉代艺术中的西王母图像》，第248–270页，湖南教育出版社，2000年版。

［3］李淞：《论汉代艺术中的西王母图像》，第252–254页，湖南教育出版社，2000年版。

［4］汉墓画像图式中配置此类西王母仙境恭迎升仙者的队列常见，如陕西米脂官庄汉画像石墓、绥德郝家沟汉画像石墓、山东苍山元嘉元年画像石墓、沂南画像石墓、四川合江画像石棺画像等。头饰“双环髻”的仙人女童形象还见于西南地区汉画像出土材料中，见罗二虎：《西南汉代画像与画像墓研究》，四川大学2001年博士论文。

［5］四川简阳董家埂鬼头山崖墓3号石棺天门画像旁绘有虎，并有“白虎”榜题，由其指示西方方位，判定门阙、神人图即为西方西王母神仙世界所在的“天门”位置。见赵殿增等：《“天门”考——兼论四川汉画像砖（石）的组合与主题》，《四川文物》1990年第六期，第5页。

［6］目前研究者对汉画双阙间配置这类“守门人”的命名，有“门亭长”“门吏”“大司”等多种称呼，其承载的功能意义解释意见不一。见罗二虎：《汉代画像石棺研究》，《考古学报》2000年第一期，第35页；陈亮：《汉代墓葬门区符箓与阴阳别气观念研究》，《中国汉画研究》第三卷，第83页，广西师范大学出版社，2010年版。

［7］王趁意：《中原藏镜聚英》，第183页图96，中州古籍出版社，2011年版。

［8］刘太祥：《娱神与娱人：汉画舞乐百戏的双重愉悦功能》，《中国汉画学会第十届年会论文集》，第78–87页，湖北人民出版社，2006年版。

［9］孔祥星、刘一曼：《中国古代铜镜》，第83页，文物出版社，1984年版。

［10］徐华：《两汉艺术精神嬗变论》，第83页，学林出版社，2003年版；贺西林：《古墓丹青——汉代墓室壁画的发现与研究》，陕西人民美术

出版社，2001 年版。

[11] 安徽省文物考古研究所、六安市文物局：《六安出土铜镜》图 86、图 121，文物出版社，2008 年版。

[12] 汉画图像十分强调空间方位意义而不注重物象细部特征的原因，参见施杰：《意义、解释与再解释——谶纬语境与汉画形相》，《中国汉画研究》第二卷，第 68–69 页，广西师范大学出版社，2006 年版。

[13] 信立祥：《汉代画像石综合研究》，文物出版社，2000 年版；李发林：《山东汉画像石研究》，齐鲁书社，1982 年版；张欣：《规制与变异——陕北汉代画像石综述》，《中国汉画研究》第二卷，广西师范大学出版社，2006 年版。

[14] 此说多年来在铜镜图录中十分流行，见王世伦、王牧：《浙江出土铜镜》，文物出版社，2006 年版；上海博物馆：《上海博物馆藏铜镜精品》，上海书画出版社，2005 年版；王刚怀：《三槐堂藏镜》，文物出版社，2004 年版；

[15] 李淞：《论汉代艺术中的西王母图像》，第 235–236 页，湖南教育出版社，2000 年版。

[16] 民国以前的古镜资料著录，多不注明器物尺寸大小，器物名称、来源、真伪等可靠性较差，考虑对统计分析结果会产生偏差影响，本统计表中尽量不予收录。镜图完全相同的标本统计表中只收录 1 件。镜图模糊无法释读物象的出土器统计表中不予收录。

[17] 陈凤九：《丹阳铜镜青瓷博物馆 · 千镜堂》图 201，文物出版社，2007 年版。

[18] 罗二虎：《西南汉代画像与汉墓研究》，四川大学 2001 年博士论文。

[19] 此类配图行为，恰好验证了制镜者当时是十分清楚车马出行图承载的功能意义的。

[20] 王世伦、王牧：《浙江出土铜镜》彩图 12，文物出版社，2006 年版。

[21] 汉画像中的羽人其实就是文献中记载的仙人，羽人的形态、功能研究，参阅吴萍：《汉代画像石羽人图像研究》，南京师范大学 2008 年硕士论文；高原：《汉代画像砖羽人图像研究》，河北大学 2010 年硕士论文。

[22] 陈凤九：《丹阳铜镜青瓷博物馆 · 千镜堂》图 206、图 213，文物出版社，2007 年版。

[23] 赵力光、李文英：《中国古代铜镜》图 133，陕西人民出版社，

1997 年版。

［24］见王世伦、王牧：《浙江出土铜镜》彩图 13、彩图 14、彩图 15，文物出版社，2006 年版；中国青铜器全集编辑委员会：《中国青铜器全集 16 · 铜镜》图 86、83，文物出版社，1998 年版；陈凤九：《江苏丹阳铜镜青瓷博物馆 · 千镜堂》图 203、图 204、图 205、图 207、图 211，文物出版社，2007 年版；何林：《故宫收藏 · 你应该知道的 200 件铜镜》图 37，紫禁城出版社，2007 年版；王趁意：《中原藏镜聚英》图 21，中州古籍出版社，2011 年版；王刚怀：《三槐堂藏镜》图 102，文物出版社，2004 年版；洛阳博物馆：《洛阳出土铜镜》彩图 4，文物出版社，1988 年版。

［25］巫鸿：《武梁祠——中国古代画像艺术的思想性》，三联书店，2006 年版。

［26］陈凤九：《丹阳铜镜青瓷博物馆 · 千镜堂》图 211，文物出版社，2007 年版。

［27］黄永飞：《汉代墓葬艺术中的车马出行图像研究》，第 23–24 页，中央美术学院 2009 年硕士论文。

［28］陈亮：《汉代墓葬门区符箓与阴阳别气观念研究》，《中国汉画研究》第三卷，第 133–134 页，广西师范大学出版社，2010 年版。

［29］郭玉海：《故宫藏镜》图 50，紫禁城出版社，1996 年版；王士伦、王牧：《浙江出土铜镜》彩版 15、16、图版 23，文物出版社，2006 年版；赵立光、李文英：《中国古代铜镜》图 135，陕西人民出版社，1997 年版；中国青铜器全集编辑委员会：《中国青铜器全集 · 铜镜》图 85，文物出版社，1997 年版。

［30］黄永飞：《汉代墓葬艺术中的车马出行图像研究》，第 42–56 页，中央美术学院 2009 年硕士论文；李立：《汉墓神画研究——神话与神话艺术精神的考察与分析》，第 133–135 页，上海古籍出版社，2004 年版。

［31］李立：《汉墓神画研究——神话与神话艺术精神的考察与分析》，第 247–280 页，上海古籍出版社，2004 年版。

［32］后世研究者对前代图像“过度解释”的成因，参阅朱青生：《将军门神起源研究——论误解与成形》，第 41–42、47–110 页，北京大学出版社，1998 年版。

［33］黄永飞：《汉代墓葬艺术中的车马出行图像研究》，第 22 页，中央美术学院 2009 年硕士论文。

［34］李淞：《论汉代艺术中的西王母图像》，第 2 页，湖南教育出版社，2000 年版。

［35］王士伦、王牧：《浙江出土铜镜》彩图 18，文物出版社，2006 年版。

［36］安徽省文物考古研究所、六安市文物局：《六安出土铜镜》图 122，文物出版社，2008 年版。

［37］就目前所见我国北方地区有限的画像镜出土材料看，安徽、河南、山东、湖北、陕西等地区的镜图风格特色还是有较为明显区别的，参见孔祥星、刘一曼：《中国铜镜图典》图 442－456，文物出版社，1992 年版；孔祥星、刘一曼：《中国古代铜镜》图 129－135，文物出版社，1984 年版；湖北省博物馆、鄂州市博物馆：《鄂城汉三国六朝铜镜》图 118－120，文物出版社，1986 年版；安徽省文物考古研究所、六安市文物局：《六安出土铜镜》图 86－122，文物出版社，2008 年版。

［38］有观点根据目前发现的铜镜绝大多数出自墓葬和墓葬随葬铜镜质地多粗陋不可观的现象，认为墓葬中随葬的铜镜多数是为丧葬而铸造，并非现实生活中的实用器。笔者认为此说显然夸大了丧葬作为铜镜附加功能的作用，墓葬出土铜镜铭文中流行大量的与商品买卖相关的广告语，是此类铜镜作为生活日用器的最好明证。

［39］汉代画像某类图式大量、反复在较广时空范围内流行的现象，表明当时工匠作图应该是依据固定“图谱”底本复制加工的，画像镜机械单调、缺少个性变化的图式，更应该是制镜工匠依据“固定模板”重复批量加工、改良制作的流通实用商品。参阅张欣：《规制与变异——陕北汉代画像石综述》，第 283 页，《中国汉画研究》第二卷，广西师范大学出版社，2006 年版。

附表　东汉神人车马画像镜统计表

序号	名称	直径（厘米）	镜图物象组合					铭文	资料出处
			车马出行组图	西王母组图	东王公组图	仙人禽兽组图	填衬物象		
1	周是（氏）神人车马画像镜	22.1	夹钮对置一组五马辎车、一组六马辎车，车前后有羽人送迎	一主神二侍神一羽人，侍神跽坐，羽人跪地作陈述状	一主神二侍神四羽人，侍神跽坐或静立，羽人捣药或跽坐或跪求药		羽人	吴向阳里周是作竟四夷服，多贺国家人民息，胡虏殄灭天下复，风雨时节五谷孰，长保二亲得天力，传告后世乐无极	《浙江》彩图12
2	尚方神人车马画像镜	20.6	夹钮对置二组三马辎车，车前方有山峦	一主神一侍神二羽人，侍神抚琴，羽人执便面或跪求药	一主神一侍神二羽人，侍神跽坐，羽人跪地献仙果		山峦雏雀	尚方作镜四夷服，多贺国家人民息，胡虏朱灭天下复，风雨时节五谷孰，长保二亲得天力，传告	《浙江》图24
3	石氏神人车马画像镜	21	夹钮对置二组四马辎车，车前方置山峦	一主神一侍神三羽人，羽人作跪求药状	一主神三侍神二羽人，羽人跪求药		山峦	石氏作镜四夷服，多贺国家人民息，胡虏殄灭天下覆，风雨时节五谷孰，长保二亲	《浙江》彩图13

（续表）

序号	名称	直径（厘米）	镜图物象组合					铭文	资料出处
			车马出行组图	西王母组图	东王公组图	仙人禽兽组图	填衬物象		
4	石氏神人车马画像镜	21.7	一组五马辎车，车骑前方有山峦	一主神五羽人，二羽人跪地陈述、三羽人跪地求药	一主神四羽人，羽人跪地献物，有“东王公”榜题	五羽人乘骑行进，乘骑前方有山峦	山峦	石氏作镜四夷服，多贺国家人民息，胡虏殄灭天下复，风雨时节五谷孰，长保二亲得天力，乐无已	《浙江》彩图14
5	田氏神人车马画像镜	22	一组四马辎车	一主神一侍神二羽人。侍神执便面静立，羽人跪求药或倒立杂耍	一主神长袖舞，二羽人侍者跪求主神，有“东王母（父）”榜题	一主神二侍神一羽人。侍神起舞羽人跪求主神	药尊玉兔	田氏作镜，多贺国家人民息，胡虏殄灭天下复，风雨时节五谷孰，长保二亲得天力，传告后世乐无极	《浙江》图23
6	田氏神人车马画像镜	22	一组四马拉辎车	一主神一侍神二羽人。侍神执便面静立，羽人跪求药或倒立	一主神一羽人。主神长袖舞，羽人跪求药。有“东王”榜题	一主神二侍神二羽人，侍神吹笙起舞，羽人奏琴或跪求药	药尊	田氏作四服，多贺国家人民息，胡虏殄灭天下复，风雨时节五谷孰，长保二亲得天力，传告后世乐无极	《浙江》图34

（续表）

序号	名称	直径（厘米）	镜图物象组合					铭文	资料出处
			车马出行组图	西王母组图	东王公组图	仙人禽兽组图	填衬物象		
7	蔡氏神人车马画像镜	18.4	一组一马轺车	一主神二侍神，有“母”榜题	一主神二侍神，有“东王公”榜题	翼虎爬行回望	云纹	蔡氏作镜佳且好，明而日月世少有，刻治今守悉皆在，令人富贵宜孙子	《浙江》彩图18
8	神人车马画像镜	20.5	一组四马辎车，车骑前方有山峦	一主神二侍神，侍神静立或跽坐，主神与侍神间置药尊	一主神四羽人，一羽人跽坐，三羽人跪求药	独角翼龙回首爬行	药尊羽人芝草	无	《浙江》彩图16
9	神人车马画像镜	21	夹钮对置二组四马辎车	一主神一侍神二羽人，侍神静立，羽人跪求药	一主神四羽人，羽人向主神跪求药			无	《浙江》图22
10	神人车马画像镜	19.8	一组二马辎车纹	一主神四羽人，有“东王公”榜题，四羽人跪求药	一主神四羽人，羽人跪求药	有翼白虎爬行回望	卷云纹	无	《浙江》彩图17

（续表）

序号	名称	直径（厘米）	镜图物象组合					铭文	资料出处
			车马出行组图	西王母组图	东王公组图	仙人禽兽组图	填衬物象		
11	神人车马画像镜	19.8	一组二马辎车	一主神一侍神一羽人，侍神执便面，羽人跽坐求药	一主神一侍神一羽人，羽人倒立	有翼白虎疾驰		无	《浙江》彩图19
12	神人车马画像镜	21.6	夹钮对置二组四马缁车，车马前有山峦、药尊	一主神二侍者，侍者擎举药尊或执便面静立	一主神二侍者，侍者执便面静立或叠案到立。有“东王公”榜题		山峦药尊	邹氏作镜四夷服，多贺国家人民息，胡虏殄灭天下复，风雨时节五谷熟，长保二亲	《浙江》彩图15
13	神人车马画像镜	21	夹钮对置二组四马缁车	一主神一侍者三羽人，羽人跪求药，侍者静立	一主神三羽人，羽人跪求药			无	《浙江》图22
14	邹氏神人车马画像镜		一组三马缁车	一主神二羽人，有“西王母”榜题	一主神二羽人，有“东王公”榜题	白虎行走		邹氏作镜四夷服，多贺国家人民息，胡虏殄灭天下复，风雨时节五谷熟，长保二亲	《绍兴》图版16

（续表）

序号	名称	直径（厘米）	镜图物象组合					铭文	资料出处
			车马出行组图	西王母组图	东王公组图	仙人禽兽组图	填衬物象		
15、16	邹氏神人车马画像镜		一组三马缁车	一主神二羽人，有“西王母”榜题	一主神二羽人，有“东王公”榜题	白虎行走，有“白虎”榜题		邹氏作镜四夷服，多贺国家人民息，胡虏殄灭天下复，风雨时节五谷熟，长保二亲	《绍兴》图15、图17
17	吕氏神人车马画像镜		一组一马轺车	一主神二羽人，有“王母”榜题	一主神二羽人，有“王公”榜题	有翼有角辟邪		吕氏作镜世少有，东王公、西王母，仙人子乔赤诵子，车马辟邪在左右，为吏高升贾万倍	《绍兴》图版19
18	神人车马画像镜	19.7	夹钮对置二组二马辎车	一主神二侍神，侍神朝向主神拱手跽坐	一主神一侍神二羽人，羽人跪求药			无	杭州博物馆藏
19	田氏神人车马画像镜	19.9	夹钮对置二组五马辎车，车马前方有山峦	一主神二侍神，侍神执便面跽坐或持仙果枝站立	一主神二侍神一羽人，侍神站立或跽坐或跪求药		山峦	田氏作镜四夷服，多贺国家人民息，胡虏殄灭天下复，风雨时节五谷孰保二	《千镜堂》图205

（续表）

序号	名称	直径（厘米）	镜图物象组合					铭文	资料出处
			车马出行组图	西王母组图	东王公组图	仙人禽兽组图	填衬物象		
20	田氏神人车马画像镜	22.1	夹钮对置二组五马辎车，车骑前方置山峦	一主神一侍神一羽人，侍神执便面、羽人跪求药，西王母下方有山峦	一主神三羽人，羽人向主神伸手求药		山峦	田氏作镜四夷服，多贺国家人民息，胡虏殄灭天下复，风雨时节五谷孰，长保二	《千镜堂》图203
21	田萌神人车马画像镜	20	夹钮对置一组四马辎车、一组三马辎车，车马旁一羽人乘骑导从	一主神二侍神，侍神跪献药镈或执便面。有“西王母”榜题	一主神三羽人侍者，二羽人跪求药、一羽人站立献药。右侧有山峦		山峦	田萌作镜四夷服，多贺国家人民息，胡虏殄灭天下复，风雨时节五谷孰，长保二亲得天力，传告后世无极	《千镜堂》图204
22	神人车马画像镜	21	一组五马拉辎车，车前置山峦	一主神二侍神二羽人，侍神静立、羽人跪求药	与西王母图式基本雷同	白虎，羽人向白虎求药		无	《千镜堂》图209
23	神人车马画像镜	23	一组四马辎车，车骑前方有山峦	一主神二侍神二羽人，其中一侍神跽坐、一侍神静立、一羽人跪求药、一羽人倒立	一主神一侍神三羽人，侍神跽坐、羽人跪求药或跪迎车马。有“东王公”榜题	白虎行走回望		无	《千镜堂》图206

（续表）

序号	名称	直径（厘米）	镜图物象组合					铭文	资料出处
			车马出行组图	西王母组图	东王公组图	仙人禽兽组图	填衬物象		
24	神人车马画像镜	21	一组四马辎车，车骑前方一羽人伏地跪迎	一主神一侍神二羽人，侍神跽坐、羽人持节站立或跪求药。有“西王母”榜题	一主神一侍神二羽人，一羽人跪地、一羽人倒立、侍神持节站立。有“东王公”榜题	两排羽人乘骑队列，前方有羽人跪迎、后方置山峦	山峦	无	《千镜堂》图213
25	神人车马画像镜	21.8	夹钮对置二组四马辎车	一主神四羽人，羽人跪求药	一主神四羽人，羽人跪求药		山峦	无	《千镜堂》图207
26	神人车马画像镜	21.4	夹钮对置一组三马缁车、一组一马辎车。三马辎车前方有折角状拱形桥	一主神四侍神，三侍神静立，一侍神跪地陈述	一主神三侍神，侍神执便面，或奏琴，或倒立杂耍。有“东王公”榜题		山峦 拱桥	无	《千镜堂》图211

（续表）

序号	名称	直径（厘米）	镜图物象组合					铭文	资料出处
			车马出行组图	西王母组图	东王公组图	仙人禽兽组图	填衬物象		
27	神人车马画像镜	20	一组二马辎车，车马上方天空置一飞禽	一主神三羽人，一羽人跪献药尊，二羽人跪求药。有“西王母”榜题	一主神一侍神一羽人，侍神跽坐与主神对语、羽人跪献仙药	白虎爬行回望，有“白虎”榜题		无	《千镜堂》图214
28	神人车马画像镜	19.9	夹钮对置二组三马缁车	一主神三羽人，羽人跪求药	一主神1侍者二羽人，侍者静立，羽人跪求药			无	《千镜堂》图208
29	神人车马画像镜	19.9	一组二马缁车，车前有羽人迎接	一主神二侍者一羽人，羽人献药尊、二侍者拢袖站立或跽坐	一主神二侍者一羽人，侍者跽坐或站立，羽人跪献药			无	《千镜堂》图212
30	田氏神人车马画像镜	22	一组三马缁车、一组二马轺车，同区分上下层配组，反向行进。缁车前方配有山峦	一主神二侍者一羽人，侍者执便面或捧药尊，羽人跪求药	一主神三侍者一羽人，侍者执仙草，擎举药尊，羽人跪求药	九马并排分前后两列行进，前排五马，后排四马。前方置山峦	山峦	田氏作镜□天上，多贺国家福水山，虏殄灭天下复，风雨时节五，长保二亲得天力，赤甬子	《千镜堂》图201

（续表）

序号	名称	直径（厘米）	镜图物象组合					铭文	资料出处
			车马出行组图	西王母组图	东王公组图	仙人禽兽组图	填衬物象		
31	永元五年铭神人车马画像镜	22	夹钮对置二组四马辎车，车前后羽人迎、送行。车前有山峦	一主神趺坐于莲花座悬圃上，两侧置各置一列神禽	一神趺坐于莲花座悬圃上，两侧置神禽、羽人		山峦天禽	永元五年四夷服，多贺国家人民息，胡虏殄灭天下复，风雨时节五谷孰，长保二亲得天力，吴胡向阳里	《洛阳》彩图4
32	蔡氏神人车马画像镜	19.2	一组一马轺车	一主神二侍神，有“王母”榜题	一主神二侍神，有“王公”榜题	翼状龙，虎并行	云纹	蔡氏作镜佳且好，明而月世少有，刻治禽兽悉皆在，令人富贵宜孙子，寿而金石不知老兮，乐无极	《洛阳》图57
33	神人车马画像镜	22.3	一组二马辎车，车马前方填衬芝草	一主神一执便面侍神、一杂耍羽人。有“西王母”“玉女”榜题	一主神、一执便面侍神、二跪献灵芝羽人，有“东王公”榜题	三羽人执重叠幢节骑马向东王公方向行进	灵芝果山峦	无	《中原》图21

（续表）

序号	名称	直径（厘米）	镜图物象组合					铭文	资料出处
			车马出行组图	西王母组图	东王公组图	仙人禽兽组图	填衬物象		
34	李氏神人车马画像镜	17	一组一马轺车，车后置雏雀	一主神二侍神，侍神执便面或擎举芝草	一主神二侍神，主神手前伸作陈述状	长角鹿，芝草	雏雀芝草	李氏作镜四夷服，多贺君家人民息，胡虏殄灭天下服，风雨时节五谷熟，大吉	阜阳博物馆藏
35	蔡氏神人车马画像镜	17.9	一组二马轺车，车马前方有白虎导引	一主神四侍神：主神跽坐，一侍神向主神陈述、二侍神恭迎车马、一侍神正面站立。主神身后有一玉兔	一主神二侍神，侍神吹笙或作长袖舞	双阙外一人跪伏，阙门站一人。楼阁内并坐二主神，一侍神向阙门行进	药尊玉兔	蔡氏作镜真大巧，上有仙人不知老，渴饮玉泉饥食枣，浮游天下遨四海，寿敝涌乔（乔）	阜阳博物馆藏
36	张氏神人车马画像镜	21	一组一马轺车	一主神二侍神，侍神旁置一雏雀、一长尾兽，有“西王母”榜题	一主神二侍神，侍神执便面或求药。主神有“东”榜题	羽人饲虎	仙果雏雀长尾兽	张氏作竟佳且好，明而日月世少有，治今守悉皆在，令人大富宜孙子，上有仙人子乔赤松子	《六安》图86

（续表）

序号	名称	直径（厘米）	镜图物象组合					铭文	资料出处
			车马出行组图	西王母组图	东王公组图	仙人禽兽组图	填衬物象		
37	尚方神人车马画像镜	20.5	一组一马轺车	一主神二侍神，侍神执便面跽坐或求药	与“西王母”组图雷同	羽人饲鹿		上方作竟佳且好，明而日月世少有，刻治今守悉皆在，大吉矣	《六安》图121
38	尚方神人车马画像镜	18	一组一马轺车，车马前方有白虎导行	一神奏琴、一神听琴诵唱。有“西王母”榜题	一神跽坐，手前伸讲述状，有“东王父”“寿”榜题	凤鸟	芝草鱼	尚方作竟佳且好，左有王父坐行道，右有王母，白虎芝草方（放）其后，令人富贵不老，子孙满室世	《六安》图122
39	神人车马画像镜	21	夹钮对置二组六马辎车。车骑前方置山峦	一主神三侍神二羽人。侍神朝跽坐，羽人倒立杂耍或跪求仙果	一主神一侍神三羽人。侍神长袖舞，羽人向主神跪求药		山峦羽人	无	《三槐堂》图102
40	神人车马画像镜	21	夹钮对置二组四马辎车	一主神一侍神二羽人，侍神静立，羽人跪求药	一主神四羽人，羽人向主神跪求药			无	《上博》图58
41	神人车马画像镜	20.2	一组三马辎车	一主神二侍神，一侍神求药，一侍神起舞	一主神三羽人。羽人跪求药或导引车马	羽人骑虎		无	《上博》图59

（续表）

序号	名称	直径（厘米）	镜图物象组合					铭文	资料出处
			车马出行组图	西王母组图	东王公组图	仙人禽兽组图	填衬物象		
42	尚方神人车马画像镜	18.6	夹钮对置二组四马辎车	一主神二侍神，主神前置琴，侍者执便面跽坐或作长袖舞	一主神四羽人，羽人向主神跪献物			尚方作镜四夷服，多贺国家人民息，胡虏殄灭天下复，风雨时节五谷熟，长保二	《古代铜镜》图127
43	神人车马画像镜	19.8	夹钮对置二组一马轺车，车马旁有山峦	一主神二侍者，侍者站立面向主神，一侍者执幡、一侍者拢袖	组图形构同西王母图式			无	《古代铜镜》图129
44	张氏神人车马画像镜	22.3	一组一马轺车，车马前方有恭迎者	一主神二侍神，侍神面向主神拢袖站立	一主神三侍神，侍神面向主神拱手站立	白虎行走回望		张氏作镜佳且好，明而日月世少有，刻治禽兽悉皆在，长保二亲宜孙子，大吉矣兮	《古代铜镜》图133
45	神人车马画像镜	18.1	一组三马辎车，车前方有山峦	一主神四羽人，羽人跪求药	图像组合与西王母图式同	翼龙行走回望		无	《古代铜镜》图134

（续表）

序号	名称	直径（厘米）	镜图物象组合					铭文	资料出处
			车马出行组图	西王母组图	东王公组图	仙人禽兽组图	填衬物象		
46	新氏神人车马画像镜	18.8	一组一马轺车	一主神二侍者，有“东王公”榜题，侍者向主神拱手而立	一主神二侍者，有“王母”榜题	仙人饲鹿	药镈	新氏作镜佳且好，明而日月世少有，刻治禽兽悉皆在，长保二亲大吉羊矣	《古代铜镜》图135
47	清氏神人车马画像镜	20	一组一马轺车	一主神二侍神，一侍神执便面、一侍神作聆听状	一主神二侍神，组图与西王母基本雷同	二神兽并行		清氏作竟佳且好，明儿日月世少有，刻治禽兽悉皆在，长保二亲宜孙子，东王公西王母，吉羊矣兮	平度博物馆藏
48	周仲神人车马画像镜	21.5	夹钮对置二组六马辎车	一主神四羽人，羽人跪求药状	一主神四羽人，组图与西王母图式雷同			吴郡向里周仲作镜四夷服，多贺国家人民息，胡虏殄灭天下复，风雨时节五谷孰，长保二亲得天力	《民间藏镜》图169
49	神人车马画像镜	23	夹钮对置二组五马辎车	一主神五侍神，侍神中二人站立、二人跽坐、一人起舞	一主神三侍神二羽人，侍神操琴或静立，羽人跪求药			无	《旅顺》图63

（续表）

序号	名称	直径(厘米)	镜图物象组合					铭文	资料出处
			车马出行组图	西王母组图	东王公组图	仙人禽兽组图	填衬物象		
50	周氏神人车马画像镜	22	夹钮对置二组五马辎车，车马方有山峦	一主神三侍神，侍神静立，或作长袖舞，或击鼓	一主神三侍神，侍神朝向主神静立		山峦	周氏作镜四夷服，多贺国家人民息，胡虏殄灭天下复，风雨时节五谷享，长保二亲得	《历博》图112
51	吴向里柏氏神人车马画像镜	20.1	一组四马缁车，向着东王公行进	一主神三羽人，羽人舞蹈、叠案倒立、吹笙，有“西王母”榜题	一主神二侍者，有“东王公”榜题	二骑马神人刺龙、射虎		吴向里柏氏作镜四夷服，多贺国家人民息，胡虏殄灭天下复，风雨时节五谷熟，长保二亲天力，传告后世乐无极兮	《历博》
52	驺氏车马出行画像镜	22.5	夹钮对置二组四马辎车，车前方有山峦	一主神二侍神，侍神擎药尊，或执便面站立	一主神二侍神，侍神静立或叠案倒立。有东王公榜题		药尊雏鹊	驺氏作镜四夷服，多贺国家人民息，胡虏殄灭天下复，风雨时节五谷孰，长保二亲	《全集》图84
53	周是车马出行画像镜	22.1	夹钮对置一组六马辎车、一组五马拉辎车，车前方有山峦	一主神二侍神，侍神擎药尊或执便面站立	一主神一侍神一羽人，侍神站立或叠案倒立。主神有东王公榜题		山峦药尊	周是作镜四夷服，多贺国家人民息，胡虏殄灭天下复，风雨时节五谷孰，长保二亲	《全集》图85

（续表）

序号	名称	直径（厘米）	镜图物象组合					铭文	资料出处
			车马出行组图	西王母组图	东王公组图	仙人禽兽组图	填衬物象		
54	柏氏神人车马画像镜	20.1	一组四马辎车，车骑前方有山峦	一主神二侍神一羽人，侍神吹笙或叠案倒立，羽人跪求药	一主神二侍神，有“东王公”榜题。侍神导引车马或跽坐	二神乘骑狩猎，一神持矛刺龙，一神持弓射虎	山峦	吴向里柏氏作竟四夷服，多贺国家人民息，胡虏殄灭天下复，风雨时节五谷熟，长保二亲天力，传告后世乐无极兮	《全集》图83
55	神人车马画像镜	23	夹钮对置二组六马辎车，车前方有山峦	一主神四羽人，羽人跪求药，或作低首聆听状	一主神六羽人，羽人均跪求药		山峦雏雀	无	《全集》图86
56	张氏神人车马画像镜		一组一马轺车	一主神二侍神，有“王母”榜题	一主神二侍神，有“王公”榜题	二仙人演奏、吟唱，中间夹一小神跳舞	雏雀四灵等	张氏作镜四夷服，多贺君家人民息，胡虏殄灭天下复，风雨时节五谷孰，宦至蒙禄食，子孙力，传告后世乐无极	《图典》图436

（续表）

序号	名称	直径（厘米）	镜图物象组合					铭文	资料出处
			车马出行组图	西王母组图	东王公组图	仙人禽兽组图	填衬物象		
57	尚方神人车马画像镜	19	一组一马辎车	二神对坐，中间置药尊，左神从药尊中取物，右神身后立一侍神	二神对坐，左神伸臂，右神低首陈述，中间夹一小神	二神相对作长袖舞		尚方作镜真大巧，上有仙人不知老	《图典》图437
58	尚方神人车马画像镜	22	夹钮对置二组二马辎车	一主神四羽人，羽人跪求药状	组图形制与西王母雷同		药尊	尚方作镜四夷服，多国家人民息，胡虏朱天下复，风雨时节五谷享，长保二亲得	《故宫》图50
59	神人车马画像镜	20.9	夹钮对置二组四马辎车，车骑前方有山峦	一主神一侍神二羽人。侍神站立，羽人跪求药	组图形制与西王母雷同		雏雀山峦	无	《故宫》图51

（续表）

序号	名称	直径（厘米）	镜图物象组合					铭文	资料出处
			车马出行组图	西王母组图	东王公组图	仙人禽兽组图	填衬物象		
60	张氏神人车马画像镜	19.6	一组一马轺车	一主神二侍者，有“西王母坐”榜题	一主神二羽人，有“东王公坐”榜题	一主神二侍者，侍者弹琴吹乐		张氏作镜四夷服，多贺国家人民息，胡虏殄灭天下复，风雨时节五谷熟，官至公卿蒙禄食，长保二亲子孙力，传告后世乐毋敬	王子云藏
61	神人车马画像镜	不详	夹钮对置一组六马缁车、一组四马缁车。车前方有山峦	一主神四羽人，羽人作跪求药状	同西王母图式		山峦	镜铭中有“长保二亲得天力”可释读，其余模糊不清	《尊古斋》图273

第五章　淮河流域
东汉人物画像镜的初步观察

汉代画像镜是主要流行于东汉中晚期，以平面浮雕技法表现物象题材的一个大镜群。在目前发现的传世器与出土材料中，以浙江绍兴为中心的南方地区画像镜占绝对多数，如《绍兴古镜聚英》提到仅绍兴某地就出土画像镜总数达300余枚，《浙江出土铜镜》收录画像镜38枚，丹阳铜镜青瓷博物馆《千镜堂》收录此类画像镜72枚，另据笔者所了解杭州止水斋孔震先生私藏此类镜逾千枚。据不完全统计，仅江浙地区发现的东汉画像镜就不下2000枚。以绍兴为中心的南方地区东汉人物画像镜数量众多、铸制精良、构图华美、风格特色鲜明，是同类镜发展最高工艺成就的代表作，因故亦为历代研究者所关注并有丰硕研究成果问世。较言之，同时期我国北方地区人物画像镜则不仅所见实物少，出土地散而不均，且铸制工艺水平不高，纹饰组图粗犷简约，与“绍兴系人物画像镜”风格迥异，许多地方至今罕见或未见相关出土材料的报道，由此亦难于集中材料深入探究此类镜的形制特征、文化内涵、兴衰演变等问题。本章论及的东汉淮河流域人物画像镜系“北方系人物画像镜”的一个组成部分。为能够与东汉时期南方“绍兴系人物画像镜”区分开来叙述，我们把同时期主要流行于北方地区、风格特色明显区别于“绍兴系人物画像镜”的其他同类镜泛称为“北方系人物画像镜”。

第一节　基本材料的分类统计

目前见于著录的有明确出土地点的淮河流域东汉人物画像镜计有26枚，这些人物画像镜依据物象组图特征的差异，可分为三种类型。

一、A型（神人车马画像镜）

本类镜主题纹饰由西王母与东王公及其侍神、出行车马、仙人禽兽等配组，根据主纹区配组物象的不同可分为7式。

Ⅰ式　四乳四分区组图：夹钮对置一区西王母“一主二侍”图式、一区东王公“一主二侍”图式，主神侧身跽坐，侍神分立两侧向主神作拢袖拱手状；一区一马轺车图式，车内一人驾车；一区羽人饲神兽图式。主纹区外置铭文圈带。例镜见六安出土镜[1]、寿县出土镜[2]。

Ⅱ式　六乳六分区组图：一区西王母“一主一侍”图式，西王母头戴胜、体生翼、侧身跽坐弹琴。侍神跽坐，双臂上扬；一区置一侧身跽坐、双手前伸、体生羽翼的东王父图式；一区置一凤鸟，填衬仙果枝；两组相邻图式配置一马拉轺车，车内乘二人；一区置有翼白虎作“导行”状。主纹区外置铭文圈带。例镜见皖西博物馆藏镜[3]。

Ⅲ式　四乳四分区组图：邻区配置一区西王母“一主二侍”图式、一区东王公“一主二侍”图式，主神两侧分别置一侍神，侍神手中持物、向主神作拜谒状。另相邻两区各配置一区一马轺车图式。例镜出土于阜阳界首市茨淮土地东汉墓（阜阳博物馆藏）。

Ⅳ式　四乳四分区组图：一区两马驾轺车，车内乘一人，前有白虎导行；一区仙界迎宾图，主神西王母侧身跽坐，前方置恭迎队列，其中两人面向车马作恭迎状，一矮小孩童正面侍立，还有一侍神面向西王母作陈述状；一区仙人乐舞图，主神侧身跽坐，两侧配置三侍神吹笙、长袖舞、拜谒；一区为天门拜谒图式，阙前跪伏一人，双阙间站一门吏，阙后楼阁林立，楼阁内并排跽坐东王公、西王母，一行者朝门阙方向行进。例镜出土于亳州利辛县茨淮土地东汉墓（阜阳博物馆藏）。

二、B 型（神人神兽画像镜）

本类镜主题纹饰主要有西王母、东王公组图，龙、虎、鹿、熊、天禄、辟邪等神兽组图。根据主纹区物象配组的差异可细分以下几式：

Ⅰ式　四乳四分区组图，夹钮对置一区西王母“一主二侍”图式、一区东王公“一主二侍”图式，两主神均侧身跽坐，双手拢袖于胸或前伸。侍神跪地面向主神作拜谒或双臂擎物状；一区羽人跪地擎物饲虎。白虎生翼，昂首张嘴，四肢弓张，尾卷曲上翘；一区羽人饲鹿，羽人面向神鹿作跪献物状，鹿硕壮，生翼，昂首挺胸，短尾。例镜出土于六安寿县众兴镇鲁圩汉墓[4]。

Ⅱ式　四乳四分区组图：夹钮对置一区西王母“一主二侍”图式、一区东王公“一主二侍”图式，两主神均侧身跽坐，侍神分居两侧作献物或拜谒状；夹钮配置一区青龙、一区白虎。主纹区外配置铭文圈带。例镜见于山东枣庄博物馆藏镜[5]、山东沂水县柴山乡黄家庄汉墓出土镜[6]、淮南凤台县汉墓出土镜（阜阳博物馆藏）。

Ⅲ式　四乳四分区组图：夹钮对置一区西王母“一主一侍”图式、一区东王公“一主一侍”图式，主神侧身跽坐，侍神作拜谒状；一区置有翼白虎，四肢弓张，长尾上卷；一区置翼状青龙。主题纹饰区外配置铭文圈带。例镜出土于六安寿县汉墓[7]。本式镜亦见夹钮对置仙人抚琴、对弈、白虎与怪熊的图式，如山东邹城郭里乡东郭村汉墓出土器[8]、宿州埇桥区汉墓出土器（宿州博物馆藏）等。

Ⅳ式　四乳四分区组图：夹钮对置一区西王母“一主二侍”图式、一区东王公“一主二侍”图式，主神侧身跽坐，侍神分居两侧，面向主神拱手跽坐或站立；另夹钮对置两区翼状神兽。主纹区外置铭文圈带。典型器见于河南商城县鲶鱼山汉墓出土镜[9]、河南信阳固始县汉墓出土镜[10]。

Ⅴ式　四乳四分区组图：一区置两跽坐持杵捣药的仙人，杵下方置一高足药臼，另三区各配置一走兽，分别为青龙、白虎、神鹿。主纹区外配置铭文圈带。例镜出土于山东邹城峄山镇照山庄汉墓[11]。

三、C型（神仙人物画像镜）

本类镜主题纹饰四分区或五分区、六分区组图，每区物象均以神人配组为主，其中西王母、东王父仍为形体高大的主神，根据物象组图形制的不同可分为以下几式：

Ⅰ式　四乳四分区组图，每区均配置两神人：一区置西王母与侍者，西王母侧身跽坐，侍者作长袖舞；一区置两乐舞仙人，一人弹琴，一人吹奏；一区西王母侧身跽坐，侍者双手持物向主神跪拜；一区置两仙人杂耍表演，一人倒立，一人腿屈立、双臂外展上扬。典型器见山东济宁博物馆藏镜[12]。

Ⅱ式　六乳六分区组图：一区西王母跽坐听琴、侍者弹琴；一区主神侧身跽坐，侍神举谒板拜谒主神，一区置一仙人吹笙、一仙人表演球技；一区两仙人跽坐对语；一区西王母侧身跽坐、侍者倒立杂耍；一区置两仙人拱手作相互揖拜状。主纹区外置铭文圈带，例镜出土于阜阳城郊汉墓（阜阳博物馆藏镜）。

Ⅲ式　六乳六分区组图：一区置西王母侧身跽坐，有“西王母”榜题；一区置一仙人向西王母献物；一区置正身跽坐的东王公，有“东王父”榜题；一区置一侧身跽坐、面向主神献物的仙人侍者；一区置一羽人跪地擎举仙果枝；一区置两仙人持杵捣药，杵杆下置一束腰形药尊。例镜出土于河南固始往流乡唐庄村汉墓[13]。

Ⅳ式　四乳四分区组图：一区西王母侧身跽坐，一羽人面向西王母擎献仙草；一区置东王公和一作拜谒状的侍神；一区置一仙人倒立、一仙人弄丸杂耍；一区置一仙人长袖舞，两侧配药尊、凤鸟、神鱼。例镜出土于山东邹城田黄乡东罗村汉墓[14]。

Ⅴ式　四乳四分区组图：一区置正面跽坐的翼状西王母，两侍者恭立西王母前方；一区置正面跽坐的翼状东王公，侍者表演长袖舞；一区置一仙人弹琴、一仙人倒立杂耍；一区两仙人作长袖舞。例镜出土于山东滕州丰山汉墓[15]。

Ⅵ式　四乳四分区组图：一区西王母跽坐弹琴、一侍者擎献仙果枝；一区置西王母跽坐弹琴、一侍者作吹奏状；一区置两杂耍仙人，一人叠案倒立、一人举手弄丸；一区配置一仙人乘骑出游。例镜见于河南舞阳汉墓出土器[16]。

Ⅶ式　四乳四分区组图：一区西王母侧身跽坐，两侍者一人献物、一人持物跽坐；一区东王公侧身跽坐，两侍者居于主神前方作献物状；一区置两仙人，一人作长袖舞、一人举手弄丸杂耍；一区置一仙人乘骑出游。例镜见郑州市汉墓出土器[17]。

第二节　产地、分布与流播中心

目前见于著录的东汉时期“北方系人物画像镜”不足百枚，除去早期著录和诸多公、私藏镜中没有明确出土地点的例镜，则仅有55枚。按出土地域的不同，将这些材料列表分类统计如下：

表4－4　东汉“北方系人物画像镜”出土材料统计表

序号	地区	数量（枚）	出土地点统计	资料出处
1	浙江	2	绍兴1，嵊州1	《浙江出土铜镜》图版21、彩图18
2	江苏	3	仪征1，徐州2	《艺术市场》2005.8，徐州私藏
3	安徽	16	寿县3，六安2，舒城1，怀宁1，太湖1，阜阳2，界首1，利辛1，凤台1，铜陵1，宿州1，蚌埠1	《六安出土铜镜》图86、120、121、122、145，《中国青铜器全集16》图81，《文物》1989.2，《收藏界》2011.3，《皖江汉魏铜镜选粹》P155图，阜阳博物馆、宿州博物馆、蚌埠博物馆藏镜

（续表）

序号	地区	数量（枚）	出土地点统计	资料出处
4	河南	9	洛阳1，南阳1，安阳1，淇县1，固始2，商城1，舞阳1，郑州1	《洛阳出土铜镜》图57，《南阳出土铜镜》图105，《中国铜镜图典》图437、456，《文物春秋》2001.1，《中原文物》1987.4、1996.4，《考古》1987.4，安阳龙安东风乡郭里汉墓出土
5	山东	9	邹城3，滕州1，枣庄1，济宁1，沂水1，寿光1，平度1	《鑒耀齐鲁》图196，《考古》2001.7，《中国铜镜图典》图455，《文物》1991.7、1996.4、1997.7、2007.4，《考古与文物》2001.2
6	湖北	9	鄂州5，浠水1，沔阳1，荆门2	《鄂州铜镜》图88、89、90、91、92，《江汉考古》1991.12，《文物》1989.5，《中国铜镜图典》图443、447
7	湖南	3	长沙2，津市1	《长沙出土铜镜》图114、115，《常德出土铜镜》图62
8	陕西	2	西安1，旬阳1	《西安文物精华·铜镜》图47，《文博》1986.8
9	山西	1	山西1	《文物季刊》1999.9
10	江西	1	宜丰1	《江西历史文物》1986.3
合计		55		

上表反映出东汉时期我国北方系人物画像镜出土材料地域分布的不均衡性，其中仅苏鲁豫皖四省就集中出土37枚，占整个北方系人物画像镜数量的67.3％，表明东汉时期北方系人物画像镜主要集中分布于苏、鲁、豫、皖地区。

上表统计的苏鲁豫皖地区37枚东汉人物画像镜，除26枚出土于淮河流域的人物画像镜材料外，见于著录者还有11枚不属于淮河流域范畴的例镜，列举如下：

河南省（4枚）：

蔡氏神人车马画像镜：四分区组图，夹钮对置两区西王母与东王公“一主二侍”图式、一区一马轺车行进图式、一区龙虎并行图式，主纹区外有铭文圈带。洛阳城北岳家村M30出土[18]。

尚方神人龙虎画像镜：四分区组图，夹钮对置两区东王公与西王母对坐图式，一区翼虎图式，一区神兽图式，主纹区外有铭文圈带。南阳裕华商城工地汉墓出土[19]。

尚方神人车马画像镜：四分区组图，两区东王公、西王母相对跽坐图式，一区两神人长袖舞图式，一区一马辎车图式，主纹区外有铭文圈带。安阳淇县高村二郎庙汉墓出土[20]。

神人骑马画像镜：四分区组图，夹钮对置两区西王母与东王公“一主二侍”图式，一区两仙人长袖舞、盘舞图式，一区仙人乘骑图式。郑州博物馆藏[21]。

安徽省（4 枚）：

范氏神人车马画像镜：四分区组图，夹钮对置两区西王母与东王公“一主二侍”图式，一区一马轺车出行图式，一区仙人乐舞图式，主纹区外有铭文圈带。六安舒城汉墓出土[22]。

神人神兽画像镜：六分区组图，其中三区置两神人对坐图式，三区置神兽行进图式。安庆怀宁县汉墓出土[23]。

司氏神人龙虎画像镜：四分区组图，一区两神人对坐，一区一主神跽坐、一侍神拜谒，两区夹钮对置龙虎图式，主纹区外有铭文圈带。太湖县文管所藏[24]。

刘氏神人神兽画像镜：四分区组图，夹钮对置两区西王母与东王公“一主一侍”图式、两区白虎与瑞兽图式，主纹区外有铭文圈带，例镜见《皖江汉魏铜镜精粹》收录器[25]。

山东省（2 枚）：

张氏神人神兽画像镜：六分区组图，一区西王母正面跽坐、一长耳兔献物，一区东王公正面跽坐、一侍者奏乐表演，另四区分别置青龙、白虎、朱雀、鹿，主纹区外有铭文圈带。寿光纪台镇西常家庄子出土[26]。

清氏神人车马画像镜：四分区组图，夹钮对置两区西王母与东王公“一主二侍”图式，一区一马轺车行进图式，一区两神兽并行图式，主纹区外有铭文圈带。青岛平度市博物馆藏[27]。

江苏省（1 枚）：

杜氏神人神兽画像镜：五分区组图，一区西王母和玉女，一区两兔持杵捣药，一区羽人骑兽，一区羽人骑马，一区羽人持杵捣药，主纹区外有铭文圈带。扬州仪征龙河凌东汉墓出土[28]。

上文所列 37 枚人物画像镜的出土地，再按照“淮河流域地区人物画像镜”“邻近淮河流域地区人物画像镜”“远离淮河流域地区画像镜”分作三类列表比较。

表4－5　苏鲁豫皖“北方系人物画像镜”分类统计表

统计 分区	画像镜出土地数量统计				合计（枚）	比例
	河南	安徽	江苏	山东		
淮河流域	5枚：固始2（BⅣ、CⅢ），商城1（BⅣ），舞阳1（CⅥ），郑州1（CⅦ）	12枚：寿县3（AⅠ、BⅠ、BⅢ），六安2（AⅠ、AⅡ），凤台1（BⅡ），阜阳2（CⅡ），界首1（AⅢ），利辛1（AⅣ），宿州1（BⅢ），蚌埠1	2枚：徐州2（BⅡ）	7枚：滕州1（CⅤ），枣庄1（BⅡ），济宁1（CⅡ），邹城3（BⅢ、BⅤ、CⅣ），沂水1（BⅡ）	26	70.3%
邻近淮河流域地区	2枚：洛阳1（AⅠ），南阳1	1枚：舒城1	1枚：仪征1		4	10.8%
远离淮河流域地区	2枚：安阳1（AⅣ），淇县1	3枚：怀宁1，铜陵1（BⅢ），太湖1（BⅢ）		2枚：寿光1，平度1（AⅠ）	7	18.9%

依据上表可作出以下结论：（1）目前所见苏鲁豫皖四省人物画像镜材料，主要出土于豫东、皖北、皖西、鲁南、苏北地区，这一地域恰是淮河流域所在地；（2）37枚标本中，出土于淮河流域的例镜26枚，占总量的70.3%，邻近淮河流域的例镜4枚，占总量的10.8%，两者合计28枚，占81.1%，远离淮河流域的北方系人物画像镜仅7枚，占总量的18.9%，由此表明，苏鲁豫皖四省的东汉人物画像镜材料主要集中出土于淮河流域地区；（3）淮河流域周邻地区人物画像镜与淮河流域同类器有共性，甚至有标本组图基本雷同者，但两者亦有地域性差别，如上表中的南阳、淇县、舒城、仪征、寿光等地出土器虽属于西王母题材镜，按照构图物象组合及其风格特征显然无法将它们归入淮河流域人物画像镜的型式中去。

淮河流域上述26枚东汉人物画像镜的出土地，标注如下图中：

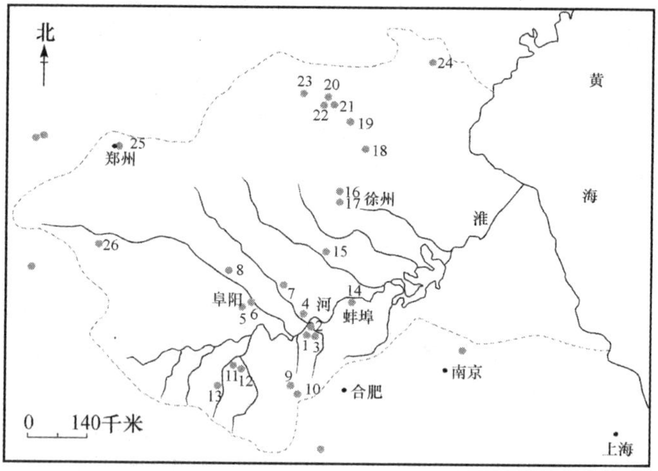

图4－5　淮河流域东汉人物画像镜分布图

1-3. 安徽寿县　4. 安徽凤台　5-6. 安徽阜阳　7. 安徽利辛　8. 安徽界首　9. 安徽六安　10-12. 河南固始　13. 河南商城　14. 安徽蚌埠　15. 安徽宿州　16-17. 江苏徐州　18. 山东枣庄　19. 山东滕州　20-22. 山东邹城　23. 山东济宁　24. 山东沂水　25. 河南郑州　26. 河南舞阳

上图清晰地反映出淮河流域东汉人物画像镜出土地分布的不均衡性特征：26 枚东汉人物画像镜，有 15 枚出土于淮河中上游地区的临近淮河一带，其中 14 枚集中出土于六安、阜阳、信阳一带，鲁西南地区集中出土 6 枚，其他地区所见出土的此类镜极少或至今未见。由此，可划定淮河流域东汉人物画像镜的两个集中分布区：一是淮河近域以寿县为中心的六安、阜阳、信阳一带，大致涵盖“河南信阳东部—安徽阜阳—六安—淮南—蚌埠—宿州”的范围，即淮河流域的中上游地区；一是大致沿微山湖东侧分布的鲁西南地区，集中分布于“济宁—邹城—滕州—枣庄—徐州”一带。其中六安寿县一带则是东汉时期淮河流域最大的一个人物画像镜产地与流播区域。

东汉之际，六安寿县一带能够形成淮河流域人物画像镜铸制地与流播中心，有着特定的历史背景和传统文化、物质、技术基础。

寿县出土的东汉人物画像镜形体硕大，数量多而集中，铸工精整，物象组图考究，是东汉“北方系人物画像镜”最高工艺成就的代表作，由此推定寿县一带当时存在一个人物画像镜的铸制中心应是可信的。近几十年来，有不少研究者曾根据洛阳、西安两地出土过东汉人物画像镜标本的事实，结合两地早期曾经拥有繁荣发达铸镜业的背景，试图推定西安、洛阳两个汉帝国京都所在地应该是此类镜的制作、流播中心，然从目前两地出土镜标本数量（洛阳2枚，西安1枚）看，薄弱的证据还无法支撑上述观点。西安、洛阳两地是否为东汉人物画像的镜制作中心，尚有待于今后发现新材料佐证，而以寿县为中心的淮河流域东汉人物画像镜多年来却不断有新材料出土，越来越凸显其作为人物画像镜制作与流播中心存在的真实性、合理性。

战国至西汉时期，作为政治、经济、文化中心的“都会”寿春，一直是一个重要的铜镜制作与流播中心。传统文化与手工业技术的传承与积淀，为东汉铜镜铸造业的发展及其工艺成就的提高奠定了物质基础与技术条件。

（1）战国晚期寿春是楚国国都，铜镜铸造业空前繁荣发达，并对周邻地区产生了强烈的辐射影响，后世在以寿县为中心的淮河流域地区发现大量的精美楚镜遗存便是明证。在学术界没有认识“楚式镜”的身份之前，研究者长期将楚镜群命名为“淮式镜”，盖因其器多出淮河流域所致。

（2）汉初寿县一带是淮南王国国都所在地，发达的铜镜铸制业见于文献记载，《淮南子·修务训》：“明镜之始下型，曚然未见形容，及其粉以玄锡，磨以白旃，鬓眉微豪，可得而察。”表明当时的淮南王国已经掌握了高超的铜镜制作与打磨、抛光技术。西汉寿春一带作为铜镜铸造与流播中心存在，亦为近世发现的有铭淮南王国造镜出土器所证实，目前见于著录的“脩相思”铭汉镜就有12枚，其中1枚器出六安经济技术开发区汉墓，表明过去研究者推定此类“脩修相思”铭镜“据传器出寿县”“应是寿县出土器”，认为此类镜为西汉刘姓淮南王国造镜的说法是正确的。

东汉和帝以降，汉政府罢“盐铁之禁”，铜镜铸造与经营向着民营化、商品化方向空前发展，此时寿县为扬州九江郡属地，既有历史传承积淀形成的铸镜手工业技术基础，又有当时发展铸镜业所需要的政治、经济、文化和地理交通条件，易于形成由多个私营作坊规模经营的铸镜中心，这个推断可以用出土材料来证实，如关于东汉中晚期“龙氏”铭文镜的产地问题，由于此类铭文镜涉及镜种多、出土地分布广，其确切产地多年来未能确认，1974年寿县板桥出土一枚“隆帝章和时，淮南龙氏作竟”铭纪年镜，清晰地表明当时“龙氏”镜的产地就在寿县一带。近年有寿县城内发现汉代陶制镜范残件实物的报道[29]，如进一步调查发掘，则不难确认“寿县镜”铸镜作坊遗址的存在。

第三节　基本特征

与同时期周邻地区同类镜的特征比较，淮河流域人物画像镜特色鲜明，自成一系，可视为东汉画像镜中的一个独立镜种，下文试作比较予以说明。

一、与“绍兴系人物画像镜”的区别

1. 组图模式与物象特征

“绍兴系人物画像镜”多四分区组图，构图精巧细腻，平面浅浮雕中多用清晰线条刻画物象轮廓与细部特征，车马形构细部、人物须眉五官及其服饰发式多表现得一丝不苟。组图场面磅礴大气，多用三至六马辎车构成复杂的出行场面。西王母、东王公两侧的侍者、羽人、神禽异兽、器物等配置数量较多。“淮河流域人物画像镜”有四分区、五分区、六分区组图多种模式，构图简约疏朗，浅浮雕技法擅长用大块面处理物象轮廓，不事局部细节的精雕细琢。画面视觉圆润饱满，浮雕立体感强，尽显粗犷质朴的艺术美，不像“绍兴系人物画像镜”物象处理得那么扁平。车马人物组图多为一马或两马驾轺车，罕见绍兴系人物画像镜图式中的复杂繁缛辎车形构。西王母（东王公）图像系统多为“一主二侍”“一主一侍”模式，不如绍兴画像镜同类图式中西王母（东王公）两侧的侍者的类别、数量、形态丰富。画像场面则缺少“绍兴系人物画像镜”图式华贵富丽、恢宏磅礴的气势。

2. 形制大小与流播范围

东汉“绍兴系人物画像镜”不仅在南方地区出土数量众多，其流播地域范围在东汉中晚期也已经波及长江以北地区，且多形体硕大（直径一般大于 18 厘米），镜缘平而高厚。而“淮河流域人物画像镜”在长江以南地区极少被发现，其形体大小多差别明显（直径多在 9～21 厘米），除寿县一带人物画像镜直径有大于18 厘米者外，其他地区同类镜直径多较小，有些例镜直径尚不足 10 厘米。另外此类镜镜钮、镜缘也不如“绍兴系人物画像镜”高大，三角缘人物画像镜在此域十分流行。

3. 镜图、铭文内容与书体特征

“绍兴系人物画像镜”镜图中既有大量神仙题材，也有许多表现现实生活故事、历史人物故事的内容，其铭辞多是诸如“□□作镜四夷服，多

贺国家（君家）人民息，胡虏殄灭天下复，风雨世界五谷熟”之类的句子，表达的主题与祝福国家安定、人民富足安康、健康长寿有关，且铭文圈带配置文字长而拥挤，书体为东汉中晚期流行的隶书风格。“淮河流域人物画像镜”镜图内容则多与仙人生活相关，罕见现实生活中的题材，铭辞多见“□□作镜真大好，上有仙人不知老”“上有东王公西王母”之类句子，内容多与西王母神仙信仰崇拜、企盼生命永恒的思想相关，铭辞的字数配置简约疏朗，没有前类镜多而严谨，且镜铭缺省、减笔、反书现象较多，书体具有篆书向隶书过渡的风格特征。

比较上述两系人物画像镜图式与镜铭特征，可以发现“淮河流域人物画像镜”图式内容、镜铭等似乎更多地承袭了传统禽兽镜的风格特色，其承载的文化内涵带有鲜明浓郁的神仙信仰崇拜气息。

二、与“鄂州系人物画像镜”的区别

“鄂州系人物画像镜”属“北方系人物画像镜”中的一个部分，主要流行在以鄂州一带为中心的湖北地区，目前见于著录的材料不多，与“淮河流域人物画像镜”比较，两者镜缘、镜钮、组图模式、纹饰题材、铭辞内容、书体风格等有共性，但两者的地域差别也十分明显。

“鄂州系人物画像镜”物象组图缺乏“淮河流域人物画像镜”的精整细腻，人物、神兽形象较后者更加简约粗犷，物象轮廓多用少量线条勾勒，与“淮河流域人物画像镜”中以“大块面”处理物象形态的技法不同，人物的服饰发式、五官形态及神兽细部特征省隐模糊。

“鄂州系东汉人物画像镜”物象选材较为单一，多见东王公、西王母、神禽异兽组图，不见“淮河流域人物画像镜”中流行的神人车马题材类型，且西王母、东王公人物组图较后者简单，主要流行“一主神一侍神”模式。主神、侍神形体大小区别不大，有的镜图中主神、侍神的大小完全一致，仅能从人物形态、服饰发式轮廓以示区别。

在目前所见的“鄂州系人物画像镜”出土器中，主神西王母、东王公既有正面踞坐的图式，也有侧身踞坐的图式。“淮河流域人物画像镜”图式中西王母、东王公及其他侍神多侧身踞坐，极少见到正面踞坐的例子。“鄂州系人物画像镜”镜图中，一类两形构、大小近于雷同神仙对坐弄丸杂耍图式十分流行，此类形制的组图不见于“淮河流域人物画像镜”图式中。

鄂州是东汉晚期至六朝时期神兽镜的主产地与流播区，比较而言，同时期“鄂州系人物画像镜”则十分少见，且铸制工艺、物象选材与组图特征深受神兽镜铸制技法、构图风格的影响，甚至有些例镜图式中，镜钮下还叠压有神兽镜中习见的盘曲龙虎纹物象，这在“淮河流域人物画像镜”图式中是见不到的。

三、与其他地区人物画像镜的区别

目前报道所见的东汉人物画像镜，除“绍兴系人物画像镜”“淮河流域人物画像镜”“鄂州系人物画像镜”外，其他地区的出土实物材料极少，如陕西西安一带，目前仅见莲湖区八一铁厂工地出土一例人物画像镜[30]，这些多呈“个案”出现的例镜是铸制于本地还是周邻地区交流传播流入的，目前尚无法深入讨论。

第四节 “人物车马出行”图像的神话内涵

淮河流域东汉人物画像镜图式中，西王母、东王公及其配组物象的神话学内涵易于辨识，关于“车马出行图”文化内涵的阐释则歧义颇多，主要有两种观点十分流行。

一种认为镜图中的“人物车马出行”场景，是东汉现实社会生活中车骑制度的反映，车马的数量、规格与乘车者身份地位的高低是一致的。其认为图像表现的是当时人们普遍追求向往的高官显贵、富贵享乐一类的主题，并认为这种图式表现的是“现实生活”场景，与西王母、东王父图式表现的“神仙世界”场景情节分属于两个完全不同的世界，两者从构图分区到主题内涵各自独立、互不关联，甚至有些研究者还根据《后汉书·舆服志》所记的车骑出行规制，将镜图中“六马驾辎车”图式与“天子驾六”的皇家车骑出行制度联系起来，推定此类神人车马画像镜图式描述的是穆天子西向巡行拜见西王母的故事。

另一种认为此类画像镜四幅镜图表现的均为天国仙界场景，车骑出行实则是仙界里的“仙人乘骑出游”情节。有的研究者还根据东汉车骑制度特征认为此类豪华辎车一般为贵族妇女乘坐，五马、六马辎车出行实则是表现“西王母出游”的场景。

为探究此类画像镜中“车马出行图”承载的文化内涵及其与“西王母、东王父”图式之间的关系，本书在第四章曾对见于著录的61枚东汉神人车马画像镜图像进行分类讨论，并认为此类画像镜构图中的“车马出行图像区”“西王母（东王公）图像区”虽然各自独立成区，表观形构上似乎互不关联，实则它们之间是相互紧密联系的，在表现情节内容上它们前承后续，共同表达一组“升仙过程”场景。

因局限于铜镜狭促而特殊的构图空间，人物画像镜不可能像画像砖、画像石、帛画、漆木器那样充分利用较大的空间铺陈画面来表现前后情节连贯场面宏大而复杂“车马升仙图”场景，而只能在有限的空间内选取其中少量的、典型的、有代表性的场景简化配图来象征性地表达车骑升仙过程，正是画像镜材料中这种对“升仙图”情节的简化省略、对典型情节的高度概括而使此类图式渐趋“版式化”“符号化”，导致了后世人们因对日渐远逝的东汉宗教信仰、文化背景、社会生活环境的“遗忘”而逐渐不识其原始本义，无法看出图像之间的情节内容上的相互关联，进而运用后世的知识经验、思想观念去解释前代的图像功能意义而渐生误读、歧义，但在东汉时期，此类广为流播的“符号化”图式承载的神话学内涵应是家喻户晓、人人皆知的，不应存在上述因简化处理而导致对图像意义误读的问题。

第五节 余 论

一是淮河流域人物画像镜图式中西王母、东王父身份的确认，可分几种情况考虑：主神铸有榜题者，最易辨识；主神没有榜题、符合西王母、东王公形态“标准图式”者，可以比附确认；有直接注解镜图中西王母、东王父身份铭辞者，可以“文”“图”互释确认；两主神大小、形态一致或雷同者，仅确认主神的模糊身份，不必明确区分哪个是西王母、哪个是东王公。

二是从目前见到的出土材料看，淮河流域范围内不同地域出土的东汉人物画像镜风格特征亦有细微差别：以六安寿县为中心的淮河中上游一带，人物画像镜铸制工艺成就较高，图像中西王母、东王公组图多为典型的“标准图式”，主神及其侍神物象形制大小区别明显，易于辨认；鲁西南地区人物画像镜则多简约粗糙之作，镜图物象配组流行“一主一侍”或“主、侍并列”模式，且主神、侍神形体大小基本一致。产生上述差异的原因及进一步细化分区研究，有待今后出土资料充实后讨论。

三是淮河流域人物画像镜起源甚早，1994 年江苏徐州北郊西汉宛朐侯刘埶墓出土一枚构图繁缛的西汉早期平面浅浮雕人物画像镜，是目前已发现的汉代人物画像镜中年代最早的标本，同类镜在《小校经阁金文》《尊古斋古镜集录》中有收集。故宫博物院收藏有安徽寿县出土一枚禽兽纹西王母画像镜[31]、江苏扬州出土一枚禽兽纹西王母画像镜[32]，年代亦不迟于东汉前期，此类镜虽然与东汉人物画像镜之间缺少直接的前承后续演变关系，但确认淮河流域是汉代人物画像镜最早的发祥地，应是没有问题的。根据本章的讨论，以下大致勾勒出淮河流域东汉人物画像镜的传播路线图，留待今后这一地区出土新材料作考证。

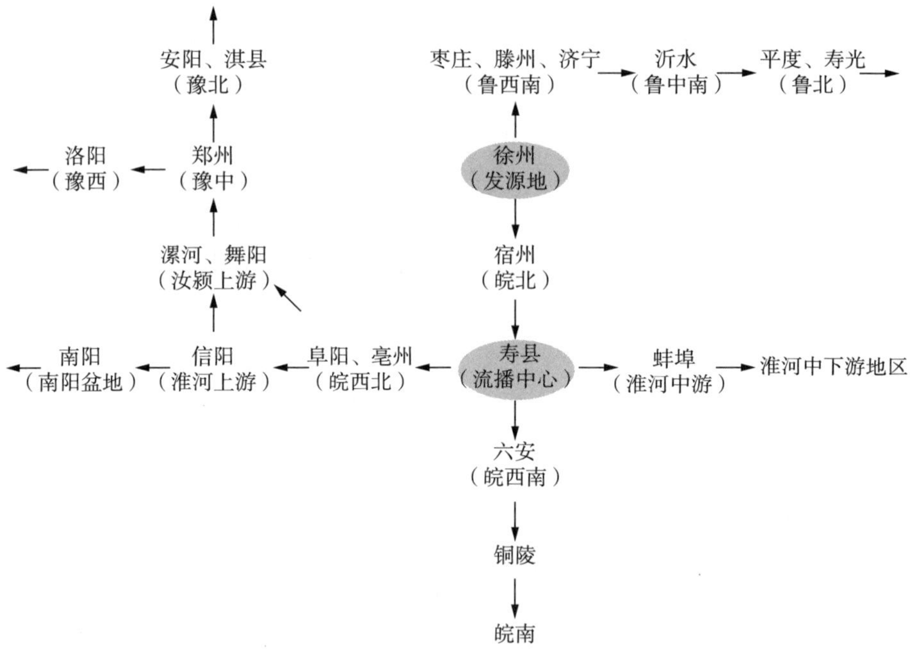

图4－6　淮河流域东汉人物画像镜传播路线图

四是自东汉和帝时始，民间铸镜作坊的持续生产与规模经营，促成了铜镜商品在不同地区间的传播流动，淮河流域人物画像镜亦是如此，如1983年浙江绍兴禹陵出土一枚五分区组图的“尚方”铭西王母画像镜[33]，1987年浙江嵊州三国东吴墓中出土一枚具有典型“蔡氏”铭西王母画像镜[34]，两枚镜均具有典型的“淮河流域人物画像镜”风格特征，显系铜镜南北交流传播所致。类似的例镜在河南洛阳、湖北荆门、上海地区也有发现。

五是纵观东汉一代，淮河流域人物画像镜虽然在“北方系人物画像镜”中属于较为发达的一支，但毕竟没有形成一个如“绍兴系人物画像镜”那样的发展繁荣高峰，其对周边地区的传播与辐射影响，亦远没有“绍兴系人物画像镜”强势，究其原因主要与当时南北两地间的社会生活状况、经济发展繁荣程度不同有关。就淮河流域人物画像镜的区域分布特征观察，此域所在的江苏地区，不仅少见此类人物画像镜材料的出土，反而发现了大量的典型的“绍兴系人物画像镜”标本，其亦系江苏毗邻浙江地区，“绍兴系人物画像镜”对周邻地区强烈的传播辐射影响所致。

注释：

［1］［2］［3］［4］［22］安徽省文物考古研究所、六安市文物局：《六安出土铜镜》，第108–109、142–147、170–171页，文物出版社，2008年版。

［5］石敬东、苏昭秀：《山东枣庄市博物馆收藏的战国汉代铜镜》，《考古》，2001年第七期，第93–96页。

［6］孔繁刚：《山东沂水县征集的古代铜镜》，《文物》，1991年第七期，第88–94页。

［7］中国青铜器全集编辑委员会：《中国青铜器全集16·铜镜》，第82页，文物出版社，2005年版。

［8］［11］胡新立、王军：《山东邹城古代铜镜选粹》，《文物》，1997年第七期，第65–68页。

［9］杨琼：《商城县文管会馆藏铜镜选介》，《中原文物》，1996年第四期，第113–115页。

［10］花原：《河南信阳馆藏的青铜镜》，《文物春秋》，2001年第一期，第64–66页。

［12］［13］［20］［32］孔祥星、刘一曼：《中国铜镜图典》，第303、437、455–456页，文物出版社，1992年版。

［14］程明：《山东邹城发现两件汉代铜镜》，《文物》，1996年第四期，第87页。

［15］山东省文物考古研究所：《鋻耀齐鲁》，第330页，文物出版社，2009年版。

［16］朱帜：《河南舞阳发现东汉乐舞百戏铜镜》，《考古》，1985年第十一期，第1024页。

［17］［21］张秀清：《郑州市博物馆收藏的几面古代铜镜》，《中原文物》，1984年第四期，第95–99页。

［18］洛阳博物馆：《洛阳出土铜镜》，第57页，文物出版社，1988年版。

［19］南阳市文物考古研究所：《南阳出土铜镜》，图版105，文物出版

社，2010 年版。

［23］李贞、江用虎：《安徽怀宁县文物管理所藏铜镜浅析》，《收藏界》，2011 年第三期，第 110–113 页。

［24］梅毅：《安徽太湖征集一件汉代画像铜镜》，《文物》，1984 年第二期，第 66 页。

［25］安徽省文物考古研究所：《皖江汉魏铜镜选粹》，第 155 页，黄山书社，2010 年版。

［26］蔡凤书、贾笑孔：《寿光市博物馆收藏的一件神人神兽纹铜镜》，《文物》，2007 年第四期，第 92 页。

［27］李秀兰：《平度市博物馆馆藏铜镜介绍》，《考古与文物》，2001 年第二期，第 92–94 页。

［28］刘勤、周长源：《初探扬州出土的两汉西王母铜镜》，《艺术市场》，2005 年第八期，第 86–87 页。

［29］许建强：《略说汉“隆帝章和时淮南龙氏”盘龙镜》，《文物研究》第十五辑，第 296–298 页，黄山书社，2007 年版。

［30］西安市文物保护考古所：《西安文物精华·铜镜》，第 54–55 页，世纪图书出版西安公司，2008 年版。

［31］郭玉海：《故宫藏镜》，第 34 页，紫禁城出版社，1996 年版。

［33］［34］王士伦、王牧：《浙江出土铜镜》，图版 21、彩图 18，文物出版社，2006 年版。

附表 淮河流域出土东汉人物画像镜统计表

分区		名称	直径（厘米）	主题纹饰	铭文	资料出处
安徽省	1	张氏神人车马画像镜	21	四分区组图：夹钮对置西王母与东王公“一主二侍”图式、一马轺车与羽人饲虎图式。有“西王母”“东”榜题。填衬芝草、长尾兽	张氏作竟佳且好，明而日月世少有，刻治今（禽）守（兽）悉皆在，令人富贵宜孙子，上有仙人子高（乔）赤松子	六安市文物局藏，《六安出土铜镜》图 86
	2	郑氏神人神兽画像镜	17.6	四分区组图：夹钮对置西王母与东王公“一主二侍”图式、羽人饲虎与羽人饲鹿图式。填衬芝草	郑氏作竟佳且好，明而日月世少有，刻治今守悉皆在，长保二亲，大吉	寿县众兴鲁圩出土，寿县博物馆藏，《六安出土铜镜》图 120
	3	龙氏神人龙虎画像镜	18	四分区组图：夹钮对置西王母与东王公“一主一侍”图式。青龙与白虎图式，填衬药尊、羽状纹	龙氏作竟佳且好，明而日月世少保，上有仙人不知老，渴饮玉泉饥食枣	寿县仇集出土，安徽省博物馆藏，《中国青铜器全集·铜镜》图 81
	4	尚方神人车马画像镜	20.5	四分区组图：夹钮对置西王母与东王公“一主二侍”图式、一马轺车与羽人饲鹿图式。填衬芝草	尚方作竟佳且好，明而日月世少有，刻治今守悉皆在，大吉矣	寿县博物馆藏，《六安出土铜镜》图 121

（续表）

分区		名称	直径（厘米）	主题纹饰	铭文	资料出处
安徽省	5	尚方神人车马画像镜	18	六分区组图：西王母、侍神操琴，东王公坐行道，凤鸟，一马轺车，车马，各占一区，白虎。有“西王”“东王父”“寿”榜题。填衬鱼、芝草	尚方作竟佳且好，左有王父坐行道，右有王母，白虎芝草方（放）其后，令人富贵不老，子孙满室世	六安市先王店乡出土，皖西博物馆藏，《六安出土铜镜》图 122
	6	蔡氏神人车马画像镜	17.9	四分区组图：一组一马轺车，车前有白虎导行；一组众仙迎宾图；一组“一主二侍”式西王母乐舞；一组天门拜谒图，楼阁内有东王公、西王母	蔡氏作镜真大巧，上有仙人不知老，渴饮玉泉饥食枣，浮游天下遨四海，寿敝涌（诵）喬（乔）	阜阳利辛茨淮工地出土，阜阳博物馆藏
	7	李氏神人车马画像镜	17	四分区组图：邻区置东王公、西王母“一主二侍”图式，二组一马轺车图式	李氏作竟四夷服，多贺国家人民息，胡虏殄灭天下覆，风雨时节五谷熟，大吉	阜阳界首茨淮工地出土，阜阳博物馆藏
	8	田氏神人车马画像镜	16.45	四分区组图：夹钮对置东王父、西王母“一主二侍”图式，青龙、白虎图式	田氏作竟真大巧，东王父西王母，辟邪喜怒无咎央，人有二山左右，千秋万岁兮主长久	凤台县废品站选捡，阜阳博物馆藏

（续表）

分区		名称	直径（厘米）	主题纹饰	铭文	资料出处
安徽省	9	神人龙虎画像镜	9	四分区组图:夹钮对置西王母、东王公"一主一侍"图式,辟邪与白虎图式	□□作竟真大巧,明而日月世少有	宿州埇桥区出土,宿州博物馆藏
	10	王氏神仙人物画像镜	9.55	六分区组图:一人弹琴、一人听琴,一主神踞坐、一侍神拜谒,一人吹笙、一人抡锤,二仙人对语,一主神踞坐、一侍神倒立,二仙人对拜	王氏作竟自有纪,炼治同清去才宰,□去不羊宜古市,长保二亲宜孙子	阜阳合作社选捡,阜阳博物馆藏
	11	王氏神人车马画像镜	20.2	六分区组图:一组西王母听琴、侍神弹琴,二组二仙人拱手对拜,一组西王母踞坐、一侍神倒立表演,一组仙人乐舞,一组西王母踞坐、一侍神持笏拜谒	王氏作竟自有纪,炼治铜华去其渣,辟去不祥宜古市,长保二亲宜孙子	阜阳合作社选捡,阜阳博物馆藏
河南省	12	尚方神人画像镜	16.1	六分区组图:一组西王母踞坐,有"西王母"榜题,一组侍神向着西王母跪献物,一组东王公踞坐,有"东王公"榜题,一组侍神向着东王公跪献物,一组求药羽人,二神人持杵捣药	尚方作竟真大巧,上有东王父西王母,□天□□不知老	固始县往流唐庄出土,《中国铜镜图典》图456

（续表）

分区		名称	直径（厘米）	主题纹饰	铭文	资料出处
河南省	13	吾作神人神兽画像镜	16.3	四分区组图：夹钮对置西王母与东王公“一主二侍”图式、二神兽并行图式。填衬芝草纹	吾作明竟自有纪，除去不羊宜古市，上有东王父西王母，君宜官	固始县出土，《文物春秋》2001年第一期
	14	神人神兽画像镜	17.5	四分区组图：夹钮对置西王母与东王公“一主二侍”图式、二神兽图式	吾作月（明）竟自有纪，除去不羊宜古市，上有东王父西王母，君宜官	商城县鲶鱼山出土，商城博物馆藏，《中原文物》1996年第四期
	15	神人骑马画像镜	13	四分区组图：夹钮对置西王母与东王公“一主二侍”图式，一组仙人长袖舞、盘舞图式，一组仙人乘骑图式	无	郑州市博物馆收藏，《中原文物》1984年第四期
	16	神人乐舞画像镜	10	四分区组图：一组一神人弹琴、一神人吹奏，一组一神人弄丸舞剑、一神人倒立，一组一主神跽坐、一侍神侍立，一组神人骑马狩猎	无	舞阳博物馆藏，《考古》1985年第一期
	17	尚方神人车马画像镜		四分区组图：四组图式主题纹饰配置屋舍、人物、车马出行、白虎等	尚方作竟真大巧，上有仙人不知老	安阳龙安郭里墓地M31出土，中国社科院考古所藏

（续表）

分区		名称	直径（厘米）	主题纹饰	铭文	资料出处
山东省	18	神人乐舞画像镜	13.95	四分区组图：一组一主神弹琴、一侍神倒立，一组一主神跽坐、二侍神静立，一组主神、侍神长袖舞，一组主神跽坐、侍神长袖舞	无	枣庄滕州丰山墓地出土，山东考古所藏，《鋻耀齐鲁》图196
	19	至氏神人神兽画像镜	18.4	四分区组图：夹钮对置西王母、东王公"一主二侍"图式、二白虎图式	至氏作竟真大巧，上有东王公西王母，仙人子乔赤诵子，辟邪喜怒无央咎，千秋万岁主长久	枣庄市出土，枣庄博物馆藏，《考古》2011年第七期
	20	神人乐舞画像镜	13	四分区组图：一组西王母跽坐，一侍神跪求药，两者间置药尊，一组西王母跽坐，一侍神作长袖舞，一组一神人抚琴、一神跽坐听琴，一组一神倒立、一神跪舞，填衬鱼、壶形容器	无	济宁市博物馆藏，《中国铜镜图典》图455
	21	神人乐舞画像镜	12.5	四分区组图：一组西王母跽坐，有长袖侍女拜谒，有"西王母"榜题，一组东王公跽坐，一侍神跪献仙草，一组长袖舞神人，配置壶、鸟，一组一神人倒立、一神人戏丸	无	邹城田黄东罗村出土，邹城博物馆藏，《文物》1996年第四期

（续表）

分区		名称	直径（厘米）	主题纹饰	铭文	资料出处
山东省	22	神人神兽画像镜	11.5	四分区组图：一组两仙人相对跽坐，一人抚琴、一人听琴，两人中间置药尊，一组两仙人对坐奕棋，一区置一白虎，一区置一熊	无	邹城郭里乡东郭村出土，邹城文物局藏，《文物》1997 年第七期
	23	神人神兽画像镜	15.5	四分区组图：一组两仙人相对跽坐，作双手持杵捣药状，两人中间置高足药臼，另三组分别配置一青龙、白虎、奔鹿	袁氏作竟真大巧，上有东王公西王母，青龙在左白虎居右，山人子赤诵子，仕至三公贾万倍，辟去不祥	邹城峄山镇照山庄出土，邹城文物局藏，《文物》1997 年第七期
	24	铜氏神人龙虎画像镜	15.5	四分区组图：夹钮对置一区西王母“一主二侍”图式、一区东王公“一主二侍”图式，夹钮对置青龙、白虎图式	铜氏作竟真大巧，东王公西王母，青龙白虎	沂水县柴山黄庄出土，《文物》1991 年第七期
江苏省	25	田氏神人双龙画像镜	16.3	四分区组图：夹钮对置一区西王母“一主二侍”图式、一区东王公“一主二侍”图式，夹钮对置两青龙图式	田氏作竟真大巧，上有山人不知老，渴饮玉泉饥食兮	徐州私藏
	26	尚方神人龙虎画像镜	残	四分区组图：夹钮对置一区西王母“一主二侍”图式、一区东王公“一主二侍”图式，夹钮对置青龙、白虎图式	残存“作竟真”“明”“寿”“山人”等镜铭	《徐州日报》2008 年 11 月 24 日

第六章 汉镜中的西王母神话

西王母神话在我国古代源远流长，殷墟甲骨卜辞、周代金文中有“西母”“王母”的记载，表明商周时期可能已经出现了西王母传说的史影。从《山海经·西次三经》《大荒西经》《庄子·大宗师》等文献中的多处记载看，至迟战国之际有关西王母的传说即已广为流播。延及汉代，西王母形象完成了从早期部落图腾、月相自然神、凶残动物神、半人半兽合体神、人格化的神仙到年轻貌美女仙的复杂演变，成为具有浓郁“世俗化”“民间化”特征的众仙之主。汉代神仙信仰与升仙不死说极盛，世人热切渴望通过升仙之途实现自己生命能够无限延长与再生的愿望，而传说中的西王母具有掌管“不死之药”，可以使世俗生命永生的特异功能，由此王母神就成为汉代人狂热信仰与崇拜的对象，进而形成了上自皇室贵戚、官僚贵族下至布衣贫民广泛参与的西王母迷信与祭祀风潮。

两汉时期西王母神话及其祭祀活动的广泛传播，深刻影响了同时代社会的思想观念、宗教信仰、生活习俗、文化艺术风尚，并在两汉文献典籍、物质文化遗存中打上了浓重的烙印，目前已发现的汉代帛画、漆画、墓葬壁画、画像砖、画像石、摇钱树、铜镜等实物材料中，西王母神话几乎成了无处不在的表现题材。汉镜中的西王母神话题材十分丰富，此类题材在汉镜中大致经历了一个西汉早期初现、西汉中晚期至东汉时期逐渐发展、流播的演变过程，而西汉中晚期至东汉时期铜镜中西王母神话内容题材，又集中出现在禽兽镜、画像镜、神兽镜的图式、铭文中。本章集中材料分析比较这三类镜图式中的西王母图像、铭文特征，推断镜图中不同西王母图像的流行年代，并对此类镜西王母内容题材的兴衰衍变轨迹及其流变社会动因试作探证。

第一节 禽兽镜中的西王母

一、图式

检索见于著录的汉代禽兽镜标本，其中镜图配置可确认有西王母图像者计12枚，依据西王母形构特征及其与配组图像之间的组合关系，大致可分作以下7类：

Ⅰ类　“始建国二年”铭博局纹禽兽镜[1]，中国国家博物馆收藏，是目前所知年代最早的配组有西王母图像的纪年铭文禽兽镜。该镜主纹区由四组神人禽兽物象配组，其中一组为西王母配捣药玉兔，西王母侧身跽坐云端，着宽袍大袖，蓬发戴胜，一手前伸向着玉兔作接药状，另一手隐于袖袍中，身体周围饰卷云纹。玉兔前倾作持杵捣药状。此类镜还见于安徽寿县、朝鲜平壤石岩里出土镜，只是西王母构图细节与上述镜器稍异。

Ⅱ类　博局纹禽兽镜，江苏扬州蜀岗新莽墓出土[2]。西王母侧身踞坐云端，头戴胜，宽袍笼袖，玉兔体略前倾、跪向西王母。西王母与玉兔间置一药尊。此类图式虽不见玉兔捣药动作，但有药尊出现在图示显要位置，亦反映了“西王母对玉兔捣药”图式承载的神性内涵。

Ⅲ类　博局纹禽兽镜，故宫博物院藏[3]。西王母侧身踞坐，长发后飘，两手笼于宽袖袍中，头顶的胜省隐，身前置一长柄杯，身后置玉兔持杵捣药图。与西王母相对配置的物象有九尾狐、三足乌、凤鸟，所有神禽异兽皆向着西王母行进，西王母前还置一枝蔓曲折柔长的神树，树干上还伫立多只小鸟。《古镜今照》图82收录的镜器图式与故宫镜近似，西王母图像区配置有玉兔捣药、蟾蜍起舞、三足乌、凤鸟等。

Ⅳ类　《古镜今照》图149收录私藏镜[4]。西王母居于图像区中间，侧身跽坐，着宽袍，头戴胜，形体小而简约。西王母左侧上方配置起舞蟾蜍，下方配置九尾狐，右侧上部为玉兔捣药，下部配置三足乌。

Ⅴ类　《息斋藏镜》博局纹禽兽镜[5]。西王母侧身跽坐，着宽袍大袖，蓬发戴胜，白虎与西王母同区对置、构图简约。本例镜图式中有九尾狐、三足乌、蟾蜍、玉兔物象出现，但均不与西王母配位同区，且这些神禽异兽多作为填衬物象出现。此类西王母与白虎同区配位的例镜还见于《古镜今照》图78收录的镜器。

Ⅵ类　江苏丹阳铜镜青瓷博物馆藏博局纹禽兽镜[6]。西王母侧身踞坐，蓬发戴胜，双手笼于宽袍袖中，两侧分别配置持节羽人与捣药玉兔，西王母物象虽因铜镜构图所需而形体被缩小，但居于中间主神位置。本例镜镜图其他三区还配置有九尾狐、三足乌、凤鸟、蟾蜍等神禽异兽。

Ⅶ类　陈介祺藏“新有善铜”铭博局纹禽兽镜[7]。西王母与玄武同配一区，蓬发戴胜，侧身踞坐，一手扬起作取灵芝仙果状，其前置一株菌状灵芝，身后置捣药玉兔和一朝向药尊伸首引颈的神雀，玉兔呈拱腰站立状，一前肢前伸持杵，药杵细长，下端置入药尊中。

二、铭文

汉代禽兽镜铭文中，反映神仙生活或神仙思想的内容多见，尤其是博局禽兽镜、七乳禽兽镜中更为流行，但直接与西王母相关的词句甚少，见于著录的此类镜西王母铭辞摘录如下：

（1）西王母，寿如山，谷光喜，宜系子。（《汉镜文化研究（下册）》图37、41皆为纯文字镜，问世年代在西汉早中期）

（2）上大山，见神人，□王母……宜官□，保子孙，富贵昌，乐未央兮。（《奇觚室吉金文述》卷15）

（3）桼言之纪从镜始……寿敝比金石西王母……（《簠斋藏镜》卷下）

（4）桼言之始自有纪……辟如□众乐典祀……寿□金石西王母。（《博古图录》卷28）

（5）桼言之始自有纪……辟如□众乐无己，寿敝比金石先王母。（《古镜今照》图74）

（6）桼言之纪从镜始……寿比金石先王母……（《六安出土铜镜镜》图112）

（7）桼言之纪从镜始……寿如金石□王母……（《浙江出土铜镜》彩版5）

（8）桼言之纪从镜始……寿□金石□王母。（《三槐堂藏镜》图86）

（9）袁氏作竟真大巧，上有东王公西王母……仙人子乔赤踊（松）子，千秋万岁不知老……（《三槐堂藏镜》图106）

（10）作佳镜哉真大好，上有仙人不知老……寿敝金石先王母。（《息斋藏镜》图2746）

（11）王氏作竟真大好，上有仙人不知老……寿如王母家万倍，中国安宁兵不扰……（《息斋藏镜》图2750）

（12）尚方作竟真大好，上有仙人不知老，东王父。（《铜都藏镜选》图2－40）

三、小结

汉代禽兽纹镜图式中的西王母图像出现频率不高，主要流行“西王母配玉兔捣药”“西王母配白虎”两类组图模式。西王母侧身跽坐云端、蓬发戴胜、形体较小且结构简约省隐，就形构大小而言在整幅镜图配组中还没有凸显出作为主神的“核心”地位。西王母图像多与三足乌、九尾狐、玉兔、蟾蜍、凤鸟、羽人、持节方士等物象伴出，共同构成王母神世界的情节环境。此期西王母组图中标示“西王母之山”的昆仑山物象还没有出现，只是以大量的云气纹、卷云纹充斥画面以标示仙界所在。镜铭中出现的西王母词句数量不多，表达的思想内涵单调，多与祈愿生命长寿有关。可见这一时期镜图中的西王母图式与铭文，还只是比较“客观”地描述、再现西王母及其神仙世界里的场景与特征，没有出现世俗之人与仙人互动、杂融的情况，“世人”“仙人”之间难以逾越的界隔还是极明显的，此期西王母的对偶神东王公（父）亦没有出现。

第二节　画像镜中的西王母

一、图式

汉代画像镜中的西王母内容题材大量出现，此类镜物象组图复杂多变，根据镜图西王母及配组物象形态特征的差异，可将常见的西王母画像镜标本大致分作以下几类：

Ⅰ类　主神西王母体态肥胖，头硕大，圆鼓脸，宽额，大眼，小嘴，着宽袍大袖，双袖笼胸前或两手前伸，一副雍容华贵的“贵妇”神态。西王母两侧各配置一侍者，均作腰微弓，拱手面向主神状，此类“一主二仆、主大仆小”的构图被有些研究者称为“三位一体”模式。东王父（公）与西王母夹钮对置，两者冠式、服饰、体态基本雷同，几乎看不出性别差异。王母、王公及侍神构图简约，仅以弧线勾勒人物轮廓，尽显浑圆、流畅、柔美神韵。主神两侧多带有“西王母”“东王父（公）”铭文、榜题。此类镜在淮河流域东汉人物画像镜中常见，典型器见于上海博物馆藏龙氏神人龙虎画像镜[8]，此外河南洛阳出土“蔡氏”铭神人车马画像镜[9]（《中国青铜器全集 16·铜镜》图 80）、浙江嵊州出土“蔡氏”铭神人车马画像镜[10]（《浙江出土铜镜》彩版图 18）、安徽六安寿县出土“郑氏”铭神人神兽画像镜[11]（《六安出土铜镜》图 120）中的西王母、东王父形态及组图风格均属此类镜。

Ⅱ类　主神西王母正面跽坐，体态较Ⅰ类镜挺拔。西王母及其两侧侍者、羽人的配组为“一主三仆、主大仆小”模式，侍神形态活泼多变，跽坐、站立、杂耍者均有，本类镜四乳四分区配图，东王公、西王母夹钮对置，东王公多戴三山冠或三梁冠，颌下有须，与王母以示区别。镜中人物刻画较Ⅰ类镜复杂细腻，王母、王父服饰多以复线勾出。此类镜在绍兴地区出土器中习见，典型器见于上海博物馆藏神人车马画像镜[12]，此外《古镜今照》图143、图144，《丹阳铜镜青瓷博物馆·千镜堂》图204、图205、图206收录的镜器中的西王母及其配组侍神形态特征，亦属此类镜。

Ⅲ类 西王母、东王公形态特征与Ⅱ类镜图式基本雷同，区别在于两主神肩生向上飘逸的硕大羽翼，主神两侧配置数量众多的羽人，这些羽人多作成排跪拜状，形构极简约，看不出五轮廓构和躯体细部特征，仅夸张性地用成组的短平行线表现出硕大羽翼。典型器见于浙江奉化出土“石氏”铭神人车马画像镜[13]。此类西王母、东王公及其配组羽人侍者形象，还见于陕西西安莲湖出土“袁氏”铭神人神兽画像镜[14]（《西安文物精华·铜镜》图47）、浙江私藏“永元三年”铭神人神兽画像镜[15]（《古镜今照》图141）。

Ⅳ类 西王母侧身站立或跽坐，两手笼袖拱胸前或作一手前伸状，两侧各配置一作低首弓腰拜谒状的侍者。主神、侍神形体修长简约，头部、躯体多仅以大块面勾勒轮廓，身体各部位比例合理，不见臃肿肥大之感，亦见少量冠饰、服式细部用线条刻画的例镜。东王父与西王母夹钮对置，两者构图基本一致，有的标本以戴三山冠与王母相区别。典型例镜见于《清华铭文镜》图68收录的袁氏神人龙虎画像镜[16]。此外湖北荆门、山东枣庄、安徽阜阳亦见此类出土镜的报道。

Ⅴ类 镜图四分区组图，除相邻两区配置西王母、东王公“一主二侍”图式外，另外还配置一区特殊的“西王母舞蹈图”：西王母身材苗条修长，持长巾伸展双臂翩然起舞，衣袂裙摆随风飘飞，两侧有仙鹤神鸟伴舞，西王母旁还配置“东（西）王母”榜题。例镜见于浙江绍兴出土“田氏”铭神人车马画像镜[17]（《浙江出土铜镜》图版23）。

Ⅵ类 主神西王母单独成区或“一主一侍”组图模式。西王母侧身跽坐，双手平放腹前或向前伸展，侍神或低首弓腰作拜谒状，或抚琴奏乐，或起舞杂耍，或侧身跽坐作弄物状，或与主神对语，形态变换丰富，大小与主神西王母基本雷同。此类镜有“四乳四分区”“六乳六分区”等构图模式，东王父、西王母已不再严格遵守夹钮对置的配图规制，而是表现出“邻区”“隔区”“对区”模式等较大的构图随意性。典型器见于山东济宁博物馆藏神仙人物画像镜[18]（《中国铜镜图典》图455）、山东枣庄滕州出土神仙人物画像镜[19]（《鋻耀齐鲁》图196）、河南南阳出土“新有善铜”铭神人神兽画像镜[20]（《南阳出土铜镜》图版105下）、河南固始出土神仙人物画像镜[21]（《中国铜镜图典》图456）、湖北鄂州出土“三羊”铭神人禽兽画像镜[22]、鄂州出土“尚方”铭神人禽兽画像镜[23]、湖南长沙出土“郑氏”铭神人神兽画像镜[24]（《长沙出土铜镜》图114）等。

Ⅶ类　主神西王母“一主二侍”组图，西王母侧身跽坐，头戴护帼，着宽大袍服，怀抱一婴儿，两侧侍神一持便面跽坐、一站立作长袖舞。东王公“一主二侍”组图与西王母图像区夹钮对置，与前几类镜不同的是两侍者皆位于东王公前方，形成主神、侍神并列的组图模式。例镜见于《古镜今照》图149私藏镜[25]。

Ⅷ类　四分区组图，四组图像分别为“车马出行”“仙界迎宾”“仙人娱乐”“天门升仙”，四幅图前后连贯构成一个完整的升仙故事情节。“仙人娱乐”中的西王母跽坐在舟形云座上，头戴华胜冠，着宽袍大袖，两手置腹前或一手前伸，两侧侍者略小于主神。天门内的西王母与东王公并排跽坐，在整幅图中所占的空间较小。例镜见于安徽阜阳东汉晚期墓出土“蔡氏铭车马升仙图画像镜”。[26]

二、铭文

画像镜中有关西王母内容的铭辞大量增加，配置形式较为随意，除铭文圈带中习见“西王母、东王父”词句外，主纹区人物图像旁还流行配置“西王母（王母、西母）”“东王公（父）”“玉女”之类的榜题，常见的此类镜铭如下：

（1）龙氏作竟（镜）自有道，东王公西王母，青龙在左白虎居右，刻治今守（禽兽）悉皆在，大吉。（《上海博物馆藏铜镜精品》图49）

（2）龙氏作竟（镜）自□□，东王公西王母，青龙在左白虎居右，□治□□□习左，大吉。（《古镜图录》卷中）

（3）龙氏作竟（镜）佳且好，明而日月世少有，刻治分守（禽兽）悉皆在，长保二亲宜孙子，东王父西王母，大吉羊（祥）矣兮。（《小檀栾金镜影》卷2、《小校经阁金文》卷15）

（4）龙氏作竟（镜）世少有，尚（上）有东王父西王母，仙人子乔赤松子……服此镜宜孙子。（《古镜今照》图149）

（5）袁氏作竟（镜）兮真，上有东王公西王母，仙人子乔侍左右，辟邪喜怒无央咎，长保二亲生久。（《古镜图录》卷中、《簠斋藏镜》卷上、《小校经阁金文》卷15）

（6）袁氏作竟（镜）真大巧，东王父西王母，青龙在左白虎居右，山（仙）人子高（乔）杰诵子，千秋万岁不知老……（《历博馆藏铜镜选辑（三）》图119）

（7）袁氏作竟（镜）真大□，东王公西王母，青龙在左白虎居右，山（仙）人子高乔（乔）赤容（松）子，千秋万倍。（《古镜图录》卷中）

（8）袁氏作竟（镜）世少有，东王公西王母，辟去不羊（祥）□孙子，白虎山（仙）人居在右，长保二亲子孙力，五……（《西安文物精华·铜镜》图47）

（9）刘氏作竟（镜）真大好，（上）有东王公西王母，宜子孙，师命长。（《息斋藏镜》图2618）

（10）吕氏作竟（镜）流信德，青龙白虎相纹错，东公西母山（仙）独药，采自□□□□则昌……（《故宫藏镜》图52）

（11）三羊作竟（镜）自有纪，辟去不宜古（贾）市，上有东王父西王母，君宜子。（《鄂州铜镜》图91）

（12）尚方作竟（镜）自有真，良时日吉大赏，十子九孙各有喜，□至三公中常侍，上有东王父西王母，三人子乔大田子平。（《藤花厅镜谱》卷2）

（13）尚方作镜真大巧，上有东王父西王母，□天□□不知老。（《中国铜镜图典》第456页）

（14）尚方作竟（镜）佳且好，左有王父坐行道，右有王母，白虎芝草方（放）其后，令人富贵不老，子孙满室世。（《六安出土铜镜》图122）

（15）尚方作竟（镜）四夷服，位至三公，东生月□□，东王父西王母。（《历博馆藏铜镜选辑（三）》图127）

（16）蒙氏作竟（镜）真大工，东王公西王母，青龙在左白虎居右，山人子高赤容。（《金石索》“金索”卷6、《小檀栾金镜影》卷2、《小校经阁金文》卷15）

（17）盍氏作竟（镜）真大好，上有东王公西王母，仙人子高（乔）赤松子，长保二亲兮利孙子兮吉。（《金石索》“金索”卷6、《奇觚室吉金文述》卷15、《小檀栾金镜影》卷2、《小校经阁金文》卷15）

（18）张氏作竟（镜）大无伤……上有天守传相受，东王父西王母，令君□遂宜孙子……（《金石索》“金索”卷6）

（19）□氏作竟（镜）真大□，上有东王公西王母，仙人子侨赤诵子，白虎□□□□□□□高升□万，千秋万岁□长。（《小檀栾金镜影》卷2）

（20）蔡氏作竟（镜）自有意，良时日，家大富，七子九孙各有喜，官至三公中尚（常）侍，上有东王父西王母，与天相保兮。（《中国铜镜图典》第454页）

（21）宋氏作竟（镜）自有意，善时日，家大富……官至公卿中尚（常）侍，上有东王父西王母，予天相保不知老，吏人服之带服章。（《小校经阁金文》卷15）

（22）石氏作竟（镜）世少有，东王公西王母，人有三仙侍左右，后常侍名玉女……男为公侯女□□，千秋万岁生长久。（《古镜今照》图141）

（23）郑氏作竟（镜）自有纪，上有东王公西王母，公君阳远宜子孙，长保二亲不知老。（《长沙博物馆藏镜》图114）

（24）画像镜人物多见榜题，如“西王母”（《金石索》“金索”卷6、《小檀栾金镜影》卷2）、“东王父”（《中国铜镜图典》第449页）、“王父”、“王母”（《中国铜镜图典》第435页）、“东王父”、“西王母”（《中国铜镜图典》第436页）、“东王父”、“西王母”、“玉（王）女”（《浙江出土铜镜》图版32）等。

三、小结

汉画像镜中西王母题材大量出现，镜图中作为主神的西王母形体高大、居于构图空间的“核心”位置，其两侧还多配置有形体较小的侍神。此期作为西王母的对偶神东王公图像也常见于镜图中，并多和西王母夹钮对置，两者处于对等地位。早期镜图中的九尾狐、三足乌、玉兔、蟾蜍等再现西王母神仙世界特征的图像在主纹区罕见或不存，代之而来的是大量的“车马出行”“神仙人物”“仙人娱乐”“仙人拜谒”等具有浓郁“世俗化”“民间化”特色的组图，西王母、东王父、玉女及其他侍神、羽人形构亦演变成世俗之人的特征。此期“世俗世界”与“仙人世界”之间难以逾越的界隔渐趋不再明显，现实生活中的得道之人几乎随时可通过乘坐车马、服食丹药或在方士、神禽异兽的导引下进入西王母仙界，“人”“仙”互动的场景在镜图中常见。镜铭中亦大量融入了西王母、东王公内容，除表达神仙不死思想和描述仙人快乐生活情景外，还被拓展了赐予世人财富、显贵、消灾除凶、护佑平安等丰富内涵。

第三节　神兽镜中的西王母

一、图式

汉代神兽镜中的西王母内容题材仍十分流行，单列式、重列式、环绕式、对置式等神兽镜中均习见西王母、东王公组图，此类镜图式中的西王母多体被双翼、正面踞坐云柱悬圃上，且在众神中的“主神”地位渐趋不存。神兽镜中常见的西王母图式，可大致分作以下七类。

Ⅰ类　西王母正面踞坐在弧形云柱支撑的悬圃上，体侧两翼粗壮坚挺上飘。云柱悬圃简约勾勒出轮廓或成“符号”图案。东王父与王母夹钮对置，形态相似，仅以一种顶尖内卷的变形三山冠相区别，另两图案一般为伯牙弹琴、皇帝戴冕旒。四主神两侧为神兽，多为衔枚龙虎、天禄、避邪之类。例镜见上海博物馆藏“永康元年”铭神人神兽镜[27]、上海博物馆藏“中平四年”铭神人神兽镜[28]。

Ⅱ类　西王母构图与Ⅰ类镜基本类似，区别在于王母羽翼变为弧圈形几何纹，头部以下体态较Ⅰ类镜大而清晰，但座下悬圃及弧状云柱更加虚简。王母两侧神兽仅突出放大头部而省隐躯体部位。东王父与王母夹钮对置而形态基本一致，仅以三山冠标志区别。例镜见于上海博物馆藏“天王日月”铭神人神兽镜[29]。

Ⅲ类　西王母像较Ⅰ、Ⅱ类镜精整，正面端坐龙虎座上，戴华胜冠，双手笼袖拱于胸前，体被羽翼。肩翼以弯曲弧线为基本形态，羽稍多分叉翻卷呈弧圈状，这类“图案化”羽翼仅作为一种“符号”存在，喻示其代表的意义。王母座中龙虎图，亦仅刻画出头部及上躯，座下以“T”型架承托。东王公与王母夹钮左右对置。例镜见于浙江绍兴出土的“吾作明镜”铭神人神兽镜[30]。

Ⅳ类　西王母侧身含胸跽坐，有肩翼，两侧置白虎、青鸟。东王公与西王母仍夹钮左右对置，两者形态基本雷同，均肩翼短粗向上飘举，不同之处在于冠式、两侧饰青龙、朱雀。例镜见于上海博物馆藏“吾作明竟”铭神人神兽镜[31]。

Ⅴ类　西王母刻画粗糙，多正面端坐，五官模糊，四肢省隐，唯肩翼粗壮坚挺向上飘卷。东王公于王母夹钮对置、形态约略相同。其与前几式镜不同之处是，王母、王父既没有悬圃座或龙虎座，两侧也没有成对神兽，而是置大小相等、位置略低的神人。例镜见于上海博物馆藏“建安十年”铭神人神兽镜[32]。

Ⅵ类　西王母正面或侧面端坐，双手笼袖拱于胸前或省隐不显，肩翼粗壮坚挺上飘，缺少前几式镜肩翼灵动欲飞的神采。东王父与西王母夹钮对置，两者形态相似。本式镜中王母、王父体形一般较大而置于中段。例镜见于四川绵阳何家山崖墓出土三段式神人神兽镜[33]、陕西西安汉墓出土三段式神人神兽镜[34]，此外日本五岛美术馆、美国波士顿美术馆收藏的三段式神人神兽镜中亦见此类西王母简约形构[35]。

Ⅶ类　西王母像仍出现于三段式神人神兽镜中，王母居中段左侧，正面昂首踞于云端龙虎座上，面部五官位置清晰，头戴胜，肩翼飘逸张扬、粗壮有力，具有图案化的装饰效果。东王父戴三山冠，与西母夹钮对置。例镜见于美国西雅图美术馆收藏的三段式神人神兽镜[36]。

二、铭文

（1）元兴元年五月丙午天大赦，广汉造作尚方镜……长乐未央，富且昌，宜侯王，师命长生如石，位至三公，寿如东王公西王母，仙人子，立（位）至公侯。（《山东省博物馆藏珍·铜镜》图 35）

（2）建宁元年九月九日丙午，造作尚方明镜……上有东王父西王母，生如山石，长宜子孙，八千万里，富且昌，乐未央，宜侯王……（《中国铜镜图典》第 377 页）

（3）元兴元年五月丙午日，□大利，广汉造作尚方镜……寿如东王公西王母，仙人子立（位）公侯。（《善斋吉金录》“镜”卷 1、《陶斋吉金录》卷 7、《古镜图录》卷 6、《小校经阁金文》卷 15、《浣花拜石轩镜铭集录》卷 1）

（4）中平四年五月午日……买者大富，长宜子孙，延年命长，上如王父西王母兮，大乐未央，长生大吉……（《中国铜镜图典》第 413 页）

（5）中平六年正月丙午日，吾作明镜……辟去不祥宜孙子，东王父西王母，仙人王（玉）女大神道……（《善斋吉金录》“镜”卷 1、《小校经阁金文》卷 15）

（6）永康元年正月丙午……买者大富，延寿命长，上如王父西王母兮，君宜高官，立（位）至公侯，长生大吉，太师命长。（《上海博物馆藏镜精品》图 54）

（7）永康元年正月丙午日……上有东王父西王母，生如山石，大吉。（《浙江出土铜镜》第 52 页）

（8）建安十九年八月五日，吾作竟（镜），天王日月，伯牙弹琴，黄帝仙人，东王父西母，宜子先，大吉祥，位至三公，□□夫。（《鄂州铜镜》图 142）

（9）金西母来，始有其宰宜葆利众典祀。（《啸堂集古录》）

（10）尚方作竟（镜），明如日月不已，寿如东王公西王母，长宜子孙，位至三公，君宜高官。（《古镜集录》卷中）

（11）吾作明镜……众神见容，天守（兽）四首，东王父西王母仙人，

三月三日，三公九卿，延年益寿，与师命长。（《中国铜镜图典》第417页）

（12）吾作明镜，配像万疆，统德序道……曾年益寿，服者公卿，富贵安乐，子孙蕃昌，咸得所愿，其师命长，东王西母，与天丰至。（《古镜今照》图114）

（13）吾作明镜，幽湅三商，天王日月，上□东王父西王母，山（仙）之子高（乔）志（赤）□子，用者大吉，生如金石，位至三公，长乐未央……宜子孙。（《广西铜镜》图82）

（14）吾作明镜，幽湅三商，周（雕）刻无极……及甫西王，仙人王（玉）女，用者吉祥。（《广西铜镜》图83）

（15）吾作明竟（镜）自有道，东王公西王母，曾年益寿长宜子孙。（《山东省博物馆藏珍·铜镜》图40）

（16）明镜造，亲见宜，赤□师□白牙，西母东父，侯□众日。（《小校经阁金文》卷15）

（17）广汉西蜀刘氏作竟（镜），延熹三年五月五日……寿如东王公西王母，长宜子孙，长乐未央……（《浙江出土铜镜》第52页）

（18）正月丙日，王作明镜自有方，除去不祥宜古（贾）市，大吉利……上有东王父西王母，主如山石，宜西北万里，富昌长乐。（《鄂州铜镜》图101）

三、小结

汉神兽镜构图中的西王母图像仍十分流行，且多与东王公对称出现。与画像镜不同的是，此类镜图式中配置的神人神兽不仅数量众多，众神的形体空间大小也大体雷同，西王母、东王公多正面趺坐或踞坐，体生双翼，形构向着简约省隐的“抽象化”“符号化”方向发展。在通过“对置”“层叠”“分段”“环绕”等模式构建的复杂有序的神人体系图像（南极老人、伯牙、钟子期、王父、王母、伏羲、句芒、黄帝、北极大帝等）中，西王母、东王公作为这个序列中一般被配置在中部的钮左右两侧，但其传统意义上的“主神”“核心”地位已不再凸显，而是仅作为众神序列中的一员出现的。此期镜铭内涵丰富复杂，西王母词句虽经常出现，但已不再是镜铭表达的唯一中心内涵，而就西王母铭辞本身表达的内涵而言，除了承载长寿永生的意义外，还增加了“宜子孙”“宜公侯”“除凶趋吉”等复杂神性功能。

第四节　余　论

一、初现镜铭

见于著录的西汉早期（高祖至武帝以前）铜镜标本中，除《汉镜文化研究》图37、图41外，迄今罕见西王母内容题材的图式与镜铭，表明这一时期的西王母神话还不是十分流行，至少还没有渗透到当时的铜镜文化中去。西汉中晚期，以禽兽纹镜为代表的铜镜组图、铭文中开始出现西王母神话内容。从目前发现的标本看，此期西王母内容题材镜总体数量不多，西王母图像在镜图中所占空间较小，甚至与镜图中其他神禽异兽形体大小相同，表明这一时期西王母神话还没有在铜镜组图中构成主流题材。西汉晚期至东汉，铜镜图式、铭文中大量出现了西王母内容，成为禽兽镜、画像镜、神兽镜中使用频率最高的神话题材，且西王母图像也发生了复杂变化，表明这一时期社会上西王母神话影响之广、流播之深，已成为此期铜镜文化中的重要特色。

二、演变轨迹

禽兽镜图式中最初出现的西王母图像，均侧身跽坐，戴胜，形体较小，在镜图中还没有成为“核心”物象。西王母周围多配置有玉兔捣药、九尾狐、三足乌、羽人或持节方士、蟾蜍、凤鸟、流云等，构成一个较为独立稳定的神话图像系统。此类西王母图像主要流行于西汉晚期、新莽至东汉早期。在这一时期镜图中，还没有作为西王母对偶神的东王公出现，有论者亦称之为“西王母独尊”阶段。

画像镜图式中的西王母也以侧身跽坐为主，少量有站立图式，但形象刻画已与上述禽兽镜中的同类物象完全不同。此期西王母形体高大，两侧配置有数量不等的形体较小的侍神，在整幅镜图中，着力凸显主神西王母的“核心”地位，且西王母肢体、五官形构比例、服食发式与同时代现实生活中的人形大致相同。这一时期西王母的对偶神东王公图像开始大量出现，东王公与西王母夹钮对置或邻区配位，两者形构大小近于雷同，具有等同“主神”的地位。同时，此期镜图中还大量配置了车马出行、宴饮、拜谒、乐舞、百戏等娱乐场景与汉代现实社会生活密切相关的组图，而此前西王母神话世界里常见的图像玉兔捣药、九尾狐、三足乌等多省隐不见，或被“缩小”“弱化”处理到陪衬的物象中去，表明此期汉镜中西王母神话的情节内容、表现形式已向着“世俗化”“平民化”方向发展。上述西王母图像主要流行于东汉早中期的画像镜图式中，东汉中晚期，画像镜图式中也流行一类主神“核心”地位被削弱的西王母图像，表现为西王母、东王公各自独立成区，没有侍神配置，或配置“一主一侍”模式图像，但西王母和侍神形体大小基本对等，两者近乎“平起平坐”的关系。西王母图像系统的此类变化，是当时社会上西王母神话演变的“物化”反映（后详）。

东汉中晚期盛行的神兽镜中，西王母流行正面趺坐悬圃或坐龙虎座上的图式，西王母形体结构、发式服食刻画多简约模糊，同时肩生双翼的特征十分凸显，两侧侍神减少或不存，画像镜图式中常见的车马出行、宴饮、拜谒、乐舞、百戏等组图，神兽镜中亦基本不见。与画像镜组图比较的另一个显著变化是，神兽镜排列神人图像众多，且每位神人所占空间大小基本雷同，西王母在“众神”系列中“主神”地位渐趋式微，这一众神并列出现的特征，在镜铭中也屡被提及。

综上所述，汉镜图式中西王母图像特征的演变线索，概括如下表：

表4－6 西王母图像特征演变线索一览表

西王母特征	西汉早期四乳镜等	西汉中晚期、新莽禽兽镜	东汉早中期画像镜、神兽镜	东汉中晚期、三国神兽镜
纯铭文	西王母寿如山	/	/	/
图像配置	/	西王母“独尊”	西王母、东王公“平分天下”	西王母、东王公、列仙“共主神界”
形态	/	踞坐云端 蓬发戴胜	侧身踞坐或站立	趺坐于云柱圃 或龙虎座
体态	/	主大次小 （尊卑关系）	主次一致 （对等关系）	主次距离较大 （不明确）
侍者	/	无	两侧有	配以舞者、百戏等
伴兽	/	少许神禽异兽	多有神禽异兽	减少（或消失） 神禽异兽
羽翼	/	无	部分有	抽象化、符号化

三、功能演变

观察上述列举的三类镜铭，可以看出镜图西王母神性功能不同时期有变化：

禽兽镜西王母铭文 13 例，其中说西王母“寿如山”者 1 例，说西王母“寿比（如、币、敝）金石”者 7 例，说西王母“仙人不知老”者 1 例，说“寿如王母家万倍”者 1 例，说西王母“千秋万岁不知老”者 1 例，因文字阙疑无法准确判断西王母神性功能者 1 例。统计表明，在早期铜镜文化中，西王母承载的神性内涵，几乎皆与“长寿”“不死”主题有关。

画像镜西王母铭文 23 例，其中说西王母“千秋万岁不知老”者 4 例，说西王母“与天相保不知老”者 3 例，说西王母能够使人“富贵不老”者 1 例，说西王母之山有“不死药”者 1 例，说西王母“长保二亲”健康长寿者 2 例，说西王母能够带来“大吉”者 1 例，说西王母具有“辟不祥、宜古市”法力者 1 例，说西王母能够“宜子孙”赐予世人“子孙满室世”者 5 例，说西王母能够保佑世人“位至三公”者 2 例、保佑世人“男为公侯女夫人”者 1 例，客观叙述西王母神仙身份者 1 例。统计表明，画像镜铭辞中西王母承载的神性功能较为复杂，除了自身生不知死，具有掌管不死之药、能够赐予世人长寿不老的神性功能外，此时的西王母还具有消灾除凶、辟除不祥、护佑世人发财富贵、高官显贵、吉祥平安、父母健康、儿孙满堂、赐予天下苍生福祉等神性功能。可见西王母神性已经由过去与“生命不死”相关联的“单一神”，演变成法力无边、无所不能的庇佑天下苍生万物的“多功能神”。这些既多且广的神性功能与汉代世俗社会里人们的生活需求、安全需求、心理期盼皆息息相关，这是西王母神话“民间化”“世俗化”演变的印证。

神兽镜铭文 18 例，皆与西王母神性功能相关联，其中说“寿如西王母”者 4 例，说西王母“生如山石”者 3 例，说西王母能够令人“延年命长”者 2 例，表达西王母“大神道”者 1 例、说西王母能够使人“富贵”者 1 例、能保佑人“位至三公”者 1 例、能保佑“子孙蕃昌”者 1 例、能给世人带来“吉祥”者 1 例等。神兽镜铭辞一般较长，早期铭辞的突出特点是一个铭文圈带涉及诸多内涵，如吉祥、长寿、高官、富贵、享乐、宜子孙等，而不以不单独突出西王母东王“主神”神性功能，铭辞中表达的吉祥语，也不一定与西王母神性功能相关联。晚期纪年铭辞，着重突出“众神”的功能，凸显系列群神形象，如“伯牙弹琴、黄帝仙人、东王西母”“众神见容”“配像万疆”等，此时西王母作为众神之一在镜铭中被提及，已不再是“众神之主”了。

从上述镜铭内涵可知，两汉镜图中西王母神性功能的前后演变轨迹，大致概述如下：“寿如山”（西汉早期）→掌“不死之药”（西汉早中期）→年轻貌美的群仙之首，导引世人升天不死（西汉中晚期）→为世人消灾除凶、赐予世人显贵与财富，护佑生命、抚慰心灵的万能救世神（西汉末至东汉）→列仙中的一位主神，能使世人生者健康长寿，死者灵魂升仙（东汉晚期）。

四、社会动因

在汉镜图式中西王母题材的流播与演变，是同时代西王母神话流播及演变轨迹的形象化体现，这一演变的社会动因，主要与两汉时期神仙信仰与升仙不死说的发展演变息息相关，以下分析其演变的时代背景与社会动因。

由于秦汉战争的残酷破坏，汉初，土地荒芜，经济凋敝，人口散亡，财富匮缺。《史记·平准书》：“自天子不能具均驷，而将相或乘牛车，齐民无盖藏”，记述了汉政府困顿的情形。当时安置流民，稳定社会，恢复和发展生产，解决民众温饱问题是统治者要亟待解决的问题，所以刘汉政权实行了轻徭薄赋、与民休息的开明宽松政策。这一时期人们主要关注的是衣食住行、社会生产、财富的创造与积累等与现实生活密切相关的问题，所以汉镜铭辞内容主要是表现祈求富贵、祝福生活美满、身体健康长寿、家族平安幸福、仕途通畅显达之类的内容。以追求个体生命不死、精神逍遥享乐为基本生活目标的神仙思想，当时还不具备发展、流播的社会条件，因而神仙思想没能成为社会生活中的主流文化，自然亦未能影响、渗透至铜镜文化中，此即早期汉镜中罕见西王母内容题材的原因。

文景盛世，社会经济迅速恢复发展，到武帝时汉代社会累积了雄厚的物质财富，富足的生活条件使社会上奢侈享乐之风亦随即兴起。人们在现实生活世界里安逸享乐的同时，十分渴望生命能够无限延长或再生、在另一个世界里继续过着自由享乐的生活。先秦之际即已存在的神仙说与成仙术，此时便有了发展流播的社会土壤。这一时期在武帝的直接倡导和参与下，汉代上层社会形成了迷信神仙说，热衷成仙术的狂热风潮渐向社会各阶层发展蔓延。这种神仙思想渗透至西汉中期社会文化的诸多层面，对汉镜文化亦产生了深刻影响。因故汉代中期铜镜铭文中有大量的表达神仙不死，期盼世俗生命永生的词句。然当时神仙说与成仙术思想内容，还没有与西王母神话故事的情节内涵融合起来，两者大体上还处于既各自独立流播发展又有逐渐磨合、交融趋向的阶段。传统西王母神话的“仙化”演变，还主要出现于上层社会求仙者的操控、推动中，并没有形成诸如后世全国性的大规模崇拜、祭祀西王母神的社会运动。流行于汉代中晚期的禽兽镜图式、铭文中，出现神仙不死思想的内容多而西王母内容题材相对较少的原因，即是上述社会背景下神仙思想发展演变的反映。

西汉宣帝以后国运衰微，元、成二帝沉溺声色、奢靡无度，官府横征暴敛，社会土地兼并现象愈演愈烈，加上关东洪水、郡国蝗灾等自然灾害频发，各种政治危机、社会矛盾、自然灾害交织在一起，导致人民流离失所，流民暴动此起彼伏，社会动荡不安，刘汉政权面临民心尽失并随时有倾覆之险。巨大的灾难与死亡的恐惧时刻笼罩着整个社会，惶惶不安的人们渴望西王母神作为“救世主”出现，以庇佑天下众生。在这一社会背景下，西王母神话的广泛传播影响，深深地触及汉代社会政治、经济、文化的各个层面。《汉书·五行志》《后汉书·安帝纪》记载西汉哀帝建平四年和东汉永初五年曾发生过几次席卷全国而传行西王母的大规模流民运动，京师诸县百官，甚至皇帝本人也参加到歌舞祭祀西王母的活动之中，以冀通过祭祀西王母，获得（恐慌）心灵的解脱。汉画像镜、神兽镜中大量出现西王母题材，就是上述文化背景下的产物。

此外两汉自武帝以来的众多帝王与达官权贵带头迷信神仙不死说，致力于倡导各种升仙方术活动，有力推动了西王母神话的发展演变。东汉原始道教大规模造神运动的兴起，对先秦以来流传下来的神话传说、历史故事、名人典故等进行的全面重组改造，也有力地推动了汉代西王母神话情节与内涵的演变异化。

注释：

[1] 中国青铜器全集编辑委员会：《中国青铜器全集16·铜镜》，第60页图59，文物出版社，2005年版。

[2] 孔祥星、刘一曼：《中国铜镜图典》，第303页，文物出版社，1992年版。

[3] 郭玉海：《故宫藏镜》，第34页图34，紫禁城出版社，1996年版。

[4] 浙江省博物馆：《古镜今照——中国铜镜研究会成员藏镜精粹》，图149，文物出版社，2010年版。

[5] 嘉德拍卖公司：《息斋藏镜》，第22页图2617，嘉德2006年春拍图录。

[6] 陈凤九：《丹阳铜镜青瓷博物馆·千镜堂》，文物出版社，2007年版。

[7] 国家图书馆金石拓片组：《陈介祺藏古拓片选编·铜镜卷》，第91页图091，浙江古籍出版社，2008年版。

[8] 上海博物馆：《练形神冶　莹质良工——上海博物馆藏铜镜精品》，第172页图49，上海书画出版社，2005年版。

[9] 中国青铜器全集编辑委员会：《中国青铜器全集16·铜镜》，第81页图80，文物出版社，2005年版。

[10] 王士伦、王牧：《浙江出土铜镜》，彩版图18，文物出版社，2006年版。

[11] 安徽省文物考古研究所、六安市文物局：《六安出土铜镜》，第142页图120，文物出版社，2008年版。

[12] 上海博物馆：《练形神冶　莹质良工——上海博物馆藏铜镜精品》，第190页图58，上海书画出版社，2005年版。

[13] 王士伦、王牧：《浙江出土铜镜》，彩版图14，文物出版社，2006年版。

[14] 西安市文物考古研究所：《西安文物精华·铜镜》，图47，世界图书出版公司，2013年版。

[15] 浙江省博物馆：《古镜今照——中国铜镜研究会成员藏镜精粹》，图141，文物出版社，2010年版。

[16] 王纲怀：《清华铭文镜》，第136页图68，清华大学出版社，2011年版。

[17] 王士伦、王牧：《浙江出土铜镜》，图版23，文物出版社，2006年版。

[18] 孔祥星、刘一曼：《中国铜镜图典》，图455，文物出版社，1992年版。

[19] 山东省文物考古研究所：《鉴耀齐鲁——山东省文物考古研究所出土铜镜研究》，第330页图196，文物出版社，2009年版。

[20] 南阳市文物考古研究所：《南阳出土铜镜》，图版105下，文物出版社，2010年版。

[21] 孔祥星、刘一曼：《中国铜镜图典》，图456，文物出版社，1992年版。

[22] 鄂州市博物馆：《鄂州铜镜》，第37页图91，中国文学出版社，2002年版。

［23］鄂州市博物馆：《鄂州铜镜》，第 35 页图 88，中国文学出版社，2002 年版。

［24］长沙市博物馆：《楚风汉韵——长沙市博物馆藏镜》，图 114，文物出版社，2000 年版。

［25］浙江省博物馆：《古镜今照——中国铜镜研究会成员藏镜精粹》，图 149，文物出版社，2010 年版。

［26］见本书彩图。

［27］上海博物馆：《练形神冶　莹质良工——上海博物馆藏铜镜精品》，第 182 页图 54，上海书画出版社，2005 年版。

［28］上海博物馆：《练形神冶　莹质良工——上海博物馆藏铜镜精品》，第 183 页图 55，上海书画出版社，2005 年版。

［29］上海博物馆：《练形神冶　莹质良工——上海博物馆藏铜镜精品》，第 202 页图 64，上海书画出版社，2005 年版。

［30］王世伦、王牧：《浙江出土铜镜》，彩版 40，文物出版社，2006 年版。

［31］上海博物馆：《练形神冶　莹质良工——上海博物馆藏铜镜精品》，第 196 页图 61，上海书画出版社，2005 年版。

［32］上海博物馆：《练形神冶　莹质良工——上海博物馆藏铜镜精品》，第 186 页图 56，上海书画出版社，2005 年版。

［33］陈长虹：《汉代铜镜上的“九子母”图像——对“三段式神兽镜”的再认识》，《四川文物》2014 年第四期，第 63 页图一。

［34］陕西历史博物馆：《千秋金鉴——陕西历史博物馆藏镜集成》，第 274 页图上，三秦出版社，2012 年版。

［35］［36］霍巍：《四川何家山崖墓出土神兽镜及相关问题》，《考古》2000 年第五期，第 70 页图二、第 71 页图三。

第七章 阜阳出土西王母禽兽镜及相关问题

1970年6月，阜阳县王店公社邢集大队赵王庄村民平整土地时，发现一座东汉砖室墓。阜阳博物馆工作人员随即对该墓进行发掘，从墓室内清理出陶器、铜器、铁器等一批随葬器物，其中一枚精美的画纹带缘神人禽兽博局纹镜甚是罕见。1972年1月，阜阳县城郊公社罗庄大队郭韩庄村民在挖掘村东南侧的大古堆时，从一东汉砖室墓中清理出一枚几何纹缘神人禽兽博局镜及陶器、五铢钱、残铜器等器物，后被阜阳博物馆征集收藏。以上两枚神人禽兽博局纹镜，皆系出土地点明确、有相关随葬器相互佐证年代的珍贵标本，不仅保存完好、铸工精整、纹饰华美，还因为镜图涉及早期西王母神话题材而具有重要的研究价值。本文介绍上述两枚禽兽博局纹镜，对此类镜中西王母图像系统的特征与神话内涵、兴起与流播年代、兴衰演变的时代背景与社会动因及西王母图像在两汉人物镜形成演变过程中的重要作用等问题试作讨论。

第一节 分类、形制与纹饰

阜阳博物馆收藏的上述两枚禽兽博局纹镜，镜图物象特征与组图模式区别明显，分两式介绍。

一、A式

圆形，圆钮，变形四叶纹钮座，座外双线方框。主纹区四乳四分区组图，分别配置博局纹、神仙人物与禽兽纹。四区神人、禽兽纹组图依次为：戴胜神人与捣药玉兔，跽坐独角兽与踞坐大嘴兽，回首衔尾兽与神鹿、两相对禽鸟。每区主纹间隙处，填衬简约云气纹。主纹区外配置短斜线纹圈带、三角锯齿纹圈带，双线波折纹缘。直径12.5厘米，缘厚0.4厘米，重309.56克。1972年1月，出土于阜阳县城郊公社罗庄大队郭韩庄大古堆汉墓。

二、B 式

圆形，圆钮，圆钮座，座外双线方框。方框与镜钮之间，沿方框四边内侧配置八乳钉纹，钮座下叠压一组缠绕纠结的变体龙纹、虎纹，龙、虎的头部昂起相对，躯干部分结构显露，龙虎纹、乳钉纹图案的间隙内，填衬有简约云气纹。方框外主纹区四乳四分区组图，主纹由神人、禽兽纹、博局纹组成。主纹间隙处，填衬有大量的云气纹。四区主纹配组的神人禽兽纹分别为：羽人饲龙、神人饲凤鸟、白虎对鸟首兽身神、狮形兽对长角鹿。主纹区外置一周短斜线纹圈带。宽平画纹带缘，画纹带中填饰羽人、白虎、九尾狐、三足乌、长须龙、奔鹿、熊、独角羊、凤鸟、蝙蝠纹、云气纹等，构图繁缛细腻、舒卷流畅、富丽华贵。直径 16.2 厘米，缘厚 0.55 厘米，重 754 克。1970 年 6 月 9 日，出土于阜阳县王店公社邢集大队赵王庄汉墓。

第二节　西王母图像的认证

上述两枚铜镜图式中的神人，与汉禽兽镜构图中常见的“羽人”“人面鸟”“鸟首人”“人面兽”等人兽（禽）合体式神仙人物形构明显不同。A 式镜中的神人，侧身跽坐，着宽大袍服，头戴胜，面向玉兔伸展前臂，作伸手索取丹药状。A 式图是汉画像材料中常见的主神西王母“标准图式”，此类图式在山东、苏北、皖北、河南、陕北、山西、四川等地的汉墓画像石、画像砖绘画题材中十分流行。《山海经》《淮南子》等早期文献记载中，“戴胜”是西王母妆饰的主要标志。A 式镜中的“戴胜”西王母图像，与传统文献及汉代画像材料中的图式是一致的，是汉画对文献记载西王母形象的图解。此类图式在西汉晚期以来的西王母禽兽镜标本构图中常见，典型器见于江苏扬州蜀岗新莽墓出土镜、江苏仪征胥浦镇先进村汉墓出土镜、国家博物馆藏镜、江苏丹阳铜镜青瓷博物馆藏镜、息斋藏镜等，近期出版的《江苏宜兴民间收藏铜镜精品集》一书中，也收录有当地收藏家珍藏的几枚此类镜。

西王母与玉兔捣药同区配组，是 A 式镜的另一显著特征，此类组图在汉代画像石、画像砖、墓葬壁画、漆画等西王母画像材料中频繁出现，是汉代西王母图像系统中的一类公众广为认可的稳定核心架构，有研究者称之为“核心图像”。汉镜中的西王母图像，虽较其他类画像材料中的同类图像出现稍晚，但同样表现出“西王母与玉兔捣药”组图频出的特征，因它们承载的文化背景与神话学内涵是相同的。本章从见于著录的禽兽纹镜镜图中检索两汉西王母图像27例（见线图），其中镜图中配组“西王母与玉兔捣药”图式者多达15例，可见此类图式出现频度之高。

B式镜中的神人，着宽大袍服，侧身跽坐，头部不戴胜，手臂前伸作持物饲凤状，神态端庄安详，一副雍容华贵的汉代世俗贵妇人形态。此类图像与A式镜西王母形态类似，但面部特征、头部妆饰有区别。从此镜主纹区、画纹带缘区配置的白虎、九尾狐、三足乌、凤鸟、羽人等图像看，镜图所描绘的场景，无疑是汉代世人想象中的西王母神仙世界，其中的主神虽不戴胜，亦可确认其身份就是西王母。与B式镜西王母图式类同的标本不多见，见于著录者有故宫藏镜、安徽寿县出土镜等。

目前所发现的汉代画像石、画像砖、帛画、壁画、漆画、摇钱树等画像材料中，西王母单独出现、自成一区的例证罕见，多数情况下是以配组有若干类较为稳定的神禽异兽及仙界景观物象，相互构成一类具有特定情节的典型场景图像系统出现的。此类西王母仙界图像系统的构成，除常见的“玉兔捣药”组合外，还经常出现白虎、九尾狐、三足乌、蟾蜍、凤鸟、神雀、羽人、三株果、芝草、药尊、门阙楼阁、云气、龙虎座、神树等，它们作为彰显仙界特征的“符号”与主神一起共同构成外在形构活泼多样、情节内涵丰富多彩的西王母神仙世界，其中的白虎、九尾狐、三足乌、凤鸟、羽人、仙果（草）、药尊，在这个神仙世界画面中出现频度最高。由此，在东王公未出现以前的众多汉画像图式中，即便没有标识西王母特征的铭辞或榜题，有了上述图像系统中若干类神禽异兽、仙果（草）药尊等特定标识物，亦同样可以确认西王母主神的身份。神人禽兽镜承载有与上述汉画材料相同的神话背景，镜图中表现的西王母神话情节内容，与画像石、画像砖、壁画、帛画等其他汉画材料并无二致。

第三节　西王母图像系统的组合特征

与出现年代较晚的东汉西王母画像镜、神兽镜“规制化”构图比较，汉代禽兽镜中的西王母图像不仅数量不多，而且流播区域狭小、构图形态千差万别，表明当时此类西王母禽兽镜虽已出现，却远没有像同类题材的画像镜、神兽镜那样广为流播，并最终形成一类公众认可的固定“标准图式”。本节对著录所见22枚西王母禽兽镜的图式物象构成进行分类量化统计（见表4－7。国外收藏的3例标本未统计入内。《汉代画像石综合研究》第149页图八二·5收录安徽寿县镜因未见全图，亦未统计入表），以梳理其组合特征。

表4－7　汉西王母禽兽镜图像系统的主要构成一览表

内容／序号	核心图象（西王母）	辅助物象													例镜
		胜	兔捣药	九尾狐	三足乌	蟾蜍	白虎	羽人	凤鸟	丹药	药尊	仙果	仙草	云气	
1	·	·	·	·	·				·						《宜兴民间收藏铜镜精品集》图42
2	·	·	·			·				·	·	·		·	《篮斋藏镜》图第85页
3	·	·	·	·	·	·		·	·	·	·			·	《仪征馆藏铜镜》第80页图
4	·	·	·		·			·	·	·		·		·	《仪征馆藏铜镜》第79页图
5	·	·	·	·		·	·	·	·		·	·		·	《宜兴民间收藏铜镜精品集》图54
6	·	·								·	·			·	《中国铜镜图典》图303
7	·	·	·											·	《中国青铜器全集·铜镜》图59
8	·	·					·	·		·				·	《古镜今照》图78
9	·	·		·								·	·	·	《宜兴民间收藏铜镜精品集》图89

（续表）

序号 \ 内容	核心图象（西王母）	辅助物象													例镜
		胜	兔捣药	九尾狐	三足乌	蟾蜍	白虎	羽人	凤鸟	丹药	药尊	仙果	仙草	云气	
10	·	·	·							·				·	阜阳郭韩庄新莽墓出土镜
11	·	·	·		·	·			·		·		·	·	《千秋金鉴》图1064
12	·		·	·	·		·	·	·					·	《故宫藏镜》图34
13	·	·	·	·	·	·		·	·		·	·		·	《中拍国际2011秋拍铜镜图录》图5121
14	·	·		·	·							·			《鉴道明神》图2680
15	·	·	·	·	·	·	·				·		·	·	《息斋藏镜》图32
16	·	·	·	·	·	·		·	·		·	·	·	·	《古镜今照》图82
17	·	·	·	·	·	·		·	·	·	·			·	《千镜堂》图97
18	·	·	·						·		·	·			《宜兴民间收藏铜镜精品集》图62
19	·	·				·		·		·		·		·	《宜兴民间收藏铜镜精品集》图103

（续表）

内容 序号	核心图象（西王母）	辅助物象													例镜
		胜	兔捣药	九尾狐	三足乌	蟾蜍	白虎	羽人	凤鸟	丹药	药尊	仙果	仙草	云气	
20	·	·	·			·			·	·	·	·		·	《仙辉朗鉴》图 1299
21	·		·			·		·	·	·	·	·	·	·	《六安出土铜镜》图 104
22	·			·	·					·		·		·	阜阳赵王庄汉墓出土
合计	22	19	16	11	11	11	4	10	12	11	12	12	5	19	

上表22例标本图式构成要件的量化统计，反映出汉代禽兽镜西王母图像系统物象构成的主要特征。

汉代禽兽镜西王母图像系统，主要由主神西王母、捣药玉兔、九尾狐、三足乌、蟾蜍、白虎、凤鸟、羽人、药尊、丹药、仙果、仙草、云气纹组成。

镜图中的主神西王母虽多数具备侧身跽坐、着宽袍大袖、头部戴胜的特征，但具体形态动作、空间配位生动多变，相互雷同者极罕见，与主神西王母同区配组的羽人、神禽异兽亦不尽相同。即便是在出现频度较高的“西王母与玉兔捣药”图式中，“西王母”与“玉兔捣药”的形态与配组方式亦富有变化，很难找到完全雷同的例证。上述现象表明，汉代禽兽镜中的西王母图像系统虽已出现，其特定图像组合虽已开始流行，但每类图像形构仍处于一种不稳定的过渡状态，“标准图式”尚未最终定型。

表中22例西王母图式，头部“戴胜”者19例，占总量的86.4%，可见“戴胜”出现频度之高，是西王母形象的标志性特征。

22例镜图中，配有“玉兔捣药”图式者15例，仅配置“玉兔”而无“持杵捣药”图式者1例，两者合计占总量的72.8%，属出现频度最高的禽兽类物象，是判别主神西王母身份的重要标识物；配有“仙果（菌状灵芝、三足果、桃形果等）”“凤鸟”“药尊”图式者各12例，分别占总量的54.5%；配有“九尾狐”“三足乌”“蟾蜍”“丹药（颗粒状药丸）”图式者各 11 例，分别占总量的 50%；配有“羽人”图式 10 例，占总量的 45. 4%；配有“白虎”（不含“四神”架构体系中与西王母神话无关联的白虎）图式者 4 例，占总量的 18. 2%；配有“仙草（芝草、嘉禾等）”者 5 例，占总量的 22. 7%。由此可见，这些物象在镜图中出现的频度高低顺序为：“玉兔捣药”“玉兔”—“仙果”“药尊”“凤鸟”—“九尾狐”“三足乌”“蟾蜍”“丹药”—“羽人”—“仙草”—“白虎”。

“云气纹”作为填衬物象，亦被大量用于西王母仙界构图。22 例镜图中，“云气纹”出现次数高达 19 例。扬州蜀岗新莽墓出土的一例标本，侧身跽坐的西王母则被直接置于云端，可见云气纹也是西王母仙界构成的要件之一。

上述西王母图像系统的物象组合，系从 22 例镜图中综合归纳而出。单独的一幅镜图中，则极少见到一个完整的西王母图像系统，这是缘于狭促而特殊的构图空间和金属质地铸制技法的局限，汉镜无法像画像石、画像砖、壁画、帛画、漆画等汉画那样，铺陈较大的空间画面较完整地表现西王母神话世界的复杂情节，而只能精选这一丰富神话世界里的少量有典型代表性的“物象”“场景”，在狭小而特殊的空间内作“符号”式的简约组图，以象征性地呈献给观者一个西王母神仙世界场景。

上述统计结论，对判别镜图中的西王母身份特征具有重要的指证作用，如有些镜图中配有侧身跽坐、着宽大袍服的仙人，其形态特征虽酷似西王母，因头部缺少“戴胜”的特定标志，我们很难单独判断它是主神西王母图式，但如果此类“仙人”与“玉兔捣药”组图同区配置，抑或即便没有“玉兔捣药”组图，而图像区有九尾狐、三足乌、凤鸟、蟾蜍等系列物象，我们也可以判定其中的侧身跽坐主神，就是西王母本人。阜阳出土 B 式镜图式中的主神确认为西王母，殆因其故。

第四节 几类图像的神性内涵

汉禽兽镜西王母图像系统的物象组合，看似庞杂、松散而随意配置，实则彼此之间在文化内涵与神性功能上是相互关联、融合的。这个神话系统中的神人禽兽主次井然、尊卑有序，共同组成一个具有特定情节场景、承载明晰神话内涵的神仙世界。以下仅对阜阳出土镜图式中涉及的几类图像试作诠释。

一、戴胜

A 式镜西王母头部所戴的“胜”，在汉代亦称着“华胜”，据考可能源出于先秦时期女性纺织所用的“滕”，后渐趋演变成汉代贵妇首饰。早期文献记载中，“胜”是主神西王母最显著的标志性妆饰物。《山海经·西山经》：“西王母其状如人，豹尾虎齿而善啸，蓬发戴胜。”《大荒西经》：“有人戴胜，虎齿豹尾，穴处，名曰西王母。”《海内西经》：“西王母梯几而戴胜。”可见至迟在战国时期，文献中记述的西王母就固定了“戴胜”形态。两汉文献中，主神西王母形象虽有演变，仍以“戴胜”为主要标志。《淮南子·览冥训》：“逮至夏桀之时，主暗晦而不明……西姥折胜，黄神啸吟……”《史记》记载《司马相如传·大人赋》：“吾乃今目睹西王母，皓然白首，戴胜而穴处兮，亦幸有三足乌为之使。”《后汉书》记《张衡传·思玄赋》：“聘王母于银台兮，羞玉芝以疗饥。戴胜慭其既欢兮，又诮余之行迟。”至东汉晚期，“胜”亦作为预示王者有德的祥瑞出现，山东嘉祥武梁祠画像石刻画的“胜”形祥瑞图旁，还有“玉胜，王者……则至”的榜题，其内涵显与王者的尊显身份关联。西王母是汉代神仙世界至高无上的主宰者，是众仙之王，“戴胜”作为装饰的标志物，符合其王者的身份特征。

二、玉兔、玉兔捣药

A 式镜配置“玉兔捣药”图式，与主神西王母掌管不死药的神性功能相关。汉代社会狂热信仰与崇拜西王母的要因，在于她掌握“不死之药”，并且能够让世人实现升仙不死的愿望。而这个神话中为主神西王母捣炼不死药者，正是神奇的玉兔。汉乐府诗《董逃行》：“采取神药若木端，白兔长跪捣药蛤蟆丸……服此药可得神仙。”由此人们还认为兔子是预示长寿、敬老的祥瑞，《抱朴子·内篇》：“玉兔寿千岁，五百岁其恩加耆老，则白兔见。”禽兽镜中流行西王母与玉兔捣药组合的图式，就是当时西王母神话内容的反映。“玉兔捣药”作为一类符号频繁出现在汉画西王母神的旁侧，两者构成“制药、取药、用药”的生动情节场景，意在表达西王母具有制作、掌控、支配“不死药”的神异功能。

三、凤鸟、西王母饲凤

早期神话中，凤鸟是不死神鸟，以长生仙果“琅玕”为食，《艺文类聚》引《庄子》：“南方有鸟，其名为凤……以璆琳为食”，《说文》：“琅玕，似珠者。”《山海经·海外南经》载西王母所居昆仑山赤水上有三株树，“其为树如柏，叶皆为珠”，也是长生不死之物。B式镜镜图中出现西王母手持圆颗粒果饲凤，表现的就是此类神话场景。“西王母饲凤”图式不仅在镜图中出现，在其他汉画材料中也很流行。凤鸟还是西王母仙界守护昆仑天阙的神鸟，汉画材料中凤鸟配置在天界双阙之上的图式较为常见，可见其与西王母神仙世界关系密切。缘于具备自由飞升仙界、交通人神的功能，凤鸟还常作为得道之人乘骑升仙的工具或导从出现，《楚辞·离骚》：“吾令凤鸟飞腾兮，继之以日夜。”《春秋命历序》：“（皇谈）锐头日角，驾六凤凰，出地衡。”

四、九尾狐、三足乌

B式镜画纹带缘配置的神禽异兽中有九尾狐、三足乌图式，早期的神兽九尾狐记载见于《山海经·南山经》：“有兽焉，其状如虎而九尾，其音如婴儿，食者不蛊。”汉代九尾狐是西王母仙界常见的神物，具有预示其赐福人间、令世人子孙繁盛家族兴旺的作用，因此镜图中的九尾狐多与主神西王母伴出。古代“尾”是天象东方七宿的尾宿，由九颗小星组成，《史记·天官书》：“尾为九子。”《索隐》：“宋均云：属后宫场，故得兼子。子必九者，取尾有九星也。”因故九尾狐被认为是子孙繁息兴旺的征兆。此外，九尾狐也常作祥瑞之兆出现，王褒《四子讲德论》：“昔文王应九尾狐而东夷归周。”《白虎通》《孝经援神契》载：“德至鸟兽，则尾九狐。”

汉代神话中，三足乌是西王母役使的取食鸟。司马相如《大人赋》：“吾乃今日目睹西王母，皓然白首戴胜而穴处兮，亦幸有三足乌为之使。”张云注云：“三足乌，青鸟也，主为西王母取食，在昆仑墟之北。”汉镜西王母图像系统中出现三足乌，与文献记载相合。此外，三足乌在镜图中有时也是祥瑞征兆，且多数情况下与九尾狐成对出现。

五、羽人饲龙、羽人饲鹿

B式镜主纹区配置的“羽人饲龙”，羽人屈体前倾，昂首引颈回望，一手上举、一手作持灵芝的饲龙状。龙是神仙传说中的仙人乘骑，《山海经》《大戴礼记》多处记神人骑龙出行，《史记·封禅书》记有黄帝乘龙升天的传说。汉代人迷信以龙、虎作乘骑，可以进入西王母仙界完成升天成仙的愿望，《焦氏易林》：“驾龙骑虎，周遍天下，为人所使，见西王母，不忧不殆。”此类图式出现在西王母神话镜图中，是汉代人迷信“服食神仙说”的物化映证。

鹿是仙界长寿灵物，《抱朴子·玉策篇》："鹿兽千年，满五百岁则色白。"B 式镜中出现"羽人持丹丸（不死药）饲鹿"组图，也是汉代社会迷信通过服食不死药可以实现升天成仙愿望的反映。缘于鹿具备擅长疾驰、可以自由出入人神世界而长寿不死的奇异功能，汉代神话中还常作得道之人升仙的乘骑出现，《穆天子传》："天子西升于黎丘之阳……乃驾鹿以游于山上。"《飞龙篇》："乘彼白鹿，手翳芝草。"《仙赋》："观仓川而升天门，驰白鹿而从麒麟。"汉镜中亦见"崔文王侨骑鹿行"之类的铭辞。

六、白虎、蟾蜍、怪熊

白虎与西王母神话关系密切，文献记载的西王母的早期形象，便具有虎的某些特征和生活习性。汉代神话中，白虎是位居西方的神兽，常作为西王母的侍神或乘骑陪伴其左右，因此镜图西王母神仙系统中常见白虎出现，此外镜图中的白虎还扮演"导引"世俗之人升天成仙使者的角色。既然白虎能够自由出入西王母仙界，在汉人构筑的神话世界里，便自然可以演变成仙人乘骑出游，往来天地之间的工具，《楚辞·哀时命》："使枭羊先导兮，白虎为之前后。"贾谊《惜誓》："苍龙蚴虬于左参兮，白虎聘而为右騑。"河南南阳出土的汉画像石图式中，还有得道之人骑虎升仙的生动画面。

A 式镜图式中体态肥硕的团状蟾蜍，也具备生命可以无限延长与再生的神性，《玄中记》："蟾蜍头生角，得而食之，寿千岁。"《抱朴子》："肉芝者，谓万岁蟾蜍，头上有角……（食之）令人寿千岁。"汉代神话将蟾蜍冬眠的生物学习性赋予了"生命轮回""死而复生"的神性，进而认为蟾蜍与"不死药"密切关联，甚至蟾蜍本身就是不死药，食之可以得道升仙。汉乐府诗："采取神药山之端，白兔捣成蛤蟆丸。"有些镜图中，还配置有"蟾蜍举盘献灵芝或丹药"图式。汉画中的蟾蜍常常被刻画成长须、短角、短尾或兽体形的怪异图式，大约是表示其具备神性，自然要异于世俗社会里的常态同类物。

熊在汉镜神仙世界中常见，具有生命延长与化生的神性，《山海经·中山经》："熊山，有穴焉。熊之穴，恒出入神人。"《抱朴子·玉策篇》："熊寿五百岁，五百岁则能化。"镜图中的熊有多种怪异形象，亦标识其神性异于常态的同类物。此外熊在汉代还常作为预示王者清明的祥瑞出现，《孝经援神契》："赤熊见则奸佞自远。"武梁祠画像题铭："赤罴，仁奸明则至。"熊的生命力旺盛、力大勇武、刚猛强悍，既是抵御凶邪的祥兽，也是汉代男性生殖崇拜的首选象征物。

七、云气纹、蝙蝠纹

B式镜画纹带缘图式中，配置有多组被变形成装饰图案的蝙蝠纹。蝙蝠作有翼鼠形，擅长夜间飞翔，神秘而多变，古有“服（伏）翼”之称，《尔雅》：“蝙蝠服翼。”《玄中记》：“百岁伏翼，色赤，止则倒悬。千岁伏翼，色白，得食者，寿千岁。”由此，古代的蝙蝠又有“仙鼠”的别称，《太平御览》引《古今注》：“蝙蝠一名仙鼠，又曰飞鼠，五百岁则色白脑重……食之得仙。”可见古人给蝙蝠赋予了“不死药”的神性，食之即可升仙永生。汉镜画纹带缘中大量配置蝙蝠纹图案，承载的亦是与神仙信仰与升仙不死思想相关的内涵。汉代神仙世界里，“云气”也是仙人生存与活动中必不可少的介质，汉镜仙界构图习用云气纹作填衬图像，不赘述。

八、灵芝、仙草、丹药

A、B式镜图中，有西王母、羽人、神兽持灵芝、仙草、丹药的图式，其中的圆珠状颗粒，如为凤鸟所食，可能是文献中所称的“琅玕”，如为其他仙禽神兽所食，则可能是仙界炼制的“丹药”。此类镜图中另见神人或神禽异兽所持的“三株果”、折枝花卉、两托叶的“桃状物”等，也应是汉代神仙说中的“三株树”、灵芝草、“仙桃”之类的不死药。“灵芝”见于《尔雅》：“芝，瑞草，一岁三华，故楚辞谓三秀。”《说文》：“芝，神草也。”《论衡》：“芝草一年三华，食之令人眉寿庆世，该仙人之所食。”张衡《思玄赋》：“聘王母于银台兮，羞玉芝以疗饥。”汉乐府诗《善哉行》：“经历名山，芝草翻翻，仙人王乔，奉药一丸。”琅玕则是传说中凤鸟所食的长生仙果，《庄子》：“吾闻南方有鸟，其名为凤……以璆琳琅玕为食。”《说文》：“琅玕，似珠者。”此外，《山海经·海外南经》载西王母所居昆仑山赤水上有三株树“其为树如柏，叶皆为珠”，也是长生不死之物。镜图中大量出现这些表现仙人世界“不死药”的场景，均与西汉晚期以来社会上流行神仙信仰与升仙不死说的背景有关。

第五节　兴衰演变的年代与流播地域

前文所见两汉西王母禽兽镜，形制、图式、铭文各有变化，列表比较如下：

4－8　汉代西王母禽兽镜形制、铭文比较表

序号	名称	主纹区图像	镜缘图像	出土或收藏地点	资料来源
1	四乳四虺纹镜	四虺纹，填衬西王母图像系统、“四神”纹	宽平素缘	江苏宜兴私藏	《宜兴民间收藏铜镜精品集》图42
2	四乳禽兽纹镜	西王母图像系统、禽兽		江苏宜兴私藏	《宜兴民间收藏铜镜精品集》图54
3		西王母图像系统、禽兽		私藏	《鉴道神明》图2680
4	四乳禽兽博局纹镜	西王母饲凤、羽人禽兽	画纹带	阜阳王店邢集赵王庄汉墓出土	阜阳博物馆藏
5		西王母图像系统、羽人禽兽	宽平素缘	安徽寿县出土	《故宫藏镜》图34
6		西王母图像系统、禽兽		私藏	《中拍2011秋拍》图5121
7		西王母图像系统、禽兽		息斋私藏	《息斋藏镜》图2617
8		西王母图像系统、羽人禽兽		私藏	《古镜今朝》图82
9		西王母图像系统、羽人禽兽		江苏仪征胥浦镇先进村汉墓	《仪征馆藏铜镜》图第80页
10		西王母图像系统、羽人禽兽		江苏仪征出土	《仪征馆藏铜镜》图第79页
11		西王母图像系统、羽人禽兽		江苏丹阳私藏	《丹阳铜镜青瓷博物馆·千镜堂》图97
12		西王母图像系统、禽兽		私藏	《千秋金鉴》图1064

（续表）

内容 序号	名称	主纹区图像	镜缘图像	出土或收藏地点	资料来源
13	四乳禽兽博局纹镜	西王母配白虎、禽兽纹	流云纹	私藏	《古镜今照》图78
14		西王母与玉兔捣药、禽兽	三角锯齿纹、双线波折纹	阜阳城郊郭韩庄新莽墓出土	阜阳博物馆藏
15		西王母与玉兔捣药、禽兽	双线波折纹	江苏扬州蜀岗新莽墓出土	《中国铜镜图典》图303
16		西王母与玉兔捣药、禽兽	画纹带	江苏宜兴私藏	《宜兴民间收藏铜镜精品集》图62
17		西王母与玉兔捣药、禽兽	断续“c”纹	私藏	《仙辉朗鉴》图1299
18		西王母饲龙、四神、羽人禽兽	流云纹	陈介祺私藏	《簠斋藏镜》第85图
19	八乳禽兽博局纹镜	西王母与玉兔捣药、羽人禽兽	变形几何纹	国家博物馆藏	《中国青铜器全集·铜镜》图59
20		西王母饲九尾狐、羽人禽兽	流云纹	江苏宜兴私藏	《宜兴民间收藏铜镜精品集》图89
21	五乳禽兽纹镜	西王母与起舞羽人、羽人禽兽	变形禽鸟纹	江苏宜兴私藏	《宜兴民间收藏铜镜精品集》图103
22	七乳禽兽纹镜	西王母与玉兔捣药、羽人禽兽	变形流云纹	安徽寿县出土	《六安出土铜镜》图104

上表22枚例镜中，有17枚为禽兽博局纹镜，占总量的77.3%，可知两汉禽兽镜中的西王母图像系统，主要出现在禽兽博局纹镜中，而禽兽博局纹镜流行的年代在西汉晚期至东汉前期。22枚例镜中，另有四乳四虺镜

1 枚、四乳禽兽镜 2 枚、多乳禽兽镜 2 枚，其中填衬有“四神”纹的四乳四虺镜及四乳禽兽镜，主要流行于西汉晚期至东汉早期，多乳禽兽镜则主要流行于东汉中晚期。据此，可知西王母禽兽镜应主要流行于西汉晚期至东汉中期，其中以新莽前后最为盛行，东汉中期以后渐趋式微。

上表例镜，根据镜图构成的差异可大体分作三组。

Ⅰ组：典型例镜 4 枚

a. 宜兴私藏四乳四虺镜。主纹区四乳四分区组图，每区置一组硕大虺纹，虺纹下或周围间隙填衬“四神”纹及西王母、玉兔、九尾狐、三足乌、凤鸟等纹饰。

b. 仪征汉墓出土四乳禽兽博局纹镜。主纹区置四乳禽兽博局纹，禽兽纹主要有西王母、玉兔捣药、九尾狐、三足乌、羽人持献丹丸与仙草、蟾蜍等。

c. 仪征汉墓出土四乳禽兽博局纹镜。主纹区置四乳禽兽博局纹，禽兽纹主要有西王母、玉兔捣药、三足乌、羽人、凤鸟、丹药、仙果云气等。

d. 宜兴私藏四乳禽兽镜。主纹区四乳四分区组图，四区禽兽纹主要有西王母、玉兔捣药、羽人持仙果（草）、白虎、蟾蜍、凤鸟、九尾狐、熊、云气纹等。

上述 4 枚例镜，Ⅰa 式镜具有西汉晚期镜特征，镜图中的西王母图像系统仅作为填衬物象出现，形体小而简约，表明此镜构图中虽融入了西王母神话内容，却未能处于核心、主导地位，应是目前所见年代最早的西王母禽兽镜标本；Ⅰb 式镜出土于西汉晚期墓葬，镜图中西王母及其物象系统不仅俱全，且形构大而清晰，已经位居主纹区成为“核心图象”；Ⅰc 式镜同样属于出土器，年代及图像组合特征与Ⅰb 式镜基本雷同；Ⅰd 式镜为宜兴私藏，比较其形制与图像组合特征，亦属于典型的西汉晚期镜，镜图中的西王母物象系统配组配位特征，与Ⅰb 式、Ⅰc 式镜类似。据此，可看出西汉晚期西王母禽兽纹镜典型的组图特征：（1）西王母多与玉兔捣药、九尾狐、三足乌、羽人、凤鸟、蟾蜍等共同组合成一个较为稳定的系统图像；（2）西王母均为头部戴胜、着宽大袍服、侧身跽坐图式；（3）西王母图像系统内的物象，基本分布于整幅镜图中，除Ⅰa 式镜外，其余例镜中的西王母在图像系统中均处于“核心地位”。

Ⅱ组：典型例镜 4 枚

a. 四乳禽兽博局纹镜。主纹区四乳四分区组图，四区分别配置禽兽博局纹，禽兽纹主要有西王母、白虎、羽人饲龙、瑞兽等。

b. 宜兴私藏八乳禽兽博局纹镜。主纹区内置八乳禽兽博局纹，禽兽纹主要有西王母饲九尾狐、羽人饲禽鸟等。

c. 国家博物馆藏“始建国二年”铭四乳禽兽博局纹镜。主纹区置四乳禽兽简化博局纹，四区禽兽纹分别为西王母配玉兔捣药、两羽人骑独角兽、凤鸟配独角兽、羽人饲兽。主纹区外置一周“始建国二年……”铭文圈带。

d. 扬州蜀岗新莽墓出土博局禽兽镜。主纹区置四乳博局禽兽纹，四区禽兽主纹分别为西王母与玉兔献药、羽人戏凤鸟、独角羊与长尾兽、三足兽与长尾鼠，主纹间隙填衬云气纹。

以上4枚例镜中均缺少完整的西王母图像系统，Ⅱa式镜中仅有一区配置“西王母与白虎”图式，其余三区图像与西王母神话内涵无直接关联；Ⅱb式镜中仅有一区配置“西王母饲九尾狐”图式，其余图像区与西王母神话无关联；Ⅱc、Ⅱd式镜中，均仅有一区配置“西王母与玉兔捣药”图式，其余图像区与西王母神话无关联。据此，可看出新莽时期西王母禽兽纹镜组图的主要特征：（1）镜图中完整的西王母图像系统渐趋简化，西王母与玉兔捣药、九尾狐、三足乌、凤鸟、白虎、蟾蜍等同配一幅镜图内的现象基本不存；（2）西王母组图仅占整幅镜图空间的四分之一，且多与传统图像系统内的一种神人或禽兽配组，在镜图内的“核心地位”趋于淡化；（3）着宽大袍服、戴胜、侧身跽坐仍是西王母图式的典型特征。

Ⅲ组：典型例镜5枚

a. 阜阳郭韩庄汉墓出土四乳禽兽博局纹镜，见前文介绍。

b. 阜阳赵王庄汉墓出土四乳禽兽博局纹镜，见前文介绍。

c. 宜兴私藏四乳禽兽博局纹镜。主纹区置四乳禽兽博局纹，四区禽兽纹分别为西王母与玉兔捣药、两组鸟衔鱼、熊与鹿、羽人与瑞兽。

d. 宜兴私藏五乳禽兽纹镜。主纹区五乳五分区组图，分别配组西王母与羽人、羽人饲龙、玄武与独角长尾蟾蜍、白虎与长尾兽、凤鸟与两戏兽。主纹区外置一周“桼言之纪从镜始……”铭文圈带，画纹带缘。

e. 寿县汉墓出土七乳禽兽纹镜。主纹区七乳七分区组图，七组禽兽纹分别为西王母与玉兔捣药、熊与鹿、羽人饲兽、两奔马、蟾蜍饲雀鸟、羽人骑鹿、熊搏牛。

f. 故宫博物院藏禽兽博局镜。主纹区四分区组图，分别配置西王母图像系统、羽人射虎、羽人乘玄武驾鹤出游、羽人驾鱼出游。

以上例镜，Ⅲa式镜四分区组图，缺少完整的西王母图像系统，仅在四分之一图像区配置“西王母与玉兔捣药”图式，西王母戴胜，体作“兽首人身”型；Ⅲb式镜主纹区四分区组图，仅有四分之一图像区配置“西王母饲凤鸟”图式，但镜缘画纹带中配置有九尾狐、三足乌图像；Ⅲc式镜四分区组图，仅在四分之一图像区配置“西王母与玉兔捣药”图式；Ⅲd式镜五分区组图，仅在其中一区配置“西王母与舞蹈侍神”图式；Ⅲe式镜七分区组图，其中一区配置“西王母与玉兔捣药”图式，西王母不戴胜，为“人兽合体”形态；Ⅲf式镜四分区组图，其中一区配置西王母、玉兔捣药、九尾狐、三足乌、神树、凤鸟等，构成一类较罕见的西王母图像系统模式。西王母虽着宽袍侧身跽坐，但头部不戴胜。据此，可大体归纳出东汉之际西王母禽兽镜图像的主要特征：（1）西王母形象有“戴胜”“不戴胜”两类，既有“世俗贵妇型”的图式，也有“兽首人身型”的例证；（2）镜图中西王母图像系统的配置活泼多变，其中以“简化型”图式最流行，亦见“完整型”和主纹区、镜缘画纹带区“分散型”配置的例证；（3）多乳禽兽镜图式中的西王母组图更趋于简约而“符号化”，西王母作为镜图“核心图像”的地位消逝。

比较以上三组典型例镜，可对两汉时期此类镜兴衰演变特征总结如下：西王母禽兽纹镜兴起于西汉中期以后，主要流行于西汉晚期至东汉早中期，其中以新莽时期最盛，东汉中期以后渐趋式微。西汉晚期西王母禽兽镜组图，主神西王母均侧身跽坐、着宽袍戴胜，与玉兔捣药、九尾狐、三足乌、蟾蜍、凤鸟、羽人、白虎、仙果、丹丸、药尊等共同配组构成一个图像系统，并在镜图中居于核心地位。新莽前后此类镜图式开始发生变化，主神西王母虽仍保持宽袍戴胜、侧身跽坐的形象，但早期完整的神话图像系统已开始简化省隐、肢解离散，多以西王母配置一种神人侍者或禽兽的“简化型”模式出现，所占据的镜图空间位置亦多限定在整幅镜图的四分之一范围。东汉早、中期此类镜西王母组图则进一步简约、异化，既流行“简化型”西王母图像系统模式，亦见少量的“完整型”图像系统模式，同时西王母组图在整幅镜图中所占的空间比例渐趋收缩。延至东汉中晚期的多乳禽兽镜中，西王母组图所占的空间不仅进一步被压缩，其形象也开始向着头部“不戴胜”、面部五官省隐模糊的趋势嬗变，表明此期镜图中传统意义上的西王母主神的“核心地位”已渐趋消逝。

两汉时期西王母禽兽镜的流播地域，从本书统计的20余枚标本看，这些例镜集中出现在江苏扬州、宜兴和安徽六安、阜阳地区，其中以宜兴、仪征所见例镜的年代最早。如果以上地域为此类镜的发源地与流播中心，则这个区域恰好位于西汉诸侯王国所在的关东地区，其具体位置大致在西汉淮南国、吴国故地之临近淮河流域范围。汉代关东诸侯王国所在的淮河流域及其附近地区，自先秦以来就神仙巫术发达，从目前所见画像材料看，两汉之际西王母神话传说在这一地区空前流播。《汉书·哀帝纪》《汉书·五行志》所记西汉末曾发生过席卷全国的大规模祭祀西王母的流民运动，这个运动即肇始于关东地区，并遍行关东二十六个郡国后向西传至京师地区。日本学者冈村秀典考证认为此次遍布西汉全国的祭拜西王母狂潮，即源出于淮河流域地区，如果这个结论无误，考虑西王母禽兽镜发源地、流播地区、兴衰时段的具体情况，或可将西汉末至东汉初年的上述全国性民间祭拜西王母运动的发源地，推定在吴国与淮南国故地区域内。

第六节 余 论

西王母神话传说在我国古代源远流长，两汉时期，神仙信仰与升仙不死说、阴阳五行说、谶纬思想、原始道教信仰等社会思想的影响改造，使西王母神话与西王母形象发生了复杂演变。西汉晚期以来，汉室衰微、宦官外戚专权、皇权角逐更易、自然灾害频发、土地剧烈兼并等社会现象，导致政局动荡不安、社会信仰危机、人民流离失所，灾难与死亡的恐慌时刻威胁着世人的安全，人们十分渴望得到西王母神的庇护与赐福，以求得在现实世界中或精神家园里解除灾难与痛苦，由此推动了西王母信仰崇拜之风空前炽盛，并在同时代物质文化载体中留下烙印，禽兽镜图式中出现西王母神话内容，是上述社会背景下的产物。

汉代神人禽兽镜中的西王母图像虽远不及神人神兽镜、神人画像镜中的同类图像出现频度高，却在两汉人物镜的形成与演变过程中有着特殊的意义，在此之前，汉镜中也有人物图像出现，如禽兽镜中常见的“羽人”“人面兽”“人面鸟”等，但这些怪异“人物”的形态，多作尖首长耳的兽体型或禽鸟状，有的不仅体被羽翼，还有卷曲的长尾，因而它们还不能视为完整意义上的“人”形，准确地描述应归入“半人半兽（禽）”“人兽（禽）合体”型，属于镜图物象中由“禽兽”向“人物”演变的一类过渡形态。而汉神人禽兽镜中的西王母图像，自一出现就是着宽袍、头戴胜、侧身跽坐的完整人物形态，与汉代世俗生活中贵妇的形构、发式、服饰完全相同，此前镜图中“人兽（禽）合体”式的人物造型特征完全消失。此后，汉镜图式中无论是刻画“仙人”，还是表现现实生活中的“俗人”，都延续了这种构图特征，由此，可以认为神人禽兽镜中的西王母造型，开启了汉代人物镜中人物图像“世俗化”演变的先河，在两汉人物镜发展演变过程中有着承上启下的重要作用。

就阜阳所处的淮河流域而言，东汉中晚期这一地域画像镜、神兽镜中西王母神话题材十分流行，如著录中常见的所谓北方地区西王母画像镜，多半系源出于淮河流域。上文介绍的两例西王母禽兽镜的年代，约在东汉早中期，镜图所承载的西王母神话题材，与稍晚之际出现的画像镜、神兽镜中的同类题材在年代上显然应有前承后续的关联，两者表现形式有异，神话内涵相同。

图 4－7

图 4－8

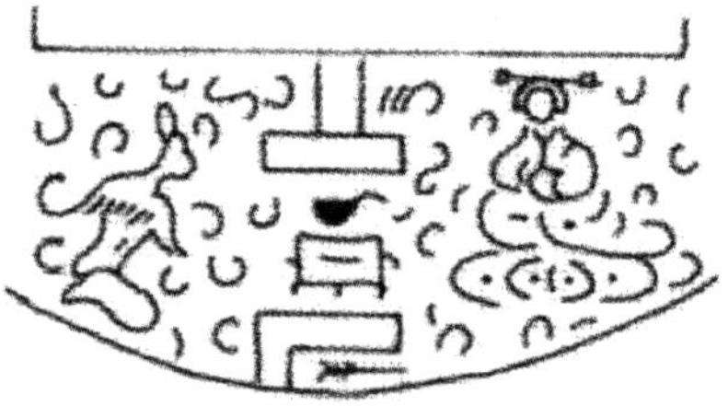

图 4－9

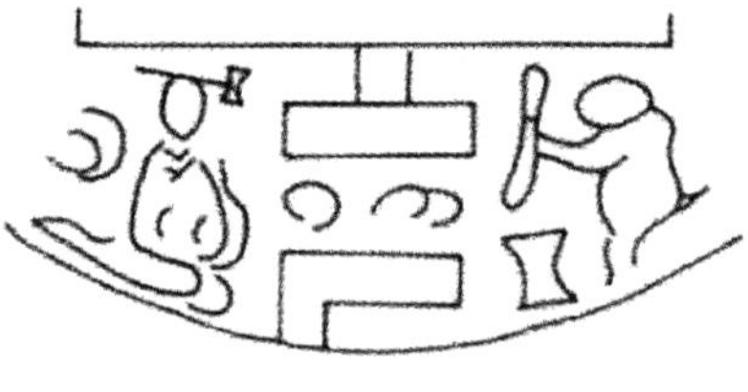

图 4－10

图 4－11

图 4－12

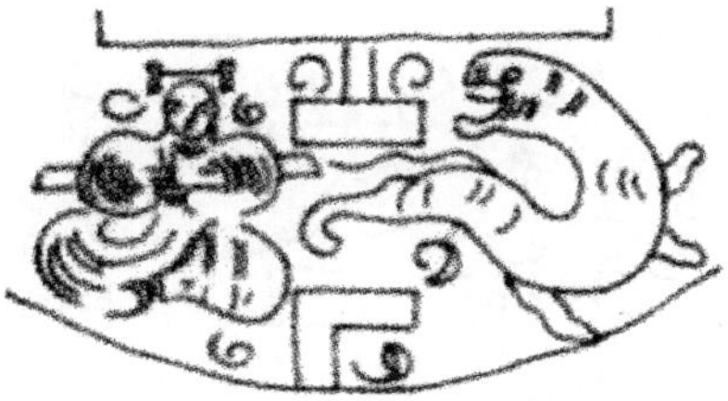

图 4－13

图 4－14

图 4－15

图 4－16

图 4－17

图 4－18

图 4－19

图 4－20

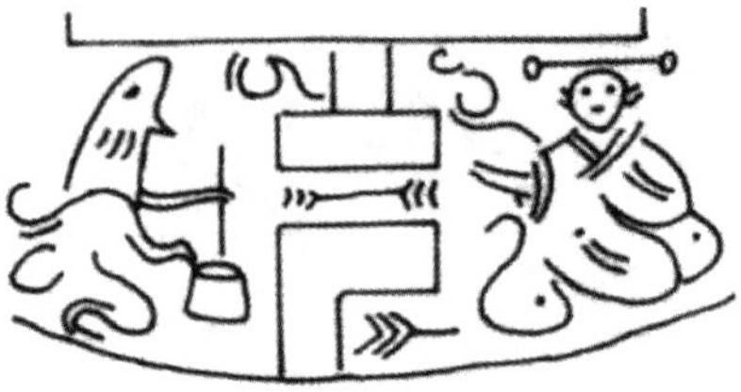

图 4－21

图 4－22

图 4－23

图 4－24

图 4－25

图 4－26

图 4－27

图 4－28

图 4－29

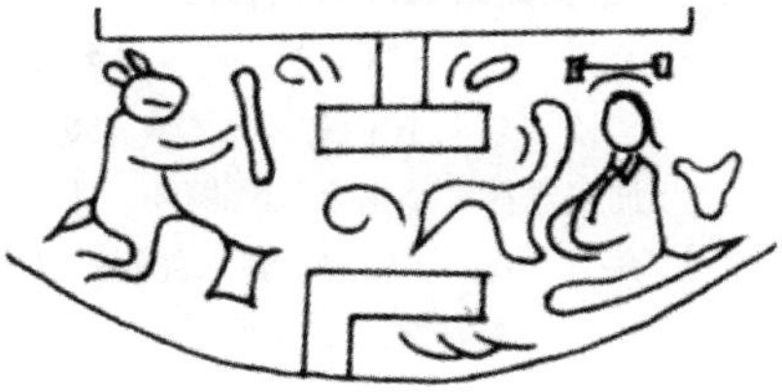

图 4－30

图 4－31

图 4－32

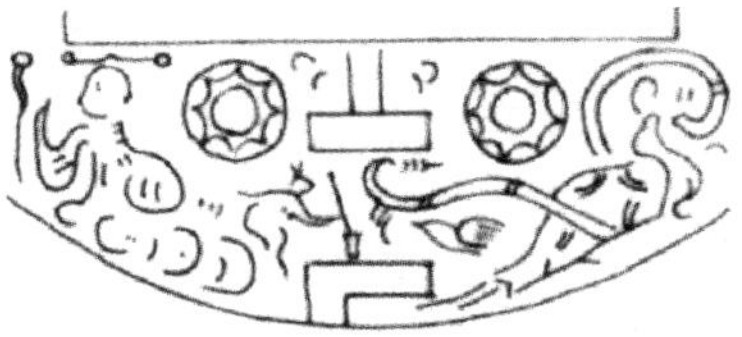

图 4－33

以上线图为两汉禽兽镜中的西王母图像（局部）。图 4－7 东汉四乳西王母禽兽博局纹镜（安徽阜阳城郊郭韩庄汉墓出土） 图 4－8 东汉四乳西王母禽兽博局纹镜（安徽阜阳王店邢集赵王庄汉墓出土） 图 4－9 新莽西王母禽兽博局纹镜（江苏扬州蜀岗新莽墓出土） 图 4－10 西汉四乳西王母禽兽博局纹镜（江苏仪征市博物馆藏） 图 4－11 新莽“始建国二年”铭西王母禽兽博局纹镜（国家博物馆藏） 图 4－12 东汉四乳西王母禽兽博局纹镜（江苏丹阳铜镜青瓷博物馆藏） 图 4－13 东汉四乳西王母禽兽博局纹镜（息斋藏镜） 图 4－14 东汉四乳西王母禽兽博局纹镜（江苏宜兴私藏） 图 4－15 西汉四乳四虺西王母禽兽纹镜（江苏宜兴市私藏） 图 4－16 西汉四乳西王母禽兽博局纹镜（江苏宜兴私藏） 图 4－17 东汉四乳西王母禽兽博局纹镜（故宫博物院藏） 图 4－18 东汉“泰山作竟”铭七乳西王母禽兽纹镜（安徽寿县博物馆藏） 图 4－19 汉西王母禽兽纹镜（日本松本清张氏藏） 图 4－20 东汉西王母禽兽纹镜（中拍国际 2011 秋拍私藏） 图 4－21 东汉西王母禽兽纹镜（安徽寿县汉墓出土） 图 4－22 新莽西王母禽兽纹镜（朝鲜平壤石岩里墓葬出土） 图 4－23 东汉西王母禽兽纹镜（上海泓盛 2011 秋拍私藏） 图 4－24 东汉西王母禽兽纹镜（北京祥云轩 2011 秋拍私藏） 图 4－25 东汉西王母禽兽纹镜（《古镜今照》收录私藏） 图 4－26 东汉西王母禽兽纹镜

（北京瀚海 2011 秋拍私藏） 图 4－27 汉西王母禽兽纹镜（日本宁乐美术馆藏） 图 4－28 东汉西王母禽兽纹镜（陈介祺私藏） 图 4－29 汉西王母禽兽镜（瑞典王室藏） 图 4－30 西汉四乳西王母禽兽博局纹镜（江苏仪征胥浦先进村汉墓出土） 图 4－31 新莽四乳西王母禽兽博局纹镜（江苏仪征私藏） 图 4－32 新莽八乳西王母禽兽博局纹镜（江苏宜兴私藏） 图 4－33 东汉“桼言之纪”铭西王母禽兽镜（江苏宜兴私藏）

第八章 汉“四神”博局镜物象观察

“四神”（亦称作“四灵”）博局镜，是汉代禽兽博局镜中以青龙、白虎、朱雀、玄武同其他禽兽物象配组构图的一个大镜群，此类镜兴于西汉末，盛于新莽至东汉早期，东汉中期以后渐趋衰微。汉镜中的“博局纹”源于早期栻盘、日晷图式，象征天地的轮廓构架，指示四方方位的“四神”配位于博局纹框架中，构成了汉代天宇观中完整的宇宙模式。由于“四神”博局镜构图多变，纹饰繁缛，配组配位物象庞杂，所承载的文化内涵丰富而难于对应文献记载一一考证，诸多传说中的神禽异兽物象在不同镜图中形制标准不一，其具体形态刻画简约模糊缺少丰富鲜明的细部特征，因构图材料、风格技法的不同及受特定构图空间的限制与同时期帛画、画像砖、画像石、漆器等汉画材料中同类物象的图像模式有差异等原因，对此类镜千姿百态复杂单元物象的精确认证定名及对其文化内涵的完全准确解读并非易事。除“四神”及其部分配组配位较为稳定规范的物象名称、形制易于确认外，还有许多禽兽物象的名称、内涵等问题尚未逐一落实，因此研究者多以“瑞兽”“禽鸟”泛称存疑。

第一节 汉“四神”博局镜分类

“四神”博局镜有多种分类法，本文依据“四神”完残及物象配组配位的差异（以下将“东青龙、西白虎、南朱雀、北玄武”的配位模式称为“标准模式”，将朱雀玄武配位标准、青龙白虎配位相反者称为“龙虎反位模式”，“四神”配位不遵循上述规制者称为“配位随意模式”）将常见的“四神”博局镜分为五大类。

一、A 类

本类镜图式中“四神”不全，青龙、白虎、朱雀各独占一区，配位方位标准，但北方玄武缺失，取代玄武位的常见物象有凤鸟、蟾蜍、熊等。或镜图中“四神”俱全但配位随意，“四神”仅为主纹区物象的一部分，没有凸显其“核心物象”的地位。与“四神”同区配组配位的物象，还有鹿、兔、鱼、鸟食鱼、鹤、九尾狐、三足乌、羽人等。此类镜主要流行于西汉晚期，从物象组图特征可以看出，西汉晚期“四神”在镜图中配组配位的“标准模式”并未最终定型，玄武缺失或配位随意的例镜较为常见。典型例镜见于《中国铜镜图典》（以下简称《图典》）第 317 页图，《上海博物馆藏铜镜精品》图 34，《中国青铜器全集 16 · 铜镜》图 58 收录的镜器。另《历博藏镜选辑（二）》图 71、《湖南出土历代铜镜》图 46 亦属此类镜。

二、B 类

“四神”俱全，配位标准或龙虎反位。“四神”为主纹区的“核心物象”，其他配置禽兽、羽人等为填衬物象，钮座外双线方格内侧均有十二辰铭文与“四神”物象形成各种配位关系。此类镜主要流行于新莽至东汉早期，较常见的一类“四神”俱全，配位标准，十二辰自“子”始顺旋与“四神”配位为：青龙对“寅”位，朱雀对“巳”位，白虎对“申”位，玄武对“亥”位。亦见在白虎与朱雀之间配置麒麟、对“未”位的例镜，其主纹区“四神”常见配组物象：青龙配人面鸟、瑞兽、凤鸟；白虎配蟾蜍、麒麟，一般白虎昂首擎月与青龙擎日相对；朱雀配麒麟、瑞兽、凤鸟、羽人骑鹿；玄武配羽人、瑞兽。主纹区还常见羽人饲鸡、羽人骑鹿、蟾蜍、鱼、飞禽等填衬物象。典型例镜见于《上海博物馆藏铜镜精品》图 45，《息斋藏镜》第 180 页，《中国青铜器全集 16 · 铜镜》图 70，《故宫藏镜》图 33，《洛阳出土铜镜》图 29，《陕西出土铜镜》图 43。有些例镜“四神”配组物象与十二辰配位较随意，如《上海博物馆藏铜镜精品》图 40，《图典》第 286 页湖北鄂城出土镜，《江苏丹阳铜镜青瓷博物馆藏镜》图 87。《浙江出土铜镜》彩图 8 亦属此类镜，它们仅在十二辰、“四神”物象配组配位模式及两者配位关系上有细微的区别。“四神”常见配组物象：青龙配凤鸟、羽人、鹿瑞兽；白虎配凤鸟、蟾蜍、飞廉、独角兽；朱雀配羽人持果、麒麟、凤鸟；玄武配蟾蜍、羽人饲鸡、独角兽等。

三、C 类

与 B 类镜基本雷同，区别在于钮座外双线方框内无十二辰铭文，少量例镜见北方玄武为龟、蛇分离图式。主要流行西汉晚期至东汉早期，较常见的一类“四神”配组物象为：青龙配羽人、凤鸟、飞廉、瑞兽；白虎配蟾蜍、辟邪、天禄、九尾狐、瑞兽；朱雀配凤鸟、麒麟、羽人；玄武配蟾蜍、三足乌、玄武、瑞兽。典型例镜见于《图典》第 275 页图、第 279 页图，《广西铜镜》彩图7、图64。另外，《历代铜镜纹饰》图50，《息斋藏镜》图22，《湖南出土历代铜镜》图50，《历代铜镜纹饰》图49，《丹阳铜镜青瓷博物馆·千镜堂》图90、图92，《长安汉镜》图版50、图版52，《图典》第282页收录的镜器亦属此类镜，它们仅在细部物象组图中与上述镜有区别，其“四神”常见配组物象：青龙配羽人、蟾蜍；白虎配凤鸟、蟾蜍、西王母、瑞兽；朱雀配凤鸟、羽人、瑞兽；玄武配玉兔或为龟蛇分离式。主纹区常见填衬物象有羽人饲龙、麒麟、凤鸟、雏鸡、玉兔、九尾狐、三足乌、龟、蛇、蟾蜍等。江苏盱眙出土此类镜构图：青龙配羽人、瑞兽为一区；白虎、朱雀、凤鸟各占一区，两侧才是配组物象，其中白虎配辟邪、天禄，朱雀配两凤鸟、玄武配龟与蟾蜍，是本类镜中较特殊的一例，甚是少见。

四、D类

“四神”多不全，除白虎外，青龙、朱雀、玄武均见缺失的例子，也有“四神”俱全但配位随意的例镜。主纹区“四神”物象配位复杂多变，镜缘区均为物象配组丰富生动的华美画纹圈带。本类镜主要流行于新莽至东汉中期，主纹区常见的“四神”物象配组：青龙配羽人、飞廉、翼兽；白虎配蟾蜍、熊、辟邪、羊、羽人、独角兽；朱雀配玄武、禽鸟；玄武配瑞兽或缺失，以九尾狐、飞廉配瑞兽代位。主纹区另见填衬物象有羽人、凤鸟食果、飞鹤、蟾蜍、禽鸟、瑞兽等。镜缘配组物象常见羽人饲（戏）龙、应龙、凤鸟、大螺化龙、鱼化白龙、飞廉、九尾狐、三足乌、鹿、鹤、熊、独角狐、“四神”、瑞兽等。此类镜见于《息斋藏镜》第169页、第64页图，《图典》第278、291、314、315页图，《湖南出土历代铜镜》图61、图62、图64，《历代藏镜选辑（三）》图77，《浙江出土铜镜》图版15。

五、E类

“四神”不全，配位随意。有些例镜“四神”物象从主纹区消失、仅出现于镜缘画纹带中。此类镜流行于东汉中晚期，主纹区常见配组物象为：青龙配青龙、凤鸟、天禄，白虎配白虎、辟邪，朱雀配独角兽、蟾蜍配怪熊或“四神”单体各独占一区，无配组物象。典型例镜见于《丹阳铜镜青瓷博物馆·千镜堂》图107、图108，《图典》第283页图。有些例镜构图“四神”俱全，但被压缩配位于主纹区的相对两区中，在这两区内“四神”虽大体遵循配位规制，但对整个四等分主纹区而言，已不是严格定义上的“四方”方位了（另两区物缘配置为：羽人配蛇、怪熊配瑞兽）。如《图典》第316页的镜器，“四神”物象仅在镜缘画纹带中配置，是此类镜出现于东汉晚期的特征。

第二节　物象形态特征与神性内涵

一、“四神”

“四神”是汉禽兽博局镜中出现频率最高、形制最易辨识、配组配位最为稳定规范的一组物象。汉镜博局纹代表天地的轮廓与框架，但这个架构本身是没有四方方向功能的，具有明确方位属性的天象“四神”配置于镜图博局纹中，就成为这一宇宙模式中指示四方八极方位的标识物，因而“四神”是确立博局镜组图空间方位体系架构的“核心物象”“定位物象”。

1. 青龙

A类镜龙头生角、须，体翼兽状，四肢张腾，长尾。有的龙属于“线体龙”向“兽体龙”演变的过渡态。B、C类镜青龙“兽体”较A类镜肥硕，有的仅头部与白虎有区别。D、E类镜青龙构图趋简，D类镜画纹带缘中的青龙被任意拉长、收缩、压扁、扭曲、简化，处理成“图案化”“符号化”装饰。E类镜镜图中的青龙头部呈鸟首状，体瘦长，是特殊的“鸟兽体”图式。龙是传说中的神人乘骑，《山海经》《大戴礼记》多处记神人骑龙出行，《焦氏易林》：“驾龙骑虎，周游天下，为神人使。”《史记·封禅书》记有黄帝乘龙升天的传说。作为方位神的青龙具有守护东方、去恶除凶辟不祥的职能，《三辅黄图》：“苍龙、白虎、朱雀、玄武，天之四神，以正四方。”青龙、白虎常被汉代人用于镇宅除鬼御凶，《论衡》：“宅中主神有十二焉，青龙、白虎列十二位。龙虎猛神，天之正鬼也，飞尸、流凶，安敢妄集。”汉镜中还常见“青龙擎日”“白虎擎月”对称配组表达阴阳和顺的图式。

2. 白虎

一种形态与现实生活中的虎大致雷同，另一种饰有双翼，躯体某些部位夸张变形。文献所记虎具有食鬼御凶、辟邪迎祥的神性，《山海经》：“恶害之鬼，执以苇索，而以食虎。”《论衡》：“门户画神荼、郁垒为虎，悬苇索，以御凶魅。”虎是传说中人、神升天的乘骑，《楚辞·哀时命》：

“使枭羊先导兮，白虎为之前后。”汉镜“四神”中白虎是镇守西方的方位神，具有除凶辟不祥的守护职能，此外白虎还作为寓示王者政治清明兴仁德的祥瑞出现，《孝经援神契》：“德至鸟兽，白虎见。”《符瑞志》：“白虎，王者不暴虐，则白虎仁，不害物。”

3. 朱雀

A类镜朱雀长喙，高冠后飘，连蜷兽形体，两翼小而上卷，躯体有四兽足，尾细长卷曲，另有朱雀昂首前行或回首展翅状，长喙，两翼简约，尾细长分岔。C类镜朱雀低首而立或静伏状，细颈，两翅附于体背，尾呈孔雀屏状，分多岔，硕大而外展，少数昂首展翅飞行，尾硕大，分岔呈帚状。D类镜朱雀昂首展翅飞行，长喙，羽状冠，尾长而分叉上扬，末端卷窝纹状，另外还常见头部、尾、两翅简化、躯体大而浑圆成流线型的图式及雏雀型、鹅、雁型图式等。朱雀有守卫南方、除凶去恶辟不祥的本职属性，《尚书·尧典》：“日中星鸟”，传：“鸟，南方朱雀七宿。”疏：“南方朱雀七宿者，在天成象，星座鸟形，《曲礼》：前朱雀，后玄武，左青龙，右白虎。雀即鸟也。”朱雀还是秦汉神话中常见的仙人乘骑，《九辨》说升天时“左朱雀之茇茇兮，右苍龙之跃跃”。《惜誓》：“飞朱鸟使先驱，驾太一之象舆。”此外朱雀还被汉代人广泛用于镇宅守门除凶或丧葬镇守墓门。

4. 玄武

常见蛇绕龟图式。A、D类镜玄武形态中的蛇位于龟上方，两者并不相互缠绕，仅有部分躯体相连。C类镜龟蛇中龟、蛇离解，蛇环包龟，两者仍居一区。C、D类镜还见龟、蛇完全分作两区图式，蛇游离原位后多与龟分区对称配位。汉代的玄武是北方七宿的动物神名，《淮南子·天文训》：“北方水也……其兽玄武。”《春秋元命苞》：“灵龟生水，玄武主北方。”传说中的龟均为雌性，与蛇结合方能繁殖，龟蛇合体的形象自被创始即承载了阴阳交合化生的内涵。《文选》：“龟与蛇交，谓玄武。”玄武身被鳞甲、孔武有力，具有去恶除凶、守护平安吉祥的神性职能，《礼记·曲礼》：“行，前朱雀后玄武。”此外玄武还是仙人出行的常伴神物和凡人升仙的导引神，《楚辞·九怀》：“玄武步兮水母”，王逸注：“天龟，水神，次从余也。”

二、羽人（仙人）

“四神”博局镜频繁使用羽人配图，羽人多长头，长耳，体被羽毛或生双翼，多细长尾，有的还有鸟喙形尖长嘴。《山海经》多处记有羽民和羽民国的传说，羽人即传说中的仙人，《楚辞·远游》：“仍羽人于丹丘兮，留不死之旧乡。”王逸注：“人得道身生毛羽也。”洪兴祖《楚辞补注》：“羽人，飞仙也。”汉代人迷信羽化升仙说，《道虚》：“好道学仙，中生毛羽，终以飞升……为道学仙之人，能先生数寸之毛羽，从地自奋，升楼台之陛，乃可谓升天。”秦汉时期“鸟状羽人”或“鸟兽合体”的仙人形象，被真实地保留在铜镜图式中，以下对“四神”博局镜中常见的仙人题材图式进行举例解说。

1. 羽人饲（戏）龙（虎、凤、雀）

“羽人饲龙”配组物象中的羽人，多见屈体前倾、伸头引颈、后肢或蹲屈或跪地、手前伸持芝草、三株果、桃形仙果等物与青龙相对的形象，也有羽人起舞等其他图式。同类物象配组还常见“羽人饲虎”“羽人饲凤”“羽人饲雀”“羽人饲雏鸡”等图式，它们承载的文化内涵是一致的，都寄寓了汉代人渴望通过服食不死仙果进入神仙世界的愿望。有研究者将汉镜中的“羽人饲龙”释为“羽人戏龙”，认为它表现的是仙人“导引”之术。从上述图式中羽人手持不死之物的神性内涵分析，将其认证为“羽人饲龙”似应更确切一些。对有些羽人手中不持物与青龙相对的图式，解释为“羽人戏龙”，并认为其承载了“导引”升仙的神话学内涵是说得通的。

2. 羽人骑鹿（羊、麒麟、凤、龟）

羽人骑鹿形制较为稳定规范，鹿四肢腾空前奔，昂首引颈，嘴小而尖细，头顶竖两耳，腹部肥硕丰满且多饰圆斑点，尾短小而上翘。羽人长头长耳，颈部多有长羽后飘。鹿是汉代神话中习见的升仙乘骑，《楚辞·哀时命》：“浮云雾而入冥兮，骑白鹿而容与”，汉乐府诗集《长歌行》：“仙人骑白鹿，发短耳何长。”《春秋命历序》：“神驾六飞鹿，化三百岁。”镜图中还常见“羽人骑羊”“羽人骑麒麟”“羽人其凤”“羽人乘龟”等物象配组，所承载的都是仙人出行或得道之人乘骑升仙的思想内涵，是汉代神仙说内容的形象图解。

3. 羽人“导引”

A类镜图中有夹钮对置形体类同的两硕大羽人，其一大脸方形，圆眼，大嘴獠牙，头生角，躯体细长连蜷，长臂生翼，尾粗大而卷曲。另一羽人圆脸，扬手张臂，肢体连蜷。“导引”是指修炼者屈伸俯仰“引体令柔”的各种动作，是汉代重要的升仙术，《仙赋》：“呼则出故，翕则纳新。夭矫经引，积气关元……仙道即成，神灵攸迎。”马王堆汉墓《导引图》保留了汉代“导引”术图式，汉代画像石、漆器上也有此类仙人或方士“导引”修炼的图式，《楚辞·九歌》：“灵连蜷兮既留，烂昭昭兮未央。”王逸注："连蜷，巫行神导引貌也……言巫执事肃敬，奉迎导引，颜貌矜庄，形体连蜷，神则欢喜，必留而止。"洪兴祖《楚辞补注》："连蜷，长曲貌。"Ab 类镜图中形体长而连蜷的羽人形态，应是此类神仙方术中仙人"导引"动作的图解。

4. 人面鸟

B 类镜人面鸟长头、长耳、长发后飘，颈细长而弯曲，躯体形同禽鸟，呈展翅直立状（《图典》第 270 页图，《故宫藏镜》第 32 页图）。C 类镜人面鸟形态与 B 类镜基本一致，区别在于头部无长耳、长发（《图典》第 270 页图）。早期文献《山海经》中有人面鸟神话，汉代人迷信修炼成仙的标志是羽化飞升，因而汉代的神仙形象多为羽人图式。《论衡·无形篇》："图仙人之形，体生毛，臂变为翼，行于云，则年增矣，千岁不死。"《雷虚》："飞者皆有翼，物无翼而飞谓仙人，画仙人之形，为之作翼。"人面鸟同羽人一样，实际就是汉代人想象中的神仙形象，稍后《抱朴子·对俗》亦记："千秋之鸟，万岁之禽，皆人面而鸟身，寿亦如其名。"

5. 西王母

C 类镜中的西王母正面跽坐，头戴胜，双手拢于胸前，着宽袍，与白虎配位一区。镜图中还配组有玉兔捣药、蟾蜍起舞、羽人、九尾狐、三足乌等物象。西王母神话甚古，两汉之际经历了复杂演变，已由早期"豹尾虎齿善啸"半人半兽的恐怖形象渐变为与天齐寿的老妇人、生不知死的美丽贵妇，由早期掌管瘟疫、刑罚神职渐变为掌管不死之药、驱邪消灾赐福的万能救世主。此类西王母图式标志着汉镜中仙人形象已渐趋完成了由"鸟兽型"向"人型"的演变。西王母与白虎神性关联密切，早期的西王母"有文有尾，皆白"，似乎就是虎的化身，晚期的西王母仍以白虎作乘骑或随身侍者。西汉中晚期以来，阴阳五行配位规则也总是将白虎与西王母配组于西方，因而 Cc 类镜中的西王母物象配组属汉代此类物象配组的"标准模式"。

三、熊、鹿、羊、鸡

1. 熊

A 类镜中的熊，四肢伸张呈仰卧状，体态肥硕，圆脸，小眼，尖耳后竖，耳后有长而后飘的体毛。Db 类镜熊回首爬行，一前肢上扬作扑击状，尖嘴外突，嘴大张，小尾上卷。E 类镜熊作直体蹲踞状，两前肢伸展。后肢一屈弓一伸展，嘴大张、尖细夸张性外突，头有弯曲独角。小眼，尾细长，尖端卷曲分岔。E 类镜熊呈蹲踞后仰形态，圆脸，圆耳，体态肥硕，一前肢前伸作扑食状。熊是古代象征男性生殖繁衍的祥瑞动物，《诗经·小雅·斯干》：“吉梦维何，维熊维罴……维熊维罴，男子之祥。”汉画中熊多隐喻生殖崇拜，祈求生命繁衍、子孙兴旺。熊作为打鬼首领方相氏的象征，具有驱鬼避疫的神性，《搜神记》：“昔颛顼氏有三子，死而为疫鬼……于是正月命方相氏，帅肆傩以驱鬼疫。”《周礼·夏官》：“方相氏掌蒙熊皮，黄金四目，玄衣朱裳，执戈扬盾，帅白隶而时傩，以索室驱疫。”熊作为祥瑞出现在汉代被认为能预示王者清明，《孝经援神契》：“赤熊见则奸佞自远。”武梁祠画像题铭：“赤罴，仁奸明则至。”熊还具有生命延长与化生的神性，《山海经·中山经》：“熊山，有穴焉。熊之穴，恒出入神人。”《抱朴子·玉策篇》：“熊寿五百岁，五百岁则能化。”此外熊的生命力旺盛、力大勇武、刚猛强悍，还是汉画中常见的抵御凶强的祥兽。

2. 鹿

常见昂首引颈前奔或驻足静立状，嘴尖细，两耳上竖，颈略长，体饰圆斑点，尾短小。鹿是汉代神话中常见的升仙乘骑，《穆天子传》：“天子西升于黎丘之阳……乃驾鹿以游于山上。”《飞龙篇》：“乘彼白鹿，手翳芝草。”古人认为鹿是长寿灵物，《抱朴子·玉策篇》：“鹿兽千年，满五百岁则色白。”鹿还是王者有道的祥瑞，《礼稽命征》：“君乘水而王，其政和平，则北海输以白鹿。”《瑞应图》：“纯善之兽也，道备则白鹿见，王者明惠及下则见。”缘于飞升神性鹿还被视为仕途升迁的祥祯，《后汉书·郑弘传》：“闻三公辅尽作鹿，明府必为宰相”。

3. 羊

多为昂首飞驰状，独角长而后卷。羊是神话中的仙人乘骑，《春秋命历序》：“（皇神）出游，驾六蜚羊，政三百岁。”《列仙传》：“（葛由）乘木羊入蜀……随之者不复还，皆得仙道。”汉代羊是象征吉祥的祥瑞，《说文》：“羊，祥也。”铜器上习见“宜侯王，大吉羊”“大吉羊，宜用”等铭文，汉画像石墓门楣刻绘羊头有引魂升天与避凶趋吉的双重内涵。羊又是知礼知孝的象征，《公羊传》：“（羔羊）乳必跪而受之。”《春秋繁露》：“羔饮之其母必跪，类知礼者。”羊在汉代还是有吉祥纳福内涵的礼品，《春秋繁露》：“凡贽，卿用羔……羊之为言祥，故以为贽。”汉镜镜图中的麒麟也是独角羊形象，两者的区别在于配置的方位不同（后详）。

4. 鸡

鸡也是汉代流行的祥瑞，“鸡”与“吉”通，以其构图取吉祥美好之义，《春秋说题辞》：“鸡之言佳也，佳而起为人期，莫宝也。”鸡还具有司晨、主信的神性，河北望都汉墓壁画祥瑞图题铭：“鸡，夜侯，不失更，信也。”谶纬神学中鸡为阳性，属火，《春秋说题辞》：“鸡为积阳，南方之象。火阳精物，炎上，故阳出鸡鸣，以类感也。”镜图中还见羽人饲鸡的图式，表明鸡也是仙禽灵物。

四、凤鸟、雀、鹤

1. 凤鸟

多昂首展翅、高冠长颈、尾翼长而卷曲。凤鸟是汉代习见的仙人乘骑和得道之人升天的向导，《春秋命历序》：“（皇谈）锐头日角，驾六凤凰，出地衡，在位五百六十岁。”《楚辞·离骚》：“吾令凤鸟飞腾兮，继之以日夜。”凤鸟还是西王母仙界守护昆仑天阙的神鸟。作为祥瑞，凤鸟预示王者有德、天下太平，《山海经·南次山经》：“（丹穴之山）有鸟焉，其状如鸡，五彩而文，名曰凤凰……见则天下安宁。”《白虎通》：“凤鸟者……上有明王，太平乃来。”凤鸟以长生果“琅玕”为食，《艺文类聚》引《庄子》：“南方有鸟，其名为凤……以璆琳琅玕为食。”《说文》：“琅玕，似珠者。”凤鸟在五行配位中属火，居南方，《春秋演孔图》：“凤，鹑火之禽，阳之精。”《春秋元命苞》：“离为凤，凤火精。”所以镜图中将凤鸟、朱雀同配南方。

2. 雀

在镜图中也表示祥瑞，《孝经援神契》：“王者奉己约俭，台榭不侈，尊事耆老，则白雀见。”《尚书中侯》：“赤雀衔丹书入丰镐，止于昌户。”《礼稽命征》：“祭五岳四渎，得其宜，则黄雀见。”古“雀”“爵”同音互通，《说文》：“雀，依人小鸟也，从佳读与爵同。”所以汉代多将“雀”写作“爵”，取“封官加爵”之吉祥意，《艺文》引《陈留耆旧传》引尚占曰：“雀者，爵命之祥，其鸣即复也，我其复官也。”雀还是仙界神鸟，《汉武内传》：“西王母曰：仙次药，有昆仑神雀。”

3. 鹤

鹤见于A类镜填衬物象中，尖喙、细长颈、伸头引颈奋飞。鹤是长寿仙禽，《淮南子·说林训》：“鹤寿千岁，以极其游。”《古今注·鸟兽》：“鹤千岁化为苍，又千岁变为黑，所谓玄鹤也。”《拾遗记》：“蛇、鹤延年之物。”鹤还是神仙说中常见的仙人乘骑，《楚辞·远游》：“驾鸾凤以上游兮，从玄鹤与焦明。孔鸟飞而送迎兮，腾群鹤于摇光。”《九怀》：“耆蔡兮踊跃，孔鹤兮回翔。”《列仙传》记有王子乔驾鹤升仙的故事，《搜神记》所记“玄鹤衔珠”也与服食长生果升仙说有关。鹤作为祥瑞，预示圣主出现，天下太平，《汉书·武帝志》："朕郊见上帝，巡于北边，见群鹤留止。"《郊祀志》："宣帝即位……告祀世宗庙，有白鹤集后庭。"

五、蟾蜍、龟、兔

1. 蟾蜍

蟾蜍多为写实型。体团状，昂首直立，上肢外展上扬，或体作昂首蹲踞状、爬行状，体表有圆斑点，有的饰短小尾。A 类镜近于写实，但颌下生须，有粗大分岔长尾。B 类镜为短兽体型，身躯肥硕，头生粗大独角，多作昂首爬行状，有细长尾。C 类镜为长兽体型，头生独角，躯体长而健壮，作昂首引颈爬行状。蟾蜍神话多与月神及不死之药有关，《淮南子·览冥训》："羿请不死之药与西王母，姮娥窃以奔月，托身于月，是为蟾蜍，而为月精。"汉乐府诗："采取神药山之端，白兔捣成蛤蟆丸。"汉镜中蟾蜍头生独角、后有长尾即表示其神性，《玄中记》："蟾蜍头生角，得而食之，寿千岁。"《抱朴子》："肉芝者，谓万岁蟾蜍，头上有角……（食之）令人寿千岁。"据阴阳五行说蟾蜍为月精，属水，属阴，位在北方，故在镜图中多与玄武配位北方。文献记载蟾蜍还能"食山精"、"辟五兵"、除凶辟邪。此外，蟾蜍还有致雨行雨的神性，《春秋繁露》《焦氏易林》记有以蟾蜍请雨行雨的方法。

2. 龟

龟是长寿能知凶吉的灵物，《史记·龟册列传》："龟千年乃游莲叶上。"《春秋说题辞》："龟之为言久矣，千岁知凶吉也。"汉代神仙说中龟还是仙人乘骑，《尚书帝验期》："洎周穆王驾龟鼍鱼鳖……而升昆仑阆阆苑之野，而会于王母。"龟是预示王者清明有德、尊老尽孝、公正守信的祥瑞，《孝经援神契》："王者德泽洽，则神龟来。孝道来，则地龟出。"《乐纬》："是以清和上升，天下乐其风俗……神龙升降，灵龟晏宁。"《瑞应图》："王者无偏无党，尊重耆老，不失故旧，龟则出。"龟还能辟恶除邪，《史记·龟册列传》说龟所生"兽无虎狼，草无毒螫"。龟是富贵长寿的象征，《史记·龟册列传》："能得名龟者，财物归之，家必大富致千岁。"按汉代阴阳五行说，龟属水，属阴，位在北方，因而镜图中龟多配位于北方，Cb、De 类镜中的龟是玄武分解后的图式，作为填衬物象和镜缘画纹带物象中的龟，则多表示祥瑞。

3. 兔

A、C 类镜中均有兔的图式，形态近于写实，长耳，体被羽翼，面向西王母，多见直体站立持杵捣药状、直体跪立持杵捣药状、屈体前倾持杵捣药状、直体跪立持药状，杵下方多有杵臼，也有少数兔作为祥瑞出现在博局镜镜图中。汉代兔的神话一类与月亮传说有关，兔与蟾蜍并居月中代表月亮阴阳圆缺的变化，《灵宪》："月者阴精而成兽，象兔蛤焉。"《春秋元命苞》："月之言阙也，两设以蟾蜍与玉兔者，阴阳双居，明阳之制阴，阴之倚阳也。"一类与西王母不死之药有关，即C类镜中玉兔为西王母捣练不死之药之类的传说，汉乐府诗："采取神药若木端，白兔长跪捣药蛤蟆丸。"东汉晚期以来两类神话渐趋融合，傅玄《拟天问》："月中何游？玉兔捣药。"此外兔还是预示长寿、敬老的祥瑞，《抱朴子·内篇》："玉兔寿千岁，五百岁其恩加耆老，则白兔见。"

六、九尾狐、三足乌

1. 九尾狐

九尾狐多长脸，尖嘴，作昂首前行状，体细长，尾上翘向一侧分岔。A类镜九尾狐蹲踞回首，两前肢直立，耳上竖，尾呈竖直状上卷，体态肥硕。D类镜图式近鹿形，长颈，有翼，四肢较长，尾硕大、夸张变形呈图案化。九尾狐是古代常见的祥瑞，《山海经·南山经》："（青丘之山）有兽焉，其状如狐而九尾……食者不蛊。"禹娶涂山、帝杼征东海、文王服东夷均见九尾狐祥瑞出现。《白虎通》《孝经援神契》记"德至鸟兽，则尾九狐"。九尾狐还是子孙繁息兴旺的征兆，"尾"是天象东方七宿的尾宿，由九颗小星组成，《史记·天官书》："尾为九子。"《索隐》："宋均云：'属后宫场，故得兼子。子必九者，取尾有九星也。'"西王母神话中习见九尾狐也预示其赐福人间、使子孙繁盛家族兴旺的神性。《白虎通》："狐九尾何？狐死首丘，不忘本也。明安不忘危也。必九尾者何？九妃得其所，子孙繁息也，于尾者何？明当后盛也。"因而九尾狐出现还表示人不忘故里的内涵。

2. 三足乌

三足乌多与常见乌鸦、飞雀无异，仅以三足示其神性。汉代三足乌神话有两说，一说与太阳有关，《淮南子·精神训》："日中有踆乌。"高诱注："犹蹲也，谓三足乌。"《论衡》："日中有三足乌。"《灵宪》："日者，阳精之宗，积而成乌，象乌，而有三趾。"《春秋元命苞》："阳成于三，故日中有三足乌。"一说为西王母役使的取食鸟，约西汉中晚期开始，三足乌始脱离日轮出现于西王母仙境，从而与三青鸟渐趋混同。《大人赋》："吾乃今日目睹西王母，皓然白首戴胜而穴处兮，亦幸有三足乌为之使。"

《汉书·司马相如传》注引张云："三足乌，青鸟也，主为西王母取食，在昆仑墟之北。"三足乌在汉代还作为祥瑞出现，《春秋运斗枢》："维星得日月，乌三足，礼仪修，物类合。"汉镜中三足乌多和九尾狐成对出现。

七、麒麟、辟邪、天禄、飞廉、独角兽

1. 麒麟

B、C、D类镜麒麟似山羊而独角。两汉流行阴阳五行说，在"五灵"、十二辰配位标准的镜图中，居于朱雀与白虎之间配于"未"位的独角山羊，为镜图中麒麟的"标准图式"。"五灵"配位不标准的博局镜镜图中也经常出现独角山羊图式，此类物象有一部分也应是传说中的麒麟。因是古人虚构的动物，文献对麒麟的记载神学内涵相同、形态却很不一致。麒麟是一种祥瑞仁兽，"一角，戴肉，设武备而不为害，所以仁也"。"含仁戴义，音中钟吕，步中规矩，不践生虫，不折生草，不食不义，不饮洿池，不入坑阱，不行罗网。"（《宋书·符瑞》）备受汉代人推崇。不过，独角带肉的麒麟物象，在汉镜图式中并不多见。

2. 辟邪、天禄

《图典》第279页收录镜（C类镜）与白虎同区配位的两狮形兽为天禄、辟邪。《图典》第299页收录的镜器（Eb类镜）回首衔尾状独角龙形兽，昂首张口状两角狮形长尾兽是成对配组的天禄、辟邪。《图典》第285页收录的镜器（Ca类镜）与白虎同区配位的独角翼虎形兽、《图典》第286页收录镜（C类）与白虎配位的回首龙形长尾兽，《图典》第287页收录的镜器与白虎配位的狮形大嘴兽也是辟邪。D类镜中，独成一区取代玄武位的独角大嘴狮形兽为天禄。天禄、辟邪多同时成对出土，考古发现的实物形态均呈有翼狮子状，汉画材料题铭"辟邪"的神兽也有似虎形的，且头上是否有角，躯体是否有翼形制也不统一，表明两汉之际这种虚构有翼神兽并不存在一个"标准模式"。"天鹿"与"天禄"不是同一种神兽，"天鹿"在古代一般是麒麟的代称。古代白虎具有食鬼御凶的神性，而作为"辟邪"的神兽不仅可以除鬼，还能除群凶，显然要比虎的神威大得多，由此间接证明辟邪神兽被构造出来的要因。辟邪、天禄成对使用，反映了汉代社会避凶趋吉的心理需求。

3. 飞（蜚）廉

B类镜飞廉（《故宫藏镜》图33），鸟首，独角，体肥硕有翼，尾细长卷曲。另有飞廉位于镜缘画纹带中（《湖南出土历代铜镜》图61），鸟首长颈，有角，鹿身有翼，尾短小；D类镜（《图典》第297页）主纹区内

与大嘴熊邻区配位的飞廉，鸟首，独角长而卷曲，体细长有翼，尾上卷。镜缘画纹带中的飞廉配位于凤鸟与九尾狐之间，鸟首长喙，独角粗长，舒卷后飘，体瘦长呈鹿形，羽翼上卷，小尾。飞廉是早期神话中的风神，《楚辞·离骚》："前望舒使先驱，后飞廉使奔属。"《吕氏春秋》："风伯曰飞廉。"至汉代飞廉已演变为仙人乘骑，《淮南子》："骑飞廉而从敦圄。"《汉书·武帝纪》注引应劭曰："飞廉，神禽，能致风气者。"《史记·司马相如列传》"推蜚廉"句《集解》引郭璞曰："飞廉，龙雀也。鸟身鹿头者。"《三辅黄图·观》："飞廉，神禽能致风气者，身似鹿，头如雀，有角而蛇尾，纹如豹。"由此，飞廉似遵循了风神—神禽—禽兽合体—神兽的复杂演变历程。汉代升仙与打鬼驱邪是相联系的，打鬼是升仙的前提条件，所以镜图中常见将驱鬼辟邪的熊与作为升仙乘骑的飞廉同配一区或夹钮对置的图式。

4. 独角兽

汉镜物象中的独角兽出现频繁，前文介绍的许多神兽头上皆有独角以示"神"性。文献中还记载一种叫"兕"的神兽也是独角，《山海经·海内南经》："兕在舜葬东，湘水南，其状如牛，苍黑，一角。"此类镜也见于B类镜镜图中（《图典》第269页）。独角兽也是汉代预示天下太平的祥瑞，山东武梁祠画像石组图中有独角兽题铭："一角兽，天下平一则至。"汉代还有一种叫獬豸的独角兽是能辨忠奸曲直的祥瑞，《后汉书·舆服》："獬豸神羊，能别曲直，楚王尝获之，故以为冠。"《异物志》："獬豸一角，性忠，见人斗，则触不直者；闻人论，则咋不正者。"

八、鸟衔（食、啄）鱼、鱼化白龙、大螺化龙

1. 鸟衔（食、啄）鱼

A、B类镜有"鸟衔（食、啄）鱼"图式，鸟长喙，长颈，细长腿，酷似鹤或鹭。鱼在古代有预兆丰年的吉祥意义，《诗经·无羊》："牧人乃梦，众谓鱼矣……众维鱼类，实为丰收。"鱼还常作为祥瑞出现，山东武梁祠题铭："白鱼，武王渡孟津，入于王舟。""比目鱼，王者德及幽隐则见。"《孝经左契》："将军顺，虎衔珠，大夫正，海出鱼。"鱼在汉画中的核心寓意与生殖繁衍相关，汉乐府诗《江南可采莲》"鱼戏莲叶间"句历来被解读为男女交合的隐语。鱼生于水属阴，鸟为阳精，"鸟衔（食、啄）鱼"象征阴阳相接、男女相合、雌雄相配，具有祈求婚配、家族兴旺、子孙繁息、化生生命的寓意。《山海经·西山经》："（玉山）是西王母所居也……有鸟焉，其状如翟而赤，名曰玉胜，是食鱼。"可见食鱼鸟也是西王母仙境的神鸟，"鸟食鱼"图式也象征天国仙境。山东苍山元嘉元年画

像石铭“龙雀除殃鹤琢鱼”，因“鱼”与“余”、“鹤”与“贺”谐音，鹤啄鱼被寄寓富足有余、大吉大利的内涵。

2. 鱼化白龙

“鱼化白龙”见于D类镜镜缘画纹带图中，鱼的形态近于写实，龙体则细长连蜷，缠绕鱼体几圈后，头部昂起回望，四肢伸展，独角后飘。“鱼化白龙”表现的是汉代“河伯化龙”的神话内容，水神河伯的神话传说年代久远，至两汉时期河伯神话与川神冰夷神话经历了复杂的演变而渐趋融合。河伯神祇初始以“鱼”的外在形象存在，《尸子》：“（河伯）白面长人鱼身。”《韩非子·内储说》：“（齐人）乃为坛场大水之上，有间，大鱼动，因曰：此河伯也。”因鱼生活于水中，河伯的神祇生命亦仅存于水，入水则生，出水则死。“河伯化龙”的传说始见于东汉文献，《楚辞·天问》王逸注：“河伯化为白龙游于水旁，羿见而射之，眇为左目。”龙具有升天入地、化生万物生灵的神性，河伯由“鱼”化“龙”，摆脱了生命原在水域空间的束缚与限制，实现了生命的转化、再生与永恒，神性亦因此发生了质的突变，这一生命转化实际是河伯神祇的“仙化”的过程，升仙永生不死是这一转化的最终目的，这是汉代神仙说改造早期神话传说的必然结果。

3. 大螺化龙

“大螺化龙”见于D类镜画纹带中，多与“鱼化白龙”图式同区配组。大螺体呈螺旋状，一端口大张一端呈细卷尾状，龙从大螺体内钻出回望，头及上半躯已露于螺外。大螺是古代神话中的水神，早期的大螺神话文献缺载，已出土的许多螺神题材的画像石，可证至迟东汉时期这个神话已广为流传。“螺神化龙”传说的神性内涵类同于“河伯化龙”神话，大螺由水神“化生”成龙从而完成了“神”向“仙”的根本性转变，实现了神性生命的再生与永恒，这是汉代升仙说附着于神话演变的物化反映。南阳画像馆收藏的一块螺神画像石中，同时刻绘有“鱼妇神话”与“螺神化龙”两幅图。鱼妇神话传说见于《山海经·大荒西经》：“有鱼偏枯，名曰鱼妇，颛顼死即复苏。风道北来，天乃大水泉，蛇乃化为鱼，是为鱼妇。颛顼死即复苏。”这个承载颛顼生命“转化”与“再生”隐晦寓意的神话出现于上述画像题材中，可作为“大螺化龙”具有相同神话学内涵的间接证明。另大螺也是汉代常见的祥瑞，《拾遗名山记》：“（蓬莱山）有大螺名裸步，负其壳露行……明王出世，则浮于海际焉。”

九、灵芝、琅玕、三株树、仙果、玉液琼浆

1. 灵芝、琅玕、三株树

灵芝、琅玕、三株树是汉代神话中常见的仙禽神兽所食不死之物，

“灵芝”见于《尔雅》：“芝，瑞草，一岁三华，故楚辞谓三秀。”《说文》：“芝，神草也。”《论衡》：“芝草一年三华，食之令人眉寿庆世，该仙人之所食。”琅玕是传说中凤鸟所食仙果，《庄子》：“吾闻南方有鸟，其名为凤……以璆琳琅玕为食。”《说文》：“琅玕，似珠者。”《山海经·海外南经》载西王母所居昆仑山赤水上有三株树，“其为树如柏，叶皆为珠”，也是长生不死之物。镜图中常见一种体呈三枝状，顶端饰圆珠果，被称为“三株果”的泛指物象，如为凤鸟所食，应是文献中所称的琅玕，如为其他仙禽神兽所食，则可能是灵芝或三株树。镜图中另见有两托叶的“桃状物”，也应是汉代神仙说中的“仙桃”之类的长生果。

2. 玉液琼浆

B类镜中常见一独角翼龙两前肢捧举敞口容器的图式，容器敞口，圆唇，腹由上而下渐内收，近似于现在的酒杯或大口盆。容器内所盛物应为神仙世界里仙人饮用的玉液琼浆。玉液琼浆又叫“玉醴”“澧泉”“玉泉”，是用甘露、玉屑及其他“仙药”拌在一起久酿而成，食之可延年不老、化入仙境。《离骚》：“折琼枝以为羞兮，精琼靡以为粻。”《抱朴子·对俗》：“饮则玉醴金浆，食则翠芝朱英。”《仙药》：“玉亦药耳，但难得耳。”“服玉者寿如玉。”汉武帝曾派方士用铜盆承接雨露，用以和玉屑服食，以为就此可与天同寿，汉镜常见“渴饮玉泉饥食枣”“上大山，见神人，食玉英，饮澧泉”铭辞，说明汉代相信服食玉液琼浆就是仙人生活，镜图中配置独角有翼神兽高举琼浆作奉献状，应与神仙思想及升仙说有关。

第三节 余 论

西汉末博局镜中的“四神”配组配位，既有“标准图式”，也多见“四神”缺失玄武或“四神”俱全、配位随意或“四神”未成为主纹区“核心物象”的例镜，表明这一时期典型的“标准图式”并未最终定型。新莽至东汉早期，“四神”配组配位的“标准图式”及有十二辰参与配位的“标准图式”大量出现。约从东汉中期以后，“四神”标准配位规制不再被严格遵循，物象缺失、配组配位随意的例镜增多，“四神”镇守四方、祛恶除凶辟不祥的神性渐趋式微，其作为祥瑞使用的色彩被凸显强化，有些“四神”已不再是主纹区唯一核心物象，还有些例镜的“四神”仅出现于镜缘画纹带中，或仅作为配位随意的祥瑞单体物象出现在画纹带缘中。

如A类镜图中“四神”与鹿、鱼、九尾狐、三足乌、凤鸟、蟾蜍等同区配组，又不遵循配位规制，显然具有浓郁的祥瑞色彩而无空间方位意义。D类镜（《图典》第314页、第315页）图式中的白虎，伏首拱背静卧于地，呈温和驯良文静之态，白虎前一羽人体前倾、以手抚摸低垂的虎头，此类白虎与标准“四神”物象中那种昂首前趋、四肢弓张、凶猛勇武的白虎形态明显有别，而与汉画中作为祥瑞的白虎相比表现出较多的共性。山东武梁祠屋顶白虎画像形态与《图典》第314页、第315页收录的镜器中的白虎基本雷同，其画像榜题：“白虎，王者不暴虐则至，仁不害人。”显然此类白虎是作为寓示王者仁政的祥瑞出现的。D类镜图式中“四神”、神禽异兽祥瑞同区配位，亦表现出“四神”守护四方、去恶除凶神性的淡化与衰微，而祥瑞意味的渐趋凸显与强化特征。“四神”形态及配组配位的上述演变特征，是解读不同时期此类镜内涵应关注的问题。

博局镜中稍晚于“四神”而出现、流行的“五灵”物象，是新莽至东汉早期盛行的阴阳五行思想在镜图中的反映，因“四神”四分区配位此时已无法满足五行配位的要求，所以在“四神”物象朱雀与白虎间的西南位配置麒麟构成“五灵”物象。两者物象配位有重叠，但分属于不同的理论体系，各有一套思想学说与历史渊源，表达的内涵亦截然不同。“四神”本系天象，古人将位于黄道、赤道附近的二十八宿按四方方位分成四区，分别以四种动物命名为东宫苍龙（青龙）、西宫白虎、南宫朱雀、北宫玄武，其围护、拱卫的中心是北斗紫微宫，因而严格意义上“四神”仅与天文星象学有关。天人感应说的广为流播，泛化了“四神”的神性内涵与神学功能，使之成为天上人间、神鬼世界无处不在、无所不能的避凶驱邪四方守护神。“五灵”物象是阴阳五行说作用下的产物，东方属木配青龙、西方属金配白虎、南方属火配朱雀、北方属水配玄武、中央属土本应配麒麟，因镜钮占位不能置图，麒麟被移于西南位，这种物象配置与天文星象无关。两者借助空间方位体系共同配位于博局镜图式中，彼此独立存在而无矛盾之处，这是解读两类物象内涵要注意区别的问题。

“四神”博局镜中大量出现反映神仙思想内容的物象，是西汉末以来神仙信仰和升仙永生说作为社会意识形态主流广为流播、影响渗透所致。熟悉汉代神仙思想内容及流播兴衰状况，是准确解读镜图中此类物象的关键，试举例说明：①蟾蜍、龟、鹿、鹤、熊、人面鸟（千岁鸟）、独角兽等长寿神禽异兽频繁出现于镜图中，是汉代人崇尚延年益寿、渴望长寿成仙思想的物化印证，承载了汉代人对生命不死仙境的无限向往与热切追求思想。②羽人饲龙（凤、虎……）、凤鸟食琅玕、玉兔捣药、蟾蜍持药、翼兽捧琼浆之类图式，多表达与“服食”升仙有关的内容；羽人骑鹿（羊、麒麟、凤……）、羽人乘龟（玄武）之类图式，多表达与“乘骑”升仙有关的内容；羽人屈伸俯仰形体连蜷的图式，多表达与“导引”有关的内容；羽人、人面鸟、翼兽之类的图式，多表达与“羽化”升仙有关的内容。将上述繁杂物象按“服食”“乘骑”“导引”“羽化”四类汉代常见升仙术内容分类注释，其神性内涵便可迎刃而解。③先秦神话传说流传至两汉时期，经历了近乎脱胎换骨式的复杂演变，这个演变融入了汉代社会迷信神仙思想、渴望通过升仙之途实现生命永恒与再生的功利心态。如博局镜中常见的“鸟人”、“人面鸟”、“羽人”、神禽形、禽兽形、翼兽形飞廉、“鱼（河伯）化白龙”、“大螺化龙”等物象，均是早期神话中自然神由“神”向“仙”演变过程中几个关键情节的图解。这些典型物象“情节”，生动表述了生命转化与再生进而实现永恒的象征意义，寄寓了汉代人渴望通过“升仙”“仙化”之途实现生命无限延长与再生的愿望。

铜镜构图选材，以其独特的艺术视角对其流行时代的社会面貌作出直接、真实、生动的印证。西汉末至东汉流行的“四神”说、阴阳五行说、天人感应说、神仙信仰与升仙说及早期流传下来的种种神话传说等内容，在“四神”博局镜图式中均有表现。这些渊源复杂的思想学说既有官方的也有民间的，既有文字记载的也有口头流传的，使用这些复杂的理论资源解释镜图物象内涵，应注意以下几个问题：①解读镜图物象，首先要分辨清适用哪种思想学说去解释它，然后才能有针对性地作出合理的正确解释，因为同一种物象在不同思想学说中内涵可能完全不同，不同的物象可能在同一种思想学说中有相同或近似的内涵。例如配位于“四神”图式中的白虎、朱雀与配位于祥瑞物象中的白虎、凤鸟，是神性内涵完全不同的两类物象，龟、蟾蜍、玄武虽外在形态完全不同，因其按阴阳五行说均属水、属阴，故它们皆可配位北方表达阴阳五行属性相同或相似的内涵。②空间方位关系在镜图物象配位中居于重要地位，一种物象往往只有配置于特定方位中，才能确定其身份及神话学内涵，而这种物象的外在形象、姿势却显得不是特别重要，有时甚至是非常模糊的。如一只禽鸟，配位于“四神”体系中与玄武对置的南方，我们可判断它为朱雀，尽管这只鸟外在形态有时很不统一，否则我们很难确认它到底是朱雀、凤鸟、鸡、雁等禽类中的哪一种。独角山羊如果配位于“五灵”物象系统中的西南位，我们就可确认它为麒麟，否则无法确认它到底是山羊还是麒麟。这种现象的存在是汉代宇宙方位观对汉文化深入影响渗透所致，“四神”博局镜图式本身就是一个空间方位架构，配置于这个架构中的物象多是具有方位属性的。

“四神”博局镜构图受特殊形制、狭促空间及金属铸制技法所限，无法像其他汉画材料那样充分利用空间较为完整、系统地营造前后连贯的主题内容丰富生动的画面，无法较为精确细腻地表达、展示画像的具体细节，只能精选一些有典型代表意义的物象集中配位于镜图中，象征性地表达主题内涵，由此形成了此类镜的构图风格：①物象形态简约，强调、凸显主要特征而不事细节刻画。如镜图中羽人、独角兽、“四神”、九尾狐、三足乌等，仅重点突出“羽翼”“独角”“龙首”“凤尾”“九尾”“三足”等典型特征，其他形态特征则含糊隐省而缺少个性。②各类分区配组物象间一般仅有文化内涵上的某种关联，而不具有“情节”发展上的前后连续性、统一性，甚至各区物象间、同区物象间彼此独立成图，较为宽泛、松散地表达主题内容，较之于其他汉画则明显地呈现“版式化”“图案化”“符号化”特征。如遵循阴阳五行规制“夹钮配位”的青龙与白虎、朱雀与玄武、日轮与月轮、虺蛇与怪熊等图式，“同区配位”的九尾狐与三足乌、朱雀与凤鸟、玄武与蟾蜍、龟与蛇、天禄与辟邪等图式，“邻区配位”的羽人戏（饲）龙（凤、虎）、两禽对语、两兽对语等图式均具有上述配图特征。③物象表达神学内涵清晰，而名称及形态则有模糊性、不确定性，如“三株果”是镜图中较为常见的一种物象，但多不确指是“灵芝”“琅玕”“三株树”中的哪一种，而是仅作为“长生果”的泛称承载食之成仙的内涵。“鸟啄鱼”“雏雀”图式中亦多不确指是哪种鸟、鱼、雀，而是一类物象的泛称。

因缺少足够的文献材料支持和其他同类汉画材料作比较认证，镜图中有些物象我们至今仍无法弄清其名称、内涵，甚至不知道该用什么理论去准确解释它。先秦文献中记载的许多神禽异兽，早期或有标准图像传世，后多有亡佚，至汉代人们仅能依靠少量传世文献中极为陋略的文字记述或零散的口头传说，去想象“复原”这些现实生活中本不存在的神禽异兽图像。这种“复原”，实际是一个以先秦文献记载为“底本”的创新改造过程。此类被“汉代化”的物象与早期文献记载的“原始物象”类比，显然已丧失了特征上一一对应的可比性，甚至一种先秦神话物象被“创造”成多种“汉代化”图式的情况都是常见现象。我们今天解读这些在汉代文献材料中找不到明确记载的禽兽物象名称、内涵，联系《山海经》之类的早期文献记载去比附、“对号入座”尤需谨慎。另外，镜图中此类物象特征过于缺省简略、铸镜工匠不合规制的随意之作，口传神话题材中的禽兽被不同铸镜者根据个人理解刻绘成不同“图本”等也是造成现在物象释读困难的原因。还有些物象在汉代也许是司空见惯的神禽异兽图式，但因年代久远、文化传播断层等原因，我们现已无法确知其为何物了。如“四神”博局镜镜图中屡见一种善奔的短尾独角狐形兽，尽管我们今天无法结合文献材料认证其名称、内涵，但这种灵兽作为汉代一种十分稳定的“物象模式”在较广的地域内大量出现并长期流行，表明铸镜工匠应是根据当时十分流行的具有专有名称与特定含义的灵兽“图谱”制作出来的，这种灵兽在西汉末至东汉应是十分为人熟悉、喜爱或崇拜的物象。上述问题有望在今后文献材料的进一步深入比较研究和同类汉画考古材料的不断发现中逐一得到解决。

附　　录

附录一　阜阳地区汉镜分类统计一览表

分类 \ 内容		名称	尺寸、重量（厘米、克）	数量	来源
蟠螭纹镜	1	西汉四叶蟠螭纹镜	径 11.8，厚 0.4，重 136.5	1	1972 年 1 月阜阳西郊七渔河汉墓出土，阜阳博物馆藏
	2	西汉菱形蟠螭纹镜	径 18.3，厚 0.43，重 295	1	1987 年 6 月阜阳颍河闸西岸汉墓出土，阜阳博物馆藏
	3	西汉涡纹地蟠螭纹镜	径 11.5，厚 0.7，重 166.16	1	1987 年 12 月涡阳义门文化馆移交，阜阳博物馆藏
	4	西汉涡纹地蟠螭纹镜	径 10.2，厚 0.68，重 161.2	1	1987 年 12 月颍上文化馆交，阜阳博物馆藏
	5	西汉涡纹地蟠螭纹镜	残碎片	2	1975 年 3 月涡阳县石弓山崖墓出土，阜阳博物馆藏
	6	西汉蟠螭纹镜	径 9，厚 0.62，重 157.4	1	1975 年 3 月涡阳县石弓山崖墓出土，阜阳博物馆藏

（续表）

内容 分类		名称	尺寸、重量（厘米、克）	数量	来源
蟠螭纹镜	7	西汉蟠螭纹镜	径 11.7，厚 0.7，重 169	1	阜阳西郊汉墓出土，清颍斋私藏
	8	西汉凤鸟菱形蟠螭纹镜	径 11.5，厚 0.5，重 137.6	1	2005 年 8 月阜阳颍泉女郎台汉墓出土，阜阳博物馆藏
	9	西汉蟠螭草叶纹镜	径 5.3，重 192，重 102.1	1	2005 年 8 月阜阳颍泉女郎台汉墓出土，阜阳博物馆藏
	10	西汉凤鸟菱形蟠螭纹镜	径 11.2，厚 0.5，重 135.8	1	1977 年 7 月阜阳西汉汝阴侯墓出土，阜阳博物馆藏
	11	西汉三叶菱形蟠螭纹镜	径 19.6，厚 0.7，重 338.7	1	1977 年 7 月阜阳西汉汝阴侯墓出土，阜阳博物馆藏
	12	西汉三叶菱形蟠螭纹镜	径 9.35，厚 0.6，重 175.33	1	1977 年 7 月阜阳西汉汝阴侯墓出土，阜阳博物馆藏
	13	西汉“大乐贵富”铭菱形蟠螭纹镜	径 16.3，厚 0.65，重 331.38	1	1987 年 12 月阜阳县展览馆移交，阜阳博物馆藏
	14	西汉“大乐贵富”铭涡地蟠螭纹镜	径 11.7，厚 0.56，重 136.5	1	阜阳县展览馆交，阜阳博物馆藏
	15	西汉“大乐贵富”铭四叶蟠螭纹镜	径 13，厚 0.6，重 170	1	1977 年 5 月阜阳县合作社仓库拣选，阜阳博物馆藏
	16	西汉“大乐贵富”铭四叶蟠螭纹镜	径 14，厚 0.65，重 215	1	1972 年 1 月阜阳县合作社仓库拣选，阜阳博物馆藏

（续表）

分类	内容	名称	尺寸、重量（厘米、克）	数量	来源
蟠螭纹镜	17	西汉“大乐贵富”铭博局蟠螭纹镜	径 12，厚 0.5，重 125	1	1984 年 7 月临泉城关中行工地汉墓出土，临泉县博物馆藏
	18	西汉凤鸟蟠螭连弧纹镜	径 21.8，厚 0.7，重 495.3	1	2004 年 10 月阜阳颍泉女郎台汉墓出土，阜阳博物馆藏
	19	西汉凤鸟蟠螭弧纹纹镜	径 18.5，厚 0.5，重 843	1	2005 年 8 月阜阳颍泉女郎台汉墓出土，阜阳博物馆藏
	20	西汉地纹蟠螭纹镜	径 11，厚 0.6，重 164.1		1977 年 5 月阜阳县合作社仓库拣选，阜阳博物馆藏
	21	西汉地纹蟠螭纹镜	径 12.5，厚 0.7，重 175.16		1977 年 5 月阜阳县合作社仓库拣选，阜阳博物馆藏
	22	西汉蟠螭纹地连弧纹镜	径 13.4，厚 0.71，重 180.2		1977 年 5 月阜阳县合作社仓库拣选，阜阳博物馆藏
	23	西汉云锦地纹镜	径 23.5，厚 0.7，重 818	1	1977 年 7 月阜阳西汉汝阴侯墓出土，阜阳博物馆藏
草叶纹镜	1	西汉变形草叶动物纹镜	径 9.45，厚 0.5，重 124.55	1	1977 年 7 月阜阳西汉汝阴侯墓出土，阜阳博物馆藏
	2	西汉草叶纹镜	径 11.6，厚 0.35，重 181.87	1	1977 年 10 月阜阳合作社拣选，阜阳博物馆藏
	3	西汉四乳草叶纹镜	径 10.1，厚 0.4，重 209.94	1	1987 年 12 月涡阳义门文化馆交，阜阳博物馆藏

（续表）

分类＼内容		名称	尺寸、重量（厘米、克）	数量	来源
草叶纹镜	4	西汉“见日之光”铭四乳草叶纹镜	径 11，厚 0.56，重 179.6	1	1976年6月阜阳合作社仓库拣选（残件），阜阳博物馆藏
	5	西汉“见日之光”铭四乳草叶纹镜	径 11.6，厚 0.6，重 181.87	1	
	6	西汉草叶纹镜	径 9.7，厚 0.45，重 168.8		
星云纹镜	1	西汉星云纹镜	径 9.9，厚 0.3，重 112.77	1	1976年5月阜阳合作社仓库拣选，阜阳博物馆藏
	2	西汉星云纹镜	径 10.19，厚 0.32，重 125.43	1	1972年1月阜阳合作社仓库拣选，阜阳博物馆藏
	3	西汉星云纹镜	径 10.5，厚 0.45，重 179.96	1	1973年1月阜阳合作社仓库拣选，阜阳博物馆藏
	4	西汉星云纹镜	径 11.3，厚 0.5，重 263.75	1	1976年5月阜阳地区财政局汉墓出土，阜阳博物馆藏
	5	西汉星云纹镜	残件，径 10.5	1	1974年5月阜阳县西郊七渔河汉墓出土，阜阳博物馆藏
	6	西汉星云纹镜	径 7.5，厚 0.35，重 67	1	临泉县博物馆藏
	7	西汉星云纹镜	径 7.6，厚 0.4，重 71	1	临泉县博物馆藏
	8	西汉星云纹镜	径 8.5，厚 0.45，重 89.96		阜阳合作社仓库拣选，阜阳博物馆藏
	9	西汉星云纹镜	径 10.5，厚 0.55，重 230.96		阜阳合作社仓库拣选，阜阳博物馆藏

（续表）

分类 \ 内容		名称	尺寸、重量（厘米、克）	数量	来源
四乳四虺镜	1	西汉四乳四虺镜	径 10.9，厚 0.5，重 298.03	1	1977 年 1 月阜阳地区外贸公司移交，阜阳博物馆藏
	2	西汉四乳四虺镜	径 10.2，厚 0.3，重 163.75	1	1987 年 12 月涡阳义门文化馆交，阜阳博物馆藏
	3	西汉四乳四虺镜	径 9.3，厚 0.55，重 240.56	1	界首文化馆交，阜阳博物馆藏
	4	汉四乳四虺镜	径 11.15，厚 0.5，重 306.57	1	阜阳县展览馆交，阜阳博物馆藏
	5	西汉四乳四虺镜	径 10.2，厚 0.35，重 192.59	1	阜阳县展览馆交，阜阳博物馆藏
	6	西汉四乳四虺镜	径 10.6，厚 0.6，重 259.54	2	阜阳县展览馆交，阜阳博物馆藏
	7	汉四乳四虺纹镜	径 10.6，厚 0.6，重 272.45	1	阜阳县展览馆交，阜阳博物馆藏
	8	西汉四乳四虺镜	径 11.7，厚 0.55，重 324.75	1	阜阳县展览馆交，阜阳博物馆藏
	9	西汉四乳四虺镜	径 7.8，厚 0.35，重 170	1	1967 年 7 月蚌埠土产站拣选，阜阳博物馆藏
	10	西汉四乳四虺镜	径 9，厚 0.15，重 154.9	1	1967 年 7 月蚌埠土产站拣选，阜阳博物馆藏
	11	西汉四乳四虺镜	径 9，厚 0.35，重 125.3	1	1970 年 4 月阜阳合作社仓库拣选，阜阳博物馆藏
	12	西汉四乳四虺镜	径 9.5，厚 0.5，重 225.95	1	1970 年 4 月阜阳合作社仓库拣选，阜阳博物馆藏

（续表）

分类 \ 内容		名称	尺寸、重量（厘米、克）	数量	来源
四乳四虺镜	13	西汉四乳四虺镜	径 9.4，厚 0.3，重 113.34	1	1970 年 4 月阜阳合作社仓库拣选，阜阳博物馆藏
	14	西汉四乳四虺镜	径 7.9，厚 0.4，重 99.87	1	1970 年 4 月阜阳合作社仓库拣选，阜阳博物馆藏
	15	西汉四乳四虺镜	径 12，厚 0.6，重 437.52	1	1973 年 12 月涡阳县合作社仓库拣选，阜阳博物馆藏
	16	西汉四乳四虺镜	径 9.1，厚 0.3，重 137.05	1	1973 年 12 月涡阳县合作社仓库拣选，阜阳博物馆藏
	17	西汉四乳四虺镜	径 9.8，厚 0.4，重 187.49	1	1977 年 10 月涡阳县合作社仓库拣选，阜阳博物馆藏
	18	西汉四乳四虺镜	径 9.55，厚 0.5，重 228.24	1	1975 年 10 月阜阳县合作社仓库拣选，阜阳博物馆藏
	19	西汉四乳四虺镜	径 7.8，厚 0.3，重 52.9	1	1975 年 10 月阜阳县合作社仓库拣选，阜阳博物馆藏
	20	西汉四乳四虺镜	径 8.4，厚 0.3，重 100.9	1	1977 年阜阳地区外贸公司移交，阜阳博物馆藏
	21	西汉四乳四虺镜	径 8.75，厚 0.25，重 82.19	1	1977 年阜阳地区外贸公司移交，阜阳博物馆藏
	22	西汉四乳四虺镜	径 10.9，厚 0.5，重 298.03	1	1977 年阜阳地区外贸公司移交，阜阳博物馆藏
	23	西汉四乳四虺镜	径 8.95，厚 0.35，重 134.59	1	1978 年阜阳地区废品站仓库拣选，阜阳博物馆藏

（续表）

分类	内容	名称	尺寸、重量（厘米、克）	数量	来源
四乳四虺镜	24	西汉四乳四虺镜	径 9，厚 0.42，重 287.3	1	1993 年 3 月征集（残件），阜阳博物馆藏
	25	西汉四乳四虺镜	径 8.05，厚 0.45，重 123.18	1	1978 年阜阳地区废品站仓库拣选，阜阳博物馆藏
	26	西汉四乳四虺镜	残件，径 9	1	1976 年 3 月蒙城王集桂古堆眼一号汉墓出土，阜阳博物馆藏
	27	西汉四乳四虺镜	残件，径 10.7	1	
	28	西汉四乳四虺镜	残碎件，径 12	1	
	29	西汉四乳四虺镜	残碎件	1	1976 年阜阳县苏集腰庄古城遗址谭庄出土，阜阳博物馆藏
	30	西汉四乳四虺镜	径 8，厚 0.4，重 270.6	1	征集
	31	西汉四乳四虺镜	径 9.2，厚 0.5，重 280.2	1	阜阳西关煤厂汉墓出土，阜阳博物馆藏
	32	西汉四乳四虺镜	径 11，厚 0.4，重 342	1	临泉县博物馆藏
	33	西汉四乳四虺镜	径 8.8，厚 0.4，重 151	1	临泉县博物馆藏
	34	西汉四乳四虺镜	径 10.25，厚 0.4，重 175.43	1	1978 年 8 月阜阳县城郊汉墓出土，阜阳博物馆藏
	35	西汉四乳四虺镜	径 7.8，厚 0.3，重 99	1	1978 年 8 月阜阳县城郊汉墓出土，阜阳博物馆藏
	36	西汉四乳四虺镜	径 12，厚 0.71，重 463	1	临泉县博物馆藏

（续表）

分类 \ 内容		名称	尺寸、重量（厘米、克）	数量	来源
四乳四虺镜	37	西汉四乳四虺镜	径 9.3，厚 0.45，重 158	1	临泉县博物馆藏
	38	西汉四乳四虺镜	径 7.1，厚 0.5，重 142	1	临泉县博物馆藏
	39	西汉四乳四虺镜	径 7.9，厚 0.3，重 80.98	1	阜南县文管所藏
	40	西汉四乳四虺镜	径 9.6，厚 0.5，重 224	1	界首市文管所藏
	41	汉四乳四虺八鸟纹镜	径 14，厚 0.6，重 535.4	1	1971年3月阜阳县合作社仓库拣选，阜阳博物馆藏
	42	汉四乳四虺禽兽纹镜	径 15.3，厚 0.6，重 630	1	1976年5月阜阳闻集白杨湖郑小庄出土，阜阳博物馆藏
	43	新莽“昭明”铭四乳四虺禽兽纹镜	径 16.4，厚 0.59，重 655	1	1975年9月阜阳城郊老油坊新莽墓出土，阜阳博物馆藏
日光连弧镜	1	西汉日光连弧纹镜	径 6.09，厚 0.24，重 39.82	1	阜南县文管所藏
	2	西汉日光连弧纹镜	径 7.8，厚 0.3，重 42.1	1	1976年阜阳废品站仓库拣选，阜阳博物馆藏
	3	西汉日光连弧纹镜	径 9.7，厚 0.3，重 85.27	1	1976年1月阜阳县苏集谭庄汉墓出土，阜阳博物馆藏
	4	西汉日光连弧纹镜	径 7.45，厚 0.2，重 50.45	1	1987年12月阜阳县展览馆交，阜阳博物馆藏

（续表）

分类	内容	名称	尺寸、重量（厘米、克）	数量	来源
日光连弧镜	5	西汉“炼冶铜华”铭连弧纹镜	径 18.6，厚 0.75，重 990	1	1977 年阜阳地区外贸公司移交，阜阳博物馆藏
	6	西汉“洁清白”铭连弧纹镜	径 14.9，厚 0.65，重 476.39	1	1980 年 8 月阜阳地区文物商店收购，阜阳博物馆藏
	7	西汉“内清质”铭连弧纹镜	径 7.6，厚 0.25，重 58.95	1	1984 年 7 月征集，阜阳博物馆藏
	8	西汉日光镜	径 6.25，厚 0.15，重 35.57	1	1967 年 7 月阜阳县合作社仓库拣选，阜阳博物馆藏
	9	西汉日光镜	径 7.1，厚 0.2，重 51.2	1	1987 年 12 月阜阳县展览馆移交，阜阳博物馆藏
	10	西汉日光镜	径 8.5，厚 0.5，重 128.96	1	1967 年 7 月阜阳县合作社仓库拣选，阜阳博物馆藏
	11	西汉日光镜	径 6.2，厚 0.15，重 33.66	1	1971 年 3 月阜阳县合作社仓库拣选，阜阳博物馆藏
	12	西汉日光镜	径 6.8，厚 0.2，重 40.72	1	1970 年阜阳县合作社仓库拣选，阜阳博物馆藏
	13	西汉日光镜	径 7.9，厚 0.4，重 111.52	1	阜阳县展览馆交，阜阳博物馆藏
	14	西汉日光镜	径 7.9，厚 0.2，重 60.34	1	阜阳县展览馆交，阜阳博物馆藏
	15	西汉日光镜	径 8.2，厚 0.4，重 119.13	1	阜阳县展览馆交，阜阳博物馆藏

（续表）

分类＼内容		名称	尺寸、重量（厘米、克）	数量	来源
日光连弧镜	16	西汉日光镜	径 6.5，厚 0.2，重 46.62	1	1973 年 7 月蒙城县合作社仓库拣选，阜阳博物馆藏
	17	西汉日光镜	径 7.5，厚 0.3，重 54.67	1	1974 年 2 月蒙城县合作社仓库拣选，阜阳博物馆藏
	18	西汉日光镜	径 6.1，厚 0.2，重 30.14	1	1972 年 11 月阜阳县合作社仓库拣选，阜阳博物馆藏
	19	西汉日光镜	径 7.9，厚 0.3，重 85.27	1	1977 年阜阳地区外贸公司移交，阜阳博物馆藏
	20	西汉日光镜	径 8.2，厚 0.45，重 124.36	1	1977 年阜阳地区外贸公司移交，阜阳博物馆藏
	21	东汉日光镜	径 7.9，厚 0.3，重 82.44	1	1968 年阜阳刘家坟一号汉墓出土，阜阳博物馆藏
	22	西汉日光镜	径 6.4，厚 0.2，重 41.26	2	阜阳县苏集腰庄古城遗址谭庄出土，阜阳博物馆藏
	23	西汉日光镜	径 6.3，厚 0.15，重 36.06	2	
	24	西汉日光镜	径 6.3，厚 0.2，重 38.87	1	
	25	西汉日光镜	径 6.3，厚 0.16，重 36.77	2	
	26	西汉日光镜	残碎件	18	
	27	西汉日光镜	径 7.3，厚 0.35	1	1964 年 3 月凤台县气象站汉墓出土（残件），阜阳博物馆藏
	28	西汉日光镜	径 7.9，厚 0.3，重 85.27	1	1977 年阜阳地区外贸公司移交，阜阳博物馆藏

（续表）

分类		名称	尺寸、重量（厘米、克）	数量	来源
日光连弧镜	29	西汉日光镜	径 6.2，厚 0.2，重 38	1	临泉县博物馆征集
	30	西汉日光镜	径 7.6，厚 0.4，重 71	1	临泉县博物馆征集
	31	西汉日光镜	径 7.1，厚 0.5，重 142	1	临泉县博物馆征集
	32	西汉日光镜	径 6.8，厚 0.25，重 460	1	太和县文管所藏
	33	西汉日光镜	径 5.61，厚 0.2，重 268.5	1	临泉县博物馆征集
	34	西汉日光连弧纹镜	径 7.7，厚 0.3，重 64	1	临泉县博物馆征集
	35	西汉日光连弧纹镜	径 8，厚 0.2，重 458.18	1	临泉县博物馆征集
	36	西汉日光连弧纹镜	径 6.9，厚 0.2，重 40.49	1	临泉县博物馆征集
	37	西汉日光连弧纹镜	径 4，厚 0.2，重 31.6	1	1989 年阜阳市建材总厂汉墓出土，阜阳博物馆藏
	38	西汉日光连弧纹镜	径 6.7，厚 0.3，重 40.5	1	1984 年阜阳博物馆征集
	39	汉“长宜子孙”铭连弧纹镜	径 8.95，厚 0.3，重 184.76	1	1987 年 12 月阜阳合作社仓库拣选，阜阳博物馆藏
	40	汉“日有熹”铭连弧纹镜	径 8.4，厚 0.4，重 156.1	1	阜阳郊区出土，闫明私藏

（续表）

分类 \ 内容		名称	尺寸、重量（厘米、克）	数量	来源
日光连弧镜	41	西汉“练冶铜华”铭连弧纹镜	径 18.6，厚 0.75，重 990	1	1977 年 1 月阜阳地区外贸公司移交，阜阳博物馆藏
	42	西汉“练冶铜华”铭连弧纹镜	径 15，厚 0.7，重 598.46	1	1972 年 1 月阜阳合作社仓库拣选，阜阳博物馆藏
	43	西汉“清白”铭连弧纹镜	径 14.9，厚 0.65，重 476.39	1	1980 年阜阳地区文物商店收购，阜阳博物馆藏
	44	汉连弧纹镜	径 8，厚 0.3，重 79.83	1	阜阳县展览馆交
	45	汉连弧纹镜	径 10.9，厚 0.45，重 179.14	1	1980 年阜阳地区文物商店收购，阜阳博物馆藏
	46	汉连弧纹镜	径 11.2，厚 0.5，重 120	1	1980 年阜阳地区文物商店收购，阜阳博物馆藏
	47	西汉汉连弧纹镜	径 13.6，厚 0.35，重 104.2	1	1989 年阜阳市东郊轮窑厂汉墓出土，阜阳博物馆藏
	48	东汉柿蒂纹座连弧纹镜	径 13.9，厚 0.3，重 301.82	1	1972 年 1 月阜阳县合作社仓库拣选
	49	汉四乳连弧纹镜	径 8.8，厚 0.25，重 56.18	1	1966 年 7 月阜阳县城郊双古堆汉墓出土，阜阳博物馆藏
	50	汉“长命富贵”铭连弧纹镜	径 12.8，厚 0.42，重 403.8	1	1972 年 1 月阜阳县合作社仓库拣选

（续表）

分类 内容		名称	尺寸、重量（厘米、克）	数量	来源
昭明镜	1	西汉昭明镜	径 8.65，厚 0.25，84.94	1	1967年1月蚌埠土产站仓库拣选，阜阳博物馆藏
	2	西汉昭明镜	径 9.9，厚 0.55，重 141.86	1	1972年9月阜阳县东郊汉墓出土，阜阳博物馆藏
	3	西汉昭明镜	径 11，厚 0.4，重 176.48	1	1974年2月阜阳县合作社仓库拣选，阜阳博物馆藏
	4	西汉昭明镜	径 9.9，厚 0.45，重 219	1	1974年2月阜阳县合作社仓库拣选，阜阳博物馆藏
	5	西汉昭明镜	径 8.6，厚 0.2，重 87.66	1	1987年12月涡阳县义门汉墓出土，阜阳博物馆藏
	6	西汉昭明镜	径 16.4，厚 0.59，重 655	1	1975年9月阜阳城郊老油坊汉墓出土，阜阳博物馆藏
	7	西汉昭明镜	径 8.4，厚 0.2，重 56.76	1	阜阳县展览馆交，阜阳博物馆藏
	8	西汉昭明镜	径 7.6，厚 0.3，重 74.16	1	阜阳县展览馆交，阜阳博物馆藏
	9	西汉昭明镜	径 8.8，厚 0.5，重 151.91	1	阜阳县展览馆交，阜阳博物馆藏
	10	西汉昭明镜	径 8.45，厚 0.35，重 128.7	1	颍上县西关旧货摊收购
	11	西汉昭明镜	径 6.55，厚 0.2，重 44.66	1	1967年1月蚌埠土产站仓库拣选，阜阳博物馆藏

（续表）

分类	内容	名称	尺寸、重量（厘米、克）	数量	来源
昭明镜	12	西汉昭明镜	径 9.9，厚 0.55，重 141.86	1	1972 年 9 月阜阳县合作社仓库拣选，阜阳博物馆藏
	13	西汉昭明镜	径 11.4，厚 0.5，重 319.51	1	1972 年 9 月阜阳县合作社仓库拣选，阜阳博物馆藏
	14	西汉昭明镜	径 11，厚 0.45，重 269	1	1974 年 12 月阜阳县合作社仓库拣选，阜阳博物馆藏
	15	西汉昭明镜	径 12，厚 0.5，重 282.27	1	1974 年 10 月阜阳县合作社仓库拣选，阜阳博物馆藏
	16	西汉昭明镜	径 13.92，厚 0.67，重 518.41	1	1973 年 12 月界首东郊小李庄汉墓出土，阜阳博物馆藏
	17	西汉昭明镜	径 8.35，厚 0.3，重 101.14	1	1974 年 8 月阜阳城郊汉墓出土，阜阳博物馆藏
	18	西汉昭明镜	径 11.25，厚 0.5，重 301.47	1	1972 年 9 月阜阳县合作社仓库拣选，阜阳博物馆藏
	19	西汉昭明镜	径 8，厚 0.35，重 691.9	1	1977 年 5 月阜阳县合作社仓库拣选，阜阳博物馆藏
	20	西汉昭明镜	径 12，厚 0.6，重 403.23	1	1977 年阜阳地区外贸公司移交，阜阳博物馆藏
	21	西汉昭明镜	径 8.2，厚 0.35，重 120.41	1	1977 年阜阳地区外贸公司移交，阜阳博物馆藏
	22	西汉昭明镜	径 10.3，厚 0.5，重 247	1	临泉县博物馆藏

（续表）

分类	内容	名称	尺寸、重量（厘米、克）	数量	来源
昭明镜	23	西汉昭明镜	径 9.7，重 251	1	临泉县博物馆藏
	24	西汉昭明镜	残碎片	1	1976 年 1 月阜阳县东郊韩庄东岗子汉墓出土，阜阳博物馆藏
	25	新莽昭明连弧纹镜	径 9，厚 0.42，重 218	1	1976 年 5 月阜阳县闻集白洋湖汉墓出土，阜阳博物馆藏
	26	西汉“昭明”铭连弧纹镜	径 12.9，厚 0.45，重 303.71	1	阜阳市东郊市建材总厂汉墓出土，阜阳博物馆藏
	27	西汉“昭明”铭连弧纹镜	径 6.8，厚 0.4，重 167.5	1	阜阳颍南镇开发区汉墓出土，阜阳博物馆藏
博局纹镜	1	汉禽兽博局纹镜	径 10.35，厚 0.45，重 301.8	1	蒙城县文化馆移交
	2	汉四乳禽兽博局镜	径 14，厚 0.45，重 495.38	1	阜南县文化馆移交
	3	汉四乳禽兽博局镜	径 11.7，厚 0.4，重 307.46	1	阜南县文化馆移交
	4	汉四乳禽兽博局镜	径 12.55，厚 0.55，重 398.46	1	1972 年 1 月阜阳合作社仓库拣选，阜阳博物馆藏
	5	汉四乳禽兽博局镜	径 9.6，厚 0.4，重 187.89	1	1974 年 8 月阜阳城郊汉墓出土，阜阳博物馆藏
	6	汉四乳禽兽博局镜	径 11.9，厚 0.6，重 273.75	1	1974 年 12 月蒙城合作社仓库拣选，阜阳博物馆藏

（续表）

内容 分类		名称	尺寸、重量 （厘米、克）	数量	来源
博局纹镜	7	汉四乳禽兽博局镜	径 11.6，厚 0.55，重 344.23	1	1977 年阜阳地区外贸公司移交，阜阳博物馆藏
	8	汉四乳禽兽博局镜	径 12.97，厚 0.4，重 376.58	1	1970 年 12 月阜阳东郊赵大庄空心砖墓出土，阜阳博物馆藏
	9	汉四乳神人禽兽博局纹镜	径 16.2，厚 0.55，重 754	1	1970 年 6 月阜阳城南赵王庄汉墓出土，阜阳博物馆藏
	10	汉“宜君王”铭四乳禽兽博局镜	径 12.65，厚 0.45，重 333.08	1	1976 年 5 月阜阳合作社仓库拣选，阜阳博物馆藏
	11	东汉禽兽博局纹镜	径 7.8，厚 0.3，重 99	1	临泉县博物馆征集
	12	东汉禽兽博局纹镜	径 12.1，厚 0.35，重 275	1	临泉姚集徐庄汉墓出土，临泉县博物馆藏
	13	东汉禽兽博局纹镜	径 11.7，厚 0.5，重 324	1	临泉县博物馆征集
	14	东汉禽兽博局纹镜	径 11.4，厚 0.45，重 328	1	临泉县博物馆征集
	15	东汉四乳禽兽博局纹镜	径 12.8，厚 0.5，重 568	1	临泉县博物馆征集
	16	东汉禽兽博局纹镜	径 11.6，厚 0.55，重 299.97	1	阜阳县展览馆交
	17	东汉禽兽博局纹镜	径 11.8，厚 0.5，重 302.56	1	1967 年 1 月蚌埠土产站仓库拣选，阜阳博物馆藏

（续表）

分类		名称	尺寸、重量（厘米、克）	数量	来源
博局纹镜	18	东汉“尚方”铭禽兽博局纹镜	径 12.9，厚 0.4，重 330.46	1	1970 年阜阳合作社仓库拣选，阜阳博物馆藏
	19	新莽“新兴辟雍”铭禽兽博局纹镜	径 18.7，厚 0.45，重 1065	1	1976 年 5 月阜阳王店九里沟前郭庄新莽墓出土
	20	新莽“井田”铭禽兽博局纹镜	径 15.1，厚 0.4，重 635	1	1978 年 3 月阜阳程集刘棚乡万庄新莽墓出土
	21	汉“尚方”铭禽兽博局纹镜	径 18，厚 0.55，重 582.8	1	1987 年 12 月阜南县文化馆移交
	22	东汉“丹阳”铭简化博局纹镜	径 12.7，厚 0.5，重 370.7	1	1987 年 12 月界首市文化馆移交
	23	新莽“新有善铜”铭四乳禽兽简化博局镜	径 13.1，厚 0.4，重 326.24	1	1972 年 3 月凤台县合作社仓库拣选，阜阳博物馆藏
	24	汉“桼言”铭禽兽博局镜	径 14.7，厚 0.5，重 507.81	1	1987 年 12 月阜阳县展览馆移交
	25	汉“桼言”铭四乳禽兽博局镜	径 11.8，厚 0.45，重 348.53	1	1984 年 8 月征集，阜阳博物馆藏
	26	汉“桼言”铭四乳四鸟简化博局纹镜	径 11.7，厚 0.45，重 291.91	1	1993 年 3 月阜阳县闻集征集，阜阳博物馆藏
	27	东汉“汉有善铜”铭四神博局纹镜	径 11.5，厚 0.47，重 332.98	1	1987 年 12 月阜阳县展览馆移交

（续表）

分类＼内容		名称	尺寸、重量（厘米、克）	数量	来源
博局纹镜	28	东汉几何博局纹镜	径 10，厚 0.51，重 171.59	1	涡阳文化馆移交，阜阳博物馆藏
	29	东汉四乳简化博局纹镜	径 7.7，厚 0.3，重 61.06	1	1970 年阜阳合作社拣选，阜阳博物馆藏
	30	东汉“尚方”铭四乳简化博局纹镜	径 11.4，厚 0.4，重 295.03	1	1974 年 5 月阜阳合作社仓库拣选，阜阳博物馆藏
	31	东汉四乳八鸟博局纹镜	径 11.5，厚 0.5，重 317.84	1	1972 年 2 月阜阳合作社拣选，阜阳博物馆藏
	32	东汉四乳八鸟简化博局纹镜	径 10.45，厚 0.35，重 138.54	1	1972 年 2 月阜阳合作社拣选，阜阳博物馆藏
	33	新莽八乳八鸟博局纹镜	径 12.5，厚 0.35，重 180.81	1	1975 年 9 月阜阳城郊老油坊新莽墓出土，阜阳博物馆藏
	34	九乳博局镜	径 14，厚 0.4，重 193.2	1	阜南县文化馆交，阜阳博物馆藏
	35	“尚方”铭博局镜	径 18，厚 0.45，重 220.4	1	阜阳博物馆征集
	36	东汉“丹阳”铭四神博局镜	径 12.7，厚 0.4，重 187.5	1	界首文化馆交，阜阳博物馆藏
	37	东汉“作佳镜”铭禽兽博局镜	径 14，厚 0.4，重 419.26	1	1970 年阜阳合作社拣选，阜阳博物馆藏
	38	汉四乳禽兽博局纹镜	径 12.45，厚 0.4，重 332.58	1	1975 年 10 月阜阳合作社仓库拣选，阜阳博物馆藏

（续表）

分类 内容		名称	尺寸、重量（厘米、克）	数量	来源
博局纹镜	39	汉四乳禽兽简化博局纹镜	径 11.1，厚 0.45，重 217.36	1	1967 年 7 月蚌埠土产站仓库拣选，阜阳博物馆藏
	40	汉四乳禽兽简化博局纹镜	径 11.6，厚 0.6，重 323.87	1	1967 年 7 月蚌埠土产站仓库拣选，阜阳博物馆藏
	41	汉八乳禽兽博局纹镜	径 13.95，厚 0.5，重 469.21	1	1974 年 10 月阜阳县合作社仓库拣选，阜阳博物馆藏
	42	汉八乳禽兽博局纹镜	径 17，厚 0.5，重 730	1	1973 年 4 月阜阳县合作社仓库拣选，阜阳博物馆藏
	43	汉八乳禽兽博局纹镜	径 15.7，厚 0.5，重 616	1	1967 年 4 月濉溪县土产站仓库拣选，阜阳博物馆藏
	44	汉八乳禽兽博局纹镜	径 15.7，厚 0.5，重 625	1	1967 年 4 月濉溪县土产站仓库拣选，阜阳博物馆藏
	45	汉八乳禽兽博局纹镜	径 14.3，厚 0.5，重 495.5	1	1967 年 4 月濉溪县土产站仓库拣选，阜阳博物馆藏
	46	汉八乳禽兽博局纹镜	径 13.6，厚 0.5，重 440.23	1	1976 年 6 月阜阳县合作社仓库拣选，阜阳博物馆藏
	47	汉八乳禽兽博局纹镜	径 16.3，厚 0.4，重 631	1	1973 年 7 月蒙城县合作社仓库拣选，阜阳博物馆藏
	48	汉八乳禽兽博局纹镜	径 11.65，厚 0.5，重 336.67	1	1993 年 3 月临泉县滑集征集，阜阳博物馆藏

（续表）

分类		名称	尺寸、重量（厘米、克）	数量	来源
博局纹镜	49	汉八乳禽兽博局纹镜	径16，厚0.5，重676	1	1973年4月阜阳县合作社仓库拣选，阜阳博物馆藏
	50	汉八乳禽兽博局纹镜	径16.2，厚0.5，重551.62	1	1997年阜阳县文管所交，阜阳博物馆藏
	51	汉八乳花卉博局纹镜	径12.3，厚0.5，重360.8	1	1977年阜阳地区外贸公司移交，阜阳博物馆藏
	52	汉八乳禽兽博局纹镜	径13.9，厚0.5，重373.15	1	1971年2月临泉县鲖阳硕庄汉墓出土，阜阳博物馆藏
	53	汉八乳禽兽博局纹镜	径14.7，厚0.5，重439.86	1	1987年12月太和县赵集汉墓出土，太和县文管所藏
	54	汉八乳禽兽博局纹镜	径11.95，厚0.45，重305.12	1	1978年1月太和县文管所征集
	55	汉“上大山”铭八乳禽兽博局纹镜	径16.6，厚0.45，重642	1	阜南县文管所藏
	56	汉“桼言”铭八乳禽兽博局镜	径16.73，厚0.47，重682	1	阜南县文管所藏
	57	新莽“新兴辟雍”铭八乳禽兽博局纹镜	径18.7，厚0.55，重1065	1	1976年5月阜阳王店九里沟前郭庄汉墓出土，阜阳博物馆藏
	58	新莽“刘氏去”铭八乳禽兽博局纹镜	径15.1，厚0.4，重635	1	1978年3月阜阳城郊万庄汉墓出土，阜阳博物馆藏

（续表）

分类	内容	名称	尺寸、重量（厘米、克）	数量	来源
博局纹镜	59	汉八乳禽兽博局纹镜	径 22，厚 0.6，重 1353	1	1971 年 2 月临泉县鲖阳砺庄汉墓出土，阜阳博物馆藏
	60	汉八乳禽兽博局纹镜	径 15.7，厚 0.57，重 854.1	1	1974 年 10 月阜南县合作社仓库拣选，阜阳博物馆藏
	61	东汉“尚方”铭八乳禽兽博局纹镜	径 19，厚 0.56，重 1412	1	1974 年 10 月阜阳县合作社仓库拣选，阜阳博物馆藏
	62	东汉“尚方”铭八乳禽兽博局纹镜	径 15.6，厚 0.35，重 382.75	1	1978 年 12 月阜阳县王店东清队征集，阜阳博物馆藏
	63	汉神人禽兽博局纹镜	径 10.6，厚 0.3，重 210.07	1	1976 年 10 月阜南县方集吕寨马大庄征集，阜阳博物馆藏
	64	汉神兽博局纹镜	径 9.9，厚 0.35，重 195.91	1	1976 年 5 月阜阳合作社仓库拣选，阜阳博物馆藏
	65	汉神兽博局纹镜	径 11.7，厚 0.45，重 265.93	1	1975 年 10 月蒙城合作社仓库拣选，阜阳博物馆藏
	66	东汉羽翼山峦纹博局纹镜	径 9.5，厚 0.5，重 258.5	1	1975 年 10 月阜阳合作社仓库拣选，阜阳博物馆藏
	67	东汉“上大山”铭八乳草叶简化博局纹镜	径 13.1，厚 0.35，重 371.1	1	1971 年 3 月阜阳县合作社仓库拣选，阜阳博物馆藏
	68	汉“桼言”铭四乳神人禽兽简化博局纹镜	径 13，厚 0.4，重 393.75	1	1972 年 11 月凤台县合作社仓库拣选，阜阳博物馆藏

（续表）

分类 \ 内容		名称	尺寸、重量（厘米、克）	数量	来源
博局纹镜	69	东汉“上大山”铭八乳禽兽博局纹镜	径 19，厚 0.5，重835	1	1975年10月蒙城县合作社仓库拣选，阜阳博物馆藏
	70	东汉“上大山”铭八乳禽兽博局纹镜	径 14.1，厚 0.3，重300.59	1	1970年4月阜阳合作社仓库拣选，阜阳博物馆藏
	71	汉“桼言”铭八乳禽兽博局纹镜	径 13.5，厚 0.4，重351.63	1	1971年2月涡阳合作社仓库拣选，阜阳博物馆藏
	72	东汉“蔡氏作镜”铭八乳禽兽博局纹镜	径 16.1，厚 0.4，重350.33	1	1972年1月阜阳城郊罗庄汉墓出土，阜阳博物馆藏
	73	东汉四乳西王母禽兽博局纹镜	径 12.5，厚 0.4，重309.56	1	1972年1月阜阳城郊郭韩庄汉墓出土，阜阳博物馆藏
	74	汉四乳云纹简化博局纹镜	径 9.65，厚 0.4，重183.7	1	1977年阜阳地区外贸公司移交，阜阳博物馆藏
	75	汉四神博局纹镜	径 9.55，厚 0.5，重180.42	1	阜阳县展览馆交，阜阳博物馆藏
	76	汉四乳简化四神博局纹镜	残件	1	1971年阜阳县七里铺大古堆汉墓出土，阜阳博物馆藏
	77	东汉八乳简化博局纹镜	径 8.9，厚 0.3，重123	1	临泉县博物馆藏
	78	东汉八乳简化博局纹镜	径 8.9，厚 0.23，重123	1	临泉县博物馆藏
	79	“桼言”铭博局镜	径 14.7，厚 0.55，重365.7	1	阜阳县展览馆交，阜阳博物馆藏

（续表）

分类	内容	名称	尺寸、重量（厘米、克）	数量	来源
博局纹镜	80	西汉“上大山”铭博局纹镜	径 13.1，厚 0.35，重 371.1	1	1973 年 12 月太和张阁古城遗址出土，阜阳博物馆藏
禽兽纹镜	1	西汉四乳禽兽纹镜	径 9.6，厚 0.5，重 172.63	1	1972 年 1 月凤台县城关汉墓出土，阜阳博物馆藏
禽兽纹镜	2	西汉四乳禽兽纹镜	径 11.95，厚 0.65，重 389.12	1	1987 年 12 月凤台县文教局移交，阜阳博物馆藏
禽兽纹镜	3	西汉四乳禽兽纹镜	径 17.55，厚 0.6，重 750	1	1976 年 1 月阜阳县苏集谭庄汉墓出土，阜阳博物馆藏
禽兽纹镜	4	汉四乳禽兽纹镜	径 14.3，厚 0.5，重 518.48	1	1974 年 3 月涡阳合作社仓库拣选，阜阳博物馆藏
禽兽纹镜	5	汉四乳禽兽纹镜	径 13.9，厚 0.6，重 482.46	1	1974 年 5 月阜阳城关大古堆汉墓出土，阜阳博物馆藏
禽兽纹镜	6	汉四乳禽兽纹镜	径 11.7，厚 0.6，重 378.3	1	1978 年 2 月阜阳县合作社仓库拣选，阜阳博物馆藏
禽兽纹镜	7	汉四乳禽兽纹镜	径 11，厚 0.61，重 369.12	1	1978 年 7 阜阳县颍西椿树庄汉墓出土，阜阳博物馆藏
禽兽纹镜	8	汉四乳禽兽纹镜	径 19，厚 0.65，重 860	1	1984 年阜阳博物馆征集
禽兽纹镜	9	汉四乳禽兽简化博局纹镜	径 10.1，厚 0.6，重 388.3	1	1978 年 7 阜阳县颍西椿树庄汉墓出土，阜阳博物馆藏
禽兽纹镜	10	西汉四乳禽兽纹镜	径 12.3，厚 0.6，重 401.3	1	1987 年 12 月凤台县文教局移交，阜阳博物馆藏

（续表）

分类 \ 内容		名称	尺寸、重量（厘米、克）	数量	来源
禽兽纹镜	11	西汉四乳禽兽纹镜	径 11.95，厚 0.65，重 389.12	1	1987 年 12 月凤台县文教局移交，阜阳博物馆藏
	12	汉四乳四神镜	径 10.3，厚 0.6，重 390.3	1	蒙城县文化馆交，阜阳博物馆藏
	13	汉四乳禽兽纹镜	径 11.9，厚 0.35，重 360.47	1	1977 年阜阳地区外贸公司移交，阜阳博物馆藏
	14	汉四乳禽兽纹镜	径 11.8，厚 0.4，重 268	1	1975 年 10 月阜阳合作社仓库拣选（残件），阜阳博物馆藏
	15	汉四乳禽兽纹镜	径 10.35，厚 0.35，重 179.89	1	1966 年 1 月阜阳县合作社仓库拣选，阜阳博物馆藏
	16	汉四乳四神镜	径 8，厚 0.3，重 87.51	1	1987 年 12 月阜阳县展览馆交，阜阳博物馆藏
	17	汉四乳四神镜	径 11.6，厚 0.5，重 266.54	1	1987 年 12 月阜阳县新华公社汉墓出土，阜阳博物馆藏
	18	汉四乳四神镜	径 11.05，厚 0.5，重 279.66	1	1967 年 7 月蚌埠土产站仓库拣选，阜阳博物馆藏
	19	汉四乳四神镜	径 11.95，厚 0.65，重 398.12	1	1972 年 1 月阜阳县合作社仓库拣选，阜阳博物馆藏
	20	汉四乳四神镜	径 11.4，厚 0.6，重 258.31	1	1967 年 4 月阜阳县合作社仓库拣选，阜阳博物馆藏

（续表）

分类	内容	名称	尺寸、重量（厘米、克）	数量	来源
禽兽纹镜	21	汉四乳四神镜	径 10.75，厚 0.45，重 228.19	1	1972 年 4 月阜阳县合作社仓库拣选，阜阳博物馆藏
	22	汉四乳禽兽镜	径 10.2，厚 0.3，重 301	1	1967 年 7 月濉溪县土产站仓库拣选，阜阳博物馆藏
	23	汉四乳四神镜	径 14.35，厚 0.6，重 364.45	1	1974 年 2 月蒙城合作社仓库拣选，阜阳博物馆藏
	24	汉四乳四兽镜	径 8.4，厚 025，重 84.15	1	1974 年 4 月颍上王岗合作社仓库拣选，阜阳博物馆藏
	25	汉四乳四兽镜	径 11.1，厚 0.48，重 300.46	1	1975 年 10 月利辛县合作社仓库拣选，阜阳博物馆藏
	26	汉四乳四兽镜	径 12，厚 0.6，重 398.44	1	1974 年 10 月阜阳县合作社仓库拣选，阜阳博物馆藏
	27	汉四乳四兽镜	径 14，厚 0.65，重 532.61	1	1975 年 2 月阜阳县合作社仓库拣选，阜阳博物馆藏
	28	汉四乳四兽镜	径 11.4，厚 0.45，重 288.01	1	1975 年 2 月阜阳县合作社仓库拣选，阜阳博物馆藏
	29	东汉四乳四兽镜	径 16.5，厚 0.55，重 403.5	1	1979 年 2 月涡阳县合作社仓库拣选，阜阳博物馆藏
	30	汉四乳四兽镜	径 17.5，厚 0.6，重 750	1	1976 年阜阳县苏集谭庄汉墓出土，阜阳博物馆藏

（续表）

分类 \ 内容		名称	尺寸、重量（厘米、克）	数量	来源
禽兽纹镜	31	汉四乳四兽镜	径 8.5，厚 0.43，重 398.4	1	1976 年阜阳东郊韩庄汉墓出土，阜阳博物馆藏
	32	汉四乳四兽镜	径 11.61，厚 0.5，重 314	1	1969 年 1 月阜南县红旗闸王圆一号汉墓出土，阜阳博物馆藏
	33	汉四乳四神镜	径 11.5，厚 0.45，重 228.19	1	1972 年 4 月阜阳县合作社仓库拣选，阜阳博物馆藏
	34	东汉四乳四兽镜	径 9，厚 0.4，重 123.56	1	1972 年 3 月亳县合作社仓库拣选，阜阳博物馆藏
	35	东汉四乳禽兽镜	径 9.9，厚 0.4，重 197	1	1974 年 1 月界首尹城子遗址汉墓出土，阜阳博物馆藏
	36	东汉“常乐富贵”铭四乳禽兽纹镜	径 14.3，厚 0.55，重 465.5	1	1976 年 1 月阜阳城郊罗庄大队韩庄征集，阜阳博物馆藏
	37	东汉“新有善铜”铭四乳禽兽纹镜	径 11.75，厚 0.35，重 282.72	1	1977 年阜阳地区外贸公司移交，阜阳博物馆藏
	38	汉“长宜子孙”铭多乳纹镜	径 15.9，厚 0.6，重 665	1	1987 年 12 月凤台县合作社仓库拣选，阜阳博物馆藏
	39	汉“长宜子孙”铭四乳四神镜	径 14，厚 0.7，重 536.37	1	1987 年 12 月阜阳县展览馆交，阜阳博物馆藏
	40	东汉四乳神人禽兽镜	径 10.4，厚 0.5，重 231.28	1	1974 年 5 月界首河北隋湾子小楼汉墓出土，阜阳博物馆藏

（续表）

内容 分类		名称	尺寸、重量 （厘米、克）	数量	来源
禽兽纹镜	41	东汉四乳神人镜	径 10，厚 0.5，重 219	1	1972 年 12 月阜阳七里铺汉墓出土，阜阳博物馆藏
	42	东汉六乳禽兽纹镜	径 11.5，厚 0.5，重 211.4	1	1971 年 1 月阜阳县西郊七渔河汉墓出土，阜阳博物馆藏
	43	东汉“陈氏”铭六乳禽兽纹镜	径 13.1，厚 0.54，重 527.93	1	1967 年 1 月阜阳县颍州西湖汉墓出土，阜阳博物馆藏
	44	东汉七乳禽兽纹镜	径 14.25，厚 0.59，重 539.87	1	1973 年 4 月凤台县合作社仓库拣选，阜阳博物馆藏
	45	东汉七乳禽兽纹镜	径 14，厚 0.6，重 529.86	1	1967 年 4 月蚌埠土产站仓库拣选，阜阳博物馆藏
	46	东汉七乳禽兽纹镜	径 18.8，厚 0.6，重 1046	1	1986 年 9 月阜阳东市区窑厂汉墓出土，阜阳博物馆藏
	47	东汉“尚方”铭七乳禽兽纹镜	径 15.5，厚 0.6，重 437.91	1	1973 年 7 月阜阳县合作社仓库拣选，阜阳博物馆藏
	48	东汉“泰山”铭七乳禽兽纹镜	径 20.8，厚 0.61，重 1207.1	1	1977 年阜阳地区外贸公司移交，阜阳博物馆藏
	49	东汉“宜子孙”铭七乳禽兽镜	径 21，厚 0.65，重 128.5	1	1980 年 8 月阜阳地区文物商店收购，阜阳博物馆藏
	50	东汉画纹带缘神兽镜	径 9，厚 0.3，重 122.73	1	1970 年 4 月阜阳县合作社仓库拣选，阜阳博物馆藏

（续表）

分类＼内容		名称	尺寸、重量（厘米、克）	数量	来源
神兽纹镜	1	东汉龙虎神兽镜	径 9.9，厚 0.8，重 241.23	1	1966 年蒙城县板桥鸟集汉墓出土，阜阳博物馆藏
	2	东汉“尚方”铭龙虎神兽纹镜	径 11.2，厚 0.7，重 322	1	临泉博物馆藏
	3	东汉四虎神兽镜	径 8.9，厚 0.6，重 151.08	1	1970 年 4 月阜阳合作社仓库拣选，阜阳博物馆藏
	4	东汉龙虎神兽镜	径 10.1，厚 0.5，重 237.29	1	1971 年 2 月临泉合作社仓库拣选，阜阳博物馆藏
	5	东汉“三羊作竟”铭龙虎神兽镜	径 9.35，厚 0.6，重 178.37	1	1975 年 10 月阜南合作社仓库拣选，阜阳博物馆藏
	6	东汉“吾作明竟”四乳神人神兽纹镜	径 11.7，厚 0.62，重 230.3		1974 年 12 利辛县合作社仓库拣选，阜阳博物馆藏
	7	东汉“吾作明竟”铭半圆方枚神兽纹镜	径 10.5，厚 0.6，重 220.9		1972 年 4 月阜阳县合作社仓库拣选，阜阳博物馆藏
	8	东汉半圆方枚神兽镜	径 16.5，厚 0.35，重 408.2	1	阜南县文管所藏
	9	东汉神兽镜	径 9.35，厚 0.62，重 170.68	1	1972 年 11 月凤台县合作社仓库拣选，阜阳博物馆藏
	10	东汉“蔡氏”铭龙虎神兽镜	径 17，厚 0.9，重 735	1	1973 年 3 月阜阳茨淮新河利辛段汉墓出土，阜阳博物馆藏
	11	东汉龙虎神兽镜	径 9.1，厚 0.65，重 165.51	1	1977 年阜阳地区外贸公司移交，阜阳博物馆藏

（续表）

分类 \ 内容		名称	尺寸、重量（厘米、克）	数量	来源
神兽纹镜	12	东汉龙虎神兽镜	径 9.8，厚 0.8，重 230.4	1	1977 年皋阳地区外贸公司移交，皋阳博物馆藏
	13	东汉龙纹神兽镜	径 8.5，厚 0.8，重 231.8	1	1972 年 4 月皋阳博物馆征集
	14	东汉龙虎纹神兽镜	径 13.3，厚 0.95，重 403.1	1	1976 年 4 月皋阳博物馆征集
	15	东汉三虎神兽镜	径 11，厚 0.6，重 229	1	临泉县博物馆藏
	16	东汉“大山”铭半圆方枚花卉纹镜	径 8.8，厚 0.22，重 126.31		太和县文管所藏
	17	东汉“尚方”铭四乳神兽镜	径 13，厚 0.57，重 337.3	1	1973 年 10 月皋阳县合作社仓库拣选，皋阳博物馆藏
	18	东汉“青盖”铭龙虎神兽镜	径 11.4，厚 0.6，重 286.4		1976 年 10 月皋阳博物馆征集
画像镜	1	东汉“尚方”铭六乳神人神兽画像镜	径 18，厚 0.95，重 944.3	1	1974 年 10 月皋阳县合作社仓库拣选，皋阳博物馆藏
	2	东汉“张氏”铭四乳神人画像镜	径 16.8，厚 0.78，重 620	1	1973 年 7 月蒙城县合作社仓库拣选，皋阳博物馆藏
	3	东汉“王氏”铭六乳神人画像镜	径 20.2，厚 0.8，重 965	1	1974 年 5 月皋阳县合作社仓库拣选，皋阳博物馆藏
	4	东汉“尚方”铭六乳神人神兽画像镜	径 18.5，厚 0.55，重 819	1	1973 年 10 月皋阳县合作社仓库拣选，皋阳博物馆藏

（续表）

分类＼内容		名称	尺寸、重量（厘米、克）	数量	来源
画像镜	5	东汉“田氏”铭四乳神人神兽画像镜	径 16.5，厚 0.65，重 794.7	1	1972 年 4 月阜阳县合作社仓库拣选，阜阳博物馆藏
	6	东汉“蔡氏”铭四乳神人车马画像镜	径 18.5，厚 0.45，重 819	1	1973 年 10 月阜阳县合作社仓库拣选，阜阳博物馆藏
	7	东汉“蔡氏”铭四乳车马升仙图画像镜	径 17.9，厚 0.77，重 755	1	1973 年 12 月阜阳茨淮新河利辛段汉墓出土，阜阳博物馆藏
	8	东汉“龙氏”神人车马画像镜	径 11.8，厚 0.8，重 580.5		1987 年 12 月阜阳展览馆移交，阜阳博物馆藏
鸟纹镜	1	西汉四乳八鸟纹镜	径 9.55，厚 0.5，重 216	1	1987 年 12 月阜阳县东郊袁庄汉墓出土，阜阳博物馆藏
	2	汉四乳八鸟纹镜	径 8.4，厚 0.5，重 152.17	1	1987 年 12 月阜阳展览馆移交，阜阳博物馆藏
	3	汉四乳八鸟纹镜	径 7.8，厚 0.3，重 96.68	1	1987 年 12 月阜阳展览馆移交，阜阳博物馆藏
	4	汉四乳八鸟纹镜	径 9.65，厚 0.5，重 230.06	1	1974 年 4 月颍上县城关合作社拣选，阜阳博物馆藏
	5	东汉四乳四鸟纹镜	径 9.6，厚 0.4，重 179.64	1	1974 年 5 月阜南县双碑湖汉墓出土，阜阳博物馆藏
	6	东汉四乳四鸟纹镜	径 11.7，厚 0.4，重 274.35	1	1976 年 10 月利辛县合作社仓库拣选，阜阳博物馆藏

（续表）

分类		名称	尺寸、重量（厘米、克）	数量	来源
鸟纹镜	7	东汉四乳四鸟纹镜	径 8.9，厚 0.35，重 143.16	1	1977 年阜阳地区外贸公司移交，阜阳博物馆藏
	8	东汉四乳四鸟纹镜	径 7.3，厚 0.51，重 85	1	临泉县博物馆藏
	9	东汉四乳四鸟纹镜	径 5.7，厚 0.4，重 200	1	临泉县博物馆藏
	10	东汉四乳四鸟纹镜	径 9.35，厚 0.5，重 195.3	1	1978 年 12 月阜阳县向阳公社新东队征集，阜阳博物馆藏
	11	汉鸟纹镜	径 7.15，厚 0.35，重 62.11	1	1987 年 12 月阜阳展览馆，阜阳博物馆藏
	12	五乳五雀镜	径 6.5，厚 0.6，重 108.54	1	1987 年 12 月颍上文化馆移交
	13	汉四乳八鸟纹镜	径 9.55，厚 0.5，重 216	1	1987 年 12 月阜阳合作社仓库拣选，阜阳博物馆藏
	14	汉四乳八鸟纹镜	径 8.2，厚 0.4，重 117.89	1	1970 年 5 月阜南土产站仓库拣选，阜阳博物馆藏
	15	汉四乳八鸟纹镜	径 9，厚 0.4，重 145.32	1	1975 年 10 月阜阳合作社仓库拣选，阜阳博物馆藏
	16	汉四乳八鸟纹镜	径 7.8，厚 0.38，重 115	1	临泉博物馆藏
	17	汉四乳禽鸟纹镜	径 9.6，厚 0.4，重 208	1	界首市文管所藏

（续表）

分类	内容	名称	尺寸、重量（厘米、克）	数量	来源
鸟纹镜	18	汉四乳禽鸟纹镜	径 8.2，厚 0.4，重 160	1	界首市文管所藏
	19	东汉五乳五雀纹镜	径 11.75，厚 0.45，重 312.36	1	1967 年 7 月蚌埠土产站仓库拣选，阜阳博物馆藏
	20	东汉五乳五鸟纹镜	径 8.45，厚 0.65，重 157.6	1	1973 年 12 月涡阳合作社仓库拣选，阜阳博物馆藏
	21	东汉六乳六雀纹镜	径 9.9，厚 0.8，重 241.23	1	1966 年蒙城县板桥鸟集汉墓出土，阜阳博物馆藏
其他	1	汉弦纹镜	径 7，厚 0.25，重 73.56		1987 年 12 月临泉县文化馆交，阜阳博物馆藏
	2	汉“长宜子孙”铭弦纹镜	径 719.2，厚 0.7，重 882		1973 年 7 月阜阳县合作社仓库拣选，阜阳博物馆藏
	3	汉“宜佳人，乐未央”弦纹镜	径 7.8，厚 0.2，重 68.8	1	1967 年 7 月蚌埠土产站仓库拣选，阜阳博物馆藏
	4	东汉双线波折纹镜	径 10.5，厚 0.45，重 244.81	1	1967 年 7 月蚌埠土产站仓库拣选，阜阳博物馆藏
	5	新莽“新有善铜”铭花枝纹镜	径 11.3，厚 0.38，重 297.854	1	界首亮集邢寨新莽墓出土，阜阳博物馆藏
	6	东汉五乳花枝纹镜	径 9.35，厚 0.5，重 148.76	1	1970 年 4 月阜阳合作社仓库拣选，阜阳博物馆藏
	7	汉“常乐富贵”铭四乳镜	径 6.6，厚 0.45，重 51.55	1	1976 年 12 月临泉合作社仓库拣选，阜阳博物馆藏

（续表）

分类		名称	尺寸、重量（厘米、克）	数量	来源
其他	8	东汉半圆方枚柿蒂纹镜	径 12.9，厚 0.3，重 238.5	1	1972 年 1 月阜阳县合作社仓库拣选，阜阳博物馆藏
	9	东汉变体几何纹镜	径 10.5	1	1972 年 1 月阜阳县合作社仓库拣选（残件），阜阳博物馆藏
	10	东汉神兽纹镜	残碎片	1	1966 年 3 月涡阳县高炉毛堌堆汉墓出土，阜阳博物馆藏
	11	东汉多乳禽兽纹镜	残碎片	1	1966 年 3 月涡阳县西阳集二号汉墓出土，阜阳博物馆藏

附录二 阜阳汉镜铭文辑录

1. 大乐贵富。千秋万岁，宜酒食（鱼形图记）。

2. 大乐贵富，得所好。千秋万岁，延年益寿（鱼形图记）。

3. 内清质以昭明，光象夫日月，心忽忠而，不泄。

4. 内清质以昭明，光辉象夫日月，心忽扬而愿忠，然雍塞。

5. 洁清白而事君，志欢之弇明。玄锡之泽流，恐疏而日忘。美之穷，外承可兑（说）。毋绝。

6. 长相思，毋相忘，宜佳人，乐未央。

7. 长相思，毋相忘，常贵富，乐未央。

8. 见日之光，天下大明。

9. 见日之光，见天下明。

10. 见日之光，长毋相忘。

11. 见日之光，长不相忘。

12. 日有憙，月有富，乐毋事，常得意，美人。

13. 湅冶铜华清而明，以之为镜宜文章，延年益寿去不羊（祥），与天毋（无）极而日光。长乐未央。

14. 湅冶铜华清而明，以之为镜宜文章，延年益寿去不羊（祥），与天毋（无）极如日光。千秋万岁乐未央。

15. 昭作明镜成快意，上有龙虎四时宜，长保二亲乐毋事，子孙番昌家福贵。

16. 昭匈（胸）齐（胁），身万全。象衣服，好可观。宜佳人，心意欢。长尚（裳）志，心固然。周复始，传子孙。

17. （外圈）昭容貌，长万全。见衣服，好可观。宜佳人，心意欢。食玉央（英），饮澧泉。驾龙，乘浮云。尚（裳）志，固尚（常）然。宜；（中圈）桼言之纪从镜始，仓（苍）龙在左，白虎居，长宝（保）二亲右宜官秩，子孙。（内圈）子丑寅卯辰巳午未申酉戌亥。

18. 汉有名镜出丹阳，杂银锡清而明，左交（蛟）龙。

19. 汉有善镜出丹阳，取之为镜清而明。

20. 亲（新）有善铜出丹阳，以之为竟（镜）。

21. 亲（新）有善铜出丹阳，取以锡。

22. 新有善铜出丹阳，和以银锡。

23. 刘氏去，王氏持，天下安宁。乐可喜，井田平，贫广其志。

24. 新兴辟雍建明堂，然（单）于举土列侯王，将军令尹民户行，诸生万舍在北方，子孙复具治中央。

25. 上大山，见神人。食玉英，饮澧泉。驾蜚（飞）龙，乘浮云。宜官秩，保子孙。与天寿，与地载。

26. 上大山，见神人。食玉英，饮澧泉。□□□，□□□。长万岁，宜子孙。

27. 上大山，见神人。食玉英，泉。驾蜚（飞）龙，乘浮云。宜官秩，保子孙。得天道，物自然。富贵昌，乐未央。宜孙子。

28. 上大山，见神人，食玉英，饮澧泉，参驾蜚龙乘浮云，长万年，宜子孙，日富贵，无忧患。

29. 上大山，见山人，食玉英，饮澧泉，驾交（蛟）龙，乘浮云。

30. 桼（漆、七）言之始自有纪，湅冶铜华去其宰（渣），辟除不祥宜古（贾）市，长保二亲利孙子。

31. 桼言之纪竟（镜）舒如，长保二亲宜孙子，辟去不羊（祥）宜古（贾）市。

32. 桼言之纪始，长保二亲利孙子，辟去不羊（祥）宜古（贾）市，寿如金石西母，从今而往乐。

33. 桼言之纪竟（镜）舒如，青在左，白虎在右。

34. 桼言之纪从竟（镜）始，苍龙在左，白虎居右。

35. 桼言之纪从竟（镜）始，苍居左，白虎在右。子丑寅卯辰巳午未申酉戌亥。

36. 桼言之纪从镜始，长保二亲宜孙子，辟去不羊（祥）宜古（贾）市，从今而往乐乃始。

37. 桼言之纪从竟（镜）始，练冶铜华去宰（滓），从今而往乐。

38. 尚方作竟（镜）真大好，上有山（仙）人不知老，渴饮玉泉兮。

39. 尚方作竟（镜）真大好，上有山（仙）人不知老，渴饮玉泉饥食枣，寿如金石兮。

40. 作佳竟（镜）兮真大好，上有山（仙）人不知老。渴饮玉泉讥（饥）食枣，浮游天下兮。

41. 泰山作竟（镜）真大巧，上有山（仙）人不知老，渴饮玉泉讥（饥）食枣，浮游天下敖四海兮。

42. 长宜子孙。

43. 宜子孙。

44. 日富昌，宜君王。

45. 富贵长寿。

46. 尚方作镜佳且好，子孙备具长相保，上有山人不知老。

47. 尚方作镜佳且好，令君大富宜孙子，上有东王父西王母，与天相保兮。

48. 尚方作竟（镜）自有道，明而日月世少有，刻治今（禽）守（兽）悉皆在，而日。子丑寅卯辰巳午未申酉戌亥。

49. 尚方作竟大毋伤，巧工刻之成文章，左龙右虎辟不羊（祥），朱雀玄武顺阴阳，子孙备具居中央。

50. 田氏作竟真大巧，东王父西王母，辟邪喜怒无央咎，上有二山（仙）在右，千秋万岁主长久。

51. 陈氏作竟有请（精）神，上大山，见仙人。持芝草，与吾道。□□竟（镜），好可观。苍龙白虎主除道兮。

52. 张氏作竟四夷服，多贺君家人民息，胡虏殄灭天下复，风雨时节五谷熟，长保二亲得天力，传告后世乐无极。

53. 龙氏作竟（镜）佳且好，明日月世少有，刻治今（禽）守（兽）悉皆在，长保二亲宜孙子。大吉矣。

54. 王氏作竟（镜）自有纪，湅冶同（铜）清去才（宰、滓）土，耥（除）去不羊（祥）宜古市，长保二亲宜孙子。东王。

55. 蔡氏作竟（镜）真大巧，上有山（仙）人不知老，渴饮玉泉饥食枣，浮游天下敖四海，寿比湎（甬）洛（乔）。

56. 蔡氏作竟（镜）真大巧，上有山（仙）人不知老。子丑寅卯辰巳午未申酉戌亥。

57. 蔡氏作竟（镜）佳且好，明而日月世少保，上有辟邪白虎主聖（圣）道，长保子孙不知老。（鸡形符号）

58. 蔡氏作竟（镜）四夷服，多贺君家人民息，胡虏殄灭天下复，风雨时节五谷熟，大吉。

59. 吾作明竟自有纪，明而日月世少有。

60. 青盖（祥）作竟世少有，位至三公中尚（常）侍兮。

61. 三羊作竟（镜），上有不老。吉兮。

62. 青盖。

63. 吾作明竟（镜），幽湅三商，配象万疆，敬奉臣良，周（雕）刻无极，世得光明，子孙蕃昌，服者大吉。□山不知老，其师命长。

附录三　本书引用铜镜著录名称繁简对照表

序号	简称	全称	出处
1	《洛阳》	《洛阳出土铜镜》	洛阳博物馆编，文物出版社，1988 年版
2	《六安》	《六安出土铜镜》	安徽省文物考古所、六安市文物局编，文物出版社，2008 年版
3	《浙江》	《浙江出土铜镜》	王士伦编、王牧修订，文物出版社，2006 年版
4	《图像》	《论汉代艺术中的西王母图像》	李淞著，湖南教育出版社，2000 年版
5	《古代》	《中国古代铜镜》	赵立光、李文英编著，陕西人民出版社，1997 年版
6	《图典》	《中国铜镜图典》	孔祥星、刘一曼编著，文物出版社，1992 年版
7	《中原》	《中原藏镜聚英》	王趁意著，中州古籍出版社，2011 年版
8	《千镜堂》	《丹阳铜镜青瓷博物馆·千镜堂》	陈凤九主编，文物出版社，2007 年版
9	《全集》	《中国青铜器全集 16·铜镜》	中国青铜器全集编辑委员会编，文物出版社，1998 年版
10	《上博》	《练形神冶　莹质良工——上海博物馆藏铜镜精品》	上海博物馆编，上海书画出版社，2005 年版
11	《绍兴》	《绍兴古镜聚英》	梅原末治编，京都，桑名文星堂，1939 年版
12	《历博》	《历博馆藏铜镜选辑》	杨桂荣著，《中国历史博物馆馆刊》，1993 年第一期

（续表）

序号	简称	全称	出处
13	《故宫》	《故宫藏镜》	郭玉海编，紫禁城出版社，1996年版
14	《旅顺》	《旅顺博物馆藏镜》	旅顺博物馆编，文物出版社，1997年版
15	《民间藏镜》	《山东民间藏镜》	张道来等编，文物出版社，2006年版
16	《三槐堂》	《三槐堂藏镜》	王刚怀编，文物出版社，2004年版
17	《尊古斋》	《尊古斋古镜集景》	黄濬编，上海古籍出版社，1990年版
18	《息斋》	《息斋藏镜中国历代铜镜》	中国嘉德2006年春拍图录
19	《古今》	《古镜今照——中国铜镜研究会成员藏镜精粹》	浙江省博物馆编，文物出版社，2012年版
20	《仪征》	《仪征馆藏铜镜》	仪征博物馆编，江苏美术出版社，2010年版
21	《长沙》	《楚风汉韵——长沙市博物馆藏镜》	长沙市博物馆编，文物出版社，2010年版
22	《宜兴》	《莹质神工光耀阳羡——宜兴民间藏镜精品集》	宜兴市文物管理委员会办公室编，文物出版社，2013年版
23	《南阳》	《南阳出土铜镜》	南阳市文物考古研究所编，文物出版社，2010年版
24	《镜涵》	《镜涵春秋——青峰泉、三镜堂藏中国古代铜镜》	深圳市文物管理办公室、深圳市博物馆编，文物出版社，2012年版
25	《西安》	《西安文物精华铜镜》	西安市文物保护考古所编，世界图书出版社，2008年版
26	《清华》	《清华铭文镜镜铭汉字演变小史》	王刚怀编，清华大学出版社，2011年版
27	《千秋金鉴》	《千秋金鉴陕西历史博物馆藏铜镜集成》	陕西历史博物馆编，三秦出版社，2012年版

（续表）

序号	简称	全称	出处
28	《鄂州》	《鄂州铜镜》	鄂州博物馆编，中国文学出版社，2002 年版
29	《鉴耀齐鲁》	《鉴耀齐鲁——山东省文物考古研究所出土铜镜研究》	山东省文物考古研究所编，文物出版社，2009 年版
30	《陈介祺》	《陈介祺藏古拓本选编铜镜卷》	国家图书馆金石拓片组编，浙江古籍出版社，2008 年版
31	《稻房》	《莹质良工——稻房藏镜》	中国嘉德 2010 年秋拍图录
32	《淮南》	《淮南市博物馆藏镜》	淮南市博物馆编，文物出版社，2011 年版
33	《鉴道明神》	《鉴道明神——铜镜》	北京瀚海 2012 年春拍图录
34	《仙辉朗鉴》	《仙辉朗鉴——铜镜》	上海泓盛 2011 秋拍图录
35	《妙极神工》	《妙极神工——铜镜》	江苏聚德 2012 迎春艺术品拍卖图录
36	《德惠堂》	《绝照览心——德惠堂及海外收藏铜镜》	中国嘉德 2011 秋拍图录

后　记

2013年6、7月份我在清华大学做“汉镜文化研究”课题期间，由于最后出版结项成果时版面、字数的限制，所撰写的研究文稿被迫压缩掉了约一半的内容。大约是觉得可惜，课题组组长王纲怀先生就打算利用课题剩余的经费为我出一个“汉镜文化研究”子课题的单行本。王先生谈了自己的想法后，我自然满口答应，后来不知什么原因未能如期出版。失望之余，我看着不知多少个夜晚苦熬出来的书稿，时时有自费出书的欲望，然终因囊中羞涩，几年来未能如愿。这本小书现在能够付印出版，首先感谢阜阳市政协领导的关心支持。不唯如此，《阜阳文化史》及《阜阳历史文化丛书》的编辑出版，也是对近几十年来阜阳文化研究成果最为集中的一次抢救、整理、展示，它对今后阜阳文化的深度发掘研究，对阜阳文化事业的发展繁荣所产生的重要影响，无论如何评价都是不过分的。阜阳市政协组织实施这项重大文化工程，功在当代，利在千秋，我十分荣幸能参与其中尽绵薄之力。亦唯恐能力之不及，辱没政协大名，辜负领导期望，两年多来不曾懈怠，以企成果交付物有所值。这本小书，几经核对、修改后定稿，算是对领导、对自己、对后人、对多年来热衷的阜阳文物考古事业的一个交代。

汉镜材料的研究，图文互勘是必不可少的基础工作。这本书原来的文稿中，配有百余幅彩色照片与拓片，此次出版由于种种条件的限制，仅使用了其中的部分珍贵文物图片，其余的图片资料，则采用文末注释的方法一一注明出处，由此为读者查阅造成不便，甚觉歉意。在我过去几年来零星发表的文章中，期刊上多是既有彩图也有拓片或线图的，此次收录本书时也忍痛做了大幅度删减，研究者若觉得小文有参考价值，可查阅期刊上的原著。

阜阳汉镜研究工作的重要性，本书在“概论”部分已经提及，其中涉及的问题很多，我颇有意犹未尽之感。如“双古堆”汝阴侯墓出土的几枚蟠螭纹镜，多年前中国历史博物馆馆长孔祥星先生来阜阳博物馆参观时就对我说过："汝阴侯墓这批铜镜材料很重要，过去发表的蟠螭纹镜材料不少，但多数是传世器或出土信息不明的藏品，汝阴侯墓铜镜材料出土地点明确，年代可靠，具有断代的标识意义，要做进一步研究。"再如阜阳汉镜中的道教文化问题，皖北一带自上古时代起神巫之风就很盛行，本地区汉代原始道教的形成尤为后人关注，我曾在多次道教文化研讨会上就阜阳镜的道教文化因素做过专题发言。本书曾计划列入一章研究汝阴侯墓出土镜的研究文章、一章考释汉镜道教文化的文章、一章阜阳汉镜铭文书体研究的文章，因篇幅所限未能列入。

研究阜阳汉代社会生活史，文献材料的检索、使用固然十分重要，但也应该看到，由于汉代的中国疆域辽阔、人口众多，汝阴（今阜阳）这个"小地方"多数情况下并不位于中央政府或汉郡的政治、经济、文化中心，在以整个汉代为编载对象的大史书体系中，有关"汝阴"社会生活层面的史料记载是极其有限的。后世学者了解、研究阜阳两汉社会生活史，仅从文献的角度深入很难窥其全貌，况且传统文献材料历经增删、窜乱常正误杂出，本身的可信度亦须甄别校验。阜阳汉镜出土材料则不同，它就是汉代人贴近时代、贴近生活的杰作，镜图与铭文所反映的历史信息，不存在后世窜乱的问题，由此，汉镜考察与研究工作值得引起足够的重视。如阜阳汉代的诗词、书法、绘画、宗教信仰、社会生活习俗等，保存下来的物化载体很罕见，我们了解这些东西，往往只有通过阜阳汉镜材料才能略窥其貌。

我对文物考古及阜阳汉镜产生兴趣，首先要特别感谢阜阳老一代文物工作者刘奕云先生、韩自强先生、刘海超先生，他们多年辛勤奔波调查整理的基本材料及其丰硕的研究成果，成为本书今天能够享用的宝贵资源。他们的刻苦精神与敬业态度，是后辈学习、效法的榜样。2006 年以前，我并不在博物馆工作，接触到的铜镜实物、文献材料十分有限，自然谈不上对铜镜的研究，是韩自强、刘海超先生将我带进了阜阳铜镜的艺术殿堂，为我提供了大量的接触文物的机会，他们的不吝赐教言犹在耳，我终生铭记于心。其次要感谢孔祥星老师、梁鉴先生、王纲怀先生等一批著名的铜镜研究专家，通过他们，我才知道国内铜镜资源的丰富程度、镜学研究的诸多信息。最后还要感谢武汉大学的徐承泰教授、河南考古所的楚小龙老师、留美博士任新雨女士及安徽省文物考古所的张敬国、贾庆元、吴卫红先生，是他们为我提供了多次参与考古发掘的机会，自己才有条件在一大批汉墓的发掘中零距离接触铜镜随葬器，也使我明白了推进文物藏品研究的深入开展，一定要补上亲历考古发掘这一课。汉镜的丧葬习俗、汉镜的宗教文化内涵、汉代人寄寓铜镜的特殊精神内涵等问题，只有在考古发掘现场才会有深入、真切的体会。

限于本书作者视野狭窄、能力有限，书中缺点、讹错之处在所难免，恳请读者批评指正。步入阜阳汉镜艺术宝库，如同在阅读、考察一部特殊的阜阳两汉社会生活史，就可以从一个特殊的“形象艺术”视角走进两汉时期人们的世俗生活世界，就可以了解曾经在阜阳这片沃土上生活四百年之久的这群人——可以称为我们先祖的汉代人丰富多彩的精神生活，从这个意义上讲，如果我们能为阜阳汉镜的整理与研究做点工作，也算是一件很有意义的事情。

原阜阳市颍东区区委书记、市科技局局长、市历史文化研究会会长李兴武先生，市政协文史委员会主任杨新先生百忙之中为本书作序。合肥工业大学出版社张慧编辑对本书的编校出版做了大量的工作，原市政协常委、颍泉区文联主席、著名文学评论家陆志成先生对本书初稿进行校审，市博物馆文物保管部黄海燕主任为本书拍摄了文物图片，在此一并表示衷心感谢。

杨玉彬

2016 年 12 月 10 日